论语全书

领悟先贤哲思，修养自我心灵
塑造个人风骨，创造人生辉煌

论语全书

（春秋）孔子 著

思履 译注

中国华侨出版社

品读传世经典 汲取无穷智慧

图书在版编目(CIP)数据

论语全书 /（春秋）孔子著，思履译注 . — 北京：中国华侨出版社，2016.7
ISBN 978-7-5113-6137-0

Ⅰ . ①论… Ⅱ . ①孔… ②思… Ⅲ . ①儒家 ②《论语》– 译文 Ⅳ . ① B222.2

中国版本图书馆 CIP 数据核字（2016）第 159797 号

论语全书

著　　者：（春秋）孔子
译　　注：思　履
出版人：方　鸣
责任编辑：雪　珂
封面设计：韩立强
文字编辑：黎　娜
美术编辑：李丹丹
插画绘制：周　萱　王蕴普　陈来彦
经　　销：新华书店
开　　本：720mm×1020mm　1/16　印张：24　字数：563 千字
印　　刷：北京中振源印务有限公司
版　　次：2016 年 10 月第 1 版　2019 年 3 月第 2 次印刷
书　　号：ISBN 978-7-5113-6137-0
定　　价：59.00 元

中国华侨出版社　北京市朝阳区静安里 26 号通成达大厦 3 层　邮编：100028
法律顾问：陈鹰律师事务所
发 行 部：（010）56288244　　传　真：（010）56288194
网　　址：www.oveaschin.com　　E-mail：oveaschin@sina.com

如果发现印装质量问题，影响阅读，请与印刷厂联系调换。

前 言

世界文明史提示人们，要想不断发展、不断创新，很重要的一点就是温习历久弥新的人类文化经典。记载着孔子言行思想的《论语》一书，就是这样一部穿越了两千多年历史烽烟的、现代人不可不读的人类文化经典。

《论语》被司马迁称为"孔氏书"，读《论语》，必须对孔子其人要有所了解。

孔子（公元前551—前479年），鲁国陬邑（今山东曲阜东南）人。孔子祖先是殷商贵族，后自宋迁鲁，到孔子出生时，其家道已经衰落。他的父亲叫叔梁纥，曾做过陬地的长官。孔子出生不久父亲即去世，因此孔子是由他的寡母抚养成人的。孔子母亲姓颜，名征在。因家贫，孔子从小便不得不经常干些杂活来赡养母亲，曾做过委吏、司职吏之类的小官。这使他得以广泛接触社会下层，并学会多种技艺。

孔子生前周游列国，一直都在不遗余力地推行、传布自己的学说，希望有国者能够崇信并施行自己的学说，并进而实现他的王道社会理想。其间虽偶有被有国者重视起用、执掌权柄的时候，但基本上是处于一种惶惶然的不得志状态。司马迁描述他的这种状态道：·"去鲁，斥乎齐，逐乎宋、卫，困于陈、蔡之间……"几近放逐。他自己则自嘲为"丧家之狗"，可见其狼狈（《史记·孔子世家》）。但是这种状态并不影响孔子成为一位前无古人、后无来者的创教立道的启世先圣。《史记·孔子世家》上说："孔子不仕，退而修《诗》《书》《礼》《乐》，弟子弥众，至自远方，莫不受业焉。"他的思想和学说超越了现实权势，影响及于全天下。

孔子在世时已被誉为"天纵之圣""天之木铎"，是当时社会上最博学的学者之一，并且被后世统治者尊为"孔圣人""至圣""至圣先师""万世师表"。他的思想始终贯穿着济世救民的理念，他希望社会是一个和谐的社会，人们都过上有秩序的生活，由他的弟子们编定的《论语》，则可以说就是一本记录了孔子济世思想的智慧书，也是他给中国人制定的行为规范。

在漫长的中国古代社会中，《论语》成了中国社会的"圣经"，大到齐家、治国、平天下，小到个人的待人接物、一言一行，都在它的规范之中。要想了解中国的历史文化，就不能不读《论语》。

《论语》一书蕴含的博大而深厚的思想是可以穿越时空的，时至今日仍然闪耀着智慧的光芒。现代社会出现的新问题，层出不穷的新思潮，都不能掩盖《论语》的光辉；相反，却一遍又一遍验证着它的普世与超越。

　　《论语》是中国最早的语录体著作。书中记录的大部分是孔子和弟子的对话，也有其弟子们的对话，全书共二十篇。在中国古代传统文化中，《论语》的地位非常高，影响非常大。到了东汉时期，《论语》已被列入经书之列，成为学者必读之书，其研究成为一个专门学问，后代学者对其注疏者不计其数。宋代大儒朱熹视《论语》为经典中的经典，并作《四书集注》，成为当时及后代士子的修身圭臬。明太祖朱元璋更是将《论语》钦定为科举必读之书，此举对中国古代传统文化及思想发展影响深远。北宋政治家赵普曾有"半部《论语》治天下"之说。它从一个侧面反映出此书在中国古代社会所发挥的作用与影响之大。

　　作为一部优秀的语录体散文集，它以言简意赅、含蓄隽永的语言，记述了孔子的言论。书中所记孔子循循善诱的教诲之言，或简单应答，点到即止；或启发论辩，侃侃而谈；富于变化，娓娓动人。其中有许多言论至今仍被世人视为至理名言。

　　《论语》善于通过神情语态的描写，展示人物形象。孔子是《论语》描述的中心，"夫子风采，溢于格言"（《文心雕龙·征圣》）。书中不仅有关于他仪态举止的静态描写，而且有关于他个性气质的传神刻画。此外，围绕孔子这一中心，《论语》还成功地刻画了一些孔门弟子的形象。如子路的率直鲁莽，颜回的温雅贤良，子贡的聪颖善辩，曾皙的潇洒脱俗……每一个都称得上个性鲜明，给人留下深刻印象。《论语》中的人物都成了中国历史文化中的典型形象，对后世产生了深远的影响。

　　对于每一个中国传统文化的爱好者、学者，以及每一个想求得生命升华的中国人来说，《论语》都是一部必读之书。进入21世纪，中华大地上出现了持续不衰的"国学热"，人们开始在古代经典中寻找解决现代社会问题的智慧，其中《论语》就是最受国人关注和重视的一部经典。大家纷纷从古人的智慧中寻求心灵的升华、情感的依归和生命的价值，从"至圣先师"的名言中探求生活的真谛。

　　本书分为三个部分，分别为：第一部分《论语》原文，是对《论语》全文的解读；第二部分孔子生平，是对孔子一生经历的概述；第三部分《论语》中重要人物介绍，是对孔子的弟子生平以及《论语》中涉及的其他重要人物生平的简介。

　　本书的一大特点是为《论语》这样严肃而高深的文字配了精美而生动的图画，这些图画都起到以图解文的作用，再现了当年孔子和弟子们对话的感人景象，使读者在阅读本书时，不仅能够得到前所未有的深入理解，而且能得到轻松而高雅的阅读享受。

目 录

1

·第三卷 《论语》中重要人物介绍·

《论语》原文

学而篇第一

【原文】

1.1　子曰①："学而时习之②，不亦说乎③？有朋自远方来，不亦乐乎④？人不知而不愠⑤，不亦君子乎⑥？"

【题解】

这是《论语》第一篇的第一章，本章开宗明义，概括了孔子人生理想的三个方面，实际上也是所有人人生的三个要务：人要学习，以至终身学习，以学为快事；人要交友处世，以人和为乐事；人要自知自立，不奢求于外。人不学不知道，但学习之后不代表就掌握了，还要按时去温习和巩固，这样才能做到学而有知。有知之后，再与朋友相互切磋，把学习中遇到的难题或新收获与人共同分析、分享，自是人生快事。即使自己不被人了解、不被人器重，却依然能够安贫乐道，不心生怨尤，这不正是君子的作风吗？虽然这一段只有这看似简单的三句话，却表达了孔子对前来向他学习的弟子的欢迎之意，又表明自己授业内容的总括——学习之道和学习的目以及儒家提倡的君子之道。

【注释】

①子：中国古代对有学问、有地位的男子的尊称。《论语》中"子曰"的"子"都是指孔子。②习："习"字的本意是鸟儿练习飞翔，在这里是温习和练习的意思。③说（yuè）：同"悦"，高兴、愉快的意思。④乐（lè）：快乐。⑤愠（yùn）：怒，怨恨，不满。⑥君子：《论语》中的"君子"指道德修养高的人，即"有德者"；有时又指"有位者"，即职位高的人。这里指"有德者"。

【译文】

孔子说："学到的东西按时去温习和练习，不也很高兴吗？有朋友从很远的地方来，不也很快乐吗？别人不了解自己，自己却不生气，不也是一位有修养的君子吗？"

孔子向弟子阐释学习之道和为人之道。

⊙名家品论语⊙

吾侪对于如此有价值之书，当用何法以善读之耶？我个人所认为较简易且善良之方法如下：

第一，先注意将后人窜乱之部分剔出，以别种眼光视之，免使蒙混真相。

第二，略依前条所分类，将全书纂抄一过，为部分的研究。

第三，或作别种分类，以教义要点——如论"仁"、论"学"、论"君子"等为标准，逐条抄出，比较研究。

第四，读此书时，即立意自作一篇孔子传或孔子学案。一面读便一面思量组织法且整理资料，到读毕时自然能极彻底极正确地了解孔子。

第五，读此书时，先要略知孔子之时代背景。《左传》《国语》实主要之参考书。

第六，此书文义并不艰深，专读白文自行绅绎其义最妙。遇有不解时，乃翻阅次条所举各注。

以上为书本上智识方面之研究法。

——梁启超《梁启超讲读书》

【原文】

1.2　有子曰①："其为人也孝弟②，而好犯上者，鲜矣③；不好犯上，而好作乱者，未之有也④。君子务本，本立而道生。孝弟也者，其为仁之本与⑤！"

【题解】

孝、弟（悌），是中国传统社会要求子女对父母、弟弟对兄长持有的正确态度。如此，可以防止犯上作乱的行为。这便是孝道的社会政治意义。自春秋、战国以后的每个朝代，都继承了孔子的孝悌学说，主张"以孝治天下"。从重亲情扩大到有利于社会秩序的规范，这是有借鉴意义的。孔子重视个人与社会之间的和谐，强调以礼来建构社会伦理秩序。在这个秩序中，仁是其根本，而仁的根本又在于孝悌，是从懂得珍惜自己身边的亲人做起的，也就是俗语所说的"百善孝为先"。有了对父母的孝和对兄弟的友爱，然后推己及人，从而建立起父子、君臣、夫妇、长幼、朋友等对应的关系秩序，达成社会的整体和谐。一个懂得孝和敬的人，自然会在社会中安分守己，不会去做逆反的事情。

【注释】

①有子：孔子的学生，姓有，名若。在《论语》中，孔子的学生一般都称字，只有曾参和有若称"子"。②弟（tì）：同"悌"，敬爱兄长。③鲜（xiǎn）：少。④未之有也："未有之也"的倒装句，意思是没有这种人。⑤与：即"欤"字，表示疑问的助词。《论语》中的"欤"字皆作"与"。

【译文】

有子说："那种孝顺父母、敬爱兄长的人，却喜欢触犯上级，是很少见的；不喜欢触犯上级却喜欢造反的人，更是从来没有的。有德行的人总是力求抓住这个根本。根本建立了便产生了仁道。孝敬父母、敬爱兄长，大概便是仁道的根本吧！"

有子认为，恪守孝悌是"仁"道之本。

【原文】

1.3 子曰："巧言令色①，鲜矣仁②！"

【题解】

花言巧语者，一定是为人处世不讲原则、表面讨好别人、实际只图达到个人目的的人。这种人，孔子是一贯反对的。孔子注重人的实际行动，强调人应当言行一致，力戒空谈巧言、心口不一。这种质朴精神和本色的态度，是中国传统道德中的精华内容。巧言令色的人往往轻薄不务实，一味追求外在的悦人而不去修养内心的仁德，摆着伪善的面孔混迹在人群之中，摇唇鼓舌，惑乱人心，使人上当受骗。明末著名思想家顾炎武曾在《日知录》中归纳出天下两种最不仁的人，其一是好犯上作乱的人，其二便是巧言令色的人。孔子一生周游列国，识人无数，所以总结出这样的人"鲜矣仁"。

【注释】

①巧言令色：巧，好；令，善。巧言令色，即满口说着讨人喜欢的话，装出讨人喜欢的脸色。②鲜：少的意思。

【译文】

孔子说："花言巧语，伪装出一副和善的面孔，这种人是很少仁德的。"

【原文】

1.4 曾子曰①："吾日三省吾身②：为人谋而不忠乎？与朋友交而不信乎？传不习乎③？"

【题解】

曾参在孔门中以注重修身著称，他提出了"反省内求"的修养方法，不断检查自己的言行，以使自己修养成完美的人格。这种自省的道德修养方式在今天都是令人改过迁善的最有效的方法。曾参还提出了"忠"和"信"的做人标准："忠"的特点是一个"尽"字，即办事尽心尽力；"信"是信任和信用，表现为诚实不欺，说真话，说话算数。这是一个人立身处世的基石。在纷纭的世道中，天下人熙熙攘攘皆为利来利往，如何才能保持真我，保持沉着的心态呢？曾子告诉我们，要不断审视反省自身，一天之内要多次问问自己：是否不为自己的私利，做到与人忠信？与朋友交往，是否做到诚信不欺诈？老师传授的功课是否温习过？曾子坚持"一日三省"，在纷纷扰扰的春秋末期做到了精心修业，成为孔子学说的传道人之一。

曾子认为，躬身自省是不断完善自我的有效方法。

【注释】

①曾子：孔子晚年的学生，名参（shēn），字子舆，比孔子小四十六岁。生于公元前505年，鲁国人，是被鲁国灭亡了的鄫国贵族的后代。曾参是孔子的得意门生，以孝著称，据说《孝经》就是他撰写的。②三省（xǐng）：多次反省。③传：老师讲授的功课。

【译文】

曾参说："我每天从多方面反省自己：替别人办事是不是尽心竭力了呢？与朋友交往是不是诚实守信了呢？对老师传授的功课，是不是用心复习了呢？"

【原文】

1.5　子曰："道千乘之国①，敬事而信②，节用而爱人③，使民以时④。"

【题解】

这段话反映了孔子的政治主张。他提出了五条关于治理国家的基本原则：敬事、取信于民、节用、爱人、使民以时，即要求国家管理者严肃认真地办理各方面事务，恪守信用；节约用度、爱护人民；役使百姓应注意不误农时等。宋代理学家朱熹在《论语集注》中说："言治国之要，此五者，亦务本之意。"在孔子生活的时代，西周初年建立的宗法分封制度瓦解，各个诸侯国都欲争霸天下，彼此之间战争不断，给人民带来无休止的苦痛。孔子感叹乱世之中民生之疾苦，建议执政者要以仁道治国，具体来说就是执政者要敬其事，对人民有公信力、爱护民众、节约经费，让人民服劳役要在农闲之时。直到今天，孔子这种具有民本思想的政治主张还闪耀着光芒。

【注释】

①道：通"导"，引导之意。此处译为治理。千乘（shèng）之国：乘，古代用四匹马拉的兵车。春秋时期，打仗用兵车，故车辆数目的多少往往标志着这个国家的强弱。千乘之国，即代指大国。②敬事："敬"是指对待所从事的事务要谨慎专一、兢兢业业，即今人所说的敬业。③爱人：古代"人"的含义有广义与狭义之分。广义的"人"，指一切人群；狭义的"人"，仅指士大夫以上各个阶层的人。此处的"人"与"民"相对而言。④使民以时："时"指农时。古代百姓以农业为主，这里是说役使百姓要按照农时，即不要误了耕作与收获。

【译文】

孔子说："治理拥有一千辆兵车的国家，应该恭敬谨慎地对待政事，并且讲究信用；节省费用，并且爱护人民；征用民力要尊重农时，不要耽误耕种、收获的时间。"

孔子向弟子们阐释治理大国的施政要点。

【原文】

1.6　子曰："弟子入则孝①，出则弟②，谨而信③，泛爱众，而亲仁④。行有余力⑤，则以学文⑥。"

孔子认为，教育重在培养学生的德行修养，而一个人的修养如何，首先要看他对父母的态度。

【题解】

这段话表明了孔子希望培养的理想人格，即达到孝、弟（悌）、谨（慎）、信、泛爱、亲仁、学文七条标准。同时也表明孔子的教育是以道德教育为中心，重点在育人。孔子重视个人的修养，认为一个人最应该具备的能力首先是爱人的能力。爱人就是首先要爱父母，再次是爱兄弟，最后是爱朋友，其次是爱大众、爱人类，这样才能做到仁。能做到这样的人就已经很了不起了。如果尚有余力的话，再去学习文化知识，掌握历史典籍、文献知识，以及历史的经验和现实的实践，这样在生活中就会明白掌握世事的规律，恰当地处理事情，懂得人生的道理，圆满自我的价值。

【注释】

①弟子：有二义，一是指年幼之人，弟系对兄而言，子系对父而言，故曰弟子；二是指学生。此处取前义。入：古时父子分别住在不同的居处，学习则在外舍。入是入父宫，指进到父亲住处；或说在家。②出：与"入"相对而言，指外出拜师学习。出则弟，是说要用悌道对待师长，也可泛指年长于自己的人。③谨：寡言少语称为谨。④仁：指具有仁德的人，即温和、善良的人。此处形容词用作名词。⑤行有余力：指有闲暇时间。⑥文：指诗、书、礼、乐等文化知识。

【译文】

孔子说："小孩子在父母跟前要孝顺，出外要敬爱师长，说话要谨慎，言而有信，和所有人都友爱相处，亲近那些具有仁爱之心的人。做到这些以后，如果还有剩余的精力，就用来学习文化知识。"

【原文】

1.7 子夏曰①："贤贤易色②；事父母，能竭其力；事君，能致其身③；与朋友交，言而有信。虽曰未学，吾必谓之学矣。"

【题解】

这段话提出了正确处理夫妇、父子、君臣、朋友四种关系的道德标准。子夏认为，一个人有没有良好的教育，主要不是看他的文化知识，而是要看他能不能实行"孝"、"忠"、"信"等基本道德。只要做到了这几点，即使他说自己没有学习过，也可以认为他已经是个有良好教养的人了。这一章与前一章联系起来，就更可以看出孔子施教重在人的德行与本质的基本特点。子夏作为孔子的弟子，申述了孔子育人注重人的品质德行修养，其次才是学习文化知识。一个人是否有学问，不在于看他读过多少本书，而是看他是否达到了做人的修养。也就是说，一个人要想精通学问之道，要先从自己的品行的修养、待人接物上着手。明白为人处世的道理，才能够学有所成，即《红楼梦》中所谓"世事洞明皆学问，人情练达即文章"。

【注释】

①子夏：姓卜，名商，字子夏，孔子的高足，以文学著称。比孔子小四十四岁，生于公元前507年。孔子死后，他在魏国宣传孔子的思想主张。②贤贤：第一个"贤"字作动词用，尊重的意思。贤贤即尊重贤者。易：有两种解释，一是改变的意思；二是轻视的意思，即尊重贤者而看轻女色。③致其身：致，意为"奉献"、"尽力"。这里是要尽忠的意思。

【译文】

　　子夏说："一个人能够尊重贤者而看轻女色；侍奉父母，能够竭尽全力；服侍君主，能够献出自己的生命；同朋友交往，说话诚实、恪守信用。这样的人，即使他自己说没有学过什么，我也一定要说他已经学习过了。"

子夏认为，君子应当尊重贤者而看轻女色。

【原文】

　　1.8　子曰："君子不重则不威^①，学则不固^②。主忠信^③。无友不如己者^④。过则勿惮改^⑤。"

【题解】

　　这里，孔子提出了君子应当庄重大方，才能具有人格的威严，庄重而威严才能认真学习而所学牢固。君子还要慎重交友，还要有过则勿惮改的对待错误和过失的正确态度。这一思想把君子从内到外的修养联系起来，对世人的内外在修养具有重要指导意义。一个人内心端正庄严，会反映到气质容颜上来，神态庄重威严、大方得体，就会使人感到稳重可靠，人们自然会加以敬重、信赖。反之，一个人倘若容仪不修，散漫随意，举止轻浮，人们也就会随意待他。故人必自重而后人重之，人必自侮而后人侮之。要重视学习，善于结交朋友，着眼于朋友比自己好的方面加以学习，从而不断提高自己、完善自我。在犯了错误的时候，要正面对待，不逃避掩饰，勇敢地加以改正。

【注释】

①重：庄重、自持。②学则不固：所学不牢固。与上句联系起来就可理解为：一个人不庄重就没有威严，所学也不牢固。③主忠信：以忠信为主。④无：通"毋"，不要的意思。不如己者：指不忠不信的人，"不如己者"是比较委婉的说法。⑤过：过错、过失。惮：音dàn，害怕、畏惧。

【译文】

　　孔子说："一个君子，如果不庄重，就没有威严；即使读书，所学也不会牢固。行事应当以忠和信这两种道德为主。不要和不忠不信的人交朋友。有了过错，要不怕改正。"

【原文】

　　1.9　曾子曰："慎终追远①，民德归厚矣②。"

【题解】

　　儒家非常重视丧祭之礼，他们把祭祀之礼看作一个人孝道的继续和表现，认为通过祭祀之礼，可以培养个人对父母和先祖尽孝的情感。儒家重视孝的道德，是因为孝是忠的基础，一个不能对父母尽孝的人，是不可能为国尽忠的。所以忠是孝的延伸和外化。只要做到忠与孝，社会与家庭就可以得到安定。孔子并不相信鬼神的存在，他说"敬鬼神而远之"，就证明了这一点。他没有提到过人死之后是否有灵魂存在的问题，而是通过祭祀亡灵，来实行教化，希望把人们塑造成有教养的忠孝两全的君子。

　　曾子对于慎终和追远的重视，是在于对死的敬畏和对过往的崇敬。因为生死是相对的，没有生就没有死，没有死也就无所谓生。而人从过往的历史中可以获得借鉴，也就是古可以鉴今。历史有传承的作用，忘记历史的人也必将被历史所忘记。

【注释】

①慎终追远：慎终，指对父母之丧要尽其哀；追远，指祭祀祖先要致其敬。②民德：指民心，民风。厚：朴实，淳厚。民德归厚，指民心归向淳厚。

儒家认为，孝是忠的基础，忠是孝的延伸。如果大家都能孝敬父母、敬畏祖先，我们的社会风气就会日益淳朴厚道。

【译文】

曾子说："谨慎地对待父母的丧事，恭敬地祭祀远代祖先，就能使民心归向淳厚了。"

【原文】

1.10　子禽问于子贡曰①："夫子至于是邦也，必闻其政，求之与？ 抑与之与②？"子贡曰："夫子温、良、恭、俭、让以得之。夫子之求之也，其诸异乎人之求之与③？"

【题解】

本章通过子禽与子贡两人的对话，表现了孔子的为人处世的方式与风格。孔子之所以到处都能受到礼遇和尊重，在于孔子具有温和、善良、恭敬、俭朴、谦让的道德品格。他能不激不厉，即之也温；仁德待人，宽厚善良；尊重他人，处事恭敬；居仁守礼，自奉俭朴；先人后己，谦退礼让。所以每到一个诸侯国，都受到各国国君的礼遇，与人交往，都能得到别人的尊重。他不用去乞求什么，别人都愿意帮助他。这就是孔子与众不同的待人接物的方式。

孔子每周游到一个诸侯国，都会与闻其国的政事。这并不是因为他心中对名利禄位有所欲求，而是因为一个国家的政事关系到国家的盛衰兴亡，关系到人民的生产生活，是一个国家的核心元素。故孔子要去关心、了解、洞察政治的发展变化，而不同于那些汲汲于功名富贵的人，故不卑不亢、不忮不求，纯然一派君子之风。

【注释】

①子禽：姓陈，名亢，字子禽。子贡：姓端木，名赐，字子贡，比孔子小三十一岁。②抑与之：抑，反语词，可作"还是……"解。与之，（别人）自愿给他。③其诸：表示不太肯定的语助词，有"或者"、"大概"的意思。

子贡告诉子禽　孔子之所以走到哪里都备受礼遇，在于孔子温和、善良、恭敬、俭朴、谦让。

【译文】

子禽问子贡说："夫子每到一个国家，一定听得到这个国家的政事。那是求人家告诉他的呢，还是人家主动说给他听的呢？"子贡说："夫子是靠温和、善良、恭敬、节俭和谦让得来的。夫子的那种求得的方式，大概是不同于别人的吧？"

【原文】

1.11　子曰："父在，观其志①。父没，观其行②。三年无改于父之道，可谓孝矣。"

【题解】

这一章仍是谈"孝"的问题，把"孝"具体化了。这段话有一个前提，就是父亲所尊崇的道理一定要正确。但不管一个做父亲的人思想和道德水准有多高，他对于儿子的期望标准总是好的，而且这里说了，父亲在世的时候，儿子已经表现出了自己的志向。那么父亲去世之后，儿子不要降低自己的标准。三年内都不改变他中国的社会结构以家庭为基础，家庭内的父子关系是主轴，其他各种关系均以此为中心。父子关系不但在家庭内发生作用，而且扩及宗族，及至于国家。中国古代的君臣关系，实是父子关系之投射。由此中国背景孕育，中国人的性格因素首先是服从权威的长上，其次是恪守本分。在此家、族、国之结构中，人各有其固定位置及关系，个人无需也不能表现其超越或凌驾于他人之上的才能，故而中国人的性格又偏于保守、不喜变迁及不鼓励个人主义。再进而言之，由于个人始终处于家、族、国之范围内存在，故而易于养成所谓"中庸态度"。

——许烺光《祖荫下：中国乡村的亲属、人格与社会流动》

父亲所尊崇的正确的道理，这就是尽孝了。这里需要说明的是，这段话并没有阻碍下一代发展的意思，有人用儿子"言行举止都总停留在过去的水平上"来批评这句话，显然是曲解。

【注释】

①其：指儿子，不是指父亲。②行（xíng）：行为。

【译文】

孔子说："当他父亲活着时，要看他本人的志向；他父亲去世以后，就要考察他本人的具体行为了。如果他长期坚持父亲生前那些正确原则，就可以说是尽孝了。"

孔子认为，孝敬父母要做到言行一致，即使父母死了，也应遵循父母的教导行事。

【原文】

1.12 有子曰："礼之用，和为贵。先王之道①，斯为美，小大由之。有所不行，知和而和，不以礼节之，亦不可行也。"

⊙名家品论语⊙

实际上孔子既是礼的继承者，又是礼的改革者，只不过他不像其他激进的改革者那么冒进，采取全盘否定或整个抛弃的方法罢了。他采用的是礼与"仁"结合的方法。本来，礼的主要内涵就是两方面的，一是区分上下、尊卑、亲疏、远近使之有差别；二是协调上下、尊卑、亲疏、远近使之更和谐。前者重在"分"，后者重在"合"，后者的核心就是一个慈爱仁厚之心，只是这一面始终没有被足够地认识和使用，而孔子则以"仁"这一概念使后者有了坚实的心理基础，加强了礼的协调功能，使等级森严的宗法制度转向充满温情的人际关系，也使礼的两面功能都得到了充分运用。

——葛兆光《中国经典十种》

【题解】

这段话讲的是治国之道，强调礼乐相济为用。"和"是儒家所特别倡导的伦理、政治和社会准则。《礼记·中庸》写道："喜怒哀乐之未发谓之'中'，发而皆中节谓之'和'。"礼的推行和应用要以和谐为贵，但并不是要为和谐而和谐，礼是社会规范和社会秩序的具体表现，脱离了社会秩序和规范的和谐是行不通的。在人类社会发展的相当长的一段时间里，社会是有等级差别的，秩序和规范是必要的。所谓先王之道，就是西周以来行之有效的礼乐制度。但到春秋时代，这种社会秩序和规范开始破裂，臣弑君、子弑父的现象已属常见。对此，有子提出"和为贵"的主张，又指出不能为和而和，要以礼节制之。可见有子提倡的"和"并不是无原则地调和，这是有其合理性的。在历史上，凡是要加强社会秩序的时候，有子的这种思想都会受到重视。

【注释】

①先王之道：指的是古代圣王治国之道。

"和"是儒家倡导的伦理、政治和社会准则，但不能为和谐而和谐。

【译文】

有子说："礼的功用，以遇事做得恰当和顺为可贵。以前的圣明君主治理国家，最可贵的地方就在这里。他们做事，无论事大事小，都按这个原则去做。如遇到行不通的，仍一味地追求和顺，却并不用礼法去节制它，也是行不通的。"

【原文】

1.13　有子曰："信近于义，言可复也[①]；恭近于礼，远耻辱也[②]；因不失其亲[③]，亦可宗也[④]。"

【题解】

这段话讲的是儒家的交友待人之道。

孔子的弟子有子在本章所讲的这段话，表明他对"信"和"恭"是十分看重的。"信"要以义为基础，方能做到践行可复；"恭"要以周礼为标准，方能远离耻辱，也就是保持人与人之间的尊重。不符合礼的话绝不能讲，讲了就不是"信"的态度；不符合礼的事绝不能做，做了就不是"恭"的态度。这是讲的为人处世的基本态度。

信义是社会道德共同之所尚，故古人有一诺千金之说，有重然诺而轻生死者。并非人不重生死，而是信义高于生死，唯其义尽，所以至于仁。背信弃义者遭人唾弃是信义社会对人的外在他律，人还必须坚持内心的自律，保持一种恭肃近于礼的状态，这样他律和自律相辅相成，从而生发出正体的道德精神之美善，方得以堂堂正正立于天地之间。

【注释】

①复：实践，履行。②远：使远离，可以译为避免。③因：依靠之意。④宗：主。可宗，可靠。

【译文】

有子说："约言符合道德规范，这种约言才可兑现。态度谦恭符合礼节规矩，才不会遭受羞辱。所依靠的都是关系亲密的人，也就可靠了。"

【原文】

1.14　子曰："君子食无求饱，居无求安，敏于事而慎于言，就有道而正焉①，可谓好学也已。"

【题解】

本章讲的是君子的日常言行的基本要求。孔子认为，作为一个君子，不应当过多地讲究自己的饮食与居处，他在工作方面应当勤劳敏捷，谨慎小心，而且能经常检讨自己，请有道德的人对自己的言行加以匡正。不去追求物质享受，不贪图安乐，把注意力放在做有意义的事情上面，追求真理。既有勤奋的精神，又有高明的方法，才可以算作是热爱学习。这是孔子对学生的教诲，也是孔子一生求学精神的真实写照。

人活着不仅仅为了求得饱暖安逸，还应该有一种对

孔子认为，君子要善于抑制物欲，要尽可能地把精力用于追求理想和真理上。

理想的追求精神。有了这样的理想，就不应再沉溺于物质的欲望，要有克制自己的能力，把对物质的追求提升为对真善美的追求，以及精神的独立上来。这样就不会去计较私欲得失，蝇营狗苟，而会敏于事而慎于言，使自己的内心清澄，去接近有道之人来匡正自己。

【注释】

①有道：指有道德、有学问的人。正：匡正，端正。

⊙名家品论语⊙

孔子的学说还有一个值得我们注意的地方：人格的重视。孔子不但希望每一个人能够生存，还希望他能够好好地生活。因为人之所以异于禽兽在于人有道德的或精神的生活，而禽兽只有生物的或物质的生存。要发展人性，政治家不但要使人民丰衣足食，还要培养他们的人格，使他们都能修身立德。《大学》所说"自天子以至庶人，一是皆以修身为本"，是孔子一个基本的主张。

——萧公权

【译文】

孔子说："君子饮食不追求饱足；居住不追求安逸；对工作勤奋敏捷，说话却谨慎；接近有道德有学问的人并向他学习，纠正自己的缺点，就可以称得上是好学了。"

【原文】

1.15 子贡曰："贫而无谄，富而无骄，何如？"子曰："可也。未若贫而乐，富而好礼者也。"子贡曰："《诗》云：'如切如磋，如琢如磨①'，其斯之谓与②？"子曰："赐也③，始可与言《诗》已矣，告诸往而知来者④。"

【题解】

这段话记载了子贡和孔子讨论如何对待穷和富的问题。在历史上的很长时间里都会有贫富差距的问题，而且这不是个人能够解决的。孔子希望他的弟子以及所有人，都能够达到贫而乐道、富而好礼的境界，因而在平时对弟子的教育中，就把这样的思想传授给学生。贫而乐道，富而好礼，这样，个人可以得到最大限度的发展，社会上无论贫或富也都能做到各安其位，便可以保持社会的安定了。孔子还赞扬了子贡"举一反三"地灵活运用知识的能力。

子贡是孔子的学生，他学有所得，是孔门弟子中杰出的政治家和外交家，而且善于经商，

孔子与子贡讨论一个人的财富状况与其修养的关系。

富至千金。他向孔子求教：贫穷而不谄媚，富有而不傲慢，怎样？想必在他看来这是很高的境界了，因为人穷生活容易捉襟见肘，难免气短阿谀以图利，而富贵之人又容易财大气粗、盛气凌人，这都是一般人好富恶贫的共同心理。所以人要能达到子贡所说的境界已经是很了不起的了。但仁者止于至善，所以孔子说，可也，但还不如贫而乐道，富有却好礼。聪明的子贡马上领悟了，并且触类旁通地去举一反三，孔子才由衷地赞扬他这下入门了。

【注释】

①如切如磋，如琢如磨：出自《诗经·卫风·淇奥》篇。意思是，好比加工象牙，切了还得磋，使其更加光滑；好

比加工玉石，琢了还要磨，使其更加细腻。②其：表测度语气，可译为"大概"。③赐：子贡的名。孔子对学生一般都称名。④来者：未来的事，这里借喻为未知的事。

【译文】

子贡说："贫穷却不巴结奉承，富贵却不骄傲自大，怎么样？"孔子说："可以了，但还是不如虽贫穷却乐于道，虽富贵却谦虚好礼。"子贡说："《诗经》上说：'要像骨、角、象牙、玉石等的加工一样，先开料，再粗锉，细刻，然后磨光'，那就是这样的意思吧？"孔子说："赐呀，现在可以同你讨论《诗经》了。告诉你以往的事，你能因此而知道未来的事。"

【原文】

1.16　子曰："不患人之不己知，患不知人也。"

【题解】

孔子教育学生，在处世上要有人不知而不愠的精神，能够在寂寞中做成应该做的事业，完成应该具有的仁德修养。学，是为了自己的进步，而不要把精力用于怨天尤人上。处世是需要了解别人的，自己心态平和，才能真实地了解别人。不去苛求别人，要把精力用于提升自己的能力上。君子不担心没有人了解自己，不忧虑没有美好的名声，只忧虑自身的修养不够深厚，不能去充分了解别人。

【译文】

孔子说："不要担心别人不了解自己，应该担心的是自己不了解别人。"

孔子教育学生要耐得住寂寞，不要把精力浪费在怨天尤人上。

为政篇第二

【原文】

2.1　子曰："为政以德，譬如北辰①，居其所而众星共之②。"

【题解】

孔子用了一个形象的比喻来说明施行德治仁政可以得人心，孚人望，得到人民的广泛拥护和支持。这段话代表了孔子的"为政以德"的思想，实行德治仁政，天下的人就会发自内心地走向正确的轨道。这是强调仁德在政治生活中的核心作用，主张以道德教化为治国的原则。这是孔子学说中较有价值的部分，表明儒家治国的基本原则是德治，而非严刑峻法。

孔子认为，为政者广施德政，百姓就会像群星拱卫北斗一样拥护他、支持他。

仁是藏于内的品质，发抒于外而惠及他人因而形成人格力量的即为德。这种人格力量充满了吸引力、凝聚力和感召力，能使人心归附，就好比北极星，安然处在自己的位置上，而众多的星星都围绕着它。

【注释】

①北辰：北极星。②共（gǒng）：同"拱"，环绕。

【译文】

孔子说："用道德的力量去治理国家，自己就会像北极星那样，安然处在自己的位置上，别的星辰都环绕着它。"

【原文】

2.2　子曰："《诗》三百①，一言以蔽之②，曰：'思无邪'。"

【题解】

《诗经》在孔子时代称作《诗》，经过孔子的整理加工以后，被用作教材。孔子对《诗经》有深入的研究，所以他用"思无邪"来概括它。这句话表达了孔子对《诗经》真挚健康的文学风格的深刻印象与高度评价。

所谓"诗言志"，是指表达个人或集体情志。《诗经》由来自民间的歌谣、士大夫创作的宫廷正乐以及天子、诸侯用以祭祀宗庙的舞曲组成。其中有对历史、社会、时事、政治的看法和意见，有对历史的诉说和情感的抒发，流露的是人真实的思想和情感，即使是怨，也是源于爱和希望，其本身是纯正无邪的。孔子认为《诗经》可以作为统治者考察民心民俗的借鉴。

【注释】

①《诗》三百：《诗经》中共收诗三百零五篇。"三百"是举其整数而言。②蔽：概括。

【译文】

孔子说："《诗经》三百多篇，用一句话来概括它，就是'思想纯正'。"

【原文】

2.3　子曰："道之以政①，齐之以刑，民免而无耻②；道之以德，齐之以礼，有耻且格③。"

【题解】

在本章中，孔子举出了两种截然不同的治国方针。孔子认为，刑罚只能使人避免犯罪，而不能使人懂得犯罪可耻的道理。而道德教化比刑罚要高明得多，既能使百姓循规蹈矩，又能使百姓有知耻之心。这反映了德治在治理国家时不同于法治的特点。孔子认为用礼制来规范、劝导百姓的思想和行为，能有效地抑制"犯上作乱"动机的形成。这反映了儒家同法家在治国方略上的差异。

孔子在这里将法治和礼治进行了对比，高下立见。关于这一段，清代名家陆陇在《松阳讲义》中解说得很好。他说："操术不同，功效各异。路头一差，而风俗由之而殊，气运由之而变，不可不辨也。"法治以惩罚性手段使人心存畏忌，免于犯法；而礼治德政却使人心悦诚服，顺应了人的廉耻之心。

【注释】

①道：有两种解释，一说是引导的意思，一说是领导、治理，与"道千乘之国"的"道"相同。此从后解。②免：免罪、免刑、免祸。③格：纠正。

【译文】

孔子说："用政令来治理百姓，用刑罚来制约百姓，百姓可暂时免于罪过，但不会感到不服从统治是可耻的；如果用道德来统治百姓，用礼教来约束百姓，百姓不但有廉耻之心，而且会改正自己的错误。"

【原文】

2.4　子曰："吾十有五而志于学①，三十而立②，四十而不惑，五十而知天命，六十而耳顺③，七十而从心所欲，不逾矩。"

【题解】

这是孔子最为著名的言论之一，讲述了他学习和修养的过程。这一过程，是一个随着年龄的增长，思想境界逐步提高的过程。整个过程为：十五岁立下志向学习上进；三十岁打下思想、学业和事业的基础；四十岁就可以明辨一切是非，确定正确方向了；五十岁能够明了事物的规律；六十岁听到一切都不再吃惊，也不受环境左右了；七十岁则到了主观意识和做人的规则融合为一的境界，此时，道德修养达到了最高的境界。孔

⊙名家品论语⊙

孔子认为所谓把社会建造好了，其中分子不会不好，但是怎么样才能把社会建造好呢？照孔子的理想便是"礼"。假若社会上有一种"礼"的文化，所有分子都服从"礼"，那么，各个人便都是好的了。孔子一生的事业在"礼"上。从他小时的游戏"陈俎豆设礼容"，到他壮年发表政治理想在"君君、臣臣、父父、子子"，一直到他政治活动失败了，定礼乐，作为他那"礼的设计"之最后的修订；著《春秋》，作为他那理想的社会中"礼的制裁"之寄托，在他这恓恓惶惶的七十三岁的生涯中，哪一天忘了"礼"？传说中的孔子适周见老子，不是为问"礼"么？司马桓魋所拔了的树，不也是孔子与弟习"礼"于其下的么？在孔子死后三百多年，为司马迁所低回留之而不能去的，不也是因为见了孔子庙堂中的车服礼器，并诸生以时习惯"礼"其余么？

——李长之《李长之批评文集》

子的道德修养过程，有合理因素：第一，他看到了人的道德修养不是一朝一夕的事，不能一下子完成，不能搞突击，要经过长时间的学习和锻炼，要有一个循序渐进的过程。第二，道德的最高境界是思想和言行的融合，自觉地遵守道德规范，而不是勉强去做。这两点对任何人，都是适用的。

【注释】

①有（yòu）：同"又"。古文中表数字时常用"有"代替"又"，表示相加的关系。②立：站立，成立。这里指立身处世。③耳顺：对于外界一切相反相异、五花八门的言论，能分辨真伪是非，并听之泰然。

【译文】

孔子说："我十五岁立志学习，三十岁在人生道路上站稳脚跟，四十岁心中不再迷惘，五十岁知道上天给我安排的命运，六十岁听到别人说话就能分辨是非真假，七十岁能随心所欲地说话做事，又不会超越规矩。"

孔子十五岁立志向学，一生修身立德，最终达到了从心所欲而不逾矩的境界。

【原文】

2.5　孟懿子问孝①。子曰："无违②。"樊迟御③，子告之曰："孟孙问孝于我，我对曰：'无违。'"樊迟曰："何谓也？"子曰："生，事之以礼；死，葬之以礼，祭之以礼。"

【题解】

孔子极其重视孝，要求人们对自己的父母尽孝道，无论他们在世或去世，都应如此。但这里着重讲的是，尽孝时不应违背礼的规定，否则就不是真正的孝。他主张，属于家庭伦理范畴的孝道不能越出作为政治伦理原则的"礼"的规定。可见，孝不是随意的，必须受礼的规制，依礼而行才是孝。

⊙名家品论语⊙

立德是一个长期的过程，孔子自述他的立德过程说："吾十有五而志于学，三十而立，四十而不惑，五十而知天命，六十而耳顺，七十而从心所欲，不逾矩。"在"立德"的长期过程中，大约要经历两个大的阶段：一个阶段是从自然美到修饰美，儿童的本性是纯真的，这可以说是自然美，但有了自然美还应该加以修饰，子夏曾经问孔子："巧笑倩兮，美目盼兮，素以为绚兮，何谓也？"意思是说有了自然美，为什么还要打扮呢？孔子回答说："绘事后素。"先有白底，然后画画。子夏很理解老师的意思，他以为人有了自然美，还应该用礼仪加以修饰，来培养他的德性，这就是从自然美到修饰美的过程。另一个阶段是从外在的规范到内心的愉悦。礼仪总是带有某种约束性、制约性，人们不免感到礼仪对思想和行为的束缚力量，可是习惯成自然，慢慢地人们会安于礼仪，并从中获得心理上的愉悦。所以孔子说："七十而从心所欲，不逾矩"。他能从规范中得到心理上的愉悦。不再感到规范的束缚，并且无往而非仁。他又说："仁者安仁，知者利仁。"智者认为仁有利，才提倡仁道；仁者是为了仁而仁，并不考虑它有利还是无利，这也是因为他可以从仁中得到心理的愉悦。到此地步，可以说他已进入了一种崇高的道德精神境界。

——姜广辉《儒学的道德精神及其对它的现实思考》

孔子开导樊迟，不违背礼的精神是孝道的根本。

　　孟懿子是鲁国的大夫，他遵循父亲的遗嘱向孔子学礼，自以为这样就做到了孝，便向孔子请教孝道。孔子告诉他，孝亲之道，只在于无违而已。因为《论语》是语录式的文体，没有记下孟懿子听到孔子的回答后的反应。孔子的话虽然简单，却自有深意，这在他与学生樊迟的对话上反映出来了。能遵循父亲的遗嘱，当然是孝，但这却只是小孝。孟懿子作为鲁国的大夫，当然应该知道君主以孝道治理天下，为人臣之孝在于是否遵循了礼。他现在问孝，要首先想想自己对待父母生前的起居和死后的葬祭，是不是合乎礼的精神、有没有僭越违逆之处。

【注释】

①孟懿子：鲁国大夫，姓仲孙，名何忌。懿，谥号。②无违：不要违背礼节。③樊迟：孔子的学生，姓樊，名须，字子迟。御：驾车，赶车。

【译文】

　　孟懿子问什么是孝道。孔子说："不要违背礼节。"不久，樊迟替孔子驾车，孔子告诉他："孟孙问我什么是孝道，我对他说：'不要违背礼节。'"樊迟说："这是什么意思？"孔子说："父母活着的时候，依规定的礼节侍奉他们；死的时候，依规定的礼节安葬他们，祭祀他们。"

【原文】

　　2.6　孟武伯问孝①。子曰："父母唯其疾之忧②。"

【题解】

　　从古到今，做父母的最根本的愿望是孩子能健康成长，最担忧的事情就是儿女有了疾病。所以，做儿女的能够让父母放心的最基本的做法就是保证自己的身心健康，这就是尽孝了。俗话说，"儿行千里母担忧"，当然，做儿女的能够体会父母的这种心情，也应该知道如何去关心父母。

父母对子女的爱是最博大最无私的，做人子女的当能体会父母的用心，想到生命是父母赐予的，自己是父母守护长大的，念及此，怎么会不去加以珍惜呢？然而世情却正如《红楼梦》中《好了歌》所云："世人都晓神仙好，只有子孙忘不了！痴心父母古来多，孝顺儿孙谁见了？"孝是对生命的一种回报，乌鸟尚有反哺之心，羔羊尚知跪乳，何况是人呢？孝实在是为人之本，所以孔子在《论语》一书中多次强调。

【注释】

①孟武伯：上文孟懿子的儿子，名彘（zhì），"武"是谥号。②其：指孝子。

父母最担心的事情就是儿女生病。

【译文】

孟武伯问什么是孝道，孔子说："父母只为孩子的疾病担忧（而不担忧别的）。"

【原文】

2.7　子游问孝①。子曰："今之孝者，是谓能养。至于犬马，皆能有养；不敬，何以别乎？"

【题解】

本章还是谈论孝的问题。进一步阐述了孔子对于"孝"的观点。他认为老人不仅需要奉养及物质上的满足，更需要尊敬和精神上的满足。人们对于犬马及宠物都能尽心尽力地饲养，如果对于父母只知奉养而不尊敬，那就不能称为孝了。

人有精神的需求，故有别于犬马。孝顺父母不应该仅仅停留在物质保障的层次上，还要在内心深处

老人不仅需要物质上的奉养，更需要精神上的满足。

真正地孝敬父母，要去体谅父母的感受、敬重父母的意愿，不然即使是饥饿的乞丐也不愿意吃别人施舍的嗟来之食，何况是对待父母呢？如果没有敬重之心，那赡养又有何意义呢？

【注释】

①子游：孔子的高足，姓言，名偃，字子游，吴人。

孔子认为，真正的孝不是"替长辈做些事情，让长辈先享用酒食"之类那么简单，而是要有爱。

【译文】

　　子游请教孝道，孔子说："现在所说的孝，指能养活父母便行了。即使狗和马，也都有人饲养；对父母如果不恭敬顺从，那和饲养狗马有什么区别呢？"

【原文】

　　2.8　子夏问孝。子曰："色难①。有事，弟子服其劳②；有酒食③，先生馔④，曾是以为孝乎⑤？"

【题解】

　　孔子所提倡的孝，体现在各个方面和各个层次上，他要求为人子女者不仅要从形式上按周礼的原则侍奉父母，而且要从内心深处真正地孝敬父母。这段话意思是说，只有对父母的敬重充溢于心，才能时时处处在眉宇之间、言行之中表现出和悦的神色和敬意。

　　真正的孝不是"有事情，小辈们去效劳；有酒食，长者先享用"，那些只是表面的敬爱。真正的孝是要有爱，内心要始终充溢着敬爱的情感，表现在外就是对父母始终是和颜悦色的。《礼记·祭义》中有这样一段话："孝子之有深爱者，必有和气。有和气者，必有悦色。有悦色者，必有婉容。"不是真正的孝者，很难在父母面前保持一贯的和悦之色。故孔子会在弟子子夏问孝时，深有感触地说出"色难"二字。

【注释】

①色难：有两种解释，一说孝子侍奉父母，以做到和颜悦色为难；一说难在承望、理解父母的脸色。今从前解。②弟子：年轻的子弟。③食：食物。④先生：与"弟子"相对，指长辈。馔：吃喝。⑤曾：副词，难道的意思。

【译文】

　　子夏问什么是孝道，孔子说："侍奉父母经常保持和颜悦色最难。遇到事情，由年轻人去做；有好吃好喝的，让老年人享受，难道这样就是孝吗？"

【原文】

　　2.9　子曰："视其所以①，观其所由②，察其所安③。人焉廋哉④？人焉廋哉？"

⊙名家品论语⊙

　　儒学是从"孝悌"观念出发来施行社会教化的。父母对于子女的爱可以说是发自本性的自然之爱，人在父母养育下长大，也自然产生对父母的爱敬之心。儒家昭示这种爱敬之心，显发之，扩充之，强化之，使之形成一种根深蒂固的观念和情感。

　　道德规范要求是自觉的、长久有效的信念，如果少时灌输的思想和道德观念，长成即抛置脑后，那就是教化的失败。因而儒学始终抓住"孝"的观念，把它贯彻于人的一生。

　　"孝"的观念牢固确立，可以帮助其他道德规范的确立，因为自己的身体是父母所遗，寄托着父母的殷殷期望，因而自爱自重，不辱没父母，也就理所应当成为"孝"的准绳。如果人们说，亏得某人生了这样的儿子，这就可谓大孝。反之，如果"事君不忠"、"莅官不敬"、"朋友不信"、"战阵无勇"等等，为父母带来恶名，那就不能称作孝。

——姜广辉《儒学的道德精神及对它的现实思考》

⊙名家品论语⊙

　　《论语》是一部格言录，其中记载四百九十九段文字，多为孔子所言或与弟子、时人相互问答的话。这些文字不可等量齐观，而至少应该区分为四个层次。第一层是孔子个人的人生体悟，最富理趣，值得细加玩味。第二层是孔子与一流弟子的对话，智慧之光闪现，生动活泼，最具启发性。第三层是孔子与平凡弟子及时人的对话，较为落实，对于我们往往切中要害。第四层则是某些弟子的个人心得，未必有什么卓越见解。

——傅佩荣《论语心得》

【题解】

　　这段话是孔子讲述的观察别人的方法。孔子认为，对人应当听其言而观其行，还要看他做事的出发点，和他什么时候最心安理得，这就可以从他的言论、行动到他的内心，全面了解观察这个人。

　　前面孔子说过"不患人之不己知，患不知人也"，那么，如何知人呢？本章就是他给出的知人的方法，非常具有指导意义。"视其所以"就是看此人平时所做之事，这是从眼前看，不足以知人，还要从远处"观其所由"，也就是看此人是如何处理事情的，过去的所作所为、做事的出发点是什么，这样就可以进一步认识此人。"察其所安"，就是看他处理完事情之后，表现出什么样的神情。如果是行善事而安之，则善日积；如是行恶事而安之，则恶日增。用这样的知人方法来观察一个人，自然便可见出他是君子还是小人了。

【注释】

①以：为。所以，所做的事。②所由：所经过的途径。③安：安心。④廋（sōu）：隐藏，隐蔽。

【译文】

　　孔子说："看一个人的所作所为，考察他处事的动机，了解他心安于什么事情。那么，这个人的内心怎能掩盖得了呢？"

孔子向弟子讲述怎样观察、了解一个人。

【原文】

2.10　子曰："吾与回言终日[①]，不违如愚。退而省其私[②]，亦足以发，回也不愚。"

【题解】

　　这一章讲孔子的教育思想和方法。他提倡启发式的教学，提倡学生也要有主动发明和创造精神，不满意那种"终日不违"、从来不提相反意见和问题的学生，希望学生在接受教育的时候，能够开动脑筋，思考问题，对老师所讲的问题应当有所发挥。所以，他认为不思考问题、不提不同意见的人，是愚人。颜回在实践上能发挥孔子平日所讲授的，所以孔子说他不愚。

　　颜回大概是个大智若愚的人，他在孔子讲学的时候，不轻易发表自己的见解，不急于去表现自己的敏捷和锐思，显得很沉默，所以他给孔子的初始印象是个迟滞愚钝的人。然而孔子又发现颜回能在回去之后对所讲学问进行细细地琢磨而不懈怠，做到洞明之后，还能有所发挥。从"愚"到"不愚"，是孔子对颜回的一个认识过程，反映了颜回的沉静深思，也反映了孔子对学生的考察并非是一时一地的，而是长期的观察，可见孔子是非常善于识人的。

【注释】

①回：即颜回，孔子最得意的门生，字子渊，鲁国人。②退：从老师那里退下。省（xǐng）：观察。私：私语，指颜回与别人私下讨论。

【译文】

　　孔子说："我整天对颜回讲学，他从不提出什么反对意见，像个蠢人。等他退下，我观察他私下里同别人讨论时，却能发挥我所讲的，可见颜回他并不愚笨呀！"

【原文】

2.11　子曰："温故而知新，可以为师矣。"

【题解】

　　孔子这句话强调了举一反三、领会精神实质在教学中的重要性。"温故而知新"是孔子对我国教育学的重大贡献之一，他认为，不断温习所学过的知识，从而可以获得新的知识。这一学习方法抓住了"学习"这一人的最重要的活动之一的本质规律，就是人的认知是从低到高、从片面到全面、从浅薄到深刻的过程，新知识、新学问都是在过去所学知识的基础上发展而来的。因此，温故而知新是一个切实可行的学习方法，也是学习的基本规律。

　　古人常常会把已经读过的书拿出来温习研磨，叫作"温书"。所谓"好书不厌百回读"，就是好书有常读常新的功效。由于眼界、人生经验等多方面的限制，很少有人能一次就完全读通、读透一本好书，而是随着视野的开阔、人生阅历的增长，再回过头读旧书，会发现以前读书有疑惑的地方竟能豁然开朗了。《论语》就是这样一本好书，我们要不时地温习它，总会有意外的收获。

孔子对弟子强调"温故而知新"的重要性。

【译文】

孔子说："在温习旧的知识时，能有新的收获，就可以当老师了。"

【原文】

2.12　子曰："君子不器。"

【题解】

孔子认为君子应为通才，博学多能。君子是孔子心目中具有理想人格的人，他应该担负起治国安邦平天下的重任。对内可以处理各种政务；对外能够应对四方，不辱君命。所以，孔子说，君子应当博学多识，具有多方面才干，不只局限于某个方面，因此，他可以通观全局、领导全局，成为合格的领导者。这种思想在今天仍有可取之处。

君子在这个世界上不是作为一个只有一种功用的器具而存在的，而是要不拘泥于人与事的，要有容纳百川的大胸襟、大气度，善于发现他人之善而加以吸取借鉴，善于反省自己而能加以变通，这就是孔子的"不器"思想。器具终究有所局限，不能通达，一个人如果像只器具，就会心胸褊狭行动局促，难以通达天下。所以君子求学，不以一器为自己画地为牢，而是要博学多闻，具备浩然的大丈夫胸襟。

【译文】

孔子说："君子不能像器皿一样（只有一种用途）。"

【原文】

2.13　子贡问君子。子曰："先行其言而后从之。"

【题解】

做一个有道德的、博学多识的君子，不能只说不做，而应先做后说。只有先做后说，才可以取信于人。孔子教育学生注重因材施教，有的放矢。这是强调实际行动、反对夸夸其谈的回答，也是对聪明敏捷的子贡的提醒。

孔子被后世称为"至圣先师"，的确有其过人之处。他在对学生有所了解后再加以有针对性地教导。子贡长于言辞，这样的人往往容易去逞口舌之辩或犯言过其实的错误。所以孔子教他先做，做完了之后再说，其中也有"敏于事而慎于言"的意思。

【译文】

子贡问怎样才能做一个君子。孔子说："对于你要说的话，先实行了，然后说出来。"

孔子告诫子贡，君子要用实际行动证明自己，而不是夸夸其谈，光说不练。

【原文】

2.14 子曰："君子周而不比①，小人比而不周。"

【题解】

孔子在这一章中提出君子与小人的区别点之一，就是小人因私利而结党勾结，不能与大多数人融洽相处。而君子则不同，他做事总为多数人着想，能与众人和谐相处，但不与人相勾结。只要有人群的地方，孔子这种思想就有积极意义。

朱熹在《四书集注》中注道："周，普遍也。比，偏党也。""周"、"比"两字都有与人亲厚团结的意思，但二者又不完全相同。"周"是为了公，"比"是为了私。君子办事与人团结在一起，是出于公心，而不为私。在平时的修养中，也是去其私心，存其公心，不会为了私利与人勾结在一起。这就是"周而不比"。而小人办事，汲汲于名利，而不为公。闲暇无事时，心中所想的，也是有私无公，为了一己私利而与人狼狈为奸结为党羽，一旦利不合，就会马上翻脸，甚至互相落井下石。人处在社会之中，难免会有群体合作的时候，如何合作，君子与小人之道各有不同。

孔子为弟子们分析君子与小人的区别。

【注释】

①周：团结多数人。比：勾结。

【译文】

孔子说："德行高尚的人以正道广泛交友但不互相勾结，品格卑下的人互相勾结却不顾道义。"

【原文】

2.15 子曰："学而不思则罔①，思而不学则殆②。"

【题解】

这句话提出了学习和思考的关系，指出学与思要相结合。这是孔子治学方法的重要总结。孔子认为，在学习的过程中，学和思不能偏废。因为学而不思就会迷惘，而思而不得则会疑惑。因此主张学与思相结合的学习方式。只有将学与思相结合，才可以使自己成为既有思想，又有学识的人。

孔子认为，思考与学习同样重要，不可偏废。

⊙名家品论语⊙

　　较言行关系更为微妙的是学与思的关系。因为孔子说过"学而不思则罔，思而不学则殆"（《为政》）这两句意义重大的话，于是一般说孔子是学、思并重，恐怕是似是而非的看法。不错，从《论语》看，孔子是非常重视思的，如"君子有九思"（《季氏》）之类。但我们要注意，《论语》上的"思"，是面对某种行为、事物所应遵循的规范，如"言思忠，事思敬"等的思。这是把行为、事物与价值连结在一起之思，不同于一般所谓思辨之思。并不是说孔子摒斥思辨之思，"学而不思则罔"的思，即指的是思辨之思。但从"吾尝终日不食、终夜不寝以思，无益，不如学也"（《卫灵公》）的话来看，孔子实际重学更多于重思。王船山《论语训义》，对前引"学而不思则罔"两句，将学与思作分别性地解释说：学则不恃己之聪明，而一唯先觉之是效。思则不徇古人之陈迹，而任吾警悟之灵。把《论语》的"学"解释为"一唯先觉之是效"，即是学习前人所积累的经验，这是很恰切的。把此处的"思"解释为"任吾警悟之灵"，在语意上说得稍为含混。船山真正的意思是说，把所遇到的问题作抽象的思维，古人的陈迹，亦即是经验事实，在抽象中含掉了，亦即是由抽象而舍象，只是顺着思维的推演，以求得结论，这才是船山所说的本意。孔子的本意不是学与思并重，而是要学与思结合。

　　　　　　　　　　　　　　　　　　——徐复观《向孔子的思想性格回归》

　　不学不知道，学习能令人知晓世界的关系和因果；不思无所得，思考令人洞明义理。读书学习不去思索好坏便一味地加以吸收，容易使人拘泥刻板，流入教条主义的泥淖。不去读书学习一味地凭空思索，将现实中的经验和智慧置之不顾，最后只能是徒然耗费了精力却无所成。所以不能将学习和思索分开，要在学习的过程中去思考，在思考中去学习，这样才会大有长进。

【注释】

①罔：迷惘，没有收获。②殆：疑惑。

【译文】

　　孔子说："学习而不思考就会迷惘无所得；思考而不学习就会疑惑不解。"

【原文】

　　2.16　子曰："攻乎异端①，斯害也已②！"

【题解】

　　异端就是指中庸的两端，一个是过，一个是不及，孔子讲究中庸，主张执两端而用其中，亦即是不要偏执一端。对于异端不要闭目塞听，而是要去研究，知道了它的弊端在哪儿，辨识能力和免疫能力也就在了解抵抗中逐渐形成，不会去盲目听从。这也就是俗语所说的"见怪不怪，其怪自败"。故孔子主张要能容纳不同的意见，博施广采、兼收并蓄，巧妙地结合事物的两端，从中抓住事物

孔子主张博施广采、兼收并蓄，反对偏执一端、刚愎自用。

⊙名家品论语⊙

"君子"是以"中庸"为指导思想的,"小人"或"乡愿"是按反中庸的折衷主义行事的。"中庸"是通过"和"来"执两用中"的,而这个"中"又表现为"时中";"反中庸",大概是通过"同"来得其所中的,因而"肆无忌惮"。中庸者"能好人、能恶人"(《里仁》),因而"乡人之善者好之,其不善者恶之"(《子路》);反中庸者"同乎流俗,合乎污世",因而"一乡皆称愿人焉"。可见,中庸是有原则的,反中庸是无原则的;中庸是克己复礼的,反中庸是克己谀人的;中庸是和而有节(或"和而不流")的,反中庸是知和而和(或"和而流")的。如果说反中庸也有原则的话,那么它的原则在人,而中庸的原则在己;它的原则在"利",中庸的原则在"义";它的原则在"得",中庸的原则在"安";它的原则在效果,中庸的原则在动机。这是正、反中庸的根本区别,也是孔子告诫弟子"为君子儒,毋为小人儒"(《雍也》)的理论根据。

——庞朴《论孔子的思想中心》

的本质,这样才能辨识明了,避免偏执一端的毛病。

【注释】

①攻:做。异端:中庸的两端,指"过"和"不及"。②斯:连词,这就、那就的意思。也已:语气词。

【译文】

孔子说:"做事情过或不及,都是祸害啊!"

【原文】

2.17 子曰:"由①!诲女,知之乎②?知之为知之,不知为不知,是知也。"

【题解】

"知之为知之,不知为不知,是知也",是孔子被人广为传播的名言之一,后世常用来提醒人们用老实的态度来对待知识,来不得半点的虚假和骄傲。要养成学习踏实认真、实事求是的作风,避免鲁莽虚荣的习气。

根据这句话的语气和意趣来看,似乎是孔子在讲学,中途一眼瞥见子路(仲由)在那儿心不在焉,于是突然向他发问:"由!你听懂了没有?"子路可能支吾着说懂了,或说半懂不懂的。子路是孔子弟子中好勇力的一个,较为莽撞浮躁。于是孔子就语重心长地教诲他说:"懂了就是懂了,不懂就是

孔子告诫子路,做学问要脚踏实地,不要不懂装懂。

不懂,这才是真正的智慧。"意思是要他沉下心来向学,要冷静思考,不要学得一知半解的,便以为掌握了真知。

【注释】

①由：孔子的高足，姓仲，名由，字子路，卞（故城在今山东泗水县东五十里）人。②知：作动词用，知道。

【译文】

孔子说："由啊，我教给你的，你懂了吗？知道就是知道，不知道就是不知道，这才是真正的智慧！"

【原文】

2.18 子张学干禄①。子曰："多闻阙疑②，慎言其余，则寡尤③；多见阙殆④，慎行其余，则寡悔。言寡尤，行寡悔，禄在其中矣。"

【题解】

孔子这段话是回答子张怎样能够做好官。孔子教导学生要慎言慎行，言行不犯错误。他认为，身居官位者，要说有把握的话，做有把握的事，这样可以减少失误，减少后悔，这是对国家对个人负责任的态度。当然，这里所说的并不仅仅是一个为官的方法，也是立身于社会的基本原则。这也表明了孔子在知与行二者关系问题上的观念。孔子并不反对他的学生谋求官职，但是主张要把官做好，还要做好官。

孔子一生周游列国，虽没怎么受到诸侯国君的重用，但他论为政为官的言论却还是为从政者所重视和推崇的。他弟子三千，其中有好些就是专门向他学习求官为官之道的。在学有所成的七十二贤人中，就有不少在政治上很有作为，子张就是其中之一。子张比孔子小四十八岁，正是年轻有为、意气昂扬的时候，便很坦率直接地问老师怎样求得官职。孔子也不迂腐，耐心地教他该怎样做，因为年轻人容易果敢有余而不够细心，所以孔子一再强调要慎言慎行，做到言语少错误，行动上少有懊悔，官禄自然在其中了。

孔子教导子张为官要慎言慎行。

【注释】

①子张：孔子的学生，姓颛（zhuān）孙，名师，字子张。干禄：谋求禄位。②阙疑：把疑难问题留着，不下判断。阙，通"缺"。③尤：过失。④阙殆：与"阙疑"对称，同义，故均译为"怀疑"。

【译文】

子张请教求得官职俸禄的方法。孔子说："多听，把不明白的事情放到一边，谨慎地说出那些真正懂得的，就能少犯错误；多观察，不明白的就保留心中，谨慎地实行那些真正懂得的，就能减少事后懊悔。言语少犯错误，行动很少后悔，自然就有官职俸禄了。"

【原文】

2.19　哀公问曰①："何为则民服？"孔子对曰："举直错诸枉②，则民服；举枉错诸直，则民不服。"

【题解】

　　鲁哀公向孔子请教如何治理国家、让人民拥护的办法，孔子则从用什么人和怎么用人的方面予以解答。荐举贤才，选贤用能，是孔子德治思想的重要组成部分。宗法制度下的选官用吏，唯亲是举，孔子的这种用人思想可说在当时是一大进步。"任人唯贤"的思想在历史上一直闪耀着光辉。

　　鲁哀公作为鲁国国君，他关注的自然是怎样才能使人民服从的问题。孔子则以举错之道对之。因为"政者，正也"，为政者如果能秉持公正之心，举用正直贤能的人才，舍置曲枉不正的人，人民自然会心悦诚服。反之，为政者没有公正之心，以一己之好恶去举用曲枉不正的人，而舍置正直贤能的人，人民深受其害，自然会怨声载道，即使无力去抗拒强权暴政也会心有不服。

【注释】

①哀公：即鲁哀公，鲁国国君，姓姬，名将，鲁定公之子，在位二十七年，"哀"是谥号。②错：同"措"，安置。诸："之于"的合音。枉：邪曲。

【译文】

　　鲁哀公问道："我怎么做才能使百姓服从呢？"孔子答道："把正直的人提拔上来，使他们位居不正直的人之上，则百姓就服从了；如果把不正直的人提拔上来，使他们位居正直的人之上，百姓就会不服从。"

【原文】

2.20　季康子问①："使民敬、忠以劝②，如之何？"子曰："临之以庄，则敬；孝慈，则忠；举善而教不能，则劝③。"

孔子委婉地告诉季康子，为政之道重在求诸自身。

【题解】

　　季康子的本意，是想向孔子请教治理百姓的方法，而孔子教他的却是做人的道理，引导他提高个人的品质和修养。孔子主张"礼治"、"德治"，这不单单是针对老百姓的，对于当政者也是如此。当政者本人应当庄重严谨、孝顺慈祥，如此则老百姓就会亲近、尊敬当政者，从而真心向善，努力劳作。

　　季康子是鲁国的权臣，他所问的重点在于使民之道：怎样才能使百姓对上恭敬尽忠、勤勉做事。孔子的回答却是重在修己之道，要求执政者首先做到用庄重的态度对待老百姓，孝顺父母、爱护幼小，举贤用能，教育能力低下的人。认为"子帅以正"，老百姓自然就会心悦诚服，竞相效仿。其实质是人心美德存在着巨大的感染力，引导事物朝良性方向发展。

【注释】

①季康子：鲁大夫季桓子之子，鲁国正卿，"康"是谥号。②以：通"与"，可译为"和"。③劝：勉励的意思。

【译文】

　　季康子问："要使百姓恭敬、忠诚并互相勉励，该怎么做？"孔子说："如果你用庄重的态度对待他们，他们就会恭敬；如果你能孝顺父母、爱护幼小，他们就会忠诚；如果你能任用贤能之士，教育能力低下的人，他们就会互相勉励。"

【原文】

　　2.21　或谓孔子曰^①："子奚不为政^②？"子曰："《书》云^③：'孝乎！惟孝，友于兄弟。'施于有政^④，是亦为政，奚其为政？"

【题解】

　　这一章反映了孔子的一个基本思想：把亲情扩充为人与人之间的仁德之心，把治家之道伸展到治国之道。这种思想有着跨越时代的价值。他认为，治理国家以孝为本，孝父友兄的人才有资格担当国家的官职。说明

孔子认为，自己在家奉行孝道，亦是亦参与政治教化。

⊙典故与知识⊙

中国古代，父母死了是三年之丧，要守孝三年。我们在几十年前，许多朋友还是守这个规矩，手臂上都还戴一块白布或黑布。现在没有了，三年变三天了。在守丧时期称制中，在名片上面，名字旁边都要加印一个较小的"制"字，表示在守丧。在古代更严重，研究我国古代政治制度，所谓圣朝以孝治天下，做官的人，不管文官武官，也不管官做多大，碰到父母之丧，如果不马上请假还乡，那是不对的，监察御史马上提出弹劾，可以处分到永不录用的程度，是很严重的。不过有一点例外，以武将来说，他正在前方作战，假使父母死了，仍然要向朝廷请假还乡，皇帝可以下诏书，着他移孝作忠，予以慰留，这才可以不还乡。在戏剧里可以看到，有的戏里武将穿半边白袍的，就表示他是戴孝上阵，那都是皇帝特殊的慰留，国家非要这个人不可；有些是他还乡守孝以后，丧服未满，皇帝下命特别起用，名为"起复"。而起复有两种情形，一种是退休以后再起用，一种是还乡守制的人起用。古代这种政治制度，也有它的好处。一个人从政久了以后，离开民间太久了，对民间的情形都不知道，回乡以后，杜门思过，也不准宴客，与地方官吏都不得接触，可以深入到民间。这是中国古礼。

古代连皇帝也要守丧三年。譬如说丧期中是不准结婚的，年轻皇帝登位前若要结婚，除非由皇太后下命令才可以。在唐代、宋代、明代、清代都有，老皇帝一死，新皇帝没有就位以前，丧事没有发布，先办婚事，第二天再发丧，否则就违犯礼制。这种古礼连皇帝都要遵守，这是中国文化的精神。

了孔子的"德治"思想主张。

孔子认为为政在德，而孝为德之本。虽然没有身居官位，但在家施行孝道，友爱兄弟朋友，亦是在参与政治教化了。孔子还引用古代的经典《尚书》来论证自己修身为政的观点。《诗经》上亦有："刑于寡妻，至于兄弟，以御于家邦。"意思是说，做妻子的表率，从而推广到兄弟，再推广到封邑和国家。所以个人是否为官从政并不重要，重要的在于个人以孝来齐家，流风所及而化育万物，使全国上下形成孝的社会风气，使万民得以沐浴其恩泽。

【注释】

①或：有人。②奚（xī）：疑问词，当"何"、"怎么"、"为什么"讲。③《书》：指《尚书》。"《书》云"以下三句见伪《古文尚书·君陈》，略有出入，可能是《尚书》逸文。④施于有政："有"在此无实在的意义。

【译文】

有人问孔子说："您为什么不当官参与政治呢？"孔子说："《尚书》中说：'孝呀！只有孝顺父母，才能推广到友爱兄弟。并把孝悌的精神扩展、影响到政治上去。'这也是参与政治，为什么一定要当官才算参与政治呢？"

【原文】

2.22 子曰："人而无信①，不知其可也。大车无輗②，小车无軏③，其何以行之哉？"

【题解】

孔子用一个著名的比喻，阐述了诚实守信的重要性。信，是儒家传统伦理准则之一。孔子认为，信是人立身处世的基石。在《论语》中，信的含义有两种：一是信任，即取得别人的信任；二是对人讲信用。一个良好的社会环境确实应该让不守信的人无法畅行无阻。

在孔子看来，不讲信用的人好比缺少铆钉的车子，难以行走天下。

人无信不立，丧失了别人的信任，或是对别人不讲信用，最后终将陷入孤独的焦灼之中，感觉不到任何的依恃，好比车子没有了铆钉，就不能行走天下。

【注释】

①而：如果。信：信誉。②大车：指牛车。輗（ní）：大车辕和车辕前横木相接的关键。③小车：指马车。軏（yuè）：古代车辕与横木相连接的关键。

【译文】

孔子说："一个人如果不讲信誉，真不知他怎么办。就像大车的横木两头没有活键，小车的横木两头少了关扣一样，怎么能行驶呢？"

【原文】

2.23　子张问："十世可知也①？"子曰："殷因于夏礼②，所损益，可知也；周因于殷礼，所

⊙名家品论语⊙

孔子说："人而无信，不知其可也。大车无輗，小车无軏，其何以行之哉？"（《论语·为政篇第二》）是说一个人如果不讲信誉，好像马车上没有驾驭牲畜的关键，是完全不行的。他告诫学生，要行事通达，首先要做到忠信笃敬，这几个字被他的学生奉为座右铭。"子张问行。子曰：'言忠信，行笃敬，虽蛮貊之邦，行矣。言不忠信，行不笃敬，虽州里，行乎哉？立则见其参于前也，在舆则见其倚于衡也，夫然后行。'子张书诸绅。"（《论语·卫灵公篇第十五》）当子张问他如何提高品德时，他又说："主忠信，徙义，崇德也。"（《论语·颜渊篇第十二》）他的最高道德理想——仁，自然也包含了信的内容。"子张问仁于孔子，孔子曰：'能行五者于天下为仁矣。'"子张进一步问是哪五者，子曰："恭、宽、信、敏、惠。恭则不侮，宽则得众，信则人任焉，敏则有功，惠则足以使人。"（《论语·阳货篇第十七》）孔子还说："克己复礼为仁，一日克己复礼，天下归仁焉，为仁由己，而由人乎哉？"（《论语·颜渊篇第十二》）所谓"克己复礼"，是约束自己的行为，这是孔门修己安人的重要内容。

——李铭起《论孔子的"信"》

损益，可知也；其或继周者，虽百世，可知也。"

【题解】

　　这里孔子讲了礼制史的继承与发展的情况，指出了其损益规律。孔子历来不反对变革，但是一切变革都是在既有的基础上进行的，是有迹可循的。孔子在这儿提出一个重要概念：损益。它的含义是增减、兴革，即对前代典章制度、礼仪规范等有继承、沿袭，也有改革、变通。

孔子开导子张，礼之根本永远不会改变。

子张问"十世"者，世为朝代，意即今后之十代，其制度变易如何、所走过的路不会全然没有任何痕迹，循着它，可以通向何方，一个国家的历史和文化亦有其演变的印迹可循，可知我们将要通向何方。故孔子先征以夏商周三代之沿革，后答以未来。原有的而不合时宜的东西，加以废弃，谓之损；其为时代之所需而原来没有的，便加以建立，谓之益。殷有天下，依于夏朝之礼制，有损有益。周有天下，依于殷朝之礼制，其所损益亦然。其或继周而有天下者，亦必依于周礼而损益之。如是虽百世而亦可知也。变的是制度，不变的是基本的伦常，那也是礼之根本。

【注释】

①世：古时称三十年为一世，一世为一代。也有的把"世"解释为朝代。也：表疑问的语气词。②殷：殷朝，即商朝，商王盘庚迁都于殷（今河南安阳西北），后来就称商朝为"殷"。因：因袭，沿袭。

【译文】

　　子张问："今后十代的礼制现在可以预知吗？"孔子说："殷代承袭夏代的礼制，其中废除和增加的内容是可以知道的；周代继承殷代的礼制，其中废除和增加的内容，也是可以知道的。那么以后如果有继承周朝的朝代，就是在一百代以后，也是可以预先知道的。"

【原文】

　　2.24　子曰："非其鬼而祭之，谄也。见义不为，无勇也。"

【题解】

　　孔子提出"义"和"勇"的概念，都是儒家有关塑造高尚人格的规范。《论语集解》注："义，所宜为"。符合仁、礼要求的，就是义。"勇"，就是果敢、勇敢。孔子把"勇"作为实行"仁"的条件之一。"勇"，必须符合"仁、义、礼、智"，才算是勇，否则就是"乱"。

　　按照周礼，祭祀是国之大事，有着详细的制度。但到了春秋末期，礼崩乐坏，很多诸侯国的国君已经不再遵守周礼所定的祭祀之礼了。不是自己应该祭祀的鬼神而去祭祀，其意在求福，自是一种谄媚之举了。见义不为，一则由于畏难，二则由于避祸。畏难是庸碌者所为，避祸则贤者有时也难免。祸有当避，有不当避，孟子就讲，所恶有甚于死者，故患有所不避也。而在见义之后不能挺身而出，这就是没有勇气了。

【译文】

　　孔子说："祭祀不该自己祭祀的鬼神，那是献媚；见到合乎正义的事而不做，那是没有勇气。"

⊙典故与知识⊙

　　所谓"周礼"，其特征是将以祭神、祭祖先为核心的原始礼仪，加以改造制作，予以系统化、扩展化，成为一整套早期奴隶制的习惯统治法规。以血缘父家长制为基础（亲亲）的等级制度是这套法规的骨脊，分封、世袭、井田、宗法等政治经济体制则是它的延伸扩展。而以孔子为代表的儒家，也正是由原始礼仪巫术活动的组织者领导者（所谓巫、尹、史）演化而来的"礼仪"的专职监督保存者。

孔子认为，见义而为，敢于驳斥小人，可以称为勇。

八佾篇第三

【原文】

3.1　孔子谓季氏①：“八佾舞于庭②，是可忍也③，孰不可忍也？”

【题解】

这段话是孔子直接针对季氏僭用礼乐的行为而发的。春秋末期，社会处于剧烈的变化之中，违背周礼、犯上作乱的事情不断发生。季孙氏用八佾舞于庭院，是典型的破坏周礼的行为。对此，孔子表现出极大的愤慨，“是可忍也，孰不可忍也”一句，反映了孔子性格鲜明的一面，他对于理想的坚持是有原则的。

在孔子时代，鲁国有孟孙、仲孙、季孙三家权臣，整个政权都操在他们手上，国君对他们也无可奈何。季氏即季孙氏，他作为卿大夫本来只能用四佾规格的乐舞，但他却僭用了天子才能用的八佾规格的乐舞。飘风起于青萍之末，祸乱始于人心之变乱，风气变坏始于规矩之坏，故孔子以这件事断定，季氏将来什么事都做得出来。果然，没过多久，季氏削弱鲁国公室，三家权臣联合起来攻打鲁昭公，昭公出奔到齐，后又至晋，死于晋国的乾侯。

季孙氏在自己家里用天子的规格奏乐舞蹈，这是典型的僭越行为。

【注释】

①季氏：季孙氏，鲁国大夫。②八佾（yì）：古代奏乐舞蹈，每行八人，称为一佾。天子可用八佾，即六十四人；诸侯六佾，四十八人；大夫四佾，三十二人。季氏应该用四佾。③忍：忍心，狠心。

【译文】

孔子谈到季孙氏时说：“他用天子才能用的八佾在庭院中奏乐舞蹈，这样的事都狠心做得出来，还有什么事不能狠心做出来呢？”

【原文】

3.2　三家者以《雍》彻①。子曰：“‘相维辟公，天子穆穆②’，奚取于三家之堂？”

【题解】

本章与前章都是谈鲁国当政者违“礼”的事。对于这些越礼犯上的举动，孔子表现得极为愤慨。天子有天子之礼，诸侯有诸侯之礼，礼是根本的秩序，各守各的礼，秩序才能维持，天下才可以安定。因此，“礼”是孔子政治思想体系中的重要范畴，被孔子看得极重。

礼乐在孔子心目中具有神圣的地位，是国家秩序和传统文化精神的象征，远远超越单纯的娱乐和消遣之用。三家权臣僭用天子的礼乐，其用心昭然若揭。所以孔子引用古代的诗说：“相维辟公，天子穆穆。”意思是说，在中央天子奏《雍》这支国乐的时候，天子站在中央，辟公（即当时的诸侯）站在两边拥护着天子，然后天子目不斜视地从中间走过。这是十分庄严的，因为天子是社稷的象征。孔子所处时代的社会风气已然变坏，国家精神和人文精神亦在逐渐消失，所以孔子感到十分痛心。

【注释】

①三家：鲁国当政的三家大夫孟孙、叔孙、季孙。《雍》：《诗经·周颂》中的一篇，为周天子举行祭礼后撤去祭品、祭器时所唱的诗。彻：同"撤"，古代祭礼完毕后撤祭馔，乐人唱诗以娱神。②"相维辟公，天子穆穆"二句：诸侯都来助祭，天子恭敬地主祭。见《雍》诗。相（xiàng），助祭的人。维，用于句中的助词，可以译为"是"。辟（bì）公，诸侯。穆穆，庄严肃穆。

【译文】

孟孙、叔孙和季孙三家祭祖时，唱着《雍》这首诗歌来撤除祭品。孔子说："《雍》诗说的'诸侯都来助祭，天子恭敬地主祭'怎么能用在三家大夫的庙堂上呢？"

【原文】

3.3　子曰："人而不仁，如礼何①？人而不仁，如乐何？"

【题解】

礼与乐都是制度文明，而仁则是人们内心的道德规范，是人文的基础。所以，乐必须反映人们的仁德。乐是表达人们思想情感的一种形式，在古代，它也是礼的一部分。礼与乐都是外在的表现。这里，孔子指出礼、乐的核心与根本是仁，没有仁德的人，根本谈不上什么礼、乐的问题。

仁是孔子学说的中心，它来自固有的道德，是礼乐所由之本。礼讲谦让敬人，乐须八音和谐，无相夺伦。一个人没有仁的本质，则无谦让敬人、和谐无夺等美德，即便行礼奏乐，也不具有实质意义。所以，人而不仁，礼对他有什么用？人而不仁，乐对他有什么用？这里即是说不仁之人，是用不了礼乐的。

【注释】

①如礼何：怎样对待礼仪制度。

【译文】

孔子说："做人如果没有仁德，怎么对待礼仪制度呢？做人如果没有仁德，怎么对待音乐呢？"

【原文】

3.4　林放问礼之本①。子曰："大哉问！礼，与其奢也，宁俭；丧，与其易也②，宁戚。"

【题解】

孔子在这里阐述了"礼"的真义："礼"是以真诚的情感为基础的，而不是虚文浮饰的事物。林放问礼之本，孔子在这里没有正面回答他的问题。但仔细一想，孔子明确说明了礼之根本的问题不在形式而在内心。不能只停留在表面仪式上，真实、真诚、真心才是礼的根本。

林放提的问题很大，本来不是三言两语就能讲清楚的，即使讲解了，也有可能因为受知识和阅历的限制而难以理解和领悟。孔子的回答是智慧的，他不去空泛地谈论礼的根本是什么，而是就现实中的礼仪的奢华铺排和丧礼的仪式周全发论。礼贵在得宜适中，铺张奢侈和俭约节省代表两个极端，都不是尽善尽美。但

孔子认为，礼之根本不在形式而在内心，治丧的核心是内心哀痛，而不是仪式上的面面俱到。

俭可以避免繁文缛节，比较接近礼的本源，就是真诚的心意。丧礼强调要真诚心意，更甚于其他的礼，所以孔子特别加以说明。知道礼之本后，就不会为虚荣心所驱使去做舍本逐末的事了。

【注释】

①林放：鲁国人。②易：治理，办妥。

【译文】

林放问礼的根本。孔子说："你的问题意义重大啊！礼，与其求形式上的豪华，不如俭朴一些好；治丧，与其在仪式上面面俱到，不如内心真正悲痛。"

【原文】

3.5　子曰："夷狄之有君①，不如诸夏之亡也②。"

【题解】

孔子这两句话乃是针对当时华夏诸国君不君、臣不臣现象的伤时之语。孔子的思想里有明确的"夷夏观"，后世则逐渐演变成"夷夏之防"的观念。这不是像有些人说的是在宣扬大汉族主义，孔子的本义是在提倡礼乐文明的传统。

夷狄是古代用于指文化落后的边远地区，没有所谓的礼乐教化。当时诸夏是周朝诸国，为华夏文明区。春秋时期，周朝曾经五年没有天子；鲁国曾经九年没有国君。孔子的思想是以礼乐文化为中心，认为那些落后地区的蛮族，虽然也有君主，但没有文化，不如华夏文明区，即使没有了君主，但传统的文化精神还是在世世代代相传。所以孔子这句话的意思就是说，有政权的存在而没有文化的精神，那有什么用呢？

【注释】

①夷狄：古代中原地区的人对周边少数民族的贬称，谓之不开化。②诸夏：古代中原地区华夏族的自称。亡（wú）：通"无"。

【译文】

孔子说："边远地区有君主而不讲礼节，还不如中原的没有君主而讲礼节哩。"

【原文】

3.6　季氏旅于泰山①。子谓冉有曰②："女弗能救与？"对曰："不能。"子曰："呜呼！曾谓泰山不如林放乎？"

【题解】

在这一章，孔子对当时季孙氏的"僭礼"行径进行抨击，谈论的仍旧是礼的问题。祭祀泰山在古代是天子和诸侯的专权，这是礼的规定。季孙氏只是鲁国的大夫，竟然也去祭祀泰山，而冉有身为季氏的家臣却不能阻止。孔子对这样"僭礼"

孔子指责冉有不阻止季氏祭祀泰山的僭礼行为。

的行径，不说季氏如何，也不再谴责冉有该如何，而是唏嘘感叹：难道泰山之神还不如林放懂礼？因为林放作为一个普通人，尚且懂得问礼之根本，而身居上位的季孙氏却不遵循礼，而且还认为神灵会接受他这种无礼的人间欲求。

【注释】

①旅：祭山，这里作动词用。在当时，只有天子和诸侯才有资格祭祀名山大川。②冉有：名求，字子有，孔子的学生，比孔子小二十九岁。冉有当时在季氏门下做事。

【译文】

季氏要去祭祀泰山，孔子对冉有说："你不能阻止吗？"冉有回答说："不能。"孔子说："唉！难道说泰山之神还不如林放懂礼吗？"

【原文】

3.7 子曰："君子无所争。必也射乎①！揖让而升②，下而饮，其争也君子。"

【题解】

孔子在这里所说的反映了儒家思想的一个重要特点，即强调谦逊礼让而反对无礼的、不公正的竞争。孔子在这里所说的"君子无所争"，这个"争"指的是争斗，而不是合理的竞争，合理的竞争应该是有法则、有秩序的，这才是孔子所提倡的。

射是六艺之一，为自古战阵所必需，是贵族男子必学的基本技艺之一。平时则有射艺比赛，定有明确的礼仪。君子谦谦，向来与人无争。一定说有的话，也就是射箭了。射礼在堂上举行，在走上堂和走下堂时都会揖让作礼，无论胜负都会饮酒，负者先饮，胜者陪之。只有在射箭时，各显示其技艺，以求射中正中心，这就是所谓的"君子之争"。整个过程依礼而行，重点在参与人际互动，而不在胜过别人，不同于小人之争，显得雍容和谐。

儒家倡导谦逊礼让的君子之争，反对恶性竞争。

【注释】

①射：指古代的射礼。大射礼规定两人一组，相互作揖然后登堂，射完再相互作揖退下。各组射完后，再作揖登堂饮酒。②揖：拱手行礼。

【译文】

孔子说："君子没有什么可与别人争的事情。如果有，一定是比射箭了。比赛时，相互作揖谦让后上场。射完后，登堂喝酒。这是一种君子之争。"

【原文】

3.8 子夏问曰："'巧笑倩兮①，美目盼兮②，素以为绚兮③'，何谓也？"子曰："绘事后素。"曰："礼后乎？"子曰："起予者商也④！始可与言《诗》已矣。"

【题解】

子夏问诗，认为丽质天生的美女，不必多作装饰，只要穿上素色衣服就很吸引人了，其本意在于礼仪形式之华美，而孔子的回答在于礼仪之实，即内容之美。子夏理明辞达，领悟力很高，马上受到启发，因论诗而知学。孺子可教，于是孔子赞扬子夏从"绘事后素"中体会到"礼后乎"，就是用绘画作比喻来说明仁和礼的关系。他认为，外表的礼节仪式同内心的真实情感应是统一的，如同绘画一样，质地不洁，不会画出丰富多彩的图案。

【注释】

①倩：笑容美好。②盼：眼睛黑白分明。③绚（xuàn）：有文采。这三句诗前两句见《诗经·卫风·硕人》，第三句可能是逸诗。④起：阐明。

【译文】

子夏问道："'轻盈的笑脸多美呀，黑白分明的眼睛多媚呀，好像在洁白的质地上画着美丽的图案呀。'这几句诗是什么意思呢？"孔子说："先有白色底子，然后在上面画画。"子夏说："这么说礼仪是在有了仁德之心之后才产生的了？"孔子说："能够发挥我的思想的是卜商啊！可以开始和你谈论《诗经》了。"

【原文】

3.9 子曰："夏礼，吾能言之，杞不足征也①；殷礼，吾能言之，宋不足征也②。文献不足故也③。足，则吾能征之矣。"

【题解】

这段话表明两个问题。一，孔子认为，对夏礼、殷礼的说明，要依赖足够的历史典籍和贤人来阐述，这些反映了他对知识的实事求是的态度。二，孔子对夏商周三代的礼仪制度非常熟悉，他希望人们都能恪守礼的规范，可惜当时僭礼的人实在太多了。

孔子博学多识，但是不轻易下断语，对于有关文献典籍和历史事实则更是十分谨慎。夏朝的礼，孔子能说，但须取得证明。然而夏朝灭亡后，子孙封于杞国，积弱不振，

孔子用绘画作比喻，为子夏阐释礼仪与仁德的关系。

孔子借论古代礼仪文献缺失，教育弟子们做学问要严谨慎重。

⊙名家品论语⊙

孔子想重建古代的宗教礼仪，于是到杞国去求访夏代的古俗遗产，到宋国去求访商代宗教习俗礼仪，但是并无所获。他说："夏礼吾能言之，杞不足征也。殷礼吾能言之，宋不足征也。文献不足故也。足，则吾能征之矣。"换句话说，孔子根本上是个历史学家，他力图从当时尚存的风俗古物以及文献之中，去研究并保存已然湮没的古代礼仪制度。

孔门的学术研究，结果发展成为历史丰厚的遗产，而当时其他学派，在此方面，则全付缺如。因此我个人相信，儒家之能战胜其他学派如道家、墨家，一半是由于儒家本身的哲学价值，一半也由于儒家的学术地位。儒家为师者确是可以拿出东西来教学生，而学生确实可以学而有所收获。那套真实的学问就是历史，而其他学派只能夸示一下自己的意见与看法，"兼爱"也罢，"为己"也罢，没有具体的内容。

——林语堂《孔子的思想和品格》

多次迁徙，其文史记载不足以为证。殷朝的礼，孔子也能说，然而为殷朝后代的宋国，国势也每况愈下，其文献资料也不足以为证。夏、殷之礼，孔子虽然能知能言，却尚须寻求文献，以为征信，由此可见孔子强调言必有所据的一面。

【注释】

①杞：国名，杞君是夏禹的后代，周初的故城在今河南杞县，其后迁移。征：证明、验证。②宋：国名，宋君是商汤的后代，故城在今河南商丘市南。③文献：文，典籍；献，指贤人。

【译文】

孔子说："夏代的礼仪制度，我能说一说，但它的后代杞国不足以作证明；殷代的礼仪制度，我能说一说，但它的后代宋国不足以作证明。这是杞、宋两国的历史资料和知礼人才不足的缘故。如果有足够的历史资料和懂礼的人才，我就可以验证这两代的礼了。"

【原文】

3.10　子曰："禘自既灌而往者①，吾不欲观之矣。"

【题解】

这是孔子对鲁国举行禘礼是非礼的评论，反映出当时礼崩乐坏的状况，也表示了他对现状的不满。

禘祭是古代祭祀天地祖宗的大礼，源自于人类对不可知事物的敬畏心理，为人心虔诚之信仰。只有天子才可以主持，代表民众的愿望与天地祖宗进行沟通交流，使之降福人间。因此，不仅仪式隆重而盛大，更要在内心保持诚敬。

然而到了春秋末期，孔子看到的禘祭已经是徒然具有铺排的仪式而没有诚心敬之实了。这标志着传统文化的衰落，所以孔子会痛心地说："不想继续看下去了。"

【注释】

①禘（dì）：一种极为隆重的祭礼，只有天子才能举行。灌：祭礼开始时，向代表受祭者献酒的仪式。

徒具形式的禘祭一开始，孔子就不想再看下去了。

【译文】

孔子说："举行禘祭的仪式，从完成第一次献酒以后，我就不想看下去了。"

【原文】

3.11　或问禘之说。子曰："不知也。知其说者之于天下也，其如示诸斯乎①！"指其掌。

【题解】

孔子认为，鲁国的禘祭已名分颠倒，不值一看，所以当有人问及禘祭，他故作不知。但紧接着又说，谁能懂得禘祭的道理，治天下就容易了。这就是说，谁懂得禘祭的规定，谁就可以恢复天下的秩序于礼了。

孔子说不知有三种可能性：一是问题太大了，无从说起；二是禘礼已被僭用，孔子为鲁君讳，不敢妄议其是非；三是孔子对禘祭没完全掌握，故不轻易言说。但他无疑知道禘祭的精神内涵：禘祭界定了人与天、地、祖先的关系，引发人的报本反始之心，意义重大，只要明白其中的道理，治国就顺理成章了。

【注释】

①示：有二义，一为"置"，摆或放的意思，即指放在手上的东西，一目了然；一为"视"。两说皆通，今从前说。斯：指后面的"掌"字。

【译文】

有人问孔子关于举行禘祭的内容，孔子说："不知道。知道的人治理天下，可能像把东西放在这里一样容易吧！"说的时候，指着自己的手掌。

孔子指着自己的手掌说，知道禘礼的人治理天下，大概就像把东西放在这里一样容易吧。

【原文】

3.12 祭如在①，祭神如神在。子曰："吾不与祭②，如不祭。"

【题解】

孔子平时很少提及鬼神之事，如他说："敬鬼神而远之。"所以，这一章他说祭祖先、祭鬼神，就好像祖先、鬼神真在面前一样。并非认为鬼神真的存在，而是强调参加祭祀的人，应当在内心有虔诚的情感。这样看来，孔子主张进行的祭祀活动主要是道德的而不是宗教的。

【注释】

①祭如在：祭祀祖先时，好像祖先真的就在面前。祭，祭祀。在，存在，这里指活着。②与：参与。

【译文】

祭祀祖先时，好像祖先真的在面前；祭神的时候，好像神真的在面前。孔子说："我如果不亲自参加祭祀，祭了就跟不祭一样。"

孔子诚心祭祀。

【原文】

3.13 王孙贾问曰①："'与其媚于奥②，宁媚于灶③'，何谓也？"子曰："不然，获罪于天，无所祷也。"

【题解】

古人认为奥神的地位高于灶神，王孙贾是卫国的权臣，在此以奥神比喻卫灵公，以灶神比喻卫灵公身边有权势的臣子，用这个当时的俗语暗示孔子与其奉承卫灵公不如奉承他身边的权臣。孔子不以为然，认为做事违背道理，得罪上天，到什么地方祷告也没用。只要顺理而行，也就不用去谄媚于人。

朱熹认为王孙贾是卫国权臣，他这样引用当时的俗语来询问孔子的看法，实际上是讽喻孔子，效忠君王不如阿附权臣（王孙贾自己），体现了人对于切身利益的欲求。孔子却认为，一个人非分而求，便是得罪于天，必受天谴。

【注释】

①王孙贾：卫国权臣。据说他是周王之后，因得罪周王，出仕于卫。他的问话，用的是比喻，带有挑衅意味。②奥：后室的西南角，被视为尊者所居的位置。③灶：古人认为灶里有神，因此在灶边祭之。这里王孙贾以奥比喻卫灵公或其宠姬南子，以灶自喻，暗示孔子与其巴结卫灵公及南子，不如巴结自己更实惠。

【译文】

王孙贾问道："'与其巴结奥神，不如巴结灶神'，这是什么意思？"孔子说："不是这样的。如果得罪了上天，到什么地方去祷告求情也是无用的。"

【原文】

3.14 子曰："周监于二代①，郁郁乎文哉②！吾从周。"

⊙名家品论语⊙

孔子对于传统宗教的态度的进步一方面比较清楚地表现在他对于鬼神的态度。他对于鬼神是否存在，持怀疑态度。他的学生子路向他问鬼神，他说："未能事人，焉能事鬼？"子路又向他问死，他说："未知生，焉知死。"（《论语·先进》）他又说："敬鬼神而远之，可谓知矣。"（《论语·雍也》）从这些话里，可见他是肯定人生，注重现实生活的。他认为迷信鬼神，就是不智，就是愚。但是他对于"丧""祭"礼还是照旧重视，认为是不可改变的。他一方面"不语怪力乱神"（《论语·述而》），一方面说："祭如在，祭神如神在"（《论语·八佾》）、"所重民、食、丧、祭"（《论语·尧曰》）。"丧礼"是有关于鬼的，"祭礼"是有关于神的。鬼神可以不存在，但是与原来宗教有关的丧祭礼，仍要原封保存，照他说起来这是对于人的一种教育。他的学生曾子说："慎终追远，民德归厚矣。"（《论语·学而》）在这一方面，孔子也是在旧框子中，加上新内容。

——冯友兰

【题解】

孔子对夏商周的礼仪制度等有深入的研究。他认为，历史和文化是不能割断的，其必有所依循而复有所演变的发展之道，后一个王朝对前一个王朝必然有承继、沿袭。周礼就是在夏商二代之礼的基础上加以损益形成的，因此礼乐制度完备而盛极，所以孔子主张遵从周礼。我们今天的中国文化，也是周朝文化沿革、发展、损益的结果。"郁郁乎文哉"，是孔子对周礼的评价，意思是说周礼制度完备、仪式谨严，是多么的丰富多彩啊！于是发出了由衷的赞叹，表示自己接受周代的礼制。

【注释】

①监（jiàn）：通"鉴"，借鉴。二代：指夏、商二代。②郁郁：文采盛貌。文：指礼乐制度。

【译文】

孔子说："周代的礼仪制度是参照夏朝和商朝修订的，多么丰富多彩啊！我主张接受周代的。"

【原文】

3.15 子入太庙①，每事问。或曰："孰谓鄹人之子知礼乎②？入太庙，每事问。"子闻之，曰："是礼也。"

【题解】

孔子对周礼十分熟悉，他来到祭祀周公的太庙里却每件事都要问别人。所以，有人就对他是否真的懂礼表示怀疑。孔子听到后，不以为忤，亦不以为耻，还很坚持：这就是礼啊。孔子这种"每事问"的行为体现了他谦逊好学的态度，认为学无止境，故虚心向人请教。同时也说明他对祭祀大典的诚敬谨慎，不以问人为耻。

【注释】

①太庙：开国的君主叫太祖，太祖的庙叫太庙。这里指周公的庙，周公是鲁国最先受封的君主。②鄹（zōu）：

孔子虚心向别人请教太庙礼仪。

鲁国地名，在今山东省曲阜市东南。孔子的父亲做过鄹大夫，所以这里称为鄹人。

【译文】

孔子进入太庙，每遇到一件事都细细地询问。有人说："谁说鄹邑大夫的儿子懂得礼仪呀？他进到太庙里，每件事都要问人。"孔子听到这话，说："这正是礼嘛。"

【原文】

3.16　子曰："射不主皮①，为力不同科②，古之道也。"

【题解】

"射"是周代贵族经常举行的一种礼节仪式，属于周礼的内容之一。孔子在这里说明了射礼所重之事是在于能射中目标，而不在于射穿箭靶的皮革。因为古时射礼所行之道在于观人品行，注重养德。古时不主张射穿其皮，但能射中靶心即可，即便稍偏，亦无不可。因为各人的力气大小不同等，君子无所争，君子尚礼不尚力。而主皮之射就是崇尚武力，流于粗野及争胜。

孔子借射礼教导弟子们要注重养德。

【注释】

①射不主皮：皮，代指箭靶。古代箭靶叫"侯"，用布或皮做成，中心画着猛兽等。孔子此处讲的射不是军事上的射，而是练习礼乐的射，因此以中不中为主，不以穿破皮侯为主。②为（wèi）：因为。同科：同等，同级。

【译文】

孔子说："比射箭，主要不是看能否射穿皮做的箭靶子，因为各人力气大小不同。这是古时候的规则。"

【原文】

3.17　子贡欲去告朔之饩羊①。子曰："赐也，尔爱其羊，我爱其礼。"

⊙典故与知识⊙

古时把每个月的初一称为朔。古代的天子每年秋冬之际把第二年的朔政颁发给诸侯，叫"告朔"。《周礼·春官·大史》："颁告朔于邦国。"郑玄注："天子颁朔于诸侯，诸侯藏之祖庙，至朔朝于庙，告而受行之。"诸侯在每月朔日（阴历初一）行告庙听政之礼，向天地祖宗，禀告所作所为，所以告朔这件事也很郑重。从前告朔时一定要杀羊。到春秋末期，社会风气已开始衰败，这些礼仪的精神，也慢慢跟着堕落变化了。鲁国自文公起不再亲自到祖庙告祭，而有时还是会供一只羊应付一下，羊存则表示告庙之礼还没有完全泯灭。所以子贡当时准备去掉告朔时候用的饩羊，孔子说："你的主张也对，为了经济上的节省而不用羊也好，为了表示诚恳而不必用羊也好，不过我不主张去掉，不是为了这只羊要不要省，而是因为它代表了一种精神。固然不用象征性的东西，只要内心诚恳就可以，但现在的人，真正诚恳的心意发不起来了，就必须要一件象征性的东西才能维系得住。所以你子贡爱这只羊，而我更重视这礼仪和它的精神内涵。"

【题解】

　　古时天子在每年秋冬之际，颁发来年的历书给诸侯，诸侯领受后把历书藏放在祖庙，并按照历书规定每月初一杀一只活羊祭庙，这叫做"告朔"。当时的鲁国君主已不亲自去"告朔"，"告朔"已经成为形式，所以子贡提出免掉"饩羊"奉供。对此，孔子不以为然，表明了他重视古礼的保存的态度。当时鲁国国君虽然并没有废弃告祭祖庙的仪式，但已经不亲临祖庙告祭，也不听政，只是杀一只羊代祭。国君尚且不能做到循礼以为表率，则当时社会风尚之堕落亦可以想见了，故孔子大为叹息。

【注释】

　　①去：去掉，废除。告朔之饩（xì）羊：告朔，朔为每月的第一天。周天子于每年秋冬之交向诸侯颁布来年的历书，历书包括指明有无闰月、每月的朔日是哪一天，这就叫"告朔"。诸侯接受历书后，藏于祖庙。每逢初一，便杀一头羊祭于庙。羊杀而不烹叫"饩"（烹熟则叫"飨"）。告朔饩羊是古代一种祭礼制度。

孔子向子贡表明自己不同意去掉告朔之羊的主张。

【译文】

　　子贡想把每月初一告祭祖庙的羊废去不用。孔子说："赐呀！你爱惜那只羊，我则爱惜那种礼。"

【原文】

　　3.18　子曰："事君尽礼，人以为谄也。"

【题解】

　　这一章从侧面表明了当时的君臣关系已经遭到破坏。其时臣侍奉君多无礼，故有人做到了服侍君主尽臣子之礼，却反被人认为是在谄媚，故孔子有此感慨。

【译文】

　　孔子说："按照礼节去侍奉君主，别人却认为这是在讨好君主哩。"

⊙名家品论语⊙

　　什么是"礼"？古人解释说"礼，履也"，就是一个人必须遵守的规范和履行的责任。一方面它是一套外在的制度（即通常所说的"礼制"），一方面它还是一套内在的观念（即后人常说的"道德准则"）。古代中国社会结构和希腊、罗马不太一样，维系古代社会结构稳定的不是奴隶主贵族和平民奴隶两大阶层的对立，而是由亲疏远近的血缘关系和上下分明的等级关系混融起来的各阶层的和谐，周王朝尤其如此，它是由长幼分宗、婚姻系连、嫡庶区别等一系列形式建成的一个巨大金字塔式结构，塔尖、塔身、塔基之间既有层层压迫的等级关系，也有互相依存的亲缘关系，使这些关系不至于混乱无序的制度叫作"宗法制度"，而礼就是宗法制度，支持它得以成立的观念就是宗法观念。

——葛兆光《中国经典十种》

⊙典故与知识⊙

　　周礼，是在周初确定的一整套的典章、制度、规矩、仪节。它是原始巫术礼仪基础上的晚期氏族统治体系的规范化和系统化。一方面，它有上下等级、尊卑长幼等明确而严格的秩序规定；另一方面，由于经济基础延续着氏族共同体的基本社会结构，从而这套"礼仪"一定程度上又保存了原始的民主性和人民性。孔子一再强调自己是"述而不作"，"吾从周"，"梦见周公"……其对"周礼"的态度，反映了对早期奴隶制的氏族统治体系和这种体系所保留的原始礼仪的维护。

【原文】

　　3.19　定公问①："君使臣，臣事君，如之何？"孔子对曰："君使臣以礼，臣事君以忠。"

【题解】

　　这一章阐述了孔子君臣之礼的主要内容，即国君依礼役使臣子，而臣子侍奉国君要尽忠。从本章的语言环境来看，孔子还是侧重于对君的要求，强调君应依礼待臣，还不像后世那样：君主可以无礼，臣下必须尽忠，以至于发展到愚忠。

　　君臣相待，应当各尽其道。君应当以礼使臣，凡事当依国家所定的规矩而行，不要粗率简易。臣应当以忠事君，不要欺君罔上，要尽其应尽的职责。有圣明的君主则有贤臣，这样上安下顺，就是清明的政治了。

【注释】

①定公：鲁国国君，姓姬名宋，"定"是谥号。

【译文】

　　鲁定公问："国君役使臣子，臣子服侍君主，各应该怎么做？"孔子答道："君主应该按照礼节役使臣子，臣子应该用忠心来服侍君主。"

孔子告诫鲁定公，君主对臣子要以礼相待。

【原文】

　　3.20　子曰："《关雎》乐而不淫①，哀而不伤。"

【题解】

　　孔子赞美《关雎》一诗的情感适度合宜，发乎情而止于礼，或乐或哀皆不失其正，体现了他对"中庸"之美的推崇。

　　《诗经》中正和平，温柔敦厚。它由国风《周南》开始，而《关雎》是《周南》的第一篇。《关雎》以《诗经》首篇的显要位置，历来受人关注。但在《诗经》的研究史上，人们对《关雎》诗义的理解却多有分歧。《毛诗序》认为，这首诗是赞美"后妃之德"的，以为女子只有忠贞贤淑、含蓄克制，才能够配得上王侯。因此，把这首诗放在《诗经》之首，以明教化。

【注释】

①《关雎（jū）》：《诗经》中的第一篇。

【译文】

　　孔子说："《关雎》这首诗快乐而不放荡，悲哀而不悲伤。"

《关雎图》。

【原文】

　　3.21　哀公问社于宰我①。宰我对曰："夏后氏以松，殷人以柏，周人以栗，曰，使民战栗。"子闻之，曰："成事不说，遂事不谏②，既往不咎。"

【题解】

　　古时立国都要建立祭土神的庙，选用宜于当地生长的树木做土神的牌位。宰我回答鲁哀公说，夏朝用松树，是取其不易凋零永久之意；殷朝用柏树，是取其万古长青丰茂的勃勃生机；周朝用栗木做社主是为了使百姓有所战栗畏惧。孔子对周朝的文治武功都很赞赏，认为只在这件栗木做社的事上做得还不大妥当，但对前代

鲁哀公问宰我祭祀土地神的牌位该用什么木料。

的圣人，不便多加批评，所以他说过去的已经不可挽回，那就不必再加追究了。

【注释】

①社：土地神，祭祀土神的庙也称社。宰我：名予，字子我，孔子的学生。②遂事：已完成的事。

【译文】

鲁哀公问宰我，做土地神的神位应该用什么木料。宰我回答说："夏代人用松木，殷代人用柏木，周代人用栗木，目的是使百姓战战栗栗。"孔子听到这些话，告诫宰我说："已经过去的事不用解释了，已经完成的事不要再劝谏了，已过去的事也不要再追究了。"

【原文】

3.22 子曰："管仲之器小哉①！"或曰："管仲俭乎？"曰："管氏有三归②，官事不摄③，焉得俭？""然则管仲知礼乎？"曰：'邦君树塞门④，管氏亦树塞门。邦君为两君之好，有反坫⑤，管氏亦有反坫。管氏而知礼，孰不知礼？"

【题解】

在《论语》中，孔子对管仲的评论有四处，有批评，也有肯定。这里，孔子指出管仲一不节俭、二不知礼

⊙典故与知识⊙

社，按照《说文解字》的解释是指土地神。《周礼》中说，一般是二十五家置一社，在社的区域内要种上这里的土地所适宜生长的树木。后来，社便引申指祭祀土地神的场所，后代逐渐演变为地方基层组织或民间团体。古人以为土地滋育万物，是人类生存的基础，所以普遍立社祭祀。

除国都外，民众聚居的城邑也往往有社。汉代中央、郡国、县、乡、里各级行政机构都立有社。每年春二月、秋八月上旬的戊日举行社祭。魏晋南北朝长时期的动乱，社祭之礼受到破坏。隋唐统一之后，皇帝就下诏强调社祭，令民间普遍立社。春秋两次社日仍是民间的盛大节日。

的缺点，目的是宣扬儒家的"节俭"和"礼制"。孔子说管仲器小，不是指管仲的器量，而是指管仲虽然懂得治国，却不懂得推行礼乐之道。

管仲辅佐齐桓公九合诸侯，一匡天下，成为春秋初期的霸主，有大功于民，但是未能继续修身立德，走入王道，以致终究局限在世俗的荣华富贵中，没有正大光明的气象，所以孔子说他的见识与度量小了些。管仲筑三归之台，以为游玩观赏之所，在经济上十分奢侈浪费，而且因人设官，重重叠叠设置了太多的部门，其实可以精简的而他没有简化，这是在行政上的不俭。国君齐桓公在大门外建立屏风——塞门，管仲的宰相府也建立有塞门，这是其僭礼之一。诸侯为了两国的宴会，设有放置酒杯的反坫之坛，非大夫所宜用，而管仲也有反坫，这是其僭礼之二。就凭这两点，如果说管仲也懂礼的话，那天下之人还有哪一个不懂礼呢？

【注释】

①管仲：名夷吾，齐桓公时的宰相，辅助齐桓公成为诸侯的霸主。②三归：三处豪华的公馆。③摄：兼任。④树塞门：树，树立。塞门，在大门口筑的一道短墙，以别内外，相当于屏风、照壁等。⑤反坫（diàn）：古代君主招待别国国君时，放置献过酒的空杯子的土台。

孔子批评管仲不节俭、违礼仪。

【译文】

孔子说："管仲的器量太小啦！"有人问："管仲节俭吗？"孔子说："管仲有三处豪华的公馆，他手下的人从不兼职，怎么能称得上节俭呢？""那么管仲懂礼仪吗？"孔子说："国君在宫门前立了一道影壁，管仲也在自家门口立了影壁；国君设宴招待别国君主、举行友好会见时，在堂上设有放置空酒杯的土台，管仲宴客也就有这样的土台。如果说管仲知礼，那还有谁不知礼呢？"

【原文】

3.23　子语鲁大师乐①，曰："乐其可知也：始作，翕如也②；从之③，纯如也④，皦如也⑤，绎如也⑥，以成⑦。"

【题解】

乐是孔子教育的重要内容之一。这一章孔子告诉鲁国乐官音乐演奏的全过程，反映了孔子的音乐思想和高超的音乐欣赏水平。

音乐对人有感染浸润的作用，孔子提倡乐感教育，他自己对音乐是很在行的。他给鲁国大师讲解奏乐技艺时说，音乐开始的时候，是轻轻地舒展开来。接着由小而大，但是很纯正。后来到了高潮，或激昂慷慨，或庄严肃穆，有着勃然的生机，又有敦厚蕴藉的内蕴。最后乐曲奏完了，但还是余音缭绕，好像还有幽幽未尽的情韵。这便是成功的音乐。

【注释】

①语（yù）：告诉，作动词用。大（tài）师：太师，乐官名。②翕（xī）：意为合，聚，协调。③从（zòng）：放纵，展开。④纯：美好、和谐。⑤皦（jiǎo）：音节分明。⑥绎：连续不断。⑦以成：以之而成，即以从之纯如、皦如、绎如三者而成。

【译文】

孔子给鲁国乐官讲奏乐过程："奏乐过程是可以了解的：开始演奏时，各种乐器合奏，声音洪亮而优美，听众随着乐声响起而为之振奋；乐曲展开后美好而和谐，节奏分明，连续不断，如流水绵绵流淌，直至演奏结束。"

鲁国乐官奏乐。

【原文】

3.24　仪封人请见①。曰："君子之至于斯也，吾未尝不得见也。"从者见之②。出曰："二三子何患于丧乎③？天下之无道也久矣，天将以夫子为木铎④。"

【题解】

孔子在他所处的那个时代，已经是十分有影响的人，信服孔子的人很多，仪封人便是其中之一。他在见过孔子之后，就认为上天将以孔夫子为圣人来教化天下，预言了孔子将垂教万世。

木铎是用来敲响警惕人心的。天下之无道也久矣，人心渐已倦怠，但只要还有人在不倦地追求，这世界

仪封人对孔子的弟子感叹道：天下无道已经很久了，你们的老师正是上天派来教化世人的圣人啊。

⊙典故与知识⊙

铎是古代的一种铃铛。《说文解字》中解说道："铎，大铃。"这种大铃铛的形状如同铙、钲，柄短而呈方形，但口内有舌，舌为金属质的叫"金铎"，舌为木质的叫"木铎"。如果振动铎，舌撞击铎内壁就会发出声响。

铎是古代宣布政教法令用的，亦为古代乐器，盛行于中国春秋至汉代。《周礼·天官·小宰》："徇以木铎。"郑玄注解说："古者将有新令，必奋木铎以警众，使明听也……文事奋木铎，武事奋金铎。"《周礼·地官·乡师》："凡四时之征令有常者，以木铎徇以市朝。"由此可见，木铎的作用在于，官方发布政教法令时，巡行振动木铎发声来引起百姓的注意。至于负责振铎的人，照《周礼·夏官·大司马》的说法，是"司马振铎"。贾公彦进一步疏解说："两司马振铎，军将以下即击鼓，故云通鼓。"也就是两位司马一旦振动铎，再令一人先击鼓，众人再遍鼓之。在夏商周时期，就曾经有称为遒人的政府官员，摇动木铎，巡行于各地，既以宣达政令，又进行必要的采风。

因为木铎有辅助宣传教化的功能，所以在《论语》中，仪地管理边疆的小官吏就用木铎来比喻孔子是宣传教化天下的人。孔子生活在礼崩乐坏的春秋末期，但他却周游列国，积极游说诸侯实行仁政，并培养弟子，桃李满天下，晚年更是整理了大批古籍文献。他的这种努力和成就，在当时就受到人们的尊敬，仪封人就是当时的赞誉者之一。

就还会有希望。天下不能永远无道，既然无道已久，上天将以夫子为木铎，来警醒世人，以先王之道来施教于天下，进而唤起民心。

【注释】

①仪封人：仪，地名。封人，镇守边疆的小官。请见：请求会见孔子。②从者：随从之人。见之：让他被接见。③二三子：你们这些人。患：忧愁，担心。丧（sàng）：失掉官位。④木铎：以木为舌的铜铃，古代用以宣布政教法令。

【译文】

仪地的一个小官请求会见孔子，说："凡是到这个地方的君子，我没有不求见的。"孔子的学生们领他去见孔子。出来以后，他说："你们几位为什么担心失去官位呢？天下无道已经很久了，因此上天将以孔夫子为圣人来教化天下。"

【原文】

3.25　子谓《韶》①："尽美矣②，又尽善也③。"谓《武》④："尽美矣，未尽善也。"

【题解】

因为乐教对孔子个人及他的学生，都有非常重要的地位，所以他曾和当时的乐人不断有交往。前面"子语鲁太师乐"一章，及《卫灵公》"师冕见，及阶，子曰，阶也"一章，可以证明。《微子》"大师挚适齐，亚饭干适楚"一章，必系孔子对于鲁国这七位乐人的风流云散，发出了深重的叹息，所以他的学生才这样把叮咛郑重地记下来。孔子对音乐的欣赏，《论语》上有很多的记载。

孔子不仅欣赏音乐，而且曾对音乐做了一番重要的整理工作。所以他说，"吾自卫反鲁，然后乐正，《雅》、《颂》各得其所"（《子罕》）；这使诗与乐，得到了它原有的配合与统一。《史记·孔子世家》说"三百五篇，孔子皆弦歌之，以求合《韶》、《武》、《雅》、《颂》之音，礼乐自此可得而述也"，这种陈述也是可信的。

"尽善尽美"一词后来成为著名的成语，是孔子就《韶》乐和《武》乐表达了他的美学理想。他既重视艺术的形式美，更注重艺术内容的善。

一个时代的国家精神往往可以从当时的音乐中感受到，因为音乐是人心的流荡，浸染着当时的风俗。《韶》相传是舜帝时的音乐，雍容和雅。《吕氏春秋·古乐篇》载："帝舜乃命质修《九韶》、《六列》、《六英》以明帝德。"由此可知，舜作《韶》主要是用以歌颂帝尧的圣德，并示忠心继承。《韶》乐表达了尧舜时代以德治国、清明和泰的气象；《武》，是周武王之乐，武王之有天下，由于伐纣而得，其乐演奏起来，虽然宏大壮美，但沈有杀伐之声，不如舜的音乐那样调和。说明孔子崇尚和平，反对武力战争，故评论《韶》乐尽美而又尽善，《武》乐尽美未尽善。

【注释】

①《韶》：相传是舜时的乐曲名。②美：指乐曲的声音。③善：指乐曲的内容。④《武》：相传是周武王时的乐曲名。

【译文】

孔子评论《韶》，说："乐曲美极了，内容也好极了。"评论《武》，说："乐曲美极了，内容还不是很好。"

孔子为弟子讲解《韶》乐与《武》乐。

⊙典故与知识⊙

孔子到周王室雒邑拜访乐官苌弘，向他请教《武》乐和《韶》乐。《武》乐又称《大武》，是表现周武王伐纣、经营南国和周公旦辅助成王等历史的大型古典乐舞。相传，周武王深恐士众和百姓不能持久敬服他，因此创作了乐歌来警诫大众。

舞队分为八个行列，每个行列八人，一共有六十四人，场面十分恢弘壮大。主演者头戴冠冕，手执盾牌、玉斧头，十分威武。

整个乐舞分为六场，起舞时武王孟津阅兵，北对朝歌方向；再奏时已消灭殷商；三奏时已诛纣王凯旋南下，班师镐京，创建周朝；四奏时天下太平，南方荆蛮都来归服；五奏时东西中三队分为左右二部，体现国家太平岁月，分陕地东西而治，周、召职任左右二伯；六奏颂扬天子盛德，象征回朝整顿军队，舞人归位停步，以示尊崇天子。

武王和大将军在队伍中摇铃振奋士气，演奏时也两人提铃，夹列按照节拍，讨伐纣王及其四方附逆诸侯，显示周的盛大威凤。分部前进，想早成大业。久驻雄兵，等待诸侯增援。胜利后停战兴利，抚恤功臣，发展生产，振兴文教，减轻赋税，教民孝服。于是周朝王道四方响应，礼乐交通。

孔子于次年前往齐国聆听了《韶》乐的演奏，乐得手舞足蹈，如痴如醉，竟然"三月不知肉味"。《韶》乐是歌颂古代虞舜的乐章，一共分为九场，每场伴有舞队的舞蹈。孔子认为《武》乐为周武王之乐名，《韶》乐为虞舜之乐名，舜是继尧禅让而后治理天下，武王伐纣以救万民，虽是替天行道，但终有以臣伐君的污名，所以作乐记功，不能过分显扬他的功德，不免有晦涩之感。

故就乐论乐，《韶》乐之声容宏盛，内容尽美；《武》乐之声容虽美，曲调却隐含晦涩，稍逊于《韶》乐。故而《武》乐尽美而不尽善，唯《韶》乐不但旋律优美，内容也纯净完善，可称尽善尽美矣！

【原文】

3.26　子曰："居上不宽，为礼不敬，临丧不哀，吾何以观之哉！"

【题解】

这一章充分反映了孔子以礼治国的思想。身居上位的人基于恕道，为人要宽厚，多为百姓着想，不能过分苛刻。因为水至清则无鱼，人至察则无徒，为人太过精明，在下位的人就不容易发挥他的才能。在礼的范围之内，居于上位者要爱护下面的人，下面的人也就会由衷地对身居上位的人恭敬。参加丧礼而没有一点哀戚之意，表现得与自己毫不相关，又何必去呢？孔子提出的居上不宽、为礼不敬、临丧不哀这三点，是有感于当时社会风气的颓坏现象，说像这个样子的社会，就没有什么可看了，感叹当时文化思想的衰落。

在这一章里，孔子所说的实际上是"礼"要以内在的真实感情为基础，认为人的道德内在性是自我实现的必要条件，不能化为一套外在的力量。在古代历史中，在上位者有一套完整的维护统治的政治制度、礼仪制度和行为规范，可是，如果没有内在的真实感情、对他人的爱和尊敬，那么这一切都不过是为了维护统治，实现无限膨胀的私欲的规定而已。

"礼"的根源在于人的心灵的自然感情。如果这种礼的规定寓于其中的感情是冷漠的、丑恶的，甚至是残酷的，那么规定这种礼和执行这种礼的人就是虚伪的和丑恶的。

从孔子的学说来看，"礼"是外在的形式，而"仁"是内在的内容，没有仁的内容而徒有礼的形式，那么这个礼就没有了积极的意义，没有了价值。"仁"是什么呢？仁的核心是爱，是对人要有爱心。怎么爱？爱，不仅仅是亲人之爱、恋人之爱，它的基础是道德的理性和感情的真实性，是一种自觉的对于他人的尊重和爱护。

【译文】

孔子说："居于统治地位的人，不能宽宏大量，行礼的时候不恭敬，遭遇丧事时不悲伤哀痛，这个样子，我怎么看得下去呢？"

孔子批评那些身居高位却不具备宽厚德行的人。

【原文】

4.1　子曰："里仁为美^①。择不处仁，焉得知^②？"

【题解】

　　重视居住的环境，重视对朋友的选择，是儒家关于个人修养的思想的一个重要方面。环境对人有重大的影响，春秋时期的孔子就注意到了这个问题，所以他提出了居必择仁的原则。近朱者赤、近墨者黑，与有仁德的人住在一起，耳濡目染，就会受到仁德者的熏陶，这才是明智的选择。

　　孔子首先强调"为仁由己"，选择有仁爱的地方作为居住地点，因为仁人有着言传身教的影响力，可以辅助人进德修业。孟子的母亲就是一位智者，她为了孟子能在良好的环境中成长，曾经三次择地而居。孟子后来成为著名的思想家、教育家，被称为"亚圣"，而孟母三迁的故事也流芳千古。

【注释】

①里：可作名词讲，居住之地；也可以作动词讲，居住。均通。今从第二义。
②知：同"智"。

孔子认为，选择居所最好是在风气仁厚的地方。

【译文】

　　孔子说："居住在有仁风的地方才好。选择住处，不居住在有仁风的地方，怎能说是明智呢？"

【原文】

4.2　子曰："不仁者不可以久处约^①，不可以长处乐。仁者安仁，知者利仁^②。"

【题解】

　　在这一章，孔子突出地强调了做人以仁为本的思想，认为没有仁德的人长久地处在贫困或安乐之中都会更加堕落，只有仁者才能安于仁，也只有智者才会行仁。有了仁的本心，就能在任何环境下做到矢志不移，保持节操。

　　贫富沉浮可能大多数人都会在人生中经历，但每个人对处在这样的境遇中有着不同的心态。不仁之人，不可以久处贫困，久困则为非。也不可以长处富乐，长富则容易滋生骄奢淫逸之心。仁者宅心仁厚，为仁无所希求，只求心安理得，不会因为身处贫困而忧心悲戚，也不因为身居富贵而骄奢凌人，有着平和的心态

53

和不易的情操志向，是为安仁。
智者有洞明之识见，认识到仁
对他有长远的利益而实行仁。

【注释】

①约：穷困之意。②知（zhì）：
同"智"。

【译文】

孔子说："没有仁德的
人不能够长久地安于穷困，
也不能够长久地处于安乐之
中。有仁德的人长期安心于
推行慈爱精神，聪明的人认
识到仁对他有长远的利益而
实行仁。"

孔子向人讲解"仁者安仁，知者利仁"的道理。

【原文】

4.3　子曰："唯仁者能好人^①，能恶人^②。"

【题解】

在孔子看来，只有具有仁爱之心的人才是最公正的，这样的人没有私心。因为大公无私，所以能够真
正地知道好恶，因而会有正确的爱和恨。而不仁之人心存私利，其所好者往往未必是善的，而其所恶者未
必是恶的，不能真正做到好善恶恶。

【注释】

①好（hào）：爱好。②恶（wù）：厌恶。

【译文】

孔子说："只有讲仁爱的人，才能够正确地喜爱某人、厌恶某人。"

⊙名家品论语⊙

最重要的是，孔子赋予"仁"新的意义，此一概念后来变为中国哲学的核心问题。后来
有关理气问题的讨论，可说都是为了有助于人如何体仁。甲骨文中未发现"仁"字；孔子以前
的典籍中，也只是偶一见之，且其意都是指特殊的慈爱之德性，尤其是统治者与臣属间的慈爱。
然而至孔子时，这些意义乃大为转变。首先，"仁"成为孔子谈论时的主题，在《论语》中"仁"
出现次数共达105次。其他的主题，甚至包含孝道在内，都未曾受到孔子师生如此的注目。尤
有甚者，他不像古人将"仁"视做一特殊的德目，而是将之转化成总德。当然，在少数的例子
中，孔子仍将仁当成一特殊的德目，其意如同慈爱。但在大多数的例子里，孔子认为仁人即是
完人，即是真正的君子，即是金律之人，因为仁者"己欲立而立人，己欲达而达人"。为仁要
经由"忠"与"恕"，方可达成社会与个人之和谐融洽。此是贯穿孔子说训之线索，本质上它
即是金律，同时也是行仁之最佳途径。

——陈荣捷《孔子的人文主义》

【原文】

4.4 子曰："苟志于仁矣，无恶也。"

【题解】

这是紧接上一章而言的，仍然强调仁是做人的根本。孔子勉励人们立志行仁，就能够远离一切坏事。既不会犯上作乱、为非作恶，也不会骄奢淫逸。可以有益于国家，有利于百姓。

仁者立志于仁，以爱人之心为本，故能以仁厚待人。遇到好人，固然能以善心待之。遇到恶人，亦能以善心仁德劝之改恶向善。所以，一个人如果能立志于仁，就不会有向恶之心、从恶之行。

【译文】

孔子说："如果立志追求仁德，就不会去做坏事。"

【原文】

4.5 子曰："富与贵是人之所欲也，不以其道得之，不处也；贫与贱是人之所恶也，不以其道得之，不去也。君子去仁，恶乎成名①？君子无终食之间违仁，造次必于是②，颠沛必于是③。"

【题解】

孔子在这里提出了一个极重要的普遍性现象：任何人想行仁，都不能脱离社会，仁者不一定就富贵，但是一位真正的仁者是在任何情况下都不违背仁的。任何人都不会甘愿过贫穷困顿、流离失所的生活，都希望得到富贵尊荣，但这必须通过正当的手段和途径去获取。否则，君子宁守清贫而不去享受富贵。

人之际遇，有顺有逆，然而在有所取舍的时候，要审慎地加以选择。就如富有和显贵是人人所期盼的，谁不想得到财富，身处尊贵之位呢，但有义存在其间。如果在理上是应得的，当然是好的，但如果无功而受禄。无功而居高位，不应该得到的富贵偶然间却得到了，便为君子所深忧，因为君子不苟得。而贫困和下贱，是人人都想避免的，但君子不能用正当的方法摆脱，就不苟免。因为舍去了仁，就失去了做君子的实质了。君子之心常在于仁，未尝有一顿饭的工夫违背仁，即便是颠沛流离之际，他的心也在仁上。

【注释】

①恶（wū）乎：怎样。②造次：急促、仓促。③颠沛：用以形容人事困顿，社会动乱。

【译文】

孔子说："金钱和地位，是每个人都想得到的，但是，以不正当的手段得到它们，君子不享受。贫困和卑贱，是人们所厌恶的，但是，不通过正当的途径摆脱它们，君子是不会摆脱的。君子背离了仁的准则，怎么能够成名呢？君子不会在吃一顿饭的时间离开仁德，即使在匆忙紧

孔子认为，君子即便在颠沛流离之中也会与仁同行。

迫的情况下也一定要遵守仁的准则，在颠沛流离的时候也和仁同在。"

【原文】

4.6　子曰："我未见好仁者，恶不仁者①。好仁者，无以尚之②；恶不仁者，其为仁矣，不使不仁者加乎其身。有能一日，用其力于仁矣乎？我未见力不足者。盖有之矣，我未之见也。"

【题解】

这一章是孔子教导人们为仁的方法。他认为只要努力去做，就能达到仁。真正为仁，"我未见力不足者"，强调了道德修养要依靠自觉的努力。而且重要的是从当日起就去做，今天行仁了，今天就得到了仁，这种思想一直影响着明代王阳明"知行合一"的心学。

仁不是人天生就有的德行，需要努力以赴才有可能达成。好仁的人，凡事都能依于仁，积极主动地去追求仁，没有人能比这样的人更勤于思考、勤于践行仁的了。讨厌不仁之人虽然比不上好仁者的积极主动，但能做到远离不仁者，洁身自好，不使不仁者的习气沾染到自己身上，而不为恶，亦得为仁。仁德之道关键在于践行，一个人倘若终日行仁德之事，是不会感到力量不足的。

孔子教导弟子们要积极践行仁道。

【注释】

①好、恶：同4.3章解。②尚：通"上"，用作动词，超过的意思。

【译文】

孔子说："我从未见过喜爱仁德的人和厌恶不仁德的人。喜爱仁德的人，那就没有比这更好的了；厌恶不仁德的人，他实行仁德，只是为了不使不仁德的事物加在自己身上。有谁能在某一天把他的力量都用在仁德方面吗？我没见过力量不够的。或许有这样的人，只是我没有见过罢了。"

【原文】

4.7　子曰："人之过也，各于其党①。观过，斯知仁矣②。"

【题解】

孔子在这一章谈的是观察、了解别人的方法。孔子认为，从一个人的优点固然可以了解人，但从一个人的过错更可以了解人。不仁的人往往失在刻薄凶狠，而仁人往往失在过于宽厚和善良。

人的性格各异，有的急躁，有的温和，有的爽朗，有的深沉。从一个

孔子认为，考察一个人是否有仁德，最好的办法是观察他所犯错误的性质。

人所犯的过错可以观照他的性格，再由性格去看一个人应该怎么走上人生正途。经由仁可以达成完善，使人能有所改正，并能吸取其中教训。了解所犯过错的前因后果，不再犯同样的错误，便是有所教益了。孔子强调的是多种视角的审视和反省。

【注释】

①党：类别。②斯：则，就。仁：通"人"。

【译文】

孔子说："人们所犯的错误，类型不一。所以观察一个人所犯错误的性质，就可以知道他的为人。"

【原文】

4.8　子曰："朝闻道①，夕死可矣。"

【题解】

这一段话在后世常常被追求真理的人所引用。真理，是每个仁人志士矢志不渝的追求目标，哪怕付出生命的代价也在所不惜。

人之所以有别于动物，在于人能认识世界，能掌握自然规律，并能利用掌握的规律为人类的生产生活服务，所以"闻道"很重要。领悟了生活的真谛、宇宙中的真理，纵然朝闻夕死，亦会觉得心满意足，不虚此生，否则纵然高寿八百年，不得闻道，亦枉然为人。

【注释】

①道：道理，指真理。

【译文】

孔子说："早晨能够得知真理，即使当晚死去，也没有遗憾。"

【原文】

4.9　子曰："士志于道，而耻恶衣恶食者，未足与议也。"

【题解】

本章和前一章讨论的都是道的问题。这里，孔子认为，一个人斤斤计较个人的物质享受，是不会有远大志向的。他的所由、所安都不在道，所以就不必与他讨论道的问题。

在孔子心目中，士应该努力成为君子。如果一个人口头上说要学道，而又以生活穷困为可耻，表明他的心思仍然停留在名利上，实际上并未立下坚定的学道志向，故不值得与这样的人谈论道。

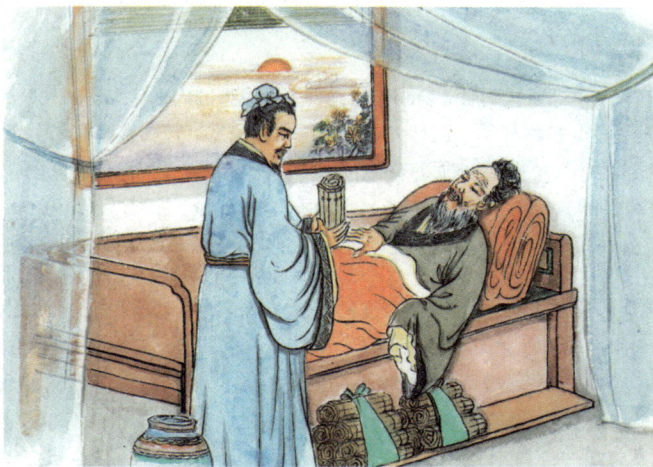

孔子教导弟子要矢志不渝地追求"道"。

【译文】

孔子说："读书人立志于追求真理，但又以穿破衣、吃粗糙的饭食为耻，这种人就不值得和他谈论真理了。"

【原文】

4.10 子曰："君子之于天下也，无适也①，无莫也②，义之与比③。"

【题解】

这一章里孔子提出对君子的基本要求："义之与比"。君子行仁则为人公正，不会偏私、固执成见，处事唯义所在，必然通达。

义与道（应行之道）相为表里。义的原意是"宜"，指恰到好处，而任何事情的恰到好处，都需要符合"应该"的要求。君子的通达，没有专主之亲，没有特定之疏，凡事对于他并无具体的规定，但不逾越"义"的规则的统摄。

孔子认为，君子要站在义的高度，把事情处理得恰到好处。

【注释】

①适（dí）：通"嫡"，意为专主、依从。②莫：不肯。无适、无莫，指做事不固执。③义：适宜、妥当。比：亲近、相近。

【译文】

孔子说："君子对于天下的事，没有规定一定要怎样做，也没有规定一定不要怎样做，而只考虑怎样做才合适恰当，就行了。"

【原文】

4.11 子曰："君子怀德，小人怀土；君子怀刑，小人怀惠。"

【题解】

本章孔子提到君子与小人这两种不同类型的人，认为这两种人心怀和志向都不同。君子行仁，以德行与规范为重，自然怀德，而且关心的是国家的法度。而小人则只知道思恋乡土、小恩小惠，考虑的只有个人和家庭的生计，为了产业而忽略德行，并且为了私利而不惜破坏规范。换言之，小人以自我为中心，念念不忘的

⊙名家品论语⊙

就"君子"此一词语的字面意义而言，乃"统治者（君）之子"的意思，由此引申而有"居上位者"的含义。理论而言，人是否尊贵，乃由其地位——尤其是血缘地位——所决定。在《论语》一书中，此词语共出现107次。在某些场合，它仍然意指统治者。然而在大多数的用法里，孔子却用之描述道德高超的人。换言之，对孔子而言，尊贵与否已不再是血缘之事，而是人格的问题——此种观念实等于一种社会革命，当然，如说成是演进，也许更为恰当。然而，无疑的是因孔子之故，此新的观念乃能确立不移。他一再提及尧、舜、周公等圣王乃人格的典范，此想法似乎意味着他总是返观过去。然而究实而论，此乃是他在寻求理想的人格，而非诉求超自然的存有所致。

——陈荣捷《孔子的人文主义》

孔子为弟子们分析君子与小人的心理诉求。

是求田问舍，追求财富和物质享受，不惜冒险以求其幸；而君子念兹在兹的则是如何进德修业，有所行动就想到是否符合此类典刑，故安分守法。

【译文】

孔子说："君子心怀的是仁德；小人则怀恋乡土。君子关心的是刑罚和法度，小人则关心私利。"

⊙典故与知识⊙

"君子"既是"仁者"，则欲为"君子"，必自修养自己内在的仁德始。所以"克己"、"自省"成为入德的基础功夫。孔子说："见贤思齐焉，见不贤而内自省也。"（《里仁》）他的弟子曾参也说："吾日三省吾身，为人谋而不忠乎？与朋友交而不信乎？传不习乎？"说得再深一层便是上面已引过的"克己复礼为仁"、"为仁由己，而由人乎哉"那一段话了。孔子又把这种"自省"、"由己"的精神加以普遍化，而成为下面的公式："君子求诸己，小人求诸人。"（《卫灵公》）

"君子"在培养个人的道德品质这一点上完全是对自己负责，而不在求得他人的称誉甚至了解。故《论语》开章明义便说："人不知而不愠，不亦君子乎？"此外如"不患人之不己知"这句话更是孔子所反复强调的（见《学而》、《宪问》、《卫灵公》）。从反面说，"君子"尤当随时自察过失而严格地自责。子曰："已矣乎！吾未见能见其过而自内讼者也。"（《公冶长》）

"君子"在道德修养方面必须不断地"反求诸己"，层层向内转。但是由于"君子之道"即是"仁道"，其目的不在自我解脱，而在"推己及人"，拯救天下。所以"君子之道"同时又必须层层向外推，不能止于己了。后来《大学》中的八条目之所以必须往复言之，即在说明儒学有此"内转"和"外推"两重过程。这也是后世所说的"内圣外王"之道。简单地说，这是以自我为中心而展开的一往一复的循环圈。

【原文】

　　4.12　子曰："放于利而行①，多怨。"

【题解】

　　孔子在这章提出了待人处世之道的核心问题之一——义与利的问题。他认为，作为君子，道总是大于利，利总是归于义，如果唯利是图，做任何事都容易招致来自各方的怨恨。一个人行事倘若全以利益为考量，任意发展，必然会导致怨恨交集。因为天下之利有限，难免引人相争。"终身只恨聚无多，及到多时眼闭了。"有了诸多的欲求，总会感觉不满足，起心动念纯在私利，必然招致仇怨，实乃得不偿失，何况又偏离了人生正途。

【注释】

　　①放（fǎng）：或译为纵，谓纵心于利也；或释为依据，今从后说。利：这里指个人利益。

【译文】

　　孔子说："如果依据个人的利益去做事，会招致很多怨恨。"

孔子认为，一个人唯利是图，就难免与人相争。

【原文】

　　4.13　子曰："能以礼让为国乎①，何有②？不能以礼让为国，如礼何③？"

【题解】

　　此章讲治国者必须礼让，因为礼主敬，依礼而行就会处事合宜；谦让生和，就会上下无争。能做到礼让，治国也就没有困难了。礼是人际关系的具体规范，让是人与人互相尊重的明确表现。仁的体用，首先在于礼让。懂得礼让就会去尊重他人的意愿和权利，就会设身处地为他人考虑，也就能够有发乎真心的关怀和仁爱。因为对他人有仁爱和尊重，他人亦会反过来给以尊重和仁爱。如此便可得人心，民心悦服，则国家自然得以大治。

【注释】

①礼让：礼节和谦让。
②何有：何难之有，不难的意思。③如礼何：把礼怎么办，即如何实行礼制呢。

【译文】

孔子说："能用礼让的原则来治理国家吗，难道这有什么困难吗？如果不能用礼让的原则来治理国家，又怎么能实行礼制呢？"

孔子教导弟子们治理国家要讲究礼让。

【原文】

4.14　子曰："不患无位，患所以立。不患莫己知，求为可知也。"

【题解】

这一章说明了君子求其在己。孔子并非不想身居官职，而是希望他的学生首先立足于自身的学问、修养、才能的培养，具备足以胜任官职的素质。人总是希望能在社会中实现自我价值，希望别人能了解自己并推崇自己。但这需要自己先确定立身之道，修养自身，具备为人所知、所重的能力。一旦进德修业有成，立德立功皆在望。

【译文】

孔子说："不愁没有职位，只愁没有足以胜任职务的本领。不愁没人知道自己，应该追求能使别人知道自己的本领。"

【原文】

4.15　子曰："参乎！吾道一以贯之①。"曾子曰："唯。"子出。门人问曰："何谓也？"曾子曰："夫子之道，忠恕而已矣②。"

【题解】

忠恕之道是孔子思想的重要内容，待人忠恕，是仁的基本要求，它贯穿于孔子思想的各个方面。孔子之道，一理贯穿万事，万事归于一理。

⊙**名家品论语**⊙

"忠恕之道"体现出一种人格平等的精神。在儒家伦理思想中，"亲亲尊尊"伦理原则在现实生活中体现出一种等级性的不平等。但在理论上，"忠恕之道"从"修身"到"平天下"，从"内圣"到"外王"，从"能近取譬"到"仁者无不爱也"的过程，内在地蕴含着一种基于家族亲缘和社群生活的人格平等精神，由此将一切社会关系家庭伦理化，即所谓"四海之内，皆兄弟"。

——胡启勇《"忠恕之道"及其实践困境》

何谓忠恕？"忠"是为他人竭心尽力，对自己要求严格；"恕"是自己有虚怀若谷的宽容涵养，己所不欲，勿施于人，对他人宽宏大量。对自己要求严格，才能不会对自己的修养有所懈怠；对他人宽宏大量，才能多看到他人的好处和优点，从而发现自身的不足。

【注释】

①贯：贯穿，贯通。如以绳穿物。②忠恕：据朱熹注，尽己之心以待人叫作"忠"，推己及人叫作"恕"。

孔子对曾参说：我的学说可以用一个根本原则贯通起来。

【译文】

孔子说："曾参呀！我的学说可以用一个根本的原则贯通起来。"曾参答道："是的。"孔子走出去以后，其他学生问道："这是什么意思？"曾参说："夫子的学说只不过是忠和恕罢了。"

【原文】

4.16　子曰："君子喻于义①，小人喻于利。"

【题解】

本章从义利的角度来区别君子与小人。小人追求个人利益，而君子亦会追求个人利益，但会先考虑所得是否合于义，以义为原则来规范自己的行为。这种义利观在中国历史上影响深远。

孟子说，鸡叫就起来，孜孜不倦行善的，是舜一类人；鸡叫就起来，孜孜不倦求利的，是跖一类人。要知道舜和跖的区别，没有别的，就在利和善之间。

【注释】

①喻：通晓，明白。

【译文】

孔子说："君子懂得大义，小人只懂得小利。"

【原文】

4.17　子曰："见贤思齐焉①，见不贤而内自省也②。"

【题解】

这里孔子勉励世人要以贤人为榜样，不断学习；

小人只关注自己的利益。

以贤人为标准，坚持自我反省。看到贤人有高于自己的地方，立刻省察自己应该如何改善，加以学习，想着与之齐等。看到不贤的人，亦应该自我反省：我亦如此不贤吗？有则改之，无则加勉，凭借着反省的精神加以改善，于是乃能德学俱进。

【注释】

①贤：贤人，有贤德的人。齐：看齐。②省：反省，检查。

【译文】

孔子说："看见贤人就应该想着向他看齐；见到不贤的人，就要反省自己有没有类似的毛病。"

【原文】

4.18 子曰："事父母几谏①。见志不从，又敬不违，劳而不怨②。"

【题解】

孔子这里讲到孝敬父母的具体做法。侍奉父母，要恭敬无违。父母是人，自然可能犯错，子女最好先委婉地劝说。父母不听时，子女仍要对他们保持真心的孝顺，不可有怨恨父母之心。除此之外，子女自己要努力进德修业，要以和悦的态度、婉转的语言、适可而止的方式来劝谏父母。学会理解父母，设身处地、心平气和地想一想父母何以如此。

【注释】

①几（jī）：轻微，婉转。②劳：劳心；担忧。

【译文】

孔子说："侍奉父母，对他们的缺点应该委婉地劝止，如果自己的意见没有被采纳，仍然要对

孔子认为侍奉父母要敬而不违，劳而无怨。

他们恭敬，不加违抗。只在心里忧愁而不怨恨。"

【原文】

4.19 子曰："父母在，不远游。游必有方。"

【题解】

"父母在，不远游"是先秦儒家关于孝道的具体标准之一，对后世影响深远，以至于成了做子女的处世进退必须先考虑的前提。这种孝的原则在今天虽然已经失去了实际意义，但是行止之间心存父母之情还是必要的。"儿行千里母担忧"，父母之心如此，儿女当令父母放心，这是孝在日常生活中的具体体现。

孔子认为，父母在世时，子女最好不要远游。

【译文】

孔子说："父母活着的时候，子女不远游外地；即使出远门，也要有一定的去处。"

【原文】

4.20 子曰："三年无改于父之道，可谓孝矣。"

【题解】

此章已见于《学而》篇，当是重出。

【译文】

孔子说："如果能够长时间地不改变父亲生前所坚持的准则，就可说做到了孝。"

【原文】

4.21 子曰："父母之年，不可不知也。一则以喜，一则以惧。"

【题解】

此章是说关心父母的年龄也是孝道之一。人生七十古来稀，子女成人自立，父母逐渐衰老，尽孝时日无多，是以父母之年不可不知。知而喜者，父母能得高寿，子女也能承欢；知而惧者，父母之年愈高，在世之日愈少，担忧子欲养而亲不在，尽孝应当及时。

【译文】

孔子说："父母的年纪不能不知道，一方面因其长寿而高兴，一方面又因其年迈而有所担忧。"

【原文】

4.22 子曰："古者言之不出，耻躬之不逮也①。"

【题解】

孔子在这里提出重言、力行的重要性，不轻易说话，是因为要说到做到。孔子主张谨言慎行，就是要重然诺。不轻易说话，更不随心所欲地发表看法，以说空话、说大话为耻，这才是知荣知耻。

【注释】

①逮（dài）：及，赶上。

【译文】

孔子说："古代的君子从不轻易地发言表态，他们以说了而做不到为可耻。"

孔子告诫弟子，说话做事要说到做到。

【原文】

4.23 子曰："以约失之者鲜矣①。"

【题解】

孔子在这里谈的是自我约束和节制在为人处世上的重要性。一个人要想减少过失，自我约束是必不可少的。

【注释】

①约：约束，拘谨。

【译文】

孔子说："因为约束自己而犯错误，这样的事比较少。"

【原文】

4.24 子曰："君子欲讷于言而敏于行①。"

【题解】

此章讲的是人的活动最重要的就是"言"和"行"，言的准则是要慎重、实在，当然说话就要慢一些；行的准则是要落实，当然就要快一些。君子沉默寡言，似乎不会说话，其实并非是内心迟钝木讷，而是言语谨慎之故。但是办事必须敏捷，先行其言，而后从之。

【注释】

①讷（nè）：说话迟钝。

【译文】

孔子说："君子说话应该谨慎，而行动要敏捷。"

⊙**典故与知识**⊙

"君子"是"道德之称"，儒学也一向被视为"君子"的"成德"之学。这一看法自然是有坚强的根据的。但问题则在于"成德"的意义究竟何指。若专指个人的"见道"、"闻道"、"悟道"、"修道"等"内转"方面而言——虽然这确是儒学的始基所在——则不免往而不返，"君子"的循环圈亦将由此而中断。故"君子"必须往而能返，层层"外推"，建立起人伦道德的秩序，才算尽了"修己以安百姓"的本分。

【原文】

4.25　子曰："德不孤，必有邻。"

【题解】

这句话是孔子对于人们修养道德的勉励。有德的人是永远不会孤独的，这是因为人性向善，所以人们才"必定"亲近与支持有德者。这句话表明了孔子的信念，相信人性是"向善"的。

【译文】

孔子说："品德高尚的人不会孤独，一定有志同道合的人和他做伴。"

孔子认为，有德者总有与其志同道合的人为伴。

【原文】

4.26　子游曰："事君数，斯辱矣；朋友数，斯疏矣。"

【题解】

子游的这段话间接地表达了孔子关于服侍君王和交往朋友的见解。无论是事君还是交友，都要讲求一个度，如不能适可而止，往往会出现适得其反的结果。为人、处世都要讲求良好的沟通和互动，不可单方面地去勉强。

【译文】

子游说："进谏君主过于频繁，就会遭受侮辱；劝告朋友过于频繁，反而会被疏远。"

子游认为，劝谏君主太过频繁，就会遭受侮辱。

⊙名家品论语⊙

立德，要有高尚的志向和操守，要有维护和弘扬人间正气的道义精神，这种道义精神是自己心中的最高信仰，它甚至高于自己的生命。孔子强调君子要有弘毅的品格，维护道义，见义勇为，不谋私利，急赴公难。

——姜广辉《儒学的道德精神及其对它的现实思考》

公冶长篇第五

【原文】

5.1　子谓公冶长①："可妻也②。虽在缧绁之中③，非其罪也。"以其子妻之④。

【题解】

本章通过孔子把自己的女儿嫁给公冶长一事，说明公冶长是个贤德之人。这也是孔子对公冶长作的较高评价，虽然并没有说明公冶长做了哪些具体的事情，不过从本章所谈的内容看，作为公冶长的老师，孔子对他有全面的了解。孔子在这件事上表明了他的不同于流俗的择人标准。

【注释】

①公冶长：齐国人（或说鲁国人），姓公冶，名长，孔子的高足。②妻（qì）：把女儿嫁给。③缧（léi）绁（xiè）：捆绑犯人的绳索。这里指监狱。④子：儿女，此处指女儿。

【译文】

孔子谈到公冶长时说："可以把女儿嫁给他。虽然他曾坐过牢，但不是他的罪过。"便把自己的女儿嫁给了他。

【原文】

5.2　子谓南容①："邦有道，不废；邦无道，免于刑戮。"以其兄之子妻之②。

公冶长在狱中。

【题解】

孔子把自己的侄女嫁给南容，也表明了南容的贤明与仁德。本章里，孔子说得比较具体，南容善于处世，在治世能有作为，在乱世能保全自己，这也反映了孔子的择人标准。

【注释】

①南容：姓南容，名适（kuò），字子容。孔子的高足。②兄之子：孔子的哥哥孔皮，此时已去世，故孔子为侄女主婚。

【译文】

孔子评论南容时说："国家政治清明时，他不会被罢免；国家政治黑暗时，他也可免于刑罚。"就把自己兄长的女儿嫁给了他。

【原文】

5.3　子谓子贱①："君子哉若人！鲁无君子者，斯焉取斯？"

【题解】

从这段话可以看出，孔子很重视社会环境对人的影响。子贱是孔子的弟子，他治理单父县时，德治教化为一时之盛。孔子在这里称赞子贱为君子，接下来说，子贱的君子之德是在鲁国养成的。鲁国与周文化渊源很深，有着适宜君子成长的风气，故子贱在这种环境氛围中浸染熏陶，养成了君子之德。

【注释】

①子贱：姓宓（fú），名不齐，字子贱，也是孔子的高足。

【译文】

孔子评论子贱说："这个人是君子啊！如果鲁国没有君子，他是从哪里获得这种好品德的呢？"

孔子称子贱是君子。

【原文】

5.4　子贡问曰："赐也何如?"子曰："女，器也。"曰："何器也?"曰："瑚琏也[1]。"

【题解】

在《公冶长》这一篇中，孔子对一些学生作了评价，主要是勉励和赞扬，同时也表明了孔子评价人的标准。子贡在孔子学生中是个通才，在政治、经济、外交方面皆很擅长且很有成就。瑚琏是古代国家举行大典时用的一种贵重而华美的玉制祭器，平常供在庙堂，精美洁净而庄严。此处孔子把子贡比作瑚琏，是说他才智出众，堪当重任。

孔子称子贡是瑚琏之器。

【注释】

① 瑚（hú）琏（liǎn）：古代祭祀时盛粮食的器具，很珍贵。

【译文】

子贡问孔子："我这个人怎么样?"孔子说："你好比是一个器具。"子贡又问："是什么器具呢?"孔子说："宗庙里盛黍稷的瑚琏。"

【原文】

5.5　或曰："雍也仁而不佞[1]。"子曰："焉用佞? 御人以口给[2]，屡憎于人。不知其仁，焉用佞? "

【题解】

孔子向来不赞成花言巧语的佞人，这一点在《学而》第三章也讲过。孔子针对别人对冉雍的评价，表达了自己的见解。他认为为人之道在于有仁德，根本不需要伶牙俐齿。仅仅靠空言善说处世的人，只能招人讨厌。如果没有仁德，花言巧语又有什么用呢?

【注释】

①雍：冉雍，字仲弓，孔子的学生。佞（nìng）：能言善说，有口才。②御：抵挡，这里指争辩顶嘴。口给（jǐ）：应对敏捷，嘴里随时都有回应的话语。

【译文】

有人说："冉雍这个人有仁德，但没有口才。"孔子说："何必要有口才呢? 伶牙俐齿地同别人争辩，常常被人讨厌。我不知道他是否可称得上仁，但为什么要有口才呢?"

【原文】

5.6　子使漆雕开仕[1]。对曰："吾斯之未能信。"子说[2]。

【题解】

孔子的教育理念是"学而优则仕"，学好知识，就去为官做事。孔子是鼓励学生从政做事的。他让学生漆雕开去出仕，但漆雕开觉得自己尚未达到"学而优"的程度，没有充分的把握，想继续学礼，晚点去做官，孔子很满意他这种谦谨的态度，认为他有沉着好学的品行，知道尚须进德修业，而不急着做官，没有沾染上当时社会中流行的急功近利的作风。

【注释】

①漆雕开：姓漆雕，名开，字子若。孔子的高足。②说：同"悦"。

【译文】

孔子叫漆雕开去做官。他回答说："我对这事还没有信心。"孔子听了很高兴。

【原文】

5.7 子曰："道不行，乘桴浮于海①。从我者，其由与？"子路闻之喜。子曰："由也好勇过我，无所取材。"

【题解】

这段对话表达了孔子对于自己不能行道于天下，处处碰壁后的感叹，也说出了对学生仲由的信任和深厚情感。孔子说当他有一天只好乘筏到海外去的时候，只有子路可以一

孔子说只有子路肯随自己乘木排去海外行道。

同随从。子路是孔子周游列国期间最忠实的追随者之一，与孔子感情深厚，故孔子有此语。子路听到后喜形于色，孔子见状，恐怕本来就好胜逞强的子路会更加倨傲凌人，遂又追加指出了子路的好逞勇的缺点。从本章也可见出孔子的随和温煦、严格而不严厉的一面。

【注释】

①桴（fú）：用来在水面浮行的木排或竹排，大的叫筏，小的叫桴。

【译文】

孔子说："如果主张的确无法推行了，我想乘着木排漂流海外。但跟随我的，恐怕只有仲由吧？"子路听了这话很高兴。孔子说："仲由这个人好勇的精神大大超过我，但不善于裁夺事理。"

【原文】

5.8 孟武伯问："子路仁乎？"子曰："不知也。"又问，子曰："由也，千乘之国，可使治其赋。不知其仁也。""求也何如？"子曰："求也，千室之邑，百乘之家，可使为之宰也①；不知其仁也。""赤也何如②？"子曰："赤也，束带立于朝，可使与宾客言也。不知其仁也。"

【题解】

此章中，孔子对自己的三个学生进行了评价，认为他们各有专长，有的可以管理军事，有的可以管理内政，有的可以主持外交。在孔子看来，最重要的标准——仁，他的学生们都没有达到，这也反映了为仁之难。在孔子心目中，仁的标准很高，是一种理想和完美的人格，故孔子不轻易以仁来许人。

【注释】

①宰：古代县、邑一级的行政长官。卿大夫的家臣也叫宰。②赤：公西赤，字子华，孔子的学生。

【译文】

孟武伯问："子路算得上有仁德吗？"孔子说："不知道。"孟武伯又问一遍。孔子说："仲由呀，一个具备千辆兵车的大国，可以让他去负责军事。至于他有没有仁德，我就不知道了。"又问："冉求怎么样？"孔子说："求呢，一个千户规模的大邑，一个具有百辆兵车的大夫封地，可以让他当总管。至于他的仁德，我弄不清。"

孔子和孟武伯谈论弟子们的才能。

孟武伯继续问："公西赤怎么样？"孔子说："赤呀，穿上礼服，站在朝廷上，可以让他和宾客会谈。他仁不仁，我就不知道了。"

【原文】

5.9 子谓子贡曰："女与回也孰愈①？"对曰："赐也何敢望回？回也闻一以知十，赐也闻一以知二。"子曰："弗如也！吾与女弗如也②。"

【题解】

颜回是孔子最为器重的学生，他不仅勤于学习，而且善于融会贯通，对一个道理领悟透彻，触类旁通，无所遗漏。就连素日以机敏聪慧著称的子贡都坦陈自己赶不上颜回，因为他自己对一个道理的领悟，虽有相当把握，但是还没有到透彻与周全的程度。孔子博闻广记，领悟力非凡，但还是认为自己和子贡在对道理的领悟和触类旁通上赶不上颜回。就老师不必各方面都胜过学生而言，孔子立下了表率。

☉名家品论语☉

仁之表现为事功。在孔子思想中，仁心之表现为事功，以遂民之情，适民之欲。因而改造经济物质环境、建立社会秩序与政治制度等等适度满足人群的普遍需求，如前述文化生活环境设计之部分者，最易为吾人所理解。盖此情与欲浮现于仁心之上层，其需要与满足，最易发现，亦最易认知。古往今来政治家的心力，无不集中于此。孔子自不例外，故赞许管仲之功曰："如其仁！如其仁！"而孔子恓恓惶惶，志在行道，然具体言之，仍不外乎祈求前述文化生活环境构想之全部实现，以顺其道德化的事功，而达到老安、少怀、友信的目的。尽管孔子和管仲对事功显现之层次境界有高低之不同，但他们都希望对事功有所创建，可以说殊无二致。于是孔门弟子中遂有事功派之产生，如子路、子贡、冉求、宰予、子张等，即其著者。

——《孔子奠定中国人文思想之基础》

【注释】

①愈：胜过，超过。②与：有两种解释：其一，同意、赞成；其二，和。此处取后一种说法。

【译文】

孔子对子贡说："你和颜回相比，哪个强一些？"子贡回答说："我怎么敢和颜回相比呢？颜回他听到一件事就可以推知十件事；我呢，听到一件事，只能推知两件事。"孔子说："赶不上他，我和你都赶不上他。"

【原文】

5.10　宰予昼寝。子曰："朽木不可雕也，粪土之墙不可杇也①。于予与何诛②？"子曰："始吾于人也，听其言而信其行；今吾于人也，听其言而观其行。于予与改是。"

孔子与子贡谈论颜回的悟性。

【题解】

宰予在孔子学生中以善于言辞著称，有时还夸夸其谈。孔子于是便借"昼寝"一事将他责备了一番。宰予作为孔门言语科的高才生，辩才无碍，言出理随，很容易让人相信他是个言出必行的人，但事实却未必如此。所以孔子提出要准确判断一个人，既要听其言，还要去观其行，看看他的言行是否一致。

【注释】

①杇（wū）：同"圬"，指涂饰，粉刷。②与（yú）：语气词。诛：意为责备、批评。

【译文】

宰予在白天睡觉。孔子说："腐朽了的木头不能雕刻，粪土一样的墙壁不能粉刷。对宰予这个人，不值得责备呀！"孔子又说："以前，我对待别人，听了他的话便相信他的行为；现在，我对待别人，听了他的话还要观察他的行为。我是因宰予的表现而改变了对人的态度的。"

孔子批评宰予白天睡觉。

【原文】

5.11　子曰："吾未见刚者。"或对曰："申枨①。"子曰："枨也欲，焉得刚？"

【题解】

　　孔子认为，人的欲望过多，便容易内心软弱而不刚强了。"刚"不是指血气之勇，而是刚强坚毅的内心力量和道德意志。孟子后来对这种"刚"也有所阐明，即"贫贱不能移，富贵不能淫，威武不能屈"也。

【注释】

①申枨（chéng）：孔子的学生，姓申，名枨，字周。

【译文】

　　孔子说："我没有见过刚毅不屈的人。"有人回答说："申枨是这样的人。"孔子说："申枨啊，他的欲望太多，怎么能刚毅不屈？"

【原文】

　　5.12　子贡曰："我不欲人之加诸我也①，吾亦欲无加诸人。"子曰："赐也，非尔所及也。"

孔子与人谈论申枨。

【题解】

　　子贡这里所讲的，与前面《里仁》篇的"己所不欲，勿施于人"相照应，表明了他的志向。但是，这种志向说起来容易，做起来困难，要用一生的努力才能证明。而且子贡用了"吾亦欲"来表示"主动愿意"，比单纯的"勿施于人"之劝诫与禁止，做起来更为困难。故孔子鞭策他说：恐怕不是你所能做到的。

【注释】

①加：有两种解释，一是施加，一是凌辱。今从前义。

【译文】

　　子贡说："我不愿别人把不合理的事加在我身上，我也不想把不合理的事加在别人身上。"孔子说："赐呀，这不是你可以做得到的。"

【原文】

　　5.13　子贡曰："夫子之文章，可得而闻也；夫子之言性与天道①，不可得而闻也。"

【题解】

　　子贡认为，孔子讲礼乐诗书等知识是有形的，可以听闻学到，但是关于人性与天道的理论，本身就属于深微难知的范畴，不是聪明特达之人不能听懂。孔子教育学生注重人道，很少言及人性与天道，因为"天道远，人道迩"。《论语》一书中言及性与天道的确实不多，孔子注重的是培养学生的现实精神，对于人性和天道采取存而不述的态度，仅仅是示之以端，想要学生深造而自得。

【注释】

①天道：天命。《论语》中孔子多处讲到天和命，但不见有孔子关于天道的言论。

【译文】

子贡说："老师关于《诗经》《尚书》《礼记》《乐经》等文献的讲述，我们能够听得到；老师关于人性和天命方面的言论，我们从来没听到过。"

【原文】

5.14 子路有闻，未之能行，唯恐有闻。

【题解】

此章形象表述了子路的急切率直，勇于力行。子路求学，闻见后能立即去力行，如果尚未实行，唯恐又闻见其他道理。学到的道理还不能实践应用，便不再去实践另一个，至少要努力一段时日，有"能行"的把握以后，再去学习新的。对于学习也是一样，与其贪多务杂，一下学习了很多却不能消化吸收，还不如专心学会一样后，再去学习新的东西。

【译文】

子路听到了什么道理，如果还没有来得及去实行，便唯恐又听到新的道理。

【原文】

5.15 子贡问曰："孔文子何以谓之'文'也①？"子曰："敏而好学，不耻下问，是以谓之'文'也。"

【题解】

孔文子是指卫国大夫孔圉，谥号为"文"。谥号是一个人一生言行的总结，按照《逸周书·谥法》的说法："学勤好问曰文。"由此可知"文"是个美谥。一般人聪敏多不爱好学习，位高就耻于向地位、身份、知识不如自己的人求教。但孔文子聪明而勤奋好学，有着不耻下问的谦虚和乐于求教的精神，所以能得到"文"的美谥。

【注释】

①孔文子：卫国大夫，姓孔，名圉（yǔ），"文"是谥号。

孔子向子贡解释孔文子的谥号为"文"的缘故。

【译文】

子贡问道："为什么谥孔文子'文'的称号呢？"孔子说："他聪明勤勉，喜爱学习，不以向比自己地位低下的人请教为耻，所以谥他'文'的称号。"

【原文】

5.16 子谓子产①："有君子之道四焉：其行己也恭，其事上也敬，其养民也惠，其使民也义。"

【题解】

子产是春秋时期杰出的政治家，孔子对他的评价很高。认为他合乎君子之道有四：端己、敬上、惠下、有义。端正自己就会以身作则，可以威信自立；对君上恭敬，可以行事无私；恩惠泽被百姓，百姓能得以休养生息；劳役百姓合于义，百姓便不会心生怨怒。子产正是因为做到这四点，克己力行，才使郑国从春秋列国争强中脱颖而出，赢得尊重和安全。

【注释】

①子产：姓公孙，名侨，字子产，郑国大夫。做迕正卿，是郑穆公的孙子，为春秋时郑国的贤相。

【译文】

孔子评论子产说："他有四个方面符合君子的标准：他待人处世很谦恭，侍奉国君很负责认真，养护百姓有恩惠，役使百姓合乎情理。"

【原文】

5.17　子曰："晏平仲善与人交①，久而敬之。"

【题解】

孔子在这里称赞齐国大夫晏婴善于跟人交朋友。一般人与人交朋友，相处久了，往往是非亲即疏。而晏婴为人矮小，样貌也不好看，但别人与他相处愈久，对他愈是敬重，因为他有着非凡的人格魅力，这是很难得的。

晏子善于与人交往，很受他人尊敬。

【注释】

①晏平仲：名婴，谥号为"平"，齐国的大夫。曾任齐景公的宰相。

【译文】

孔子说："晏平仲善于与人交往，相识时间久了，别人更加尊敬他。"

【原文】

5.18　子曰："臧文仲居蔡①，山节藻棁②，何如其知也③？"

【题解】

臧文仲在当时被人们称为"智者"，而孔子却认为他不智。古时国有大事不决，就用龟甲来占卜。用于占卜的龟有六种，按照周礼的规定，六种龟各藏一个屋子，由专门的龟人来掌管。臧孙氏三代为鲁国

孔子认为臧文仲擅用国君的庙饰很不明智。

掌龟大夫，臧文仲在大乌龟的屋子上刻有山形的斗拱和画有水藻的梁柱，这是国君的庙饰，而臧文仲却加以擅用，是违反礼制的，这样做当然称不上明智。

【注释】

①臧文仲：姓臧孙，名辰，"文"是他的谥号。春秋时鲁国大夫。居蔡：居，作动词用，藏的意思。蔡，国君用以占卜的大龟。蔡这个地方产龟，因此把大龟叫"蔡"。臧文仲藏了一只大龟。②山节藻棁（zhuō）：节，柱上的斗拱。棁，房梁上的短柱。山节藻棁即指把斗拱雕成山形，在棁上绘上水草花纹。古时是装饰天子宗庙的做法。③知：同"智"。孔子认为臧文仲为大龟盖豪华的房子，为僭越行为，不智。

【译文】

孔子说："臧文仲为产自蔡地的大乌龟盖了一间房子，中有雕刻成山形的斗拱和画着藻草的梁柱，他这样做算一种什么样的聪明呢？"

【原文】

5.19　子张问曰："令尹子文三仕为令尹①，无喜色；三已之，无愠色。旧令尹之政，必以告新令尹。何如？"子曰："忠矣。"曰："仁矣乎？"曰："未知，焉得仁？""崔子弑齐君②。陈文子有马十乘③，弃而违之④。至于他邦，则曰：'犹吾大夫崔子也。'违之。之一邦，则又曰：'犹吾大夫崔子也。'违之，何如？"子曰："清矣。"曰："仁矣乎？"曰："未知，焉得仁？"

【题解】

孔子是强调"仁"的本体性的，仁是天地之道最本质的事物，也是最根本的做人之道。仅有忠和清还谈不上仁。在孔子看来，"忠"和"清"都只是仁的一些外在行为，应该从根本的仁德上去努力做好。

孔子与子张谈论令尹子文和陈文子的道德境界。

令尹子文三次出仕，三次罢官，进退从容，却始终不忘忠君之事，把旧政告知新上任的令尹，故孔子嘉许他为"忠"。陈文子在乱世中不随波逐流，孔子称为"清"。但认为两者都还未达到"仁"。

【注释】

①令尹：楚国的官名，相当于宰相。子文：姓斗，名縠（gòu）于（wū）菟（tú），字子文，楚国贤相。三仕、三已的"三"不是实指，而是概数，可译为"几"。②崔子：崔杼，齐国的大夫，曾杀掉他的国君齐庄公。弑（shì）：古代位在下的人杀掉位在上的人叫"弑"。③陈文子：齐国大夫，名须无。④违：离开。

【译文】

子张问道："楚国的令尹子文三次担任令尹的职务，没有显出高兴的样子；三次被罢免，也没有怨恨的神色。他当令尹时的政事，一定交代给下届接位的人。这个人怎么样？"孔子说："可算得上对国家尽忠了。"子张问："算得上有仁德吗？"孔子说："不知道，这怎么能算仁呢。"子张又问："崔杼杀了齐庄公，陈文子有四十四马，他都丢弃不要，就离开了。到了另一个国家，说：'这里的执均以输贫，和以济寡，安以扶倾，这是孔子"拨乱世"的具体方针。孔子认为，富则易骄易暴，贫则易忧易盗；国家的不安，就是由这富贫众寡的不均所致。解决的办法，除了要求"大人"和"小民"各自克己，以求达到"富而无骄"、"富而好礼"，"贫而无谄"、"贫而乐道"外，为政的人还应设法"均"之"和"之。

——庞朴《论孔子的思想中心》

政者和我国的崔子差不多'，又离开了。再到了一国，说：'这里的执政者和我国的崔子差不多'，还是离开了。这人怎么样？"孔子说："很清高。"子张说："算得上有仁德吗？"孔子说："不知道，这怎么能算有仁德呢？"

【原文】

5.20 季文子三思而后行①。子闻之，曰："再，斯可矣。"

【题解】

孔子在这里又给人们一个重要的提示，凡事都有一个度，慎重如果过了头就变成怯懦了。"三思而后行"是一句传世名言，很多人奉之为处世法则。但是，孔子却告诉人们，凡事的确应该考虑利与弊，但是思考太多，便会犹豫不决，可能错失行动的时机。因此，孔子说："考虑两次就可以了。"前人对此已有领会："文子生平盖祸福利害之计太明，故其美恶两不相掩，皆三思之病也。其思之至三者，特以世故太深，过为谨慎；然其流弊将至利害徇一己之私矣。"（宦懋庸《论语稽》）

孔子不赞成人们像季文子一样过分慎重。

【注释】

①季文子：鲁国的大夫，姓季孙，名行父，"文"是谥号。

【译文】

季文子办事，要反复考虑多次后才行动。孔子听到后，说："考虑两次就可以了。"

【原文】

5.21 子曰："宁武子邦有道则知①，邦无道则愚。其知可及也，其愚不可及也。"

【题解】

本章表现了孔子的一个基本思想：既积极进取，又洁身保身。他称道宁武子在"邦无道"的情况下处世的"愚"，实际上是一种智慧，可以避免不必要的牺牲，这种大智若愚的思想对后世影响深远。

【注释】

①宁武子：姓宁，名俞，谥号为"武"，卫国的大夫。

【译文】

孔子说："宁武子这个人，在国家政治清明时就聪明，当国家政治黑暗时就装傻。他的聪明是别人可以做得到的，他的装傻，别人是赶不上的。"

【原文】

5.22　子在陈①，曰："归与！归与！吾党之小子狂简②，斐然成章，不知所以裁之。"

【题解】

孔子在陈住了三年，曾经受困，甚至缺粮，自然知道其道至大，难以实行，于是大发感慨，说回去有很多事情可做，尤其是那些胸怀志向、各具才能的弟子们，更需要孔子的培养、教导。孔子说这段话时，正当鲁国季康子执政，想要召回冉求去协助办理政务。所以，孔子说了这些话。

【注释】

①陈：国名，大约在今河南东部和安徽北部一带。②吾党：我的家乡。党是古代地方组织的名称，五百家为一党。狂简：志向远大而行为粗率。

【译文】

孔子在陈国，说："回去吧！回去吧！我家乡的那帮学生志向远大而行为粗率，文采虽然很出众，但他们不知道怎样克制自己。"

孔子望着故乡的方向大发感慨。

【原文】

5.23　子曰："伯夷、叔齐不念旧恶①，怨是用希。"

【题解】

孔子在这一章讲的是他的忠恕之道。他称赞伯夷、叔齐的"不念旧恶"，就是不念旧时之恶，给人以自新的机会，为人处世以和为贵，这种思想给后世以深远的影响。伯夷、叔齐是商朝末年孤竹国的国君之子，他们互以王位相让，后一起逃往西伯昌（周文王）的领地。他们虽然反对殷纣王的暴虐，但又认为周武王伐纣是"以暴易暴"，劝阻武王伐纣而未成，耻食周粟，饿死在首阳山。

【注释】

①伯夷、叔齐：孤竹君的两个儿子。父亲死后，互相让位，都逃到周文王那里。周武王起兵伐纣，他们以为这是以臣弑君，拦在马前劝阻。周灭商统一天下后，他们以吃周朝的粮食为耻，逃进山中以野草充饥，饿死在首阳山中。

【译文】

孔子说："伯夷、叔齐这两兄弟不记旧仇，因此别人对他们的怨恨很少。"

【原文】

5.24　子曰："孰谓微生高直①？或乞醯焉②，乞诸其邻而与之。"

【题解】

　　孔子通过微生高从邻居家借醋给前来讨醋的人这件小事，认为他用意委曲，有做作之嫌，不是真正的直率。醋不是什么要紧的东西，有就给人家点，没有就说没有，没有必要这样周旋世故。孔子表明的是一种是怎样就是怎样的直道，不为虚名所牵累。

【注释】

①微生高：姓微生，名高，鲁国人，以直爽著称。
②醯（xī）：醋。

【译文】

　　孔子说："谁说微生高这个人直爽？有人向他求点醋，他却向自己邻居那里讨点来给人家。"

微生高向邻居讨醋。

【原文】

　　5.25　子曰："巧言、令色、足恭，左丘明耻之①，丘亦耻之。匿怨而友其人，左丘明耻之，丘亦耻之。"

【题解】

　　在这段话里，孔子表达了他鲜明的是非好恶态度。左丘明为鲁国太史，相传为《左传》的作者，以秉笔直书、褒贬善恶著称。孔子把他引为自己的同道中人，对巧言令色、过分恭顺的行为，以及内心对别人有怨恨，表面却显得要好的行为深感憎恶，认为这些行为是可耻的。

【注释】

①左丘明：鲁国史官，姓左丘，名明。一说姓左，名丘明。相传为《春秋左氏传》和《国语》的作者。

【译文】

　　孔子说："花言巧语，面貌伪善，过分恭敬，这种人，左丘明认为可耻，我也认为可耻。把仇恨暗藏于心，表面上却同人要好，这种人，左丘明认为可耻，我也认为可耻。"

孔子表示自己的是非好恶观与左丘明相同。

【原文】

　　5.26　颜渊、季路侍①。子曰："盍各言尔志？"子路曰："愿车马、衣轻裘，与朋友共，敝之而无憾。"颜渊曰："愿无伐善②，无施劳。"子路曰："愿闻子之志。"子曰："老者安之，朋友信之，少者怀之③。"

孔子向弟子们阐述自己的理想。

【题解】

此章中，孔子和他的弟子们表述了各自的志向。子路以朋友的情义远重于个人的财物的回答显示了他讲义气的豪爽本色；颜回的志向则反映了谦逊、注重自我修养的品格；而孔子的志向实际上就是追求让所有人各得其所的大同境界。老年人安逸，朋友之间有信义，少年人得到关怀——这是一个理想社会的景象。

【注释】

①季路：即子路。②伐善：夸耀功劳。伐，夸耀。③怀：关怀，照顾。

【译文】

颜渊、季路站立在孔子身边。孔子说："你们为什么不各自谈谈自己的志向？"子路说："我愿意拿出自己的车马、穿的衣服，和朋友们共同使用，即使用坏了也不遗憾。"颜渊说："我愿意不夸耀自己的长处，不宣扬自己的功劳。"子路说："我们希望听听老师的志向。"孔子说："我愿老年人安度晚年，朋友之间相互信任，年幼的人得到照顾。"

⊙**名家品论语**⊙

孔子精神是由社会到个人的。他觉得只要社会建造好了，其中的个人不会不好。他侧重社会，他因此常想把个人拘束于社会之中，他告诉弟子们："毋意，毋必，毋固，毋我。"这都是教人牺牲个性，以适应美的生活的。他告诉人："敏于事而慎于言。"他告诉人："泛爱众而亲仁。"他告诉人："晏平仲善与人交，久而敬之。"这都是指示人如何可以过一种人与人相安的生活，而不会搅乱社会的和平。他的志愿是："老者安之，朋友信之，少者怀之。"

——李长之《李长之批评文集》

【原文】

　　5.27　子曰："已矣乎！吾未见能见其过而内自讼者也。"

【题解】

　　孔子在这一章里感叹人们有过失而不去反省，即使见到自己的过错也会去掩饰推诿，不会在内心里责备检讨自己的世风。他认为要有这种内省自责的意识，才能去及时改正有所进步。人往往能一眼看出别人的错误和缺点，却很少能真正反观自身的错误和缺点。即使知晓了自己的过失后，也很难去真正加以改正。人需要有自省自责的理性精神，这样才能不断提高自己。

【译文】

　　孔子说："算了吧！我从未见过看到自己有错误便能自我责备的人。"

【原文】

　　5.28　子曰："十室之邑，必有忠信如丘者焉，不如丘之好学也。"

【题解】

　　在这一章，孔子以自身成就为例，强调了学习的重要性。他认为自己忠信的资质与常人一样，只是因为自己好学，所以能异于常人，故也是在勉励人们要有好学的精神。孔子自称好学，并无自夸之意，他曾经表示自己不是"生而知之者"，必须努力学习才有所得。一般人中，有能做到忠信的，但很少能做到好学不倦的，孔子唯因好学不倦，才成为博学多闻之人。

【译文】

　　孔子说："就是在只有十户人家的小地方，一定有像我这样既忠心又守信的人，只是赶不上我这样好学罢了。"

孔子以自身为例，勉励弟子们努力学习。

雍也篇第六

【原文】

6.1　子曰："雍也可使南面①。"

【题解】

古代以面向南为尊位，天子、诸侯与卿大夫听政都是面南而坐。孔子这句话是对弟子冉雍的高度评价，认为冉雍虽然出身于卑贱的人家，但就其所具备的德行与能力而言，足以胜任卿大夫的职位。

【注释】

①南面：古时尊者的位置是坐北朝南，天子、诸侯、卿大夫等听政时皆面南而坐。此以"南面"代指卿大夫之位。

【译文】

孔子说："冉雍这个人啊，可以让他去做一个部门或一个地方的长官。"

【原文】

6.2　仲弓问子桑伯子①，子曰："可也，简。"仲弓曰："居敬而行简，以临其民，不亦可乎？居简而行简，无乃大简乎②？"子曰："雍之言然。"

【题解】

从这段师生之间的对话中，可以看出孔子是主张做事简要不烦的。但这种简要不是指内心随便马虎、简单办事，而是要内心严谨敬畏，做事简约，不烦扰百姓。

孔子与仲弓讨论子桑伯子的行事风格。

【注释】

①子桑伯子：鲁人，事迹不详。②无乃：岂不是。

【译文】

仲弓问子桑伯子这个人怎么样，孔子说："这个人不错，他办事简约。"仲弓说："如果态度严肃认真，而办事简约不烦，这样来治理百姓，不也可以吗？如果态度马虎粗疏，办起事来又简约，那不是太简单了吗？"孔子说："你的话很对。"

【原文】

6.3 哀公问："弟子孰为好学？"孔子对曰："有颜回者好学，不迁怒①，不贰过②，不幸短命死矣③。今也则亡④，未闻好学者也。"

【题解】

孔子在本章中深深赞许了颜回的好学。颜回的好学不仅仅指他爱好学习，而且还包括他不迁怒、不贰过的心性修养。自己有了过失而不反省修正，反而怨恨别人，就是迁怒，是人所共有的逃避心理。对自己同样的过错照旧再犯而不思改正，或者对他人犯过的过失不加借鉴，自己也犯，

孔子回答哀公问，认为门下弟子中颜回最好学。

是为贰过，这同样是人所常犯的。但颜回却能做到不迁怒、不贰过，可见他的德行、涵养极深。而他有此涵养，是由于他的好学。所以孔子在他英年早逝后悲恸至极。

【注释】

①不迁怒：不把对此人的怒气发泄到彼人身上。②不贰过："贰"是重复、一再的意思。这是说不犯同样的错误。③短命死矣：颜回死时年仅三十一岁。④亡：同"无"。

【译文】

鲁哀公问："你的学生中谁最爱好学习？"孔子回答说："有个叫颜回的最爱学习。他从不迁怒于别人，也不犯同样的过错。只是他不幸短命死了。现在没有这样的人了，再也没听到谁爱好学习的了。"

【原文】

6.4 子华使于齐①，冉子为其母请粟②。子曰："与之釜③。"请益。曰："与之庾④。"冉子与之粟五秉⑤。子曰："赤之适齐也，乘肥马，衣轻裘，吾闻之也，君子周急不继富。"

【题解】

此章表达了孔子做人的一个原则：君子应当周济穷困的人，给他们雪中送炭，而不是去给富有的人锦上添花，让他们更加富有。孔子的这种思想带有一定的普适意义。

【注释】

①子华：孔子的学生，姓公西，名赤，字子华，鲁国人。②冉子：姓冉，名求，字子有，鲁国人。粟：小米。③釜：古代量器，六斗四升为一釜。④庾（yǔ）：古代量器，二斗四升为一庾。⑤秉（bǐng）：古代量器，十六斛为一秉；一斛为十斗。

【译文】

　　子华出使齐国，冉有替子华的母亲向孔子请求补助一些小米。孔子说："给她六斗四升。"冉有请求再增加一些，孔子说："再给她二斗四升。"冉有却给了她八百斗。孔子说："公西赤到齐国去，驾着肥马拉的车，穿着又轻又暖和的皮袍。我听人说，君子应该救济有紧急需要的穷人，而不应该给富人添富。"

【原文】

　　6.5　原思为之宰①，与之粟九百，辞。子曰："毋！以与尔邻里乡党乎②！"

【题解】

　　此章和上一章一样，都反映了孔子处理钱财的态度，自己有所富余，便去周济邻里乡党中穷困的人。原思为孔子的弟子，他做孔子的家臣，孔子给他九百斗粟的俸禄。原思生活简朴，要不了那么多，就加以推辞。孔子便体贴地教导他将多余的粮食分给乡里邻居，因为君子在独善之后，有能力还应该去兼善他人。

【注释】

①原思：姓原，名宪，字子思，孔子的学生。宰：家宰，管家。②邻里乡党：古代地方单位的名称。五家为一邻，二十五家为一里，一万二千五百家为一乡，五百家为一党。

【译文】

　　原思做了孔子家的总管，孔子给他报酬小米九百斗，他推辞不要。孔子说："不要这样推辞！

孔子教导原宪将吃不完的小米用于周济邻里乡亲。

多余的就给你的邻里乡亲吧！"

【原文】

6.6　子谓仲弓曰①："犁牛之子骍且角②，虽欲勿用，山川其舍诸？"

【题解】

孔子在这一章用牛作比喻讲举贤的观点，他认为人的出身并不是最重要的，重要的在于自己应有君子的道德和出色的才干。只要具备了这些条件，就会受到社会的重用。从另一方面来看，作为执政者，选拔重用人才要"英雄不问出处"，不能因出身低而轻弃贤才。

【注释】

①子谓仲弓：有两种解释，一是孔子对仲弓说；二是孔子对第三者议论仲弓，今从前说。
②犁牛：耕牛。骍（xīn）且角：祭祀用的牛，毛色为红，角长得端正。骍，红色。

【译文】

孔子对仲弓说："耕牛生的小牛犊长着红色的毛皮，两角整齐，虽然不想用来当祭品，山川之神难道会舍弃它吗？"

孔子用祭祀用的牛作比喻，开导仲弓不要为自己的出身自卑。

【原文】

6.7　子曰："回也，其心三月不违仁。其余则日月至焉而已矣。"

【题解】

颜回是孔子最得意的门生，因为他能将"仁"贯穿于自己的一切思想与行动当中，对孔子以"仁"为核心的思想有深入的理解，一生对"仁"不停地追求、实践。孔子以"仁"为修身为学的最高境界，认为自己都难以达到。所以，他赞扬颜回"三月不违仁"，而别的学生"则日月至焉而已"，更反衬了颜回的难能可贵。

【译文】

孔子说："颜回呀，他的心中长久地不离开仁德，其余的学生，只不过短时间能做到这点罢了。"

孔子评价颜回的"仁"道境界。

【原文】

6.8 季康子问①："仲由可使从政也与？"子曰："由也果，于从政乎何有？"曰："赐也可使从政也与？"曰："赐也达，于从政乎何有？"曰："求也可使从政也与？"曰："求也艺，于从政乎何有？"

【题解】

从本章可以看出，孔子对弟子们的特点和优点一清二楚，反映了一种亲密无间的师生关系。端木赐、仲由和冉求，在从事国务活动和行政事务方面，都各有所长。他们都是孔子所培养的为国家做事的人才，能够辅佐君主或大臣从事政治活动。孔子对他的三个学生都给予较高评价，认为他们已经具备了从政并担任重要职务的能力。

季康子时为鲁国实际掌权者，可以推荐人才出任大夫，便向孔子请教子路、子贡、冉有是否可以任用。孔子对学生所知甚深，认为子路果敢有决断能力、子贡通达有洞察的智慧、冉求多才多艺有挥洒自如的气质，他对自己学生的从政能力充满了信心和自豪。同时他推许自己学生的长处也是希望季康子能根据他们的特点，把他们安置在合适的职位上。

【注释】

①季康子：即季孙肥，春秋时期鲁国的正卿。"康"是谥号。

【译文】

季康子问："仲由可以参与政事吗？"孔子说："仲由呀，办事果断，参与政事有什么困难呢？"又问："端木赐可以参与政事吗？"孔子说："端木赐呀，通情达理，参与政事有什么困难呢？"又问："冉求可以参与政事吗？"孔子说："冉求呀，多才多艺，参与政事有什么困难呢？"

【原文】

6.9 季氏使闵子骞为费宰①。闵子骞曰："善为我辞焉。如有复我者，则吾必在汶上矣②。"

【题解】

本章讲述的是闵子骞拒绝做官的故事，反映了他宠辱不惊、明哲保身的超然态度，实在是极富智慧的处世哲学。宋代大儒朱熹对闵子骞的这一做法深表赞赏，他说，处乱世，遇恶人当政，"刚则必取祸，柔则必取辱"。即是说在乱世从政，刚直或者屈从都要受害取辱。孔子主张"道不同不相为谋"，闵子骞就是这样做的。

【注释】

①闵子骞（qiān）：孔子的学生，姓闵，名损，字子骞。费：季氏的封邑，在今山东省费县西北。②汶：汶水，即今山东大汶河。汶上，暗指齐国。

闵子骞拒绝季氏的聘任，坚决不做费城长官。

【译文】

季氏派人通知闵子骞，让他当季氏采邑费城的长官。闵子骞告诉来人说："好好地为我推辞掉吧！如果再有人为这事来找我，那我一定逃到汶水那边去。"

【原文】

6.10 伯牛有疾①，子问之，自牖执其手②，曰："亡之，命矣夫！斯人也，而有斯疾也！斯人也，而有斯疾也！"

【题解】

这一章孔子以极其沉痛的语气与他的得意门生冉伯牛诀别。最令人痛心的是，好人而得恶病，孔子只能归之为天命。孔子虽为圣人，但对生老病死也只能是一筹莫展。他对冉伯牛的不幸而牵挂、担忧、焦虑，然而又感到无可奈何。

【注释】

①伯牛：孔子的学生，姓冉，名耕，字伯牛。
②牖（yǒu）：窗户。

孔子握着冉伯牛的手，为他的病情感伤。

【译文】

冉伯牛病了，孔子去探望他，从窗户外握着他的手，说道："没有办法，真是命呀！这样的人竟得这样的病呀！这样的人竟得这样的病呀！"

【原文】

6.11 子曰："贤哉，回也！一箪食①，一瓢饮，在陋巷。人不堪其忧，回也不改其乐。贤哉，回也！"

【题解】

孔子对弟子颜回的赞美，实际上是一一种人格、一种行为方式的表彰。此名言对后世有志于治学、修身、

⊙名家品论语⊙

伯牛：姓冉，名耕，是孔子弟子中道德修养较高的一个。鲁定公时，孔子代理鲁相，推荐伯牛担任中都宰。后来，伯牛不幸因病死了。孔子对他的死非常痛惜，死前曾亲自去看望过他。

为什么孔子从窗口里握伯牛的手呢？古代礼节，生了病的人要居住南面窗下，但同尊长相见，必须向北行礼。君主前来看望时，则要把床移到南面窗下，使君主得以南面来看视病人。当时冉伯牛知道孔子要来探病，就特地把床移到南面窗下，以便孔子面南，受伯牛的礼拜。可是孔子表示谦虚，同时也不忍病人勉强起床行礼，所以就不进入室内，而是在南窗外看望了病人，从窗口里握了他的手，大概是与他永诀。

"斯人也，而有斯疾也！"这么好的一个人，怎么就得了这么样的病！后来就衍化成为成语"斯人斯疾"，作为吊唁的一句常用语，嗟叹好人因不治之症而亡。

——李长之《李长之批评文集》

立行的人产生了深远的影响。颜回生活清苦，但他全不以为意，安贫乐道，依然孜孜不倦地学习、修身，这就是孟子所说的"贫贱不能移"精神的真实写照。所以孔子连发两次感慨："颜回真是个贤人啊！"

【注释】

①箪（dān）：古代盛饭的竹器。

【译文】

孔子说："真是个大贤人啊，颜回！用一个竹筐盛饭，用一只瓢喝水，住在简陋的巷子里。别人都忍受不了那穷困的忧愁，颜回却能照样快活。真是个大贤人啊，颜回！"

孔子赞美颜回身居陋巷却乐观好学的精神。

⊙名家品论语⊙

我们想知道孔子的生活，也可以在颜子生活里推见一部分出来。孔子顶显明的是乐，孔子夸奖颜回说："贤哉，回也！一箪食，一瓢饮，在陋巷。人不堪其忧，回也不改其乐。贤哉，回也！"对于生活之乐趣，再三夸奖。由此可知颜子生活，确能够如此。由此一看，儒家生活，就是乐趣所在。子曰："饭疏食饮水，曲肱而枕之，乐亦在其中矣；不义而富且贵，于我如浮云。"孔子弟子日记孔子的生活说："子之燕居，申申如也，夭夭如也。"这都是说生活之舒美，其中有说不出的乐趣。那种生活之合适，并非常自得的，有很好的兴趣，有自然的乐趣。"乐"之一字，在《论语》中一见屡见再见以至多见。如"智者乐水，仁者乐山；智者乐，仁者寿"。"知之者不如好之者；好之者不如乐之者"。还有一条是应该注意的。孔子说："君子坦荡荡；小人长戚戚。"君子的生活，是坦然的；而小人生活，则是戚戚然的。君子自然是好人了；小人自然是坏的。在这句话里面，孔子直接表示出来，生活之乐不乐，与人的好坏有很大关系。凡是君子则坦坦而乐；小人就戚戚以忧。与仁者不忧，差不多的意思。把这所有谈生活之乐的，各个小条，归并在一块儿，我们就知道孔子生活是乐的。

——梁漱溟《孔子的人生旨趣》

【原文】

6.12 冉求曰："非不说子之道①，力不足也。"子曰："力不足者，中道而废。今女画②。"

【题解】

从这段对话中可以看出什么是最好的老师。最好的老师是让学生产生希望和自信。冉求对学习理论失去了信心，孔子则以学走路为喻对他进行开导和帮助。孔子告诉他，并非是他的能力不够，而是他思想上的畏难情绪在作怪，自己给自己设置了障碍，只要努力去做，肯定能够克服一切困难，达到学习的目标。

人最怕的就是自己给自己的心灵套上枷锁，从而畏惧不前，所以说人最难克服的东西实际上来自于自身而非其他。只有先破除心灵的枷锁，才能真正达到内心的自在，才能潜心修行，才能大有作为。

【注释】

①说（yuè）：同"悦"。②女：同"汝"，你。画：划定界限，停止前进。

【译文】

冉求说："我不是不喜欢老师的学说，是我力量不够。"孔子说："如真的力量不够，你会半途而废。如今你却画地为牢，不肯前进。"

孔子批评冉求自我设限、不思进取。

【原文】

6.13 子谓子夏曰："女为君子儒，毋为小人儒。"

【题解】

在本章中，孔子提出了"君子儒"和"小人儒"之区别，并要求子夏做君子儒，不要做小人儒。"君子儒"是指懂得大道、有仁德、有高尚人格的人；"小人儒"则是指只知眼前利益、不懂大道、品格平庸的人。

儒家讲求修身、齐家、治国、平天下。君子儒者，为治国平天下而学，以利天下人为己任，有着大器和大胸襟。小人儒者，为一己之私利而学习，器量狭小。子夏有文学特长，孔子希望他进而学道，故说"你要学做君子儒，不要学做小人儒"。

孔子教导子夏要做个君子式的儒者。

【译文】

孔子对子夏说："你要做个君子式的儒者，不要做小人式的儒者。"

【原文】

6.14 子游为武城宰①。子曰："女得人焉尔乎？"曰："有澹台灭明者②，行不由径。非公事，未尝至于偃之室也。"

【题解】

孔子问子游的这段话是在表彰澹台灭明为人奉公守法且有所不为的高尚品格，同时也反映出他举

贤才的标准：任用正直诚实、公私分明的人。孔子极为重视发现贤才、使用人才。当时社会处于大动荡、大变革时期，各诸侯国都重视接纳各种人才，尤其是能够帮助他们争夺土地的有用之才，但孔子赞许的是有仁德有正直品质的贤才。

【注释】

①武城：鲁国的城邑，在今山东省费县西南。②澹台灭明：人名，姓澹台，名灭明，字子羽。后来也成为孔子的学生。

【译文】

子游担任武城地方的长官。孔子说："你在那里得到什么优秀人才了吗？"子游回答说："有个名叫澹台灭明的人，行路时不抄小道，不是公事，从不到我家里来。"

【原文】

6.15 子曰："孟之反不伐①，奔而殿②。将入门，策其马③，曰：'非敢后也，马不进也。'"

【题解】

孔子高度评价了孟之反的谦逊精神。公元前484年，鲁国与齐国打仗。鲁国右翼军败退的时候，孟之反

⊙典故与知识⊙

孔子对子夏说，"汝为君子儒，毋为小人儒"。（此所谓君子小人，与"小人哉樊须也"之小人同义，彼谓稼圃为小道末艺，非治国平天下的大道，此谓小人儒为习于礼、乐、射、御、书、数的小儒，非以礼教治国安民的君子儒。）这正是说礼之义不在礼节仪文之末，君子儒不以六艺多能为贵，所以孔子以后的礼和儒，都有特殊的意义，儒是以礼治国，礼是君权、父权、夫权三纲一体的治国之道，而不是礼节仪文之末。不懂得这个，便不懂得孔子。

在最后掩护败退的鲁军，实为勇者，当受到国人的迎接赞美。但他不愿居功，反而说："不是我敢于殿后，是我的马不肯向前。"对此事，孔子给予了高度评价，讲他的故事就是宣扬他的这种勇敢、自我牺牲以及不居功的优秀品质。

【注释】

①孟之反：又名孟之侧，鲁国大夫。伐：夸耀。②殿：在最后。③策：鞭打。

【译文】

孔子说："孟之反不喜欢自夸，打仗败了，他走在最后(掩护撤退)。快进城门时，他用鞭子抽打着马说：'不是我敢殿后呀，是我的马不肯快跑呀！'"

鲁国与齐国交战失利，孟之反勇于殿后。

【原文】

6.16　子曰："不有祝鮀之佞^①，而有宋朝之美^②，难乎免于今之世矣！"

【题解】

孔子这段话是对于衰败的社会风气的感叹。人有爱美之心，但也有可能因为美色而带来祸害，宋公子朝因容貌俊美而惹乱。乱世纷纷，巧言如簧之人方能如鱼得水。孔子重视人的内在道德修养，故对当时只注重外表、虚夸欺世的颓丧世风，深深感慨。

⊙典故与知识⊙

宋朝，春秋时期宋国公子，名朝，以容貌俊美闻名。《左传》中曾记载他因美貌而惹起祸乱的事情有两次。公子朝从宋国逃奔到卫国后，因姿容出众而得宠于卫灵公，经常出入宫闱之间。卫灵公的母亲、太夫人宣姜十分喜爱公子朝，暗地里和他私通。而卫灵公的夫人南子也爱慕公子朝的美貌，与他私通。公子朝怕事情泄露，就勾结一帮人作乱，把卫灵公逐出卫国。后来卫灵公复国登位，公子朝和南子出奔晋国。可是卫灵公以母后想念儿媳妇南子为由，把公子朝召回卫国。

卫灵公和南子生的儿子叫蒯聩，已经立为世子。有一次他从宋国路过，路人对他唱道："既定尔娄猪，盍归吾艾豭。"娄猪是性欲极强的母猪，艾豭是种猪，这歌词的大意是：既然已经满足了你们的母猪，为什么还不归还我们的漂亮的种猪？蒯聩对母亲和宋朝私通的事情非常痛恨，于是就设计假传宋朝来召见，准备一举把两人刺死。结果不小心被南子发觉，告到灵公那里。灵公一气之下把蒯聩驱逐出境，蒯聩逃亡至宋国，后来又逃到晋国。孔子后来评论说，宋朝虽然天生长相俊美，却没有实际的才干。虽然被当权的人宠爱，可始终只能惹出乱子。

【注释】

①祝鮀（tuó）：卫国大夫，字子鱼。他是祝官，名鮀。善于外交辞令。②宋朝：宋国的公子朝。《左传》中曾记载他因美貌而惹起祸乱的事情。

【译文】

孔子说："如果没有祝鮀那样的口才，却仅仅有宋朝那样的美貌，在当今的社会里就难以避免祸害了。"

【原文】

6.17　子曰："谁能出不由户？何莫由斯道也？"

【题解】

孔子一心想恢复周初的礼乐制度，只是社会发展到春秋末期已经世风日下，人心不古。各诸侯国各竞其力，争夺霸权，仁义道德几殆荡然之境。面对这种状况，孔子一方面大力推行他的仁礼学说，一方面对效果甚微深深忧虑。他以人出门必须经由房门来比喻说明他的道是人生正途，只可惜没有什么人能真正循行他的学说。

【译文】

孔子说："谁能够走出屋子而不经过房门呢？为什么没有人走这条必经的仁义之路呢？"

孔子认为人必须依道而行，正如出门必须经由房门一样。

【原文】

6.18　子曰："质胜文则野，文胜质则史。文质彬彬①，然后君子。"

【题解】

这是孔子的传世名言。它高度概括了文与质的合理互补关系和君子的人格模式。文与质是对立统一、相辅相成的。未经加工的质朴是朴实淳厚的，但容易显得粗野。后天习得的文饰，虽然华丽可观，但易流于虚浮。

质朴与文采是内容与形式的关系，是同样重要的，只有文、质双修，才能成为合格的君子。孔子的文质思想经过两千多年的历史实践，成为中国人"君子"形象最为鲜明的写照，对后世产生了深远的影响。

孔子向弟子阐释文与质的关系和君子的人格模式。

⊙典故与知识⊙

君子的修养有两个部分，一是学习"诗书六艺文"；一是躬行实践。在前一方面，他大概可以和其他的人相比，但在后一方面，他也还没有完全成功。关于"君子"必须兼具此两方面，以下这一段话表示得最明白："子曰：'质胜文则野，文胜质则史。文质彬彬，然后君子。'"（《雍也》）此处的"文"字涵义较广，大致相当于我们今天所说的"文化教养"，在当时即所谓"礼乐"，但其中也包括了学习诗书六艺之文。"质"则指人的朴实本性。如果人依其朴实的本性而行，虽然也很好，但不通过文化教养终不免会流于"粗野"（道家的"返璞归真"，魏晋人的"率性而行"即是此一路）。相反地，如果一个人的文化雕琢掩盖了他的朴实本性，那又会流于浮华（其极端则归于虚伪的礼法）。前者的流弊是有内容而无适当的表现形式；后者的毛病则是徒具外表而无内涵。所以孔子才认为真正的"君子"必须在"文"、"质"之间配合得恰到好处。

【注释】

①文质彬彬（bīn）：文质配合适当。

【译文】

孔子说："质朴多于文采就难免显得粗野，文采超过了质朴又难免流于虚浮，文采和质朴完美地结合在一起，这才能成为君子。"

【原文】

6.19　子曰："人之生也直，罔之生也幸而免①。"

【题解】

"直"，是孔子高度重视的道德规范，认为是人生的基本品质。直即正直，认为为人处世要耿直、坦率、正派，光明正大，同虚伪、奸诈是完全对立的。直人没有那么多坏心眼。直，符合仁的品德。与此相对，在社会生活中也有一些不正直的人，他们也能生存，甚至活得更好。孔子认为，这只是他们侥幸避免了灾祸，并不说明他们的不正直是好的。

【注释】

①罔：诬罔不直的人。

【译文】

孔子说："人凭着正直生存在世上，不正直的人也能生存，那是靠侥幸避免了祸害啊。"

【原文】

6.20　子曰："知之者不如好之者，好之者不如乐之者。"

【题解】

知之、好之、乐之是学习的三个层次，这段话强调了爱好和兴趣在

孔子认为喜欢学习、乐于学习是学习的关键。

⊙名家品论语⊙

（朱熹）在他著的《语类》中也这样说，明白原文的字面是一件事，体会其意义又是一件事。一般读者最大的弱点就是只了解字表面，而未能把握住书中真正的好处。他又说，读书的正当办法是要费苦心思索。最初，你会觉得如此了解，是要大费思索与精力，但是等你一般的理解力够强大之后，再看完一本书，就轻而易举了。最初，一本书需要一百分精力去读，后来，只需八十、九十分精力就够了，再后只需六十或七十分就够了，最后，以四十、五十分的精力也就够了。把阅读与思索，在求知识的进程上看作相辅相成的两件事，这是儒家基本的教育方法。关于这两种方法，孔子本人也提到过，在《论语》上也有记载。

——林语堂《孔子的智慧》

人们学习中至关重要的作用。孔子认为，对于学习，无论是知识还是技艺，了解它的人不如爱好它的人，而爱好它的人不如学习时乐在其中的人。后人说，兴趣是最好的导师，说的就是这个意思。只有真心喜爱学习，才能够将要学的东西扎实掌握，并在学习的过程中感受有所成、有所获的快乐。

【译文】

孔子说："（对于任何学问、知识、技艺等）知道它的人，不如爱好它的人；爱好它的人，又不如以它为乐的人。"

【原文】

6.21　子曰："中人以上，可以语上也①；中人以下，不可以语上也。"

【题解】

根据学生智力水平的高低来安排教授的内容，是孔子因材施教教育思想的具体表现。孔子向来认为，人的智力是有差别的，所以在教学过程中要根据各人的接受能力来加以循循启迪。中等资质以上的可以告诉他高深的学问，而中等资质以下的则不能以同等的学问告诉他们，因为他们不能理解，反而会生发误解或畏难情绪。孔子善于辨查学生的不同资质而予以不同内容的教诲，这种因材施教的思想对我国的教育产生了深远的影响。

【注释】

①语（yù）：告诉，讲说，谈论。

【译文】

孔子说："中等以上资质的人，可以给他讲授高深的学问；而中等以下资质的人，不可以给他讲授高深的学问。"

【原文】

6.22　樊迟问知①。子曰："务民之义，敬鬼神而远之②，可谓知矣。"问仁，曰："仁者先难而后获，可谓仁矣。"

【题解】

本章孔子提出了"智"、"仁"等重要观念的一些具体体现。

孔子告诉樊迟，努力从事人们认为合理的工作，就是智慧。

面对现实，以回答现实的社会问题、人生问题为中心，是孔子思想的一个突出特点。他提出了"敬鬼神而远之"的观点，主张应该在尊敬鬼神时保持人的责任意识，远离了宗法社会传统的神权观念。他不迷信鬼神，自然也不主张以卜筮向鬼神问吉凶。所以，孔子是力求以实事求是的态度看待人生与社会的。

樊迟先后几次问到仁，孔子的答案不尽相同。孔子不但善于因材施教，而且会因时因地因事因状况而作出不同的解答来启发弟子。

【注释】

①樊迟：孔子的学生，姓樊，名须，字子迟。②远：作及物动词，疏远，避开。

【译文】

樊迟问怎么样才算聪明，孔子说："努力从事人民认为合理的工作，尊敬鬼神，但要疏远它们，这样可以称得上是聪明了。"樊迟又问怎么样才叫作有仁德，孔子说："有仁德的人先付出艰苦的努力，然后得到收获，这样可以说是有仁德了。"

【原文】

6.23　子曰："知者乐水①，仁者乐山。知者动，仁者静。知者乐，仁者寿。"

【题解】

这是孔子的一段极为著名的言论。孔子以水和山为喻，来说明智者和仁者的内心与外在特征，是非常聪明和贴切的。这里所说的"智者"和"仁者"，是指那些有修养的"君子"。水流宛转流动，充满动感和变化；智者运用其才智以治世，贵在变通灵动，好比水之变动不居，故乐水。山安稳凝重不动，充满了化育万物的涵容和厚重；仁者以仁为归，贵在择善而从，故乐山。智者心思活跃，灵动而快乐；仁者守仁，其心宁静而不忧，故寿。

【注释】

①乐（lè）：喜爱。

孔子以山和水的特点为喻，表现仁者与智者的不同。

【译文】

孔子说:"聪明的人乐于水,仁德的人乐于山。聪明的人爱好活动,仁德的人爱好沉静。聪明的人活得快乐,仁德的人长寿。"

【原文】

6.24 子曰:"齐一变,至于鲁;鲁一变,至于道。"

【题解】

孔子这段话对齐鲁两国的政治、社会的历史和现实作了评论,并提出了"道"的观念。此处所讲的"道"是天下的最高原则。在春秋时期,齐国的经济发展较快,而且实行了一些改革,成为当时最富强的诸

孔子认为,"道"是治国安邦的最高原则,在这方面,齐国应效法鲁国,鲁国则应该效法先王之道。

侯国。与齐国相比,鲁国经济的发展比较缓慢,但意识形态和上层建筑保存得比较完备。所以孔子说,齐国改变就达到了鲁国的样子,而鲁国再一改变,就达到了先王之道。这反映了孔子对周礼的无限崇尚之情。

【译文】

孔子说:"齐国的政治一有改革,便可以达到鲁国的这个样子;鲁国一有改革,就可以达到大道的境界了。"

【原文】

6.25 子曰:"觚不觚,觚哉!觚哉!"

【题解】

在这里,孔子用觚不觚来影射当时君不君、臣不臣、父不父、子不子的礼崩乐坏的社会现实。觚是古代的酒器,可装二升酒。形状上圆下方,腹部有棱角。后来棱角变成圆形,虽然仍旧名为觚,却已是名不副实了。孔子的思想中,周礼是根本不可更变的。从井田到刑罚、从音乐到酒具,周礼规定的一切都是尽善尽美的,是神圣不可改变的。在这里,孔子感叹当今事物名不副实,

孔子用不像觚的觚影射"礼崩乐坏"的社会现实。

主张"正名"。看到社会混乱的状况，孔子感时忧世。

【译文】

孔子说："觚不像觚的样子，这还叫觚吗！这还叫觚吗！"

【原文】

6.26 宰我问曰："仁者，虽告之曰'井有仁焉'，其从之也？"子曰："何为其然也？君子可逝也①，不可陷也；可欺也，不可罔也②。"

【题解】

因白天睡觉而受到孔子批评的宰我，向孔子提出了一个很尖锐的问题：一个有仁德的人，如果别人告诉他井里掉下一位仁人，他是不是会跟着跳下去呢？孔子没有正面地回答。他认为君子会想方设法救助落难的人，但不会陷自己于危险境地。然后批评宰我问的问题不道德，说君子可以被人用正当的理由欺骗，但不可以被愚弄。

【注释】

①逝：去救的意思。②罔：诬罔，愚弄。

【译文】

宰我问道："一个有仁德的人，如果别人告诉他'井里掉下一位仁人'，他是不是会跟着跳下去呢？"孔子说："为什么要这样做呢？君子可以到井边设法救人，不让自己陷入井中；可以被人用正当的理由欺骗，但不可以被愚弄。"

【原文】

6.27 子曰："君子博学于文，约之以礼，亦可以弗畔矣夫①！"

【题解】

本章清楚地说明了孔子的教育目的。他当然不主张离经叛道，那么该怎么做呢？他认为应当广泛地学习古代典籍，而且要用"礼"来约束自己。说到底，他是要培养懂得"礼"的君子。后来孟子亦说过："动容周旋中礼者，盛德之至也。"

【注释】

①畔：通"叛"。矣夫：语气词，表示较强烈的感叹。

【译文】

孔子说："君子广泛地学习文化知识，再用礼来加以约束，这样也就不会离经叛道了。"

孔子教导弟子如何恪守正道。

【原文】

6.28　子见南子①，子路不说②。夫子矢之③，曰："予所否者④，天厌之！天厌之！"

【题解】

南子是卫灵公的夫人，她名声不太好，还恃宠擅权，想要孔子帮忙辅政，却又无真心任用之意。孔子不得已而见了她，子路十分不高兴。孔子便对天发誓，说他去见南子并没有做什么不正当的事。这件事显示出孔子很重视师生之间的关系和感情。从这里可以看出孔子是一个十分真诚的人，不像后世的假道学。

孔子指天发誓自己见南子没有做不正当的事。

【注释】

①南子：卫灵公夫人。当时把持着卫国的朝政，行为不端。关于她约见孔子一事，《史记·孔子世家》有较生动的记载。②说（yuè）：通"悦"。③矢：通"誓"。④所……者：相当于"假如……的话"，用于誓词中。

【译文】

孔子去见南子，子路不高兴。孔子发誓说："我假若做了什么不对的事，让上天厌弃我吧！让上天厌弃我吧！"

【原文】

6.29　子曰："中庸之为德也①，其至矣乎！民鲜久矣②。"

【题解】

"中庸"是儒家思想的核心范畴之一。但在《论语》中，却仅此一处提及。从孔子称"中庸"为至德，则可见他对这一思想的重视。中庸属于哲学范畴，也是道德行为的高度适度状态，是最高的德行。宋儒说，不偏不倚，选择行为之恰到好处，谓之中；就日常生活之长期坚持，谓之庸。中庸就是不偏不倚的、平常的道理。中庸又被理解为"中道"，中道就是不偏于对立双方的任何一方，使双方保持均衡状态。中庸又称为"中行"，中行是说，人的气质、作风、德行都

孔子为弟子们阐释中庸之道。

不偏于一个方面，对立的双方互相牵制、互相补充。

中庸是一种高度和谐的思想。调和与均衡是事物发展过程中的一种状态，这种状态是相对的、暂时的，却是人们所应当追求的。孔子揭示了事物发展过程的这一状态，并概括为"中庸"。中庸不是和稀泥，不是"骑墙"，而是一种完满状态。

【注释】

①中庸：孔子学说的一种最高道德标准。中，折中、调和，无过之也无不及。庸，平常，普通。②鲜（xiǎn）：少。

【译文】

孔子说："'中庸'作为一种道德，这是最高的了！但人们已经长久缺乏这种道德了。"

【原文】

6.30　子贡曰："如有博施于民而能济众，何如？可谓仁乎？"子曰："何事于仁，必也圣乎！尧、舜其犹病诸①！夫仁者②，己欲立而立人，己欲达而达人。能近取譬，可谓仁之方也已。"

【题解】

这一章孔子继续阐述他提出的"仁"的概念。他认为一个仁爱的人一定是善于为别人着想的。"己欲立而立人，己欲达而达人"是实行"仁"的重要原则。"推己及人"就做到了"仁"。广泛施行恩惠给天下之民，能使天下万民各得其所而没有不济的，通常只有圣王可以做到，尧舜正是这样的圣王，却还觉得这种要求难以做到。

在后面的章节里，孔子还说"己所不欲，勿施于人"等。这些都说明了孔子关于"仁"的基本主张。对此，我们到后面还会讲解。总之，这是孔子思想的一个重要方面，是社会基本伦理准则，在今天同样有重要价值。

孔子与弟子探讨"仁人"的境界。

【注释】

①尧、舜：传说中上古时代的两位天子，是孔子推崇的圣人。病：心有所不足。②夫（fú）：助词，用于句首，提起下文。

【译文】

子贡说："如果一个人能广泛地给民众以好处，而且能够帮助众人生活得很好，这人怎么样？可以说他有仁德了吗？"孔子说："哪里仅仅是仁德呢，那一定是圣德了！尧和舜大概都难以做到！一个有仁德的人，自己想树立的，同时也帮助别人树立；自己要事事通达顺畅，同时也使别人事事通达顺畅。凡事能够推己及人，可以说是实行仁道的方法了。"

述而篇第七

【原文】

7.1　子曰："述而不作，信而好古。窃比于我老彭①。"

【题解】

孔子一生自觉地致力于整理文化遗产，普及文化教育。在这一章里，孔子总结自己的事业是"述而不作"，是他老人家对传统的尊重，后人不必把保守的帽子叩在前人头上。

孔子谦称"述而不作"，并没有让后人奉为原则，其实，孔子是述而且作的，以"仁"解"礼"就是孔子的创作。孔子的创作还不只这一点，在教育上他一贯是鼓励有所发扬、有所创新的。

【注释】

①比于我老彭：把自己比作老彭。我，表示亲近。老彭，商代的贤大夫彭祖。

孔子向弟子们传授知识。

【译文】

孔子说："阐述而不创作，相信并喜爱古代文化，我私下里把自己比作老彭。"

【原文】

7.2　子曰："默而识之①，学而不厌，诲人不倦，何有于我哉？"

【题解】

本章讲为学和为师的基本原则。"默而识之"，讲的是要用心，学而不厌的关键是学出乐趣，诲人不倦的关键是对学生有爱心。在这三方面孔子都为后世留下了光辉的示范。

"学而不厌，诲人不倦"已经成为流传千古的名言，对中国传统教育思想的形成与发展产生了不可磨灭的影响。

【注释】

①识（zhì）：通"志"，记住。

【译文】

孔子说："把所见所闻默默地记在心上，努力学习而从不满足，教导别人而不知疲倦，这些事我做到了多少呢？"

【原文】

7.3　子曰："德之不修，学之不讲，闻义不能徙，不善不能改，是吾忧也。"

【题解】

这一章孔子慨叹世人不注重自身的修养与学问的提高,不能迁善改过,对此,他常以为忧虑。他把仁德修养、学习明礼、见义勇为和知过能改几个问题提出来,希望引起世人的注意。

【译文】

孔子说:"不去培养品德,不去讲习学问,听到义在却不去追随,有缺点而不改正,这些都是我所忧虑的。"

【原文】

7.4　子之燕居①,申申如也②,夭夭如也③。

【题解】

有人说这章表明孔子即便在闲居时,也十分注意个人思想情操的修养,这不是本章的本义。本章恰恰是描写了孔子平日闲居在家时十分舒适自如的情况,正见出他恬淡平和的心境,以及高深的修养。

孔子绝不是后世那种整天板着面孔要"作古正经"的假道学,我们看看孔门弟子和孔子的真实关系和情感就知道了。

【注释】

①燕居:安居,闲居。②申申:舒展齐整的样子。③夭夭:和舒之貌。

【译文】

孔子在家闲居的时候,穿戴很整齐,态度很温和。

孔子在家闲居的时候,穿戴很整齐,态度很温和。

【原文】

7.5　子曰:"甚矣吾衰也! 久矣吾不复梦见周公①。"

【题解】

此章是孔子慨叹自己已经没有好梦,在对梦境淡去的叹息中,表露了自己步入暮年而痛感实现理想的希望已经十分渺茫的心情。

孔子在盛年时,志在推行周公之道,萦绕于心而形成于梦寐之间,故或在梦中得见周公。然而岁月不饶人,到了年老体衰、精力不足之时,虽然复兴东周、恢复周礼的志向还在,但奈何"时不利兮",不复梦见周公,故孔子感伤不已。

周公是孔子最景仰的人之一,孔子以继承了自尧舜禹汤文武周公以来的道统自命,自觉地肩负起了光大古代礼乐文化的重任。这句话,表明了孔子对周公的思念之情,也表明了他对周礼念念难忘。

【注释】

①周公:姓姬,名旦,周武王之弟,鲁国国君的始祖。他是孔子最敬佩的古代圣人之一。

【译文】

孔子说："我衰老得很厉害呀！我已经好久没有梦见周公了。"

【原文】

7.6 子曰："志于道，据于德，依于仁，游于艺①。"

【题解】

这一章讲述的是孔子教导弟子进德修业的秩序和方法，层次分明，像一个教学大纲。《礼记·学记》曾说："不兴其艺，不能乐学。故君子之于学也，藏焉，修焉，息焉，游焉。夫然，故安其学而亲其师，乐其友而信其道，是以虽离师辅而不反也。"这个解释阐明了这里所谓的"游于艺"的意思是熟练掌握礼、乐、射、御、书、数六艺，优游其中，如同鱼儿自在游于水中一般。也就是通过熟练掌握技艺而获得自由和愉快。孔子培养学生，就是以道为方向，以德为立脚点，以仁为根本，以六艺为涵养之境，使学生能够得到全面的发展。

孔子教导弟子，为学要以道为志向，以德为根据，以仁为依靠，还要勤学"六艺"。

【注释】

①艺：指六艺，包括礼、乐、射、御、书、数。

【译文】

孔子说："以道为志向，以德为根据，以仁为依靠，而游憩于礼、乐、射、御、书、数六艺之中。"

【原文】

7.7 子曰："自行束脩以上①，吾未尝无诲焉。"

【题解】

本章中孔子所说的这段话，表明了他诲人不倦的精神和"有教无类"的教育思想。有很多人解释这段话说是要交十束干肉作学费，还有人说那必定只有中等以上的人家之子弟才交得起，贫民人家是交不出十束干肉的。其实，束脩是古代最菲薄的见面礼，只要是有志于学，而向孔子求学的，孔子都会来者不拒，束脩只是象征性的拜师礼罢了。

☉名家品论语☉

此章言人之为学当如是也。盖学莫先于立志，志道，则心存于正而不他；据德，则道得于心而不失；依仁，则德性常用而物欲不行；游艺，则小物不遗而动息有养。学者于此，有以不失其先后之序、轻重之伦焉，则本末兼该，内外交养，日用之间，无少间隙，而涵泳从容，忽不自知其入于圣贤之域矣。

——朱熹《论语集注》

【注释】

①束脩（xiū）：一束干肉，即十条干肉，是古代一种最菲薄的见面礼。

【译文】

孔子说："只要是主动给我十条干肉作为见面礼物的，我从没有不给予教诲的。"

【原文】

7.8　子曰："不愤不启①，不悱不发②。举一隅不以三隅反，则不复也。"

【题解】

这一章孔子既讲了教学方法，也讲了学习方法。主要是讲教育者要激发学生主动思考的能力，让受教育者开启活泼的心灵、生动的智慧，能够独立思考。这是一种典型的启发式的教学思想。他反对填鸭式的机械教学做法。要求学生能够举一反三，这是符合教学的基本规律的。

【注释】

①愤：思考问题时有疑难想不通。②悱（fěi）：想表达却说不出来。发：启发。

【译文】

孔子说："教导学生，不到他冥思苦想仍不得其解的时候，不去开导他；不到他想说却说不出来的时候，不去启发他。给他指出一个方面，如果他不能由此推知其他三个方面，就不再教他了。"

【原文】

7.9　子食于有丧者之侧，未尝饱也。

【题解】

此章说明了孔子是一位感情真挚而且深厚的人，伟大的人性情感必定是细腻而且长久的。在有丧事的人身边吃饭，孔子从没有吃饱过。可见孔子是非常顾及别人感受的。

【译文】

孔子在有丧事的人旁边吃饭，从来没有吃饱过。

【原文】

7.10　子于是日哭，则不歌。

孔子在有丧事的人旁边吃饭，从没有吃饱过。

【题解】

此章和上章表达了同一个主题：孔子是一位感情真挚而且深厚的人，伟大的人性情感必定是细腻而且长久的。在这一天内，余哀未能忘记，自身不能歌。这也从一个侧面反映出孔子的日常生活，在没有哀戚的事情时，孔子是很快乐的，经常唱歌。

【译文】

孔子如果在这一天哭泣过，就不再唱歌。

【原文】

7.11 子谓颜渊曰："用之则行，舍之则藏，唯我与尔有是夫①！"子路曰："子行三军，则谁与②？"子曰："暴虎冯河③，死而无悔者，吾不与也。必也临事而惧，好谋而成者也。"

【题解】

这一段师生之间的问答很有趣。子路见孔子盛赞颜回，于是说自己也有长处，想夫子若是率领三军，必然会选择与自己一起共事。孔子却再一次指出他鲁莽冒失的缺点了，告诉他，光凭勇敢是不行的。短短几句话，反映出了人物的性格。

【注释】

①夫（fú）：语气词，相当于"吧"。②与：同……一起，共事。③暴虎：空手与老虎搏斗。冯河：赤足蹚水过河。冯，同"凭"。

孔子对颜渊说：如果被用，就去积极行动；如果不被用，就隐藏起来。

【译文】

孔子对颜渊说："如果用我，就去积极行动；如果不用我，就藏起来。只有我和你才能这样吧！"子路说："如果让您率领三军，您愿找谁一起共事呢？"孔子说："赤手空拳和老虎搏斗，徒步涉水过大河，即使这样死了都不后悔的人，我是不会与他共事的。我所要找的共事的人，一定是遇事谨慎小心，善于谋划而且能完成任务的人。"

【原文】

7.12 子曰："富而可求也①，虽执鞭之士②，吾亦为之。如不可求，从吾所好。"

【题解】

孔子在这里又提到了富贵和道的关系。只要是合乎于道，富贵就可以去追求；不合乎于道，富贵就不能去追求。那么，他就做自己喜欢做的事情。从此处可以看出，孔子不反对做官，不反对富有，但是必须符合道。

【注释】

①而：用法同"如"，表示假设的连词。可求：可以求得，指道理上可以求得。②执鞭之士：古代的天子、诸侯和官员出入时手执皮鞭开路的人。意思指地位低下的职事。

【译文】

孔子说："财富如果可以合理求得的话，即使是做手拿鞭子的差役，我也愿意。如果不能合理求得，我还是做自己所爱好的事。"

【原文】

7.13　子之所慎：齐①，战，疾。

【题解】

战争关系到人民的生死、国家的存亡，祭祀代表的是对于天地鬼神的敬畏和虔诚，两者都是国家的大事，疾病是个人的大事，孔子都十分谨慎。这反映了孔子对于生命的珍惜和谨慎。

【注释】

①齐（zhāi）：同"斋"，古代祭祀之前，先要整洁身心，叫作斋戒。

【译文】

孔子所谨慎小心对待的事有三件：斋戒，战争，疾病。

孔子对待斋戒、战争、疾病这三件事非常小心谨慎。

【原文】

7.14　子在齐闻《韶》①，三月不知肉味②。曰："不图为乐之至于斯也！"

【题解】

孔子的音乐素养相当高，具有极高的音乐鉴赏能力。音乐有着穿越时空的感召力，可以直接作用于心灵，修养心性。

《韶》乐是赞美舜的乐章，是当时的经典古乐。孔子听了《韶》乐以后，在很长时间内品尝不出肉的滋味，这当然是一种夸张的说法，但同时也表明了孔子对于音乐教化的重视。

【注释】

①《韶》：相传是大舜时的音乐。
②三月：很长时间。"三"是虚数。

孔子在齐国闻听《韶》乐后，三月不知肉味。

【译文】

孔子在齐国听到《韶》这种乐曲后，很长时间内即使吃肉也感觉不到肉的滋味，他感叹道："没想到音乐欣赏竟然能达到这样的境界！"

⊙名家品论语⊙

因为乐教对孔子个人及他的学生，都居于非常重要的地位，所以他曾和当时的乐人，不断有交往。这由《论语·八佾》"子语鲁太师乐曰"一章，及《卫灵公》"师冕见，及阶，子曰，阶也"一章，可以得到证明。《微子》"大师挚适齐，亚饭干适楚"一章，必系孔子对于鲁国这七位乐人的风流云散，发出了深重的叹息，所以他的学生才这样把叮咛郑重地记下来。

孔子对音乐的欣赏，《论语》上有下面的记载：子在齐闻《韶》，三月不知肉味，曰：不图为乐之至于斯也。（《述而》）子曰：《关雎》乐而不淫，哀而不伤。（《八佾》）子语鲁太师乐曰：乐其可知也。始作，翕如也。从之，纯如也，皦如也，绎如也，以成。（《八佾》）子曰：师挚之始，《关雎》之乱，洋洋乎盈耳哉。（《泰伯》）

孔子不仅欣赏音乐，而且曾对音乐做了一番重要的整理工作。所以他说，"吾自卫反鲁，然后乐正，《雅》《颂》各得其所"（《子罕》）；这使诗与乐，得到了它原有的配合、统一。《史记·孔子世家》说"三百五篇，孔子皆弦歌之，以求合《韶》《武》《雅》《颂》之音，礼乐自此可得而述"，这种陈述也是可信的。

——徐复观《孔子与音乐》

【原文】

7.15 冉有曰："夫子为卫君乎①？"子贡曰："诺，吾将问之。"入，曰："伯夷、叔齐何人也？"曰："古之贤人也。"曰："怨乎？"曰："求仁而得仁，又何怨？"出，曰："夫子不为也。"

【题解】

孔子反对一切破坏礼制秩序的战争，认为为了个人欲望而使成千上万的百姓遭殃，是极大的不仁。卫国灵公太子之子辄即位后，其父与其争夺王位，展开了战争。子贡想试探孔子的态度，因为这件事恰好与伯夷、叔齐两兄弟互相让位的史实形成鲜明对照。这里，孔子赞扬了伯夷、叔齐，也就表明了对卫出公父子不义之战的不满。

子贡问孔子是否赞成卫国国君的行为。

【注释】

①为（wèi）：帮助，赞成。卫君：卫出公辄。辄是卫灵公之孙，太子蒯聩之子。蒯聩得罪了卫灵公的夫人南子，逃亡晋国。灵公死，辄为君。晋国想借把蒯聩送回之机攻打卫国，被卫国抵御，蒯聩也被拒绝归国。这种情势客观上造成蒯聩与辄父子争夺君位，与伯夷、叔齐互相推让君位恰成对比。子贡引以发问，试探孔子对卫出公辄的态度。

【译文】

冉有说："老师会赞成卫国的国君吗？"子贡说："嗯，我去问问老师吧。"子贡进入孔子房中，问道：

"伯夷和叔齐是怎样的人呢？"孔子说："他们是古代贤人啊。"子贡说："他们会有怨悔吗？"孔子说："他们追求仁德，便得到了仁德，又怎么会有怨悔呢？"子贡走出来，对冉有说："老师不会赞成卫国国君的。"

【原文】

7.16　子曰："饭疏食①，饮水，曲肱而枕之②，乐亦在其中矣。不义而富且贵，于我如浮云。"

【题解】

这一章孔子表明的是自己对于人生快乐的理解，再次申明了自己坚持以仁义为主体的理想。孔子提倡"安贫"，是为了"乐道"，认为"饭疏食，饮水，曲肱而枕之"的生活对于有理想的人来讲，可以说是乐在其中的。同时，他还提出，不义的富贵荣华，如天上的浮云一般，自己是不会追求的。

【注释】

①饭：吃。名词用作动词。疏食：糙米饭。②肱（gōng）：胳膊。

【译文】

孔子说："吃粗粮，喝清水，弯起胳膊当枕头，这其中也有着乐趣。而通过干不正当的事得来的富贵，对于我来说就像浮云一般。"

孔子说：吃粗粮，喝清水，弯起胳膊当枕头，也能够乐在其中。

【原文】

7.17　子曰："加我数年①，五十以学《易》②，可以无大过矣。"

【题解】

《周易》虽是古代的卜筮之书，却具有切近的现实经验和辩证的哲学思想，追究天人的对应交感，阴阳的相辅相成，穷理尽性而达变，对人生具有现实的指导意义。孔子对于《周易》的学习表明他具有活到老、学到老、乐天知命而又积极进取的精神。孔子说，"五十而知天命"，这里说"五十以学《易》"，学《周易》和"知天命"都是对于人生意义的探求，对于天人之际的思索。他认真研究《周易》，是为了使

孔子学《周易》以知天命，可以做到行为没有大的过错。

自己的言行符合于"天命"。《史记·孔子世家》中说，孔子"读《易》，韦编三绝"。他非常喜欢读《周易》，曾把穿竹简的皮条翻断了很多次。孔子坚持学习、自强不息的奋发进取精神，值得后人学习。

【注释】

①加：这里通"假"字，给予的意思。②《易》：《易经》，又称《周易》，古代一部用以占筮（卜卦）的书，其中卦辞和爻辞是孔子以前的作品。

【译文】

孔子说："给我增加几年的寿命，让我在五十岁的时候去学习《易经》，就可以没有大过错了。"

【原文】

7.18 子所雅言①：《诗》、《书》、执礼，皆雅言也。

【题解】

此章是就孔子从事主要活动所用的语言来说明孔子对于文明传统的尊重。春秋时期各个诸侯国的语言不统一，各有方言。雅言是中原通用的语言，类似于今天的普通话，是正音。语言是一种文化的工具，中国的语言文字是中华文明的一大特征，孔子对此是非常尊重的，在讲述《诗经》、《尚书》或者行礼时都用雅言，便于阐发本义，倡导传统文化和道德。后世曾经想把中国语文拼音化，不但不可行，从文化自尊上也应该好好向孔子学习。

【注释】

①雅言：古代西周人的语言，即标准语，相当于今天的普通话。

【译文】

孔子有用雅言的时候，读《诗经》、《尚书》和执行礼事，都用雅言。

孔子读《诗经》、《尚书》以及执行礼事时，都用雅言。

【原文】

7.19 叶公问孔子于子路①，子路不对。子曰："女奚不曰②：其为人也，发愤忘食，乐以忘忧，不知老之将至云尔③。"

【题解】

这一章中子路没有回答别人打听孔子的问话，也很难回答，因为很难用言语来概括描述孔子。孔子自己几句朴实平易的话无意当中向我们展现了一个乐观进取、具有伟大人格和人生境界的圣人形象。孔子自述其心态："发愤忘食，乐以忘忧"，这是求知日新到了忘我忘情的境界，这种人格和境界为后世树立了榜样、开辟了方向，让人们能够充实地走好自己的人生之路。

【注释】

①叶（shè）公：楚国大夫沈诸梁，字子高。封地在叶邑，今河南叶县南三十里有古叶城。②奚：何，为什么，怎么。③云尔：云，如此；尔，同"耳"，而已。

【译文】

叶公问子路孔子是个怎样的人，子路没有回答。孔子说："你为什么不这样说：他的为人，发愤用功到连吃饭都忘了，快乐得忘记了忧愁，不知道衰老将要到来，如此等等。"

孔子对子路说，自己是个发愤忘食、乐以忘忧、不知老之将至的人。

⊙名家品论语⊙

在这段夫子自道的文字里，我们不难看出孔子生活的快乐、热情及其力行的精神。孔子有好几次说他自己不是圣人，只是自己"学而不厌，诲人不倦"而已。这表示孔子是有其道德的理想，自己知道自身负有的使命，因此深具自信。

——林语堂《孔子的品格》

【原文】

7.20　子曰："我非生而知之者，好古，敏以求之者也。"

【题解】

孔子再一次声明自己是经过后天孜孜不倦的努力学习而有成就的，否定自己是生而知之的人。这既是一种谦逊的美德，更是给了他的学生以极大的鼓励和希望。有没有"生而知之者"，这里不作讨论，但孔子用自己的实践告诉人们，他之所以成为学识渊博的人，在于他对于古代的典章制度和文献图书有真切的爱好，而且勤

孔子说自己是个喜好古代文化、勤勉求取知识的人。

奋学习。连孔子都说自己是"敏以求之"的人，普通人更应该虚心向学，孜孜以求。

【译文】

孔子说："我并不是生下来就有知识的人，而是喜好古代文化、勤奋敏捷去求取知识的人。"

【原文】

7.21　子不语：怪、力、乱、神①。

【题解】

孔子的言谈中很少有对怪异之事、勇力、叛乱及鬼神的崇信。因为怪异之事难以明白、鬼神之事不可捉摸，无从谈起；勇力不值得夸耀，故也不谈；而叛乱时以下犯上，不和礼，向为孔子所反对，所以也不谈论。

【注释】

①怪：怪异之事。力：勇力。乱：叛乱。神：鬼神之事。

【译文】

孔子不谈论怪异、勇力、叛乱、鬼神。

【原文】

7.22　子曰："三人行①，必有我师焉。择其善者而从之②，其不善者而改之。"

【题解】

孔子这句极为著名的话，已经成为历代有志之士、好学之士的座右铭。凡有一点特长的人，他都认为有可资借鉴取法之处。就是有错误的人，他也认为可以作为反面教材，观照自己的言行有无同样的不足。他喜欢以别人为师，总觉得自己的知识不够。

这句话的道理很简单，就是为学者要谦虚好学，可是做起来非常不容易。因为人往往自以为是，免不了虚荣和傲慢。孔子之所以能成为伟大的思想家和教育家，离不开这种谦虚好学的精神。能够虚心向别人学习，这种精神已经十分可贵，更可贵的是，不仅要师人之善，还要以别人的缺点为借鉴，这是平凡而伟大的真理，对于指导我们处世待人、修身养性、增长知识，都是有益的。

孔子说：三个人同行，其中必有可为我所取法的老师。

【注释】

①行：行走。②善：优点。从：顺从，学习。

【译文】

孔子说："三个人同行，其中必定有人可以作为值得我学习的老师。我选取他的优点而学习，如发现他的缺点则引以为戒而加以改正。"

【原文】

7.23　子曰："天生德于予，桓魋其如予何①？"

【题解】

这一章表现了孔子的自信和清醒的使命感。孔子在卫国不被用，便离开卫国前往陈国，途中经过宋国。桓魋是宋国的大夫，他听说以后，带兵要去杀害孔子。当时孔子正与弟子们在大树下演习周礼。桓魋便派人砍倒大树，而且要杀孔子，孔子便离开了宋国。在逃跑途中，紧张的学生们劝他快点逃，孔子便说了这句话。这实际上是孔子自觉历史使命感和崇高的理想所产生的浩然之气，以及临危不惧的大勇气概。

⊙名家品论语⊙

"三人行，必有我师焉"，孔子注意学习别人的优点与长处，哪怕是一德之优、一技之长。《论语》中记载，孔子在和别人一起唱歌时，如果发现谁唱得好，必定要他重唱，然后自己随着唱。另一条是随时修正错误，孔子提上"过则勿惮改"，有了错误不要害怕改正，他很欣赏颜回的"不贰过"精神，同样的错误不会犯第二次。他的学生都有乃师的作风，"子路人告之以有过，则喜"。子贡说："君子之过也，如日月之食焉。过也，人皆见之；更也，人皆仰之。"人难免要犯错误，伟人也是如此。伟人不怕他有过错，有了过错可以改正，改正了，人们仍然会敬仰他。如果文过饰非，或诿过他人，那就会令人失望了。

——姜广辉《儒学的道德精神及对它的现实思考》

孔子的品格的动人处，就在他的和蔼温逊，由他对弟子说话的语气腔调就可清清楚楚看得出。《论语》里记载的孔子对弟子的谈话，只可以看作一个风趣的教师与弟子之间的漫谈，其中偶尔点缀着几处隽永的警语。以这样的态度去读《论语》，孔子在最为漫不经心时说出一言半语，那才是妙不可言呢！比如说，我好喜欢下面这一段：一天，孔子和两三个知己的门人闲谈时，他说："你们以为我有什么话不好意思告诉你们两三个人吗？说实在话，我真的没有什么瞒你们的，我孔丘生性就是这种人。"

——林语堂《孔子的品格》

【注释】

①桓魋（tuí）：宋国的司马（主管军政的官）。孔子离开卫国去陈国，经过宋国，和弟子们在大树下演习礼仪，桓魋想杀孔子，砍掉大树，孔子于是离去。弟子催他快跑，孔子便说："天生德于予，桓魋其如予何！"

【译文】

孔子说："我的品德是上天所赋予的，桓魋能把我怎样呢！"

【原文】

7.24　子曰："二三子以我为隐乎？吾无隐乎尔。吾无行而不与二三子者，是丘也。"

【题解】

前面几章是讲孔子是如何好学的，而这一章讲孔子的教育之道是注重言传身教。弟子们以为夫子之道高深而难以企及，疑惑老师似乎总有某种神方妙诀隐藏不授，所以孔子讲了这样一句话。孔子为万世师表，树立了作为教师的职业道德的楷模。他教育学生的方法，一是靠言传身教，自己的知识、学问、道德、文章，都

孔子对弟子们说，自己是个对弟子倾囊相授、毫无保留的人。

可以向学生传授，没有什么隐瞒和保留的；二是把学习融入日常生活，循循善诱，诲人不倦，让学生亲身去体验和感悟。

【译文】

孔子说："你们大家以为我对你们有什么隐瞒不教的吗？我没有什么隐瞒不教你们的。我没有一点不向你们公开的，这就是我孔丘的为人。"

【原文】

7.25　子以四教：文、行、忠、信①。

【题解】

这一章是讲孔子教学的内容和由浅入深的顺序。孔子注重历代古籍、文献资料的学习和教学，但仅有书本知识还不够，还要重视社会实践活动，特别是要注意学识与人品并重。从《论语》书中所记，我们可以看到孔子带领他的学生周游列国，让学生在实践中增长知识、锻炼才干。但光书本知识和实践活动还不够，还要养成良好的人品和忠、信的德行。总体来讲，孔子教育学生的，就是书本知识、社会实践和人格道德修养三个方面并行不悖。

【注释】

①行（xìng）：作名词用，指德行。

【译文】

孔子以四项内容来教导学生：文化知识、履行所学之道的行动、忠诚、守信。

【原文】

7.26　子曰："圣人，吾不得而见之矣；得见君子者，斯可矣①。"子曰："善人，吾不得而见之矣；得见有恒者②，斯可矣。亡而为有，虚而为盈，约而为泰，难乎有恒矣。"

孔子论"圣人"、"善人"，认为能做到"君子"和"有恒者"就难能可贵了。

【题解】

　　这一章表明了孔子对当时现实的感叹。对于春秋末期"礼崩乐坏"的社会状况,孔子认为在此社会背景下,难以找到他理想中的"圣人"、"善人",而那些以无作有、空虚却假装充实、贫困却冒充富裕的人却比比皆是,在这样的情况下,能看到"君子"、"有恒者"就心满意足了。

【注释】

　　①斯:就。②有恒:有恒心。这里指保持好的操守。

【译文】

　　孔子说:"圣人我是不能看到了,能够看到君子,这也就可以了。"孔子又说:"善人,我是看不到的了,能看到有一定操守的人就可以了。没有却装作有,空虚却装作充盈,本来穷困却装作富裕,这样的人很难保持好的操守。"

【原文】

　　7.27　子钓而不纲①,弋不射宿②。

【题解】

　　孔子捕鱼而不用绳网,射鸟而不射已经入巢栖息的鸟,这种不妄杀滥捕的做法,是将仁德之心推及到一切物事,是一种最朴实的生活态度,足以见出孔子仁德的境界。

【注释】

　　①纲:动词,用大绳系住网,断流以捕鱼。②弋(yì):用系有绳子的箭来射鸟。宿:归巢歇宿的鸟。

【译文】

　　孔子只用鱼竿钓鱼,而不用大网来捕鱼;用带绳的箭射鸟,但不射归巢栖息的鸟。

孔子行猎,不射杀已经入巢栖息的鸟。

⊙**名家品论语**⊙

　　古代儒家学者对于保护自然资源是非常自觉的,《论语》记载:"子钓而不纲,弋不射宿",是说孔子只用鱼竿钓鱼,不用大挂网拦河捕鱼,并且反对偷猎归林的宿鸟。孟子主张"数罟不入湾池","斧斤以时入山林"。捕鱼不用很细密的渔网,避免把小鱼捕上来;采伐树木要遵守一定的时节,以免妨害树木的生长。荀子说:"草木荣华滋硕之时,则斧斤不入山林,不夭其生,不绝其长也;鼋鼍鱼鳖鳅鳝孕别之时,网罟毒药不入泽,不夭其生,不绝其长也。"就是说,在草木生长季节,不准进山采伐;在鱼类繁殖季节,不准在河里张网投毒,等等。这种爱护自然资源,保护生态平衡的思想是非常可贵的。

　　　　　　　　　　　　　　　　　　——姜广辉《儒学的道德精神及对它的现实思考》

【原文】

7.28 子曰："盖有不知而作之者，我无是也。多闻，择其善者而从之，多见而识之①，知之次也②。"

【题解】

这一章是孔子关于学习的方法论，他主张对自己所不知的，应该多听、多看，努力学习。反对那种本来什么都不懂，却凭空杜撰的做法。注重实践，反对空谈，他自己是这样做的，同时也要求他的学生这样去做。

【注释】

①识（zhì）：通"志"，记住。②次：《论语》中出现过八次，均当"差一等"、"次一等"讲。

【译文】

孔子说："大概有自己不懂却凭空造作的人吧，我没有这样的毛病。多听，选择其中好的加以学习；多看，全记在心里。这样的知，是仅次于'生而知之'的。"

【原文】

7.29 互乡难与言①，童子见，门人惑。子曰："与其进也，不与其退也，唯何甚！人洁己以进，与其洁也，不保其往也。"

【题解】

孔子知道互乡这个地方的人闭塞保守，很难打交道，很多道理可能行不通。所以他说"与其进也，不与其退也""人洁己以进，与其洁也，不保其往也"，这从一个侧面体现出孔子与人为善的处世态度和宽容精神，

孔子不嫌互乡之人难以理喻而接见互乡一好学童子。

对有进取之心的人加以鼓励，而不拘泥于别人过去的过失。正是抱着人皆可教，错皆可改，凡事"成人之美"的愿望，孔子才能有"诲人不倦"、"有教无类"的教育态度。

【注释】

①互乡：地名，今在何处，已不可考。

【译文】

互乡这地方的人难以同他们交谈，孔子却接见了互乡的一个童子，弟子们都觉得疑惑。孔子说："我是赞成他求上进，不赞成他退步，何必做得太过呢？别人修饰容仪而来要求上进，就应该赞成他的这种做法，而不要总是抓住他的过去不放。"

【原文】

7.30　子曰："仁远乎哉？我欲仁，斯仁至矣。"

【题解】

从本章孔子的言论来看，仁其实离我们很近。人天生的本性之中就有仁的成分，因此为仁只要诚心去做，"我欲仁，斯仁至矣"。这种认识的基础，是靠道德的自觉，要经过不懈的努力，就有可能达到仁的境界了。这里，孔子强调了人的主观能动性，意义重要。孔子坚信，只要愿意以"仁"的标准要求自己，持之以恒地按照"仁"的规范来行动，那么就能达到"仁"的境界了。孔子把仁看作人固有的本性，为仁全靠自己，不能依靠外力。只要自觉努力，人人都可以成为道德高尚的仁人。

孔子论仁。

【译文】

孔子说："仁德难道离我们很远吗？只要自己愿意实行仁，仁就可以达到。"

【原文】

7.31　陈司败问①："昭公知礼乎？"孔子曰："知礼。"孔子退，揖巫马期而进之，曰："吾闻君子不党，君子亦党乎？君取于吴为同姓②，谓之吴孟子③。君而知礼，孰不知礼？"巫马期以告。子曰："丘也幸，苟有过，人必知之。"

孔子与陈司败论"昭公知礼"。

【题解】

孔子为鲁昭公取同姓之女这一失礼的行为故作不知，表明了他是"为尊者讳"，不直说君主不知礼。但他的祖护行为被人指了出来，他的学生还特意告诉了他。在这种情况下，孔子承认错误说："丘也幸，苟有过，人必知之。"流露出磊落坦荡的君子之风。事实上他通过这种方式已经表示了鲁昭公失礼，但孔子的做法没有失礼。

【注释】

①陈司败：陈国主管司法的官，姓名不详。有人说是齐国大夫，姓陈名司败。②吴：国名。鲁为周公之后，吴为太伯之后，都是姬姓。③吴孟子：鲁昭公夫人，本应叫吴姬，因同姓不婚，故去掉她的姓（姬），改称吴孟子。

【译文】

陈司败问："鲁昭公知礼吗？"孔子说："他知礼。"孔子走出去后，陈司败向巫马期作了个揖，请他走近自己，说："我听说君子不因关系亲近而偏袒，难道君子也有偏袒吗？鲁君从吴国娶了位夫人，是鲁君的同姓，于是称她为吴孟子。鲁君若算得上知礼，还有谁不知礼呢？"巫马期把此话告诉了孔子。孔子说："我孔丘真幸运，如果有错误，别人一定会指出来让我知道。"

【原文】

7.32　子与人歌而善，必使反之①，而后和之。

【题解】

孔子注重生活的艺术化，作为音乐爱好者，音乐也是他授课的内容之一。上音乐课的时候，同样抱着平易近人的态度，没有任何架子，他并不认为自己作为老师就应该是全知全能的，故会不断地吸取他人的长处。一个唯有感觉自己不足的人才能成其伟大。

【注释】

①反：复，再。

【译文】

孔子与别人一起唱歌，如果这个人唱得好，一定请他再唱一遍，然后自己又和他一起唱。

孔子与别人一起唱歌，如果别人唱得好，一定请他再唱一遍，然后自己也附和着唱。

⊙名家品论语⊙

从《论语》看，孔子对于音乐的重视，可以说远出于后世尊崇他的人们的想象之上，这一方面是来自他对古代乐教的传承，一方面是来自他对于乐的艺术精神的新发现。艺术，只有在人们精神的发现中才存在。可以说，就现在所能看到的材料看，孔子可能是中国历史上第一位最明显而又最伟大的艺术精神的发现者。

《史记·孔子世家》称"孔子学鼓琴于师襄"；《韩诗外传》五，《淮南子·主术训》，《家语·辨乐篇》，所载皆同。由此推之，《世家》采《论语·述而篇》"子在齐闻韶"之文，加"学之"二字，也是可信的。由此可以想见孔子对音乐曾下过一番工夫。

——徐复观《孔子与音乐》

⊙典故与知识⊙

　　儒家所谓的学问，就是指做人做事的道理。并不是头脑聪明，文学好或知识渊博，这些只是学问的枝叶，不能算学问的本身。学问的表达在于文学，文学是学问的花朵。这里孔子就讲到学问的花叶和根本："文，莫吾犹人也。"他说如果谈文学的修养，"莫……"这里的"莫"字不是肯定词，翻译成现代白话，近乎"也许"的意思。就是说，如果谈文学，也许"我"和一般知识分子差不多。至于讲"我"自己身体力行做到了君子这个标准没有，那么"我"自己反省，实在还没有很大的心得。我们从此看到孔子的谦和，这种做学问的态度，非常平实，没有丝毫矫揉造作的迹象。

【原文】

　　7.33　子曰："文，莫吾犹人也①。躬行君子，则吾未之有得。"

【题解】

　　孔子一直否认自己是生而知之的，在这里，仍然强调身体力行。对于"文，莫吾犹人也"一句，在学术界有不同解释。有的说此句意为："讲到书本知识我不如别人"；有的说此句应为："勤勉我是能和别人相比的"。我们这里采用了"大概我和别人差不多"这样的解释。接着，孔子又谦逊地表示，作为一个君子，自己还远远没有达到。这从一个侧面反映了孔子心目中的"君子"的标准是非常高的。

【注释】

①莫：大概，差不多。

【译文】

　　孔子说："就书本上的学问来说，大概我同别人差不多。身体力行地去做一个君子，那我还没有达到。"

【原文】

　　7.34　子曰："若圣与仁，则吾岂敢？抑为之不厌①，诲人不倦，则可谓云尔已矣②。"公西华曰："正唯弟子不能学也。"

【题解】

　　孔子认为学而不知满足是知，教诲别人而不知疲倦是仁，两者结合起来是圣的境界。在前面的章节中，孔子已经谈到"学而不厌，诲人不倦"，本章又说到"为之不厌，诲人不倦"，可见其思想确实是一以贯之的。他谦称道，说起圣与仁，自己还愧不敢当，但朝这个方向努力，自己也会不厌其烦地去做，而同时，自己也会不感疲倦地去教诲别人。这是他的由衷之言。

【注释】

①抑："只不过是"的意思。②云尔：这样说。

【译文】

　　孔子说："如果说到圣和仁，那我怎么敢当！不过是朝着圣与仁的方向去努力做而不厌倦，教导别人不知疲倦，那是可以这样说的。"公西华说："这正是我们弟子学不到的。"

【原文】

　　7.35　子疾病①，子路请祷②。子曰："有诸③？"子路对曰："有之。《诔》曰④：'祷尔于上下神祇⑤。'"子曰:"丘之祷久矣。"

【题解】

孔子患了重病,子路为他祈祷,孔子对此举并不加以反对,而且说自己已经祈祷很久了。这段文字并不是说明孔子是一个迷信天地神灵的人;也不是在表明他对鬼神的怀疑态度,而是表现出孔子对生死与疾病泰然处之的乐观态度。从孔子一贯的言论看,他是相信人的尊严和仁道的力量的,主张"尽人事而听天命",不相信祈祷天神地祇可以治病之事。此章又是他不相信鬼神的一个例证。

【注释】

①疾病:疾,指有病。病,指病情严重。②请祷:向鬼神请求和祷告,即祈祷。③诸:"之于"的合音。④诔(lěi):向神祇祷告的文章。和哀悼死者的文体"诔"不同。⑤尔:你。祇(qí):地神。

【译文】

孔子病得很重,子路请求祈祷。孔子说:"有这回事吗?"子路回答说:"有的。《诔》文中说:'为

孔子病了,子路请求为他祈祷。

⊙典故与知识⊙

当孔子病了,药物无效的时候,子路说,求神吧!去祷告一下吧!孔子听了问子路:真有这回事吗?孔子这话说得很妙。他当然懂得,不过他是问子路"有这回事吗",而不是说"你相信吗"。子路经孔子一问,表示学问很有根据,于是搬出考古学,他说,有啊!《诔》曰:"祷尔于上下神祇。"这"诔"是中国文化中的祭文,历代帝王的诔文就是。子路说,古代的诔文说了,人应该去祷告天地、上下各种神祇。孔子说,如果是这样,那我天天都在祷告,而且祷告了很久,还照样生病。这节文字,作进一步研究,就可以看出来,孔子的意思,所谓祷告是一种诚敬的心情,所谓天人合一,出于诚与敬的精神,作学问修养,随时随地都应该诚敬。《大学》所说"十目所视,十手所指",诚敬修养要做到我们中国文化所说的"不亏暗室"。孔子说自己天天做到这样,等于与鬼神相通,就是这个道理。

你向天地神灵祈祷。'"孔子说:"我早就祈祷过了。"

【原文】

7.36 子曰:"奢则不孙①,俭则固②。与其不孙也,宁固。"

【题解】

孔子在奢与俭二者的取舍上,表现出了圣者的理智,把握好了度。春秋时期各诸侯、大夫等都僭越礼制,生活极为奢侈豪华,他们的生活享乐标准和礼仪规模都与周天子没有区别。孔子认为,这些越礼、违礼的行为,还不如简陋的好。节俭虽然会让人感到寒酸固陋,但与其越礼,则宁可寒酸固陋,保持礼的尊严。

【注释】

①孙(xùn):同"逊",恭顺。不孙,即为不逊,这里指"越礼"。②固:简陋、鄙陋,这里是寒酸的意思。

【译文】

孔子说:"奢侈豪华就会显得不谦逊,省俭朴素则会显得寒伧。与其不谦逊,宁可寒伧。"

【原文】

7.37 子温而厉,威而不猛,恭而安。

【题解】

这是孔子的学生给老师总结的最为贴切的形象。孔子向来温良恭俭让,给人以好好先生的印象,但只有他的学生知道,他们的老师待人待己待物都是非常严厉、严谨的。孔子身材高大,容止端庄,不怒而威严自生;但他为人温文尔雅、和蔼可亲,只使人觉得亲近,从来没有给人以凶猛的感觉。孔子以礼治身,以德修身,神情总是庄重而安详。

【译文】

孔子温和而严厉,有威仪而不凶猛,谦恭而安详。

【原文】

7.38 子曰:"君子坦荡荡,小人长戚戚。"

【题解】

君子胸怀坦荡,问心无愧,自然光明磊落;小人身陷私欲,纠缠于得失,两者相比,生活的境界大不相同。当然,君子与小人的根本差别还是在于人生目标和人生信仰的不同。

君子心胸宽广,小人经常忧愁。

【译文】

孔子说:"君子的心地开阔宽广;小人却总是心地局促,带着烦恼。"

泰伯篇第八

【原文】

8.1　子曰：“泰伯①，其可谓至德也已矣。三以天下让，民无得而称焉。”

【题解】

　　大德无名，大功不争，孔子认为让贤是一种高尚的美德。上古时代民风淳朴，仁德浓厚，常有让贤之事。传说古公亶父知道三子季历的儿子姬昌有德，便想传位给季历。长子泰伯知道父亲的心思，也想让位，便与二弟仲雍一起避居吴地。古公亶父死后泰伯也不回来奔丧，后来又断发文身，表示终身不回来了，于是季历即位，季历之后传国于姬昌，即周文王。武王时，灭了殷商，统一了天下。孔子津津乐道这个故事，表达了他的理想，而让位者显示出的明智与仁德，老百姓也是无比崇敬的。

【注释】

①泰伯：又叫太伯，周朝祖先古公亶父的长子。古公有三个儿子：泰伯、仲雍、季历。季历的儿子就是姬昌（周文王）。传说古公预见到姬昌的圣德，想打破惯例把君位传给幼子季历。长子泰伯为使父亲愿望实现，便偕同仲雍出走他国，使季历和姬昌顺利即位，后来姬昌之子统一了天下。

【译文】

　　孔子说：“泰伯，那可以说是道德最崇高的人了。他多次把社稷辞让给季历，人民简直都找不出恰当的词语来称颂他。”

孔子论泰伯，认为他是一个道德完善的人。

【原文】

8.2　子曰："恭而无礼则劳，慎而无礼则葸①，勇而无礼则乱，直而无礼则绞②。君子笃于亲③，则民兴于仁；故旧不遗，则民不偷④。"

【题解】

这章是孔子说明礼的重要性，虽是好的德行，也要以礼来加以节制，才会没有流弊。凡事过犹不及，孔子重视适度合宜，讲究尺度，人情味和理性要完美结合。恭敬、谨慎、勇敢、直率，都是很好的德行，但这些德目的实践要符合中庸的准则，它们之间互相联系、互相补充。如若恭敬而不合乎礼，就会出现疲劳；谨慎而不知礼

孔子认为，做到了礼，社会就会兴起仁德的风气，人与人之间便不会冷漠淡然了。

则会懦弱不前；勇敢而不讲究礼就会做事过分，扰乱社会的正常秩序；直率而无礼，便如绞绳一样愈绞愈紧，责备人深切尖刻，令人不堪忍受。

【注释】

①葸（xǐ）：拘谨、畏惧的样子。②绞：说话尖刻，出口伤人。③笃：厚待，真诚。④偷：淡薄，不厚道。

【译文】

孔子说："一味恭敬而不知礼，就未免会劳倦疲乏；只知谨慎小心，却不知礼，便会胆怯多惧；只是勇猛，却不知礼，就会莽撞作乱；心直口快却不知礼，便会尖利刻薄。君子能用深厚的感情对待自己的亲族，民众中则会兴起仁德的风气；君子不遗忘背弃他的故交旧朋，那民众便不会对人冷淡漠然了。"

【原文】

8.3　曾子有疾，召门弟子曰："启予足①！启予手！《诗》云：'战战兢兢，如临深渊，如履薄冰②。'而今而后，吾知免夫！小子！"

【题解】

此章讲的是曾子因病而得出的人生经验，这也是一种学习。曾子借用《诗经》里的诗句来说明自己一生谨慎小心，避免损伤身体，能够对父母尽孝。据《孝经》记载，孔子曾对曾参说过："身体发肤，受之父母，不敢毁伤，孝之始也。"就是说，孝子应当小心爱护父母给自己的身体，头发和皮肤都不能损伤，自爱是孝的开始。曾子力行孝道，平素的修行就是战战兢兢，如临深渊，如履薄冰，不敢有丝毫疏忽。直到面临身死，才敢说自己能免于有损孝道之虞了。

【注释】

①启：通"晵"，看。②"战战兢兢"三句：见《诗经·小雅·小旻》。

【译文】

曾子生病，把他的弟子召集过来，说道："看看我的脚！看看我的手！《诗经》上说：'战战兢兢，好像面临着深渊，好像走在薄薄的冰层上。'从今以后，我才知道自己可以免于祸害刑戮了！学生们！"

【原文】

8.4　曾子有疾，孟敬子问之①。曾子言曰："鸟之将死，其鸣也哀；人之将死，其言也善。君子所贵乎道者三：动容貌，斯远暴慢矣；正颜色，斯近信矣；出辞气，斯远鄙倍矣②。笾豆之事③，则有司存④。"

【题解】

这一章是曾子对孟敬子讲执政要修身的道理。曾子用鸟将死而鸣哀来比喻人将死而言善的道理，表明了自己的衷肠。他一方面表示自己对孟敬子没有恶意，同时也告诉孟氏，作为君子应当重视三个方面的问题。其一，动容貌，人与人之间的交往，一般都是先见容貌，其次观颜色，再用言语交谈，故礼义之始就在于正容止。从仪容举止，推及一切事，都要有秩序，这样就能远离他人的怠慢不敬。其二，正颜色，对人的态度要庄重，这样就能令人以信实相待。其三，出辞气，谈吐言辞要适当而且清楚，这样就可以避免粗野和错误。

【注释】

①孟敬子：鲁国大夫仲孙捷。②鄙倍：鄙陋，错误。倍，通"背"，背理，错误。③笾豆：祭礼中使用的器皿，笾是竹制的，豆是木制的。笾豆之事，在此代表礼仪中的一切具体细节。④有司：主管祭祀的官吏。

病中的曾子与前来看望他的孟敬子谈论君子。

【译文】

曾子生病了，孟敬子去探望他。曾子说："鸟将要死时，鸣叫声是悲哀的；人将要死时，说出的话是善意的。君子所应当注重的有三个方面：使自己的容貌庄重严肃，这样就可以避免别人的粗暴和怠慢；使自己面色端庄严正，这样就容易使人信服；讲究言辞和声气，这样就可以避免粗野和

⊙**名家品论语**⊙

　"君子"在道德修养方面必须不断地"反求诸己"，层层向内转。但是由于"君子之道"即是"仁道"，其目的不在自我解脱，而在"推己及人"，拯救天下。所以"君子之道"同时又必须层层向外推，不能止于自了。后来《大学》中的八条目之所以必须往复言之，即在说明儒学有此"内转"和"外推"两重过程。这也是后世所说的"内圣外王"之道。简单地说，这是以自我为中心而展开的一往一复的循环圈。一部中国儒学史大体即是在此循环圈中活动，其中因为各家畸轻畸重之间的不同，对"内""外"之间的关系的理解不同，所持的理论根据的不同以及各时代具体的社会背景的不同，儒学史上先后曾出现了种种不同的流派。但这一切的不同都没有跳出上述的循环圈。而这一循环圈早在孔子的时代便已开始了。

——葛兆光《中国经典十种》

错误。至于礼仪中的细节，自有主管部门的官吏负责。"

【原文】

8.5　曾子曰："以能问于不能，以多问于寡；有若无，实若虚；犯而不校①。昔者吾友尝从事于斯矣②。"

【题解】

这一章与前述"不耻下问"的思想是一致的。曾子完全继承了孔子的思想学说。"问于不能"、"问于寡"等都表明了谦逊的学习态度。能够"问于不能"、"问于寡"是明智的态度，没有知识、没有才能的人并不是一无是处的，在他们身上总有值得学习的地方。所以，善于学习的人即要向有知识、有才能的人学习，也要向少知识、少才能的人学习。曾子还提出"有若无"、"实若虚"的学习态度，希望人们始终保持谦虚不自满、虚怀若谷的态度。曾子说"犯而不校"，表现出忍让的精神和宽阔的胸怀，这是值得学习的。这里曾子所说的"吾友"，当指孔门中德行、学问都很出众的颜回。

曾子谈论学习之道，认为善于学习的人应该虚怀若谷、不耻下问。

【注释】

①校（jiào）：计较。②吾友：有人说指颜渊。

【译文】

曾子说："有才能却向没有才能的人请教，知识广博却向知识少的人请教；有学问却像没学问一样，满腹知识却像空虚无所有；即使被冒犯，也不去计较。从前我的一位朋友就是这样做的。"

【原文】

8.6　曾子曰："可以托六尺之孤①，可以寄百里之命②，临大节而不可夺也。君子人与③？君子人也。"

【题解】

曾子认为，能够有德才担当辅佐国君、执掌国政，一旦面临国家存亡的关头，不为任何利害而改变节操，以天下为己任，决不屈节降志的人，才是真正的具有君子品格的人。

【注释】

①六尺之孤：古人以七尺指成年，六尺指十五岁以下。②百里：指方圆百里的诸侯大国。③与（yú）：同"欤"，表疑问的语气词。

【译文】

曾子说："可以把幼小的孤儿托付给他，可以将国家的命脉寄托于他，面对安危存亡的紧要关头，却能不动摇屈服。这样的人是君子吗？这样的人是君子啊。"

【原文】

8.7　曾子曰："士不可以不弘毅①，任重而道远。仁以为己任，不亦重乎？死而后已，不亦远乎？"

【题解】

伟大人格的形成是需要长期修养锻炼的，仅凭一时的血勇之气是不可能炼就伟大人格的。曾子这段话对后世的人才观影响很大。其中"任重道远"、"死而后已"等语早已被人们作为成语使用。士人以推行仁道为自己应负的重大责任，这种大责任要一生负载下去，任重而道远，不是人人都能轻易做到的。所以弟子们不可以不弘大而刚毅，要有不屈不挠、坚韧不拔的精神才行。

曾子谈论修身之道，认为士人应该弘大刚毅，因为其肩负的任务重大而路途遥远。

【注释】

①弘毅：弘大刚毅。

【译文】

曾子说："士人不可以不弘大刚毅，因为他肩负的任务重大而路程遥远。把实现仁德作为自己的任务，难道不重大吗？到死方才停止下来，难道不遥远吗？"

【原文】

8.8　子曰："兴于诗①，立于礼②，成于乐③。"

【题解】

这一章孔子提出了从事文化教育的基本程序和三方面内容：诗、礼、乐，而且指出了这三者的不同作用。它要求学生不仅要讲个人的修养，而且要有全面、广泛的知识和技能。"诗"有着强大的感染力，可以启迪心智、陶冶性情，使人懂得人生的真义。"礼"能使人行为规范，树立人格，卓然自立于社会群体之间。"乐"则陶冶情操，使修身、治学得以完成。

孔子说：从学习《诗经》开始，把礼作为立身的根基，掌握音乐使所学得以完成。

【注释】

①兴：兴起，开始。②立：成立，建立。③成：完成。

【译文】

孔子说："从学习《诗经》开始，把礼作为立身的根基，掌握音乐使所学得以完成。"

【原文】

8.9　子曰："民可使由之，不可使知之。"

【题解】

对于这段文字的标点，学术界有不同的意见。如康有为、梁启超等人认为应标为："民可使，由之；不可使，知之。"意谓："百姓的知识水平提高了，就给他们政治自由；如尚未达到这一水准，就先教育他们。"康、梁的用心是想通过他们的阐发，让孔子的这段名言能够顺应时代潮流，而不至于被人批评为愚民政治观。与孔子同时代的政治家子产治理郑国，先施行了一系列的革新措施，郑国的民众始怨而后德。盖一般民众在政策推行之初难以明白其利害之势，却可使之行其事。孔子对子产的评价很高，这句话也许正是针对这件事而发的。孔子思想上有"爱民"的内容，但是治国自有治国的方策。本章中他提出的"民可使由之，不可使知之"的说法就是从当时的治国之策上说的。我们不能从现代的社会情况出发去要求孔子。

【译文】

孔子说："可以使民众由着我们的道路去做，不可以让他们知道为什么要这样做。"

【原文】

8.10　子曰："好勇疾贫①，乱也。人而不仁，疾之已甚②，乱也。"

【题解】

本章与上一章联系起来，表达了孔子的分析社会的辩证思想。好勇而不安贫，这就不利于社会的安定，而对于那些不仁的人过于痛恨，使他们无所容身，也会惹出祸乱。所以，儒家倡导以礼来规范制约人的行为，认为适宜合度是非常重要的，这样就能把智勇仁义用在好的一面，祸乱也就兴不起来了。

【注释】

①疾：恨，憎恨。②已甚：即太过分。已，太。

孔子认为，好勇逞强却厌恶贫困、对不仁的人憎恶太过，都是祸害。

【译文】

孔子说："喜欢勇敢逞强却厌恶贫困，是一种祸害。对不仁的人憎恶太过，也是一种祸害。"

【原文】

8.11　子曰："如有周公之才之美，使骄且吝，其余不足观也已。"

【题解】

这段话说明孔子看人强调的是德才兼备而且谦逊大方。不骄傲是周公的主要美德之一，他作为周文王的儿子、周武王的弟弟、周成王的叔父，辅佐天子，却能谦逊下士，为了求得天下贤才，而"一沐三握发，一饭三吐哺"，故天下归心。孔子再三强调谦逊，认为它是"礼"的重要内容。

【译文】

孔子说："即使有周公那样美好的才能，如果骄傲而吝啬的话，那其他方面也就不值得一提了。"

【原文】

8.12　子曰："三年学，不至于谷①，不易得也。"

【题解】

从这一章也可以看出，孔子重视的是以学本身为乐，尽管孔子办教育的主要目的，是培养治国安邦的人才。古时一般学习三年为一个阶段，此后便可出仕做官，但孔子更看重的是以学为目的的人。读书学习有求官的念头，难免会有急功近利之想，心有杂念，则难以沉潜下去一心向学。所以孔子感叹：读书而不存出仕求官的念头，很难得。

孔子认为，一个人即使有周公那样美好的才能，如果骄傲而且吝啬的话，也是不足取的。

【注释】

①至：想到。谷：小米，这里指做官得俸禄。

【译文】

孔子说："读书三年，没想到去做官得俸禄，这是难得的。"

【原文】

8.13　子曰："笃信好学，守死善道。危邦不入，乱邦不居。天下有道则见①，无道则隐。邦有道，贫且贱焉，耻也；邦无道，富且贵焉，耻也。"

【题解】

这段文字论说的是从政者的进退之道与人品问题。这是孔子给弟子们传授的为官且保身之道。"天下有道则见，无道则隐"；"用之则行，舍之则藏"，孔子不主张无意义的献身，而重视保全自己的生命，韬光养晦，以便将来能通达而兼济天下。此外，他还提出应当把个人的贫贱荣辱系于国家的兴衰存亡，这才是为官的要点。

【注释】

①见（xiàn）：同"现"。

【译文】

孔子说："坚定地相信我们的道，努力学习它，誓死守卫保全它。不进入危险的国家，不居住在动乱的国家。天下有道，就出来从政；天下无道，就隐居不仕。国家有道，而自己贫穷鄙贱，是耻辱；国家无道，而自己富有显贵，也是耻辱。"

【原文】

8.14　子曰："不在其位，不谋其政。"

【题解】

孔子的这句名言，成为后人修身齐家、为政治世的法则。

"不在其位，不谋其政"涉及"名分"问题，名不正则言不顺，不在其位而谋其政，就有僭越之嫌。"不在其位，不谋其政"就是要"安分守己"。为维护社会稳定，就要有规则和秩序，这是一个有用的管理学原则。

孔子说：不在那个职位上，就不考虑它的政务。

【译文】

孔子说："不在那个职位上，就不考虑它的政务。"

【原文】

8.15　子曰："师挚之始①，《关雎》之乱②，洋洋乎盈耳哉！"

【题解】

此章是孔子对鲁国太师挚演奏《关雎》乐章的赞叹之辞，寄寓了孔子的礼乐教化思想。太师挚是鲁国有名的乐师，他在音乐合奏中领起。鲁国的音乐恢弘纯正而且优美，充盈着听众的双耳。而音乐关乎政教，孔子这里的赞叹不仅是说明音乐本身的美妙，而且还从音乐中照见了鲁国传统文化的博大恢弘，有一种自豪在里面。赞叹中包含了孔子对文化复兴的希望和信心。

【注释】

①师挚之始：师挚，鲁国乐师，名挚。始，乐曲的开始，一般由太师演奏。挚是太师，所以说师挚之始。②乱：乐曲的结尾。

孔子听师挚演奏，耳边自始至终充盈着美妙动听的音乐。

【译文】

孔子说："从太师挚开始演奏，到结尾演奏《关雎》乐曲的时间里，美妙动听的音乐都充盈在耳边。"

【原文】

8.16　子曰："狂而不直，侗而不愿①，悾悾而不信②，吾不知之矣。"

【题解】

此章孔子对一些虚伪的和不可理喻的品质提出了批评。"狂而不直，侗而不愿，悾悾而不信"都是两头都不占的坏品质，孔子对此十分反感和不理解。这是因为，这几种品质既不真实又不符合中庸的基本原则，所以孔子说：我真不知道怎么有人会这样。

【注释】

①侗（tóng）：幼稚，无知。愿：谨慎老实。②悾悾（kōng）：诚恳的样子。

【译文】

孔子说："狂妄而不正直，幼稚而不谨慎，看上去诚恳却不守信用，我不知道有的人为什么会这样。"

【原文】

8.17　子曰："学如不及，犹恐失之。"

【题解】

本章讲的是积极的学习态度。孔子自己对学习知识的欲求十分强烈，这句话是他对自己勤奋好学、至老不衰的求学精神的生动写照，同时也这样要求他的学生。"学如不及，犹恐失之"和"学而不厌"一起成为好学者的座右铭。

【译文】

孔子说："学习就像追赶什么似的，生怕赶不上，学到了还唯恐会丢失。"

孔子认为，求知欲强、勤奋好学才是好的学习态度。

【原文】

8.18 子曰："巍巍乎，舜禹之有天下也，而不与焉①。"

【题解】

这里孔子所讲的称颂舜禹的话，是别有所感的。当时社会混乱，礼崩乐坏，弑君、篡位者屡见不鲜。孔子赞颂传说中的舜、禹，意有所指。尧因为舜的贤能而把帝位传给他，舜又传位给大禹，因为大禹有治水的大功，有三过家门而不入的大公无私的精神。孔子将他们推许为古代君主的典范，表明对古时大同之世的认同。他借称颂舜禹，抨击现实中的诸多问题和现象。

孔子称赞舜、禹，认为舜、禹一心为民的德行就像大山一样崇高。

【注释】

①不与（yù）：即不图自己享受。

【译文】

孔子说："多么崇高啊！舜、禹拥有天下，（却是为百姓勤劳）而不是为了自己享受。"

【原文】

8.19 子曰："大哉，尧之为君也！巍巍乎！唯天为大，唯尧则之①。荡荡乎，民无能名焉②。巍巍乎，其有成功也！焕乎，其有文章③！"

【题解】

这一章孔子用最美好的言辞对古代的尧帝大加赞赏。尧是中国远古时代的圣君，他虽然有天下却不为一己之私，视天下为众人之天下，这种浩大的胸襟只有上天才具有。但尧效法于天，其恩惠泽被万民后世，制定典章制度让天下有章可循、有礼可依，是文明文化的启端。孔子在这里用极美好的语言称赞尧，尤其对当时的礼仪文明愈加赞美，表达了他对古代先王的崇敬之情。

【注释】

①则：效法。②名：形容，称赞。③文章：指礼仪制度。

【译文】

孔子说："尧作为国家君主，真是伟大呀！崇高呀！唯有天最高最大，只有尧能效法于上天。他的恩惠真是广博呀！百姓简直不知道该怎样来称赞他。真是崇高呀，他创建的功绩，真是崇高呀！他制定的礼仪制度，真是灿烂美好呀！"

【原文】

8.20 舜有臣五人而天下治。武王曰："予有乱臣十人①。"孔子曰："才难，不其然乎？唐、虞之际，于斯为盛。有妇人焉②，九人而已。三分天下有其二，以服事殷。周之德，其可谓至德也已矣。"

【题解】

孔子认为，治国安邦关键在于人才，所以他十分重视举荐贤才。而人才是十分难得的。有了人才，国家就可以得到治理，天下就可以太平。在历史发展过程中，杰出人物、优秀人物都发挥了巨大作用，鲁迅先生甚至称赞他们为"民族脊梁"。用人在贤，得人在德。周朝兼有礼乐文明仁德之治，周文王虽然能得到贤臣和民心，有三分之二的天下，却能谨守臣道，故孔子推之为"至德"。

【注释】

①乱臣：据《说文》："乱，治也。"此处所说的"乱臣"，应为"治国之臣"。②妇人：传说是指太姒，文王妻，武王母，亦称文母。

【译文】

舜有五位贤臣，天下就得到了治理。武王说过："我有十位能治理天下的臣子。"孔子说："人才难得，不是这样吗？唐尧、虞舜时代以及周武王时，人才最盛。然而武王十位治国人才中有一位还是妇女，所以实际上只有九人而已。周文王得了天下的三分之二，还仍然服侍殷朝，周朝的道德，可以说是最高的了。"

舜有五位贤臣辅政，天下就得到了治理。

【原文】

8.21　子曰："禹，吾无间然矣①。菲饮食②，而致孝乎鬼神③；恶衣服，而致美乎黻冕④；卑宫室，而尽力乎沟洫⑤。禹，吾无间然矣。"

【题解】

大禹不追求个人的享乐和虚荣，敬仰天地鬼神，隆重地举行祭祀，自己的宫室低矮卑下，却尽力于为民兴修沟渠水利，可见他不仅个人人格完满，而且是个厚爱百姓的君王。故孔子盛赞大禹的功德，表示对他已经无可非议了。

以上这几章，孔子对于尧、舜、禹给予高度评价，并对他们所处时代的圣君贤臣、古国仁德、典章礼乐等，理想的境况充满了向往之情。

【注释】

①间（jiàn）然：意见。②菲（fěi）：薄。③乎：相当"于"。④黻（fú）冕（miǎn）：古代祭祀时穿的衣帽。⑤沟洫（xù）：沟渠，指农田水利。

【译文】

孔子说："禹，我对他没有意见了。他自己的饮食吃得很差，却用丰盛的祭品孝敬鬼神；他自己平时穿得很简朴，却把祭祀穿的服饰和冠冕做得华美；他自己居住的房屋很差，却把力量完全用于沟渠水利上。禹，我对他没有意见了。"

子罕篇第九

【原文】

9.1　子罕言利与命与仁①。

【题解】

这章是弟子关于孔子言谈情况的印象。孔子平时所言多是平常话，因为他认为道蕴含在平凡具体之中，故很少去作形而上的空洞的说教。利是人之所欲，但为利当思义，直接谈论利，容易使听者误入歧途。但孔子注重命，赞成仁，《论语》一书中就多次讲到命与仁。

【注释】

①罕：稀少。

【译文】

孔子很少（主动）谈论功利、天命和仁德。

【原文】

9.2　达巷党人曰①："大哉孔子！博学而无所成名。"子闻之，谓门弟子曰："吾何执？执御乎？执射乎？吾执御矣。"

【题解】

孔子在青年时代，即以"博学"著称于闾里。中年以后，又以"多能"蜚声于天下，如吴太宰韶之所赞美者。孔子则说："吾少也贱，故多能鄙事。"由此可知孔子的博学多能，是从青年时代艰苦的生活环境和工作环境中，学习磨炼出来的。亦即从行的工夫中，才获得广博的知识和多方面的才能的。

孔子作为当时百科全书式的渊博学者，于道于艺，无不精通，故听人赞美他"博学而无所成名"时，说出这样诙谐风趣的话：我干什么呢？我还是赶马车吧。

【注释】

①达巷党人：达巷，地名。党，五百家为一党，达巷党，即达巷里（或屯）。

【译文】

达巷里有人说："孔子真是伟大啊！学问广博，可惜没有使他树立名声的专长。"孔子听了这话，对弟子们说："我干什么好呢？是去

孔子听达巷党人说自己博学而没有成名的专长后，对弟子戏言驾马车就是他的专长。

驾马车呢，还是去当射箭手呢？我还是驾马车吧！"

【原文】

9.3　子曰："麻冕①，礼也；今也纯②，俭③，吾从众。拜下，礼也，今拜乎上，泰也④。虽违众，吾从下。"

【题解】

此章表明了孔子并不是一味地维护传统的礼仪，而是对于礼仪改革持有坚守、变通的开明态度。涉及礼之精神的是必须坚持的，而那些纯外在的仪文规矩，可以不必坚持。礼讲究简朴，以前是用麻布做礼帽，但现在用丝料制作礼帽显得简朴，所以从之。礼讲究发乎内心的真情，而行礼的简化是心有不诚而导致行为的简慢，所以不从。

【注释】

①麻冕：麻织的帽子。②纯：黑色的丝。③俭：用麻织帽子，比较费工，所以说改用丝织是俭。④泰：骄纵。

【译文】

孔子说："用麻线来做礼帽，这是合乎礼的；如今用丝来作礼帽，这样省俭些，我赞成大家的做法。臣见君，先在堂下磕头，然后升堂磕头，这是合乎礼节的；现在大家都只是升堂磕头，这是倨傲的表现。虽然违反了大家的做法，我还是主张要先在堂下磕头。"

孔子赞成用丝料代替麻线做礼帽，认为既省俭，又合乎礼。

【原文】

9.4 子绝四：毋意^①，毋必^②，毋固^③，毋我^④。

【题解】

此章孔子提出了个人在认识、判断客观事物方面的四个原则。这是对自我的超越。"绝四"是孔子自制自知的表现，这涉及人的道德观念和价值观念。人只有做到不凭空猜测、不绝对肯定、不固执己见、不自以为是这四点才可以增加智慧，培养高尚的道德人格。

【注释】

①意：通"臆"，主观地揣测。②必：绝对。③固：固执。④我：自以为是。

孔子没有凭空臆测、武断绝对、固执拘泥、自以为是这四种毛病。

⊙名家品论语⊙

《论语》说孔子"绝四：毋意，毋必，毋固，毋我"（《论语·子罕》）。"意"是猜度，也就是主观的成见，"毋意"就是没有主观的成见。"言不必信，行不必果"是"毋必"，孔子说他自己"无可无不可"（《论语·微子》）。他认为行为的标准是可变的，而非固定的，是活的，而不是死的，是因时因地为转移的。他的行为"无可无不可"，这就是"毋固"。就是说，不死守教条，可以随时变通。孔子善于向别人学习，"择其善者而从之，其不善者而改之"，这就是"毋我"。

照《论语》的记载看起来，孔子对于学生所提出的问题的回答，总是因具体的环境和学生的具体思想情况而有不同。孔子的一个学生子路问孔子说："听见一个道理，就立刻照着去行吗？"孔子回答说："还有父兄在上，怎么自己就立刻去行？"又有一个学生冉有提出同样的问题。孔子回答说："立刻照着去行。"学生公西华觉得很惑乱，就问孔子，为什么对于同一个问题，回答不同。孔子说：求（冉有）向来松懈，所以我鼓励他前进。由（子路）向来冒失，所以我向后拉他一下（《论语·先进》）。这也是孔子在教育方面"绝四"的一个例证。

照上面所引的，孔子的思想方法，注重闻见，注重证据，注重阙疑，注重引申类推，注重"一贯"，又注重"绝四"。就这一方面说，他的思想方法在一定程度上，是有唯物主义的精神，也有辩证法的意味。

——冯友兰《论孔子》

【译文】

孔子杜绝了四种毛病：不凭空臆测，不武断绝对，不固执拘泥，不自以为是。

【原文】

9.5　子畏于匡①，曰："文王既没，文不在兹乎？天之将丧斯文也，后死者不得与于斯文也②；天之未丧斯文也，匡人其如予何③？"

【题解】

这章记载的是孔子在匡地因被误认为是阳虎而被围困的事，《史记·孔子世家》有载。孔子能临危而不惧，就在于他有坚定的信念。外出游说时被围困，这对孔子来讲已不是第一次，当然这次是误会。他强调使命感，认为自己是周文化的继承者和传播者。当孔子屡遭困厄时，他并不是感到人力的局限性，而把人的尊严等同于天，表明他强烈的自信。

【注释】

①子畏于匡：匡，地名，在今河南省长垣县西南。畏，受到威胁。公元前496年，孔子从卫国到陈国去经过匡地。匡人曾受到鲁国阳虎的掠夺和残杀。孔子的相貌与阳虎相像，匡人误以为孔子就是阳虎，所以将他围困。②与：参与。③如予何：奈我何，把我怎么样。

【译文】

孔子在匡地被拘围，他说："周文王死后，文明礼乐不是保存在我这里吗？上天如果要消灭这种文明礼乐，那我这个后死之人也就不会掌握这种文明礼乐了；上天如果不想灭除这种文明礼乐，匡地的人能把我怎么样呢？"

【原文】

9.6　太宰问于子贡曰①："夫子圣者与？何其多能也？"子贡曰："固天纵之将圣②，又多能也。"子闻之，曰："太宰知我乎！吾少也贱，故多能鄙事。君子多乎哉？不多也。"

【题解】

此章再一次表明当时孔子并不承认自己是天生的圣人。从太宰的惊叹中，我们可以感觉到孔子的多才多艺。作为孔子的学生，子贡认为自己的老师是天纵之才，是上天赋予他多才多艺的。但孔子否认了天赋其才这一说。他说自己年轻时低贱，要谋生，就要多掌握一些技艺，所以学会了不少鄙贱的技艺。这些自揭其短的话表明了孔子的诚实和伟大。生活虽然艰苦，但他不怨天，不尤人，而是通过不停地磨炼和勤奋学习使自己成为有用之才。

孔子说自己小时候贫贱，所以学会了不少的技艺。

【注释】

①太宰：官名，辅佐君主治理国家的人。②纵：使，让。

【译文】

　　太宰向子贡问道："夫子是圣人吗？为什么他这样多才多艺呢？"子贡说："这本是上天想让他成为圣人，又让他多才多艺。"孔子听了这些话，说："太宰知道我呀！我小时候贫贱，所以学会了不少的技艺。君子会有很多技艺吗？不会有很多的。"

【原文】

　　9.7　牢曰①："子云：'吾不试②，故艺。'"

【题解】

　　这一章同样用来说明孔子"我非生而知之"的自知之识。他不认为自己是圣人，也不承认自己是天才，而是认为自己的多才多艺是由于年轻时身份低下，没有做官，没有俸禄，生活比较清贫，为了谋生才掌握了这许多的技艺。

【注释】

①牢：孔子的学生，姓琴，名牢。《史记·仲尼弟子列传》无此人，当是偶阙。②不试：不被国家任用。

【译文】

　　子牢说："孔子说过：'我不曾被国家任用，所以学得了一些技艺。'"

【原文】

　　9.8　子曰："吾有知乎哉？无知也。有鄙夫问于我，空空如也，我叩其两端而竭焉①。"

【题解】

　　此章也是孔子的自谦之辞。孔子本人是十分诚实和谦虚的。事实上任何人都不能对世间所有事情都全知全能，因为人的精力毕竟是有限的。但孔子有一个分析问题、解决问题的基本方法，就是"叩其两端而竭"。只要抓住问题的两头，研究到底，就能求得问题的解决。这种方法，体现了儒家的中庸思想，是一种十分有意义的思想方法。

【注释】

①叩其两端而竭焉：指孔子就农夫所问的问题，从首尾两头开始反过来叩问他，一步步问到穷竭处，问题就不解自明了。叩，问问。两端，指鄙夫所问问题的首尾。竭，尽。

【译文】

　　孔子说："我有知识吗？我没有知识。有一个边远地方的人来问我，我对他谈的问题本来一点也不知道。我从他所提问题的正反两头

孔子回答别人的问题时，抓住问题的正反两端，研究到底，就能求得问题的解决。

去探求，尽了我的力量来帮助他。"

【原文】

9.9　子曰："凤鸟不至①，河不出图②，吾已矣夫！"

【题解】

　　孔子为恢复礼制而辛苦奔波了一生，结果并未如愿，到了晚年，他看到周礼的恢复似乎已经成为泡影，于是发出了天下非其时的哀叹。凤鸟是祥瑞的象征，出现就表示天下太平。圣人受命，黄河就会有龙马背负八卦图画出现。而现在天下太平、政治清明无望，孔子由此发出了这样深沉悲戚的感叹。

【注释】

①凤鸟：传说中的一种神鸟。凤鸟出现就预示天下太平。②河图：传说圣人受命，黄河就出现图画，即八卦图。《尚书·顾命》孔安国注："河图，八卦。伏羲王天下，龙马出河，遂则其文以画八卦，谓之河图。"

【译文】

　　孔子说："凤凰不飞来了，黄河中没有出现图画，我这一生也就完了吧！"

孔子叹息自己一生将尽，而志愿还没有实现。

【原文】

9.10　子见齐衰者、冕衣裳者与瞽者①，见之，虽少，必作②；过之，必趋③。

【题解】

　　孔子对于周礼十分熟悉，时时处处以礼待人，他知道遇到什么人该行什么礼。对于家有丧事者，对盲者，对尊贵者，都是以礼相待。孔子之所以这样做，并身体力行，是因为他想恢复礼治的理想社会。

【注释】

①齐（zī）衰（cuī）：丧服，古时用麻布制成。衣：上衣。裳：下服。瞽（gǔ）：盲。②作：站起来，表示敬意。③趋：快步走，亦表示敬意。

【译文】

孔子对于穿丧服的人、穿礼服戴礼帽的人和盲人，相见的时候，哪怕他们很年轻，也一定会站起身来；经过这些人身边时，他一定快步走过。

【原文】

9.11 颜渊喟然叹曰①："仰之弥高②，钻之弥坚。瞻之在前，忽焉在后。夫子循循然善诱人③，博我以文，约我以礼，欲罢不能。既竭吾才，如有所立卓尔④。虽欲从之，末由也已⑤。"

【题解】

此章记叙了颜渊对孔子学问道德博大精深、仰高钻坚、虽尽力追赶却难以企及的赞叹。这是颜渊极力推崇自己的老师，认为孔子的学问与道德是无穷无尽的，学习得越是深入，越是让人欲罢不能。此外，他还总结了孔子对学生的教育方法，"循循善诱"则成为后世为人师者所遵循的原则之一。

孔子经过身穿丧服的人身边时，必定快步走过。

【注释】

①喟（kuì）然：叹气的样子。②弥：更加，越发。③循循然：有步骤地。④卓尔：高高直立的样子。尔，相当于"然"。⑤末：无。

【译文】

颜渊感叹地说："我的老师啊，他的学问道德，抬头仰望，越望越觉得高；努力钻研，越钻研越觉得深。看着好像在前面，忽然又像在后面了。老师善于有步骤地引导我们，用各种文献来丰富我们的知识，用礼来约束我们的行为，使我们想要停止学习都不可能。我已经用尽自己的才力，似乎有一个高高的东西立在我的前面。虽然我想要追随上去，却找不到可循的路径。"

【原文】

9.12 子疾病，子路使门人为臣①。病间②，曰："久矣哉，由之行诈也！无臣而为有臣。吾谁欺？欺天乎？且予与其死于臣之手也，无宁死于二三子之手乎？且予纵不得大葬③，予死于道路乎？"

【题解】

儒家对于葬礼十分重视，尤其重视葬礼的等级规定。对于死去的人，要严格地按照周礼的有关规定加以埋葬。

⊙名家品论语⊙

孔子是一个原则性很强的人，但却又富有灵活性和变通性，他教育学生，针对性很强，并善于启导。不同的人都可以从他的教诲中获得益处。《论语》一书中充分体现了孔子的道德精神，其中许多言论蕴藉隽永，意味深长，它把你带入一座精神的殿堂，领略获得生活智慧的喜悦，而不是那种简单乏味的道德说教，它不是告诉你应该这样做、不应该那样做的训条，而总是注意唤起你心灵的美好体验，使你的精神不断升华。

——姜广辉《儒学的道德精神及对它的现实思考》

不同等级的人有不同的安葬仪式，违反了这种规定，就是大逆不道。孔子当时已经没有出仕，没有家臣，故反对学生们按大夫之礼为他办理丧事，是为了恪守周礼的规定。而子路为了尊荣孔子，欲以大夫之礼治其丧事，是因为孔子曾经做过鲁国的大司寇。孔子则愿意弟子们为他治理丧事，既名正言顺，又因为师生感情更亲近。

【注释】

①为臣：臣，指家臣，总管。孔子当时不是大夫，没有家臣，但子路叫门人充当孔子的家臣，准备由此人负责总管安葬孔子之事。②病间（jiàn）：病情减轻。间，空隙，引申为有时间距离，再引申为疾病稍愈。③大葬：指大夫的隆重葬礼。

【译文】

孔子病重，子路让孔子的学生充当家臣准备料理丧事。后来，孔子的病好些了，知道了这事，说："仲由做这种欺诈的事情很久啦！我没有家臣而冒充有家臣。我欺骗谁呢？欺骗上天吗？况且我与其死在家臣手中，也宁可死在你们这些学生手中啊！而且我纵使不能按照大夫的葬礼来安葬，难道会死在路上吗？"

孔子病重，子路让孔子的学生充当家臣准备料理后事。

【原文】

9.13 子贡曰："有美玉于斯，韫椟而藏诸①？求善贾而沽诸②？"子曰："沽之哉！沽之哉！我待贾者也。"

【题解】

孔子一直主张好学、修身是为了用于社会。本章表达了他的求仕心情。

"待贾而沽"说明了这样一个问题，孔子自称是"待贾者"，他一方面四处游说，以宣扬礼治天下为己任，期待着各国统治者能够行仁道于天下；另一方面，他也随时准备着自己能走上治国之位，依靠政权的力量去推行礼乐教化。

【注释】

①韫（yùn）椟（dú）：藏在柜子里。韫，藏。椟，木柜子。②贾（gǔ）：商人。贾又同"价"，价格。取后一义，善贾便成了"好价钱"。今取前解。沽（gū）：卖。

【译文】

子贡说："这儿有一块美玉，是把它放在匣子里珍藏起来呢，还是找位识货的商人卖掉呢？"孔子说："卖掉它吧！卖掉它吧！我在等待识货的商人啊！"

【原文】

9.14 子欲居九夷①。或曰："陋，如之何？"子曰："君子居之，何陋之有？"

【题解】

孔子认为一个人有了良好的仁德修养，是不怕外部环境的艰苦的，强调了修养过程中人的主体作用。中国古代，

子贡用美玉暗喻孔子，试探孔子的仕退心意。

中原地区的人把居住在东面的人们称为夷人，认为那里闭塞落后，当地人也愚昧不开化。孔子在回答某人的问题时说，只要有君子去这些地方居住，传播文化知识，改变其陋风旧俗，开化人们的心智，教以文明礼仪，那么这些地方就不会闭塞落后了。君子可以改善环境的固陋，而不会因为环境的恶劣而改变品德的高尚的。

【注释】

①九夷：泛指东方少数民族。

【译文】

孔子想到九夷去居住。有人说："那地方非常鄙陋，怎么能居住呢？"孔子说："有君子住在那儿，怎么会鄙陋呢？"

【原文】

9.15 子曰："吾自卫反鲁①，然后乐正，《雅》《颂》各得其所②。"

【题解】

孔子的话表明，他的确对《诗经》作了分类整理。《雅》《颂》是直接关系到祭祀等重要典礼的"庙堂诗"，使它们各自得到合适的位置，是承续了周公制作礼乐的事业。孔子晚年从卫国返回鲁国，结束了长达十四年的周游列国的生活。虽然寻找贤德的君主来实现仁政的理想落空了，但通过正乐还可以复兴传统文化，将周礼的精神弘扬下去。

孔子说自己从卫国回到鲁国后，把音乐进行了整理。

【注释】

①自卫反鲁：孔子从卫国返回鲁国是在鲁哀公十一年冬。反，同"返"。②《雅》、《颂》：《诗经》中两类不同的诗的名称，同时也是两类不同的乐曲的名称。

【译文】

孔子说："我从卫国回到鲁国，才把音乐进行了整理，《雅》和《颂》都有了适当的位置。"

【原文】

9.16　子曰："出则事公卿，入则事父兄，丧事不敢不勉，不为酒困，何有于我哉？"

【题解】

"出则事公卿"，是为国尽忠；"入则事父兄"，是为长辈尽孝。忠与孝是孔子特别强调的两个道德规范。它是对所有人的要求，而孔子本人就是这方面的身体力行者。在这里，孔子谦说自己还要勉力去做到这几点。

【译文】

孔子说："出外便服侍公卿，入门便侍奉父兄，有丧事，不敢不勉力去办，不被酒所困扰，这些事我做到了哪些呢？"

孔子认为，外出便服侍公卿，是忠的表现。

【原文】

9.17　子在川上曰："逝者如斯夫！不舍昼夜。"

【题解】

这也是《论语》中的名言。孔子面对奔涌不息的大河，发出了时不我待的感慨。流水一去不复返，无论昼夜永不停息。观水而悟人生之道，尽管过去的已经过去，但应该时时刻刻保持自强不息、永不懈怠的精神。

【译文】

孔子站在河边，说："消逝的时光就像这河水一样呀，日夜不停地流去。"

【原文】

9.18　子曰："吾未见好德如好色者也。"

孔子站在河边说：时光流逝如水啊，日夜不停。

【题解】

孔子的原意是说"好德"之难，任重而道远，难在自觉和有恒，而"好色"则是本能欲望、人之常情。这里并没有要借"好德"来"禁欲"的意思。据《史记·孔子世家》记载，孔子居住在卫国，卫灵公和夫人南子同乘一辆车，让孔子的车跟随在后面，一路招摇过市，孔子因而发出这般感叹。

【译文】

孔子说："我没有见过像好色那样好德的人。"

【原文】

9.19　子曰："譬如为山，未成一篑①，止，吾止也。譬如平地，虽覆一篑，进，吾往也。"

【题解】

孔子在这里说的是，在治学、修身及做事上，要有一股锲而不舍的韧劲。他以堆土成山为喻，说明功亏一篑和持之以恒的深刻道理，鼓励自己和学生们无论在做人还是做事上，都应该坚持不懈，高度自觉。做任何事情都不能一时即毕其功，需要坚毅的意志和不畏难的勇气，方能有所成。有志者事竟成，"进"和"止"都在于自己，道德的修养重在自强不息，中道而止，则会前功尽弃。这对于立志有所作为的人来说，永远都是十分重要的箴言。

孔子以堆土成山为喻，告诫弟子学习贵在持之以恒，不能功亏一篑。

【注释】

①篑（kuì）：盛土的筐子。

【译文】

孔子说："好比堆土成山，只差一筐土就完成了，这时停下来，是我自己要停下来的。又好比平整土地，虽然只倒下一筐土，如果决心继续，还是要自己去干的。"

【原文】

9.20　子曰："语之而不惰者①，其回也与②！"

【题解】

颜回对老师的教导句句皆能领会，所以从无懈怠的时候。孔门弟子三千，能够始终持之以恒，不松懈、不卷怠，自觉坚持道德修养的，亦只有颜回一人了。孔子在赞叹颜回的同时，也是在惋叹天下能坚持不懈于道的人不多。

【注释】

①语（yù）：告诉。②与：同"欤"。

【译文】

孔子说："听我说话而能始终不懈怠的，大概只有颜回吧！"

【原文】

9.21　子谓颜渊，曰："惜乎！吾见其进也，未见其止也。"

【题解】

这是孔子用死去的学生颜渊的勤奋刻苦精神，来激励其他学生好学上进。颜渊是一个十分执著、勤奋且刻苦的人，他在生活方面没有要求，心思全部用在学问的增长和道德修养的日新方面。孔子经常以颜渊为榜样提醒其他学生。但颜渊却不幸英年早逝。对于他的早逝，孔子自然十分惋惜和悲痛。

【译文】

孔子谈到颜渊，说："可惜啊！我看到他不断地前进，没有看到过他停止。"

【原文】

9.22　子曰："苗而不秀者有矣夫①！秀而不实者有矣夫②！"

【题解】

此章是孔子借自然界的庄稼的生长、开花到结果这一过程中苗而不秀、秀而不实这一现象，比喻一个人建功立业之难。有的人很有根柢，但不能坚持始终，最终没有成就。在这里，孔子还是希望他的学生能坚持勤奋学习，最终有所成就。

【注释】

①苗：庄稼出苗。②秀：吐穗开花。实：结果实。

孔子月庄稼有苗而不秀、秀而不实的现象为喻，说明建功立业之难。

【译文】

孔子说："有只长苗而不开花的吧！有开了花却不结果实的吧！"

【原文】

9.23　子曰："后生可畏，焉知来者之不如今也？四十、五十而无闻焉，斯亦不足畏也已。"

【题解】

这是孔子勉励年轻人的名言。他从正反两个方面来提醒年轻人珍惜时光，努力进取。年轻人的优势在于年轻，来日方长，大有可为。但可惧的是很快会变老，一个人到了四五十岁，他的学问事业倘若还没有任何成就，那他也就没有什么可让人敬畏的了。

孔子四十而不惑，五十而知天命，对生活、人生是有深刻体悟和洞见的。社会在发展，人类在进步，孔子的这种今胜于昔的思想是正确的。

【译文】

孔子说："年轻人是可敬畏的，怎么知道他们将来赶不上现在的人呢？一个人如果到了四五十岁的时候还没有什么名望，这样的人也就不值得敬畏了。"

孔子认为，年轻人来日方长，大有可为，是值得敬畏的。

【原文】

9.24 子曰："法语之言①，能无从乎？改之为贵。巽与之言②，能无说乎？绎之为贵③。说而不绎，从而不改，吾末如之何也已矣。"

【题解】

孔子在这里告诫人们，对待正言规劝要能听得进去，并照着去改正错误；对于恭维表扬的话要去分析其意是真是恶，然后能自省自勉，这才是正确的态度。这里讲的第一层是言行一致的问题。听从那些正确的话只是第一步，而真正需要做的是依照正确的意见去改正自己的错误。第二层讲的是忠言逆耳，而顺耳之言也要仔细辨别其是非真伪。孔子所讲的这两点在今天还有极大的借鉴意义。

【注释】

①法：正道。②巽（xùn）：恭敬，即恭顺谦敬之言，意译为温和委婉的表扬话。③绎：抽出事物的条理，加以分析鉴别。

【译文】

孔子说："合乎礼法原则的话，能够不听从吗？但只有按它来改正错误才是可贵的。恭顺赞许的话，听了能够不高兴吗？但只有分析鉴别以后才是可贵的。只顾高兴而不加以分析，表面听从而不加以改正，我也没有什么办法来对付这种人了。"

【原文】

9.25 子曰："主忠信，毋友不如己者，过则勿惮改。"

【题解】

此章与《学而》篇第八章重复，故译文略。

孔子高度重视人格尊严，认为三军可以夺帅，匹夫不可以夺志。

【原文】

9.26　子曰："三军可夺帅也①，匹夫不可夺志也②。"

【题解】

这是孔子流传千古的说明个人的独立人格可贵的名言。意思是说，一个人的理想、志向和意志是极为可贵的，人格的崇高和意志的坚强都是做人的最高尊严，不容侵犯。我们说的"理想"，在孔子时代称为"志"，就是人的志向、志气。"匹夫不可夺志"，反映出孔子对于"志"的高度重视，甚至将它与三军之帅相比。对于一个人来讲，他应该有自己的志向和独立人格，应维护自己的尊严，不为任何威胁利诱所动，始终坚持自己的"志向"。孔子的这种思想影响了中国人"人格"观念的形成。

【注释】

①三军：古代大国三军，每军一万二千五百人。②匹夫：男子汉，泛指普通老百姓。

【译文】

孔子说："一国的军队，可以强行使它丧失主帅；一个男子汉，却不可能强行夺去他的志向。"

⊙名家品论语⊙

立德，要有高尚的志向和操守，要有维护和弘扬人间正气的道义精神，这种道义精神是自己心中的最高信仰，它甚至高于自己的生命。孔子强调君子要有弘毅的品格，维护道义，见义勇为，不谋私利，急赴公难。他说："见义不为，无勇也。见利思义，见危授命。"他强调君子要有坚贞的操守和坚定的意志，在敌人的威胁、利诱面前，决不屈服，"临大节而不移"，他说："三军可夺帅也，匹夫不可夺志也。""志士仁人，无求生以害仁，有杀身以成仁。"这些思想培育了后世许许多多的爱民爱国的民族英雄。

——姜广辉《儒学的道德精神及对它的现实思考》

【原文】

9.27 子曰："衣敝缊袍①，与衣狐貉者立②，而不耻者，其由也与？'不忮不求，何用不臧③？'"子路终身诵之。子曰："是道也，何足以臧？"

【题解】

这一章记述了孔子对他的弟子子路既表扬又提醒的教诲。孔子教育学生总是针对个人不同禀赋和个性而有的放矢。他对子路的优点进行表扬，但见子路一听到表扬就喜上眉梢、得意洋洋，一直吟诵着这句诗，就说："仅仅做到这个样子，又怎能算是好呢？"希望子路不要满足于目前已经取得的成绩，因为仅是不贪求、不嫉妒是不够的，还应该有更高更远的志向，成就一番大的德业。

孔子称赞子路：即便穿着破旧的袍子与穿着锦衣华服的人在一起，也不觉得自己相形见绌。

【注释】

①衣（yì）：穿，当动词用。敝：破旧。缊（yùn）袍：用乱麻衬在里面的袍子。②狐貉：用狐和貉的皮做的裘皮衣服。③不忮不求，何用不臧：见《诗经·邶风·雄雉》。忮（zhì），嫉妒。臧，善，好。

【译文】

孔子说："穿着破旧的袍子，与穿着狐貉裘皮衣服的人站在一起，而不觉得羞耻的，大概只有仲由吧！《诗经》上说：'不嫉妒，不贪求，为什么不好呢？'"子路听了，从此常常念着这句话。孔子又说："仅仅做到这个样子，又怎么算得上好呢？"

【原文】

9.28 子曰："岁寒，然后知松柏之后凋也①。"

【题解】

这也是《论语》中的一句著名格言。孔子通过自然界岁寒时节万物先凋而松柏之叶犹青的现象，揭示了人世间的哲理。

孔子认为，人是要有精神的，作为有远大志向的君子，就应该像松柏那样，在冰雪严寒的恶劣环境中保持长青，真正显示出崇高的品格和坚韧的精神来。

孔子称赞有志节的人：寒冷的季节到了，才知道松柏的叶子是最后凋零的。

【注释】

①凋：凋零。

【译文】

孔子说："寒冷的季节到了，才知道松柏的叶子是最后凋零的。"

【原文】

9.29　子曰："知者不惑，仁者不忧，勇者不惧。"

【题解】

在儒家传统道德中，智、仁、勇是三个重要的范畴，也是仁之精神境界的不同体现，是君子的基本品质。

《礼记·中庸》说："知、仁、勇，三者天下之达德也。"有智慧的人能将事理看得明白透彻，所以不会迷惑。仁者存公心，去私欲，乐天知命，不患得患失，所以不忧虑。有勇气的人不畏惧困难，见义勇为，所以不惧。

孔子希望自己的学生能具备这三种德，成为有精神境界的真正的君子。

【译文】

孔子说："聪明的人不疑惑，仁德的人不忧愁，勇敢的人不畏惧。"

孔子认为，君子应该是勇敢而不畏惧的人。

【原文】

9.30　子曰："可与共学，未可与适道；可与适道，未可与立①；可与立，未可与权②。"

【题解】

孔子的这段话表明，人的能力是不平衡的，志趣爱好也是千差万别，因此交友一定要慎重和多方察考。要寻求志同道合的人共同发展，在与人交往中能够变通、立志于道的人应该坚持自新。

【注释】

①立：立于道而不变，即坚守道。②权：本义为秤锤，引申为权衡轻重，随机应变。

孔子认为，人的能力是不平衡的，人际交往中应注意做到随机应变。

【译文】

孔子说："可以和自己一同学习的人，未必可以和自己走共同的道路；可以和自己走共同的道路，未必可以和自己事事依礼而行；可以和自己事事依礼而行，未必可以和自己一起变通灵活处事。"

147

【原文】

9.31 "唐棣之华，偏其反而。岂不尔思？室是远而^①。"子曰："未之思也，夫何远之有？"

【题解】

这里记录的是孔子对古代流传的几句逸诗的评论。其中寄寓了对"仁"执着追求的信念，也就是"我欲仁，斯仁至矣"。

【注释】

① "唐棣"四句：这是逸诗。前两句用以起兴。唐棣，木名。华，同"花"。偏其反而，翩翩地摇摆。反，翻转摇摆。

【译文】

"唐棣树的花，翩翩地摇摆，难道不思念你吗？是因为家住得太远了。"对于这四句古诗，孔子说："那是没有真正思念啊，如果真的思念，又怎么会觉得遥远呢？"

孔子观唐棣之花而兴叹：那不是真正的思念啊，如果真的思念，又怎么会觉得遥远呢。

⊙**名家品论语**⊙

仁的核心就是这种由血缘而扩展的爱，儿子爱父母，兄长爱弟妹，父母爱儿女，弟妹爱兄长，臣民爱君王，君王爱臣民，使家、国都和睦，这便叫"礼之用，和为贵"，只是身份不能混乱，所以又说："不以礼节之，亦不可行也。"（《论语·学而》）礼还是要的，但礼不能仅仅靠严格的等级秩序，还要有温馨的仁作感情纽带，不能光靠形式上的服饰、仪节，还要有内心的道德意识。这样，礼就有了全新的、内外结合的内涵。

——葛兆光《中国经典十种》

乡党篇第十

【原文】

10.1　孔子于乡党①，恂恂如也②，似不能言者。其在宗庙朝廷，便便言③，唯谨尔。

【题解】

《乡党》篇是弟子们对老师——孔子日常言行的记录。此章记载了孔子在不同场合的不同言谈举止，孔子因时因地制宜，但都能有礼而得体。

【注释】

①乡党：古代地方组织的名称。五百家为一党，一万二千五百家为一乡。②恂（xún）恂：恭顺貌。如：相当于"然"。③便（pián）便：明白畅达。

【译文】

孔子在本乡的地方上，非常恭顺，好像不太会说话的样子。他在宗庙和朝廷里，说话明白而流畅，只是说得很谨慎。

孔子在家乡时，非常恭顺，好像不太会说话的样子。

【原文】

10.2　朝，与下大夫言，侃侃如也①；与上大夫言，訚訚如也②。君在，踧踖如也③，与与如也④。

【题解】

这章描述了孔子在乡党、宗庙、朝廷等不同的场所与不同的人谈话时所表现出的不同的神态。和乡里邻居

⊙典故与知识⊙

党作为一个单位组织，至少不晚于周朝，《周礼·地官·大司徒》中规定："令五家为比，使之相保；五比为闾，使之相爱；四闾为族，使之相葬；五族为党，使之相救；五党为州，使之相赒；五州为乡，使之相宾。"意思是令五家组成一比，使他们互相担保。五比组成一闾，使他们（有事时）可以互相托付。四闾组成一族，使他们有丧葬事时可互相帮助。五族组成一党，使他们（有灾荒时）互相救助。五党组成一州，使他们互相周济。五州组成一乡，使他们（对乡中的贤者）以宾客之礼相待。由此可推算出，古代的政区规划以五百家为党，一万二千五百家为乡，合而称乡党。乡党，有本乡、故乡的意思。或说，乡党乃父兄宗族之所在，后来便慢慢变成了家乡的代称。孔子出生在陬邑的昌平乡，后迁曲阜的阙里。孔子的乡党，就是指这两处地方。

相处时温和恭敬，而在重要的国事场所则庄严、郑重，对不同的人都能尊重而又恰到好处。

【注释】

①侃侃：温和快乐。②訚（yín）訚：形容辩论时中正，讲理而态度诚恳。③踧（cù）踖（jí）：恭敬而小心的样子。④与与：行步安详。

【译文】

上朝的时候，跟下大夫谈话，显得温和而快乐；跟上大夫谈话时，显得正直而恭敬。君主临朝时，他显得恭敬而不安，走起路来却又安详适度。

【原文】

10.3　君召使摈①，色勃如也②。足躩如也③。揖所与立④，左右手，衣前后，襜如也⑤。趋进⑥，翼如也。宾退，必复命曰："宾不顾矣。"

【题解】

此章描述了孔子奉君命接待外宾时在外交场所的神态举止。他一直等外宾走远不再回头时，自己才回来，显得慎重而有礼貌，表现了一个国家大臣应有的文明、礼仪和风范。他对人尊敬，也注重维护自己的尊严，严格而忠实地履行着礼制的规范。

【注释】

①摈（bìn）：通"傧"，接待宾客。②勃如：显得庄重。③躩（jué）如：脚步快的样子。④所与立：同他一起站着的人。⑤襜（chān）：衣蔽前，即遮蔽前身的衣服。襜如，衣服摆动的样子。⑥趋进：快步向前。一种表示敬意的行为。

【译文】

鲁君召孔子去接待使臣宾客，他

孔子接待使臣宾客时，面色庄重，步伐轻快。

的面色庄重矜持，步伐轻快。向同他站在一起的人作揖，向左向右拱手，衣裳随之前后摆动，却显得整齐。快步向前时，好像鸟儿舒展开了翅膀。宾客告退了，他一定向君王回报说："客人已经不回头了。"

【原文】

10.4　入公门，鞠躬如也①，如不容。立不中门②，行不履阈③。过位，色勃如也，足躩如也，其言似不足者。摄齐升堂④，鞠躬如也，屏气似不息者⑤。出，降一等，逞颜色，怡怡如也，没阶，趋进，翼如也。复其位，踧踖如也。

【题解】

此章内容继续描述孔子在朝廷上的言行举止，都是严守礼制，充满了庄重敬畏的情感态度。

【注释】

①鞠躬：此不作曲身讲，而是形容谨慎恭敬的样子。②中门：中于门，表示在门的中间。"中"用作动词。③阈（yù）：门限，即门坎。④摄齐：提起衣裳的下摆。齐，衣裳的下摆。⑤屏（bǐng）气：憋住气。

【译文】

孔子走进朝廷的大门，显出小心谨慎的样子，好像没有容身之地。他不站在门的中间，进门时不踩门坎。经过国君的座位时，脸色变得庄重起来，脚步也快起来，说话的声音低微得像气力不足似的。他提起衣服的下摆走上堂去，显得小心谨慎，憋住气，好像不呼吸一样。走出来，下了一级台阶，面色舒展，怡然和乐。走完了阶，快步向前，姿态好像鸟儿展翅一样。回到自己的位置，显得恭敬而不安的样子。

孔子上朝时，不站在门的中间。

【原文】

10.5　执圭①，鞠躬如也，如不胜。上如揖，下如授。勃如战色，足蹜蹜②，如有循。享礼③，有容色。私觌④，愉愉如也。

【题解】

这一章记载了孔子在朝堂上的仪态举止，表现出他对自己职位的敬畏和尊重之情。

以上五章，集中记述了孔子在朝、在外事场所和在乡的言谈举止、音容笑貌，给人留下十分生动而深刻的印象。孔子在不同的场合，对待不同的人，容貌、神态、言行都有所不同，但是有一点是相同的，就是他一贯的庄重和敬畏之情。在家乡时，他谦逊、和蔼；在朝廷上，则态度庄敬而有威仪，不卑不亢，光明正大；在国君面前，温和恭顺，庄重严肃又诚惶诚恐。这些都为人们深入研究孔子，提供了生动的第一手资料。

【注释】

①圭（guī）：一种玉器，上圆下方。举行典礼时，君臣都拿着。②蹜（sù）蹜：脚步细碎紧凑，宛如迈不开步一样。③享礼：使者向所访问的国家献礼物的礼节。④觌（dí）：会见。

孔子出使邻国参加典礼时，举着圭，非常小心谨慎，好像举不起来的样子。

【译文】

（孔子出使到别的诸侯国，行聘问礼时）拿着圭，恭敬而谨慎，好像拿不动一般。向上举圭时好像在作揖，向下放圭时好像在交给别人。神色庄重，战战兢兢；脚步紧凑，好像在沿着一条线行走。献礼物的时候，和颜悦色。私下里和外国君臣会见时，则显得轻松愉快。

【原文】

10.6　君子不以绀緅饰①。红紫不以为亵服②。当暑，袗絺绤③，必表而出之。缁衣羔裘④，素衣麑裘⑤，黄衣狐裘。亵裘长。短右袂⑥。必有寝衣⑦，长一身有半。狐貉之厚以居⑧。去丧，无所不佩。非帷裳⑨，必杀之⑩。羔裘玄冠不以吊⑪。吉月⑫，必朝服而朝。

【题解】

此章记述了孔子日常在各种场所的衣着服饰。绀色是斋服的用色，緅色是用于丧祭的丧服颜色，所以他不用绀緅二色来做衣服的边饰。因为红、紫不是正色，所以他不用这样的颜色来做家居便服。这些反映了中国发达的服饰文化。孔子对春秋时穿衣服的礼制作了很好的示范，礼的特点是分别各种等级秩序，体现在衣服穿戴上，也有巨细无遗的规定，以表示上下左右、尊卑贵贱。

【注释】

①绀（gàn）：深青带红（天青色）。緅（zōu）：黑中带红。饰：镶边，缘（yuàn）边。②亵（xiè）服：平时在家里穿的便服。③袗絺绤：袗（zhěn），单衣。絺（chī），细葛布。绤（xì），粗葛布。这里是说，穿粗的或细的葛布单衣。④缁（zī）：黑色。羔裘：羔羊皮袍。古人穿皮袍，毛向外，因此外面要用罩衣。古代的羔裘都是黑色的

羊毛，因此要配上黑色罩衣，就是缁衣。⑤麑（ní）：小鹿，白色。⑥袂（mèi）：衣袖。⑦寝衣：被。古代大被叫衾（qīn），小被叫被。⑧居：今字作"踞"。古人席地而坐，即蹲着坐。⑨帷裳：礼服，上朝或祭礼时穿，用整幅的布不加裁剪而成，上窄下宽，多余的布做成褶。⑩杀（shài）：减少，裁去。⑪玄冠：一种黑色礼帽。羔裘玄冠都是黑色的，古代用作吉服，故不能穿去吊丧。⑫吉月：每月初一。

【译文】

君子不用青中透红或黑中透红的布做镶边，红色和紫色不用来做平常家居的便服。暑天，穿细葛布或粗葛布做的单衣，一定是套在外面。黑色的衣配羔羊皮袍，白色的衣配小鹿皮袍，黄色的衣配狐皮袍。居家穿的皮袄比较长，可是右边的袖子要短一些。睡觉一定要有小被，长度是人身长的一倍半。用厚厚的狐貉皮做坐垫。服丧期满之后，任何饰物都可以佩带。不是上朝和祭祀时穿的礼服，一定要经过裁剪。羊羔皮袍和黑色礼帽都不能穿戴着去吊丧。每月初一，一定要穿着上朝的礼服去朝贺。

【原文】

10.7 齐，必有明衣①，布。齐必变食②，居必迁坐③。

【题解】

此章记述了孔子斋戒前沐浴时的衣着和斋戒期间的生活，这些细节都表明了孔子严谨、守礼、诚敬的生活态度。

【注释】

①齐（zhāi）：通"斋"，斋戒。明衣：斋戒沐浴后换穿的干净内衣。②变食：改变日常饮食，不饮酒，不吃韭、葱、蒜等气味浓厚的蔬菜，不吃鱼肉。③迁坐：改变卧室。古人在斋戒以及生病时，住在"外寝"，而平常居住的卧室则叫"燕寝"，与妻室在一起。

【译文】

斋戒沐浴时，一定有浴衣，用麻布做的。斋戒时，一定改变平时的饮食；居住一定要改换卧室。

【原文】

10.8 食不厌精，脍不厌细①。食馑而餲②，鱼馁而肉败③，不食。色恶，不食。臭恶④，不食。失饪⑤，不食。不时，不食。割不正，不食。不得其酱，不食。肉虽多，不使胜食气⑥。惟酒无量，不及乱。沽酒市脯⑦，不食。不撤姜食，不多食。

【题解】

此章孔子谈了他对饮食的思想。食物腐败则不食；食物颜色不对，不食；不到就餐的时候不食；酒不限量，但以不醉为度。处处遵守礼制，这些都是孔子注重养生的具体表现，表现了对人生的热爱，对健康的珍视，对礼制的看重。

孔子对饮食要求：粮食不嫌舂得精，鱼肉不嫌切得细。

【注释】

①脍（kuài）：切过的鱼或肉。②饐（yì）：食物经久发臭。餲（ài）：食物经久变味。③馁（něi）：鱼腐烂。败：肉腐烂。④臭：气味。⑤饪（rèn）：煮熟。⑥食气（xì）：饭料，即主食。气，同"饩"。⑦脯（fǔ）：肉干。

【译文】

　　粮食不嫌舂得精，鱼和肉不嫌切得细。粮食腐败发臭，鱼和肉腐烂，都不吃。食物颜色难看，不吃。气味难闻，不吃。烹调不当，不吃。不到该吃饭时，不吃。切割方式不得当的食物，不吃。没有一定的酱醋调料，不吃。席上的肉虽多，吃它不超过主食。只有酒不限量，但不能喝到神志昏乱的地步。从市上买来的酒和肉干，不吃。吃完了，姜不撤除，但吃得不多。

【原文】

　　10.9　祭于公，不宿肉①。祭肉不出三日。出三日，不食之矣。

【题解】

　　此章说明孔子不吃三日后的肉，一定要吃新鲜的。

　　以上几章里，记述了孔子的衣着和饮食习惯。孔子处处坚持遵循"礼"，这不仅表现在与国君和大夫们见面时的言谈举止和仪式上，而且表现在日常衣着和饮食方面。他在祭祀时、服丧时和平时所穿的衣服都不相同，如单衣、罩衣、麻衣、皮袍、睡衣、浴衣、礼服、便服等，都有不同的礼制。在吃的方面，"食不厌精，脍不厌细"，凡是有害于健康的食物他都不吃，这是重生的表现。

【注释】

①不宿肉：从公家分回的祭肉（胙），不要留着过夜。

【译文】

　　参加国家祭祀典礼，分到的祭肉（当天就食用，）不放过夜。一般祭肉的留存不超过三天。放超过了三天，就不吃了。

【原文】

　　10.10　食不语，寝不言。

孔子吃饭的时候从不说话。

【题解】

孔子有一套正确的保健原则，而且能持之以恒。他非常热爱生命，在经历了颠沛流离的生活之后能活到七十三岁高龄，说明他的养生之道是相当高明的。

【译文】

吃饭的时候不谈话，睡觉的时候不言语。

【原文】

10.11　虽疏食菜羹，瓜祭①，必齐如也②。

【题解】

这章说明孔子在祭祀活动中严肃认真的态度。

【注释】

①瓜祭：古人在吃饭前，把席上各种食品分出少许，放在食具之间祭祖。②齐（zhāi）：通"斋"，斋戒。

【译文】

即使是粗米饭蔬菜汤，吃饭前也要先把它们取出一些来祭祀一番，而且祭祀要像斋戒时那样严肃恭敬。

【原文】

10.12　席不正①，不坐。

【题解】

此章记述了孔子的就座之礼。

【注释】

①席：古代没有椅子和凳子，在地上铺席子，坐在席子上。

【译文】

座席摆放得不端正，不就座。

【原文】

10.13　乡人饮酒，杖者出，斯出矣。

坐席摆得不端正，不就坐。

【题解】

此章说明孔子在日常生活中都保持正大的气象，恪守礼仪。

【译文】

同本乡人在一块儿饮酒，等老年人都出去了，自己这才出去。

【原文】

10.14　乡人傩①，朝服而立于阼阶②。

⊙典故与知识⊙

中国古代的礼分为吉、凶、军、宾、嘉五类，称为五礼。古代的傩礼与军礼和凶礼有关，它有两大任务：一是定期驱傩；二是为死去的帝王将相送葬。在周代，宫廷大傩每年有三次，分别在季春、仲秋、季冬时举行。春傩和秋傩是为上层（天子和诸侯）设置的，百姓不能举办。宫廷里有专职驱鬼军官叫方相氏，他们是个子高、力气大、本领强的军中能人。方相氏是"畏怕之貌"的意思。传说昔颛顼氏有三子，死而为疫鬼：一居江水，为疟鬼；一居若水，为魍魉鬼；一居人宫室，善惊人小儿，为小鬼。因为方相氏面目凶威，率领众隶，疫鬼精怪见此面目而恐惧就会逃走。于是在季冬大傩，全国从上到下都要举行傩礼以驱疫。周代民间还有另一种临时性的傩事活动——驱赶强死鬼的禓礼。古人认为，人如果非正常死去，便会成为厉鬼，会给活人带来伤害，需要乡人傩队为他举行禓礼。与敬重乡人傩不同，人们对乡人禓则充满敬畏。

孔子虽然"敬鬼神而远之"，但他却特别尊崇礼制，故会如此重视民间的傩事活动，所以每到乡里人举行驱傩仪式时，就会朝服而立，神态严肃，恭恭敬敬地迎候乡人傩队和乡人禓队。

【题解】

这章记述孔子在傩祭时的活动。傩祭时，孔子必定穿着朝服恭立在阶，保持敬畏的态度。

【注释】

①傩（nuó）：古代一种迎神以驱逐疫鬼的风俗。②阼（zuò）阶：东边的台阶，主人站在那里迎送宾客。

【译文】

乡里人举行迎神驱疫的仪式时，孔子穿着朝服站在东边的台阶上。

【原文】

10.15　问人于他邦，再拜而送之。

【题解】

此章表明孔子在与其他诸侯国人士交往时十分注重礼节。

以上几章中，记载了孔子在各种不同场所的举止言谈和表现出来的礼节、习惯。他时时处处以仁德君子的标准要求自己，坚持一切言行符合礼的规定。他的一投足、一举手都保持了恭敬的态度和正大的气象。这既是孔子个人修养的具体体现，也通过自己的"身教"向弟子们诠释了"礼"的真正意蕴。

【译文】

托人向住在其他诸侯国的朋友问候时，向受托者拜两次送行。

【原文】

10.16　康子馈药①，拜而受之，曰：

孔子托人向住在其他诸侯国的朋友问候时，要向受托者拜两次送别。

"丘未达^②，不敢尝。"

【题解】

此章说明孔子对服药之事十分慎重。

【注释】

①康子：即季康子，姓季孙，名肥，鲁哀公时的正卿。②达：通，懂得，了解。

【译文】

季康子馈赠药给孔子，孔子拜谢后接受了，却说道："我对这种药的药性不了解，不敢尝用试服。"

季康子赠药给孔子，孔子接受了，但说自己对该药的药性不了解，不敢尝用。

【原文】

10.17 厩焚。子退朝，曰："伤人乎？"不问马。

【题解】

这是一个著名的故事，反映了孔子重人轻物的仁爱精神。孔子家里的马棚失火被烧掉了。当他听到这个消息后，只问人有没有受伤，没有问马的情况。孔子只问人，不问马，表明他重人不重财。这正像后世有人说的，儒家学说是"人学"。

马厩失火了，孔子回朝后只问"伤到人了吗"，没问马。

【译文】

马厩失火了。孔子退朝回来，说："伤到人了吗？"没问马怎么样了。

【原文】

10.18 君赐食，必正席先尝之。君赐腥，必熟而荐之^①。君赐生，必畜之。侍食于君，君祭，先饭^②。

【题解】

孔子严守礼制，当时君主吃饭前，需要有人先尝一尝，君主才吃。孔子在与国君共餐时，都要主动先尝一下，他对礼的遵从真是一丝不苟。

【注释】

①荐：供奉。②先饭：先吃饭，表示为君主尝食。

【译文】

国君赐给食物，孔子一定会摆正席位先尝一尝。国君赐给生肉，他一定会煮熟了，先给祖先上供。

国君赐给活物，他一定会养起来。陪侍国君吃饭，当国君进行饭前祭祀的时候，他先取国君面前的饭菜为他尝食。

【原文】

10.19　疾，君视之，东首①，加朝服，拖绅②。

【题解】

此章表明孔子即使有了疾病，在病榻上，也不会失礼。

【注释】

①东首（shòu）：头向东。②绅：束在腰间的大带。

【译文】

孔子病了，君主来探望，他便头朝东而卧，把上朝的礼服盖在身上，拖着大带子。

孔子病了，君主来探望，他便头朝东而卧，把上朝的礼服盖在身上，拖着大带子。

【原文】

10.20　君命召，不俟驾行矣。

【题解】

孔子日常的一言一行，都表现出对礼制的遵守和敬畏。本章体现了孔子浓厚的忠君思想。

【译文】

君主下令召见孔子，他不等车马驾好就先步行过去了。

【原文】

10.21　入太庙，每事问。

【题解】

此章与《八佾》篇第十五章重，故译文略。

⊙典故与知识⊙

宗庙，是我国古代天子、诸侯或大夫、士为维护宗法制而设立的祭祀祖宗的庙宇。按照周礼规定，天子七庙，诸侯五庙，大夫三庙，士一庙，庶人不准设庙。宗庙的位置，天子、诸侯设于门中左侧，大夫则庙左而右寝。庶民则是在寝室中灶堂旁设放祖宗神位。在"家天下"时代，《左传》中说"国之大事，唯祀与戎"，则古代对祭祀礼仪的重视，可见一斑。而帝王宗庙制度，更是各种祭祀礼仪中最重要的，所以孔子十分重视。宗庙祭祀有对先代帝王的祭祀，据《礼记·曲礼》记述，凡于民有功的先帝如黄帝、帝喾、尧、舜、禹、文王、武王等都要祭祀。祭礼中演奏的音乐包括歌颂历代君王文治武功的乐曲，歌颂祖先德行的八佾舞乐。

孔子的教学内容中应该包括有祭祀宗庙之事，他有一系列的论述，认为宗庙祭祀的目的在于"示民有事"、"教民追孝"，从而稳固天子、诸侯的统治。

【原文】

10.22　朋友死，无所归，曰："于我殡①。"

【题解】

此章记述了孔子对亡友的情谊和见义而为的人道主义精神。

【注释】

①殡：停放灵柩和埋葬都可以叫殡。这里泛指一切丧葬事务。

【译文】

朋友死了，没有人负责收殓，孔子说："由我来料理丧事吧。"

【原文】

10.23　朋友之馈，虽车马，非祭肉，不拜。

【题解】

此章表明孔子重视的不是物品的本身，而是其礼制的象征意义。礼制是人的秩序，而物是为人服务的。孔子把祭肉看得比车马还重要，这是为什么呢？因为祭肉关系到"礼"的问题。用肉祭祀祖先之后，这块肉就成了完成礼制的一个载体，成为"礼"的象征。

【译文】

朋友的馈赠，即使是车和马，不是祭祀用的肉，孔子在接受时，也不会行拜谢礼。

【原文】

10.24　寝不尸，居不容①。

朋友的馈赠，只要不是祭肉，即便是车和马，孔子在接受时也不行拜谢礼。

【题解】

孔子是一个通达的人，在独居之时很自然地放松休息，与他外出或待客之时的恪守礼仪、恭谨持重并不一样。

【注释】

①居：家居。容：容仪。

【译文】

孔子睡觉时不像死尸一样直躺着，在家里并不讲究仪容。

【原文】

10.25　见齐衰者，虽狎，必变。见冕者与瞽者，虽亵，必以貌。凶服者，式之①。式负版者②。有盛馔，必变色而作③。迅雷风烈，必变。

【题解】

此章记述的事例说明，孔子是一个心思敏锐、富于同情心、尊重他人、很懂礼貌而且敬畏天命的人。

【注释】

①式：通"轼"，古代车前横木。用作动词，表示伏轼。②版：古代用木板刻写的国家图籍。③作：站起来。

【译文】

孔子看见穿丧服的人，即使是关系亲密的，也一定会改变态度。看见戴着礼帽和瞎了眼睛的人，即使是很熟悉的，也一定表现得有礼貌。乘车时遇见穿丧服的人，便低头俯伏在车前的横木上表示同情。遇见背负着国家图籍的人，也同样俯身在车前的横木上表示敬意。有丰盛的肴馔，一定改变神色，站起来。遇到迅雷和大风时，一定改变神色。

【原文】

10.26　升车，必正立执绥①。车中，不内顾，不疾言，不亲指。

【题解】

本章记述孔子在乘车时，也遵循礼仪。

孔子看见穿丧服的人，即使是关系亲密的，也一定会改变态度，严肃起来。

孔子遇有丰盛的肴馔，一定改变神色，站起来。

以上几章，讲的都是孔子如何遵从礼仪的细节体现。在日常一切活动中，他都按礼行事，对不同的人、不同的事，他都自然而然地表露出应有的言行和神情。一切礼仪，他都一丝不苟，而这一切都出自于他内心的真诚。

【注释】

①绥：上车时用于扶手的索带。

【译文】

孔子上车时，一定站立端正，拉住扶手的带子登车。在车中，不向里面回顾，不快速说话，不用手指指画画。

孔子在车内时，不向里面回顾，不快速说话，不用手指指画画。

【原文】

10.27　色斯举矣，翔而后集。曰："山梁雌雉，时哉！时哉！"子路共之①。三嗅而作②。

【题解】

此章孔子借自然现象来抒发自己的情感。他一生东奔西走，却没有在当时获得普遍的响应。这里似乎是在游山观景，其实孔子是有感而发。他看到山谷里的野鸡能够自由飞翔，自由落下，悠然自得，这是"得其时"，而自己却不得其时，由是发出了这样充满了诗意的感叹。

【注释】

①共："拱"的本字，拱手。
②嗅：张开两翅的样子。

【译文】

（孔子在山谷中行走，看见几只野鸡。）孔子神色一动，野鸡飞着盘旋

孔子与子路在山谷间行走，感叹雌雄"得其时"。

了一阵后，又落在了一处。孔子说："这些山梁上的母野鸡，得其时啊！得其时啊！"子路向它们拱拱手，野鸡振几下翅膀飞走了。

先进篇第十一

【原文】

11.1　子曰："先进于礼乐，野人也①；后进于礼乐，君子也②。如用之，则吾从先进。"

【题解】

在这一章，孔子主张用人要唯贤是举，其标准是贤，而不看他的出身。

【注释】

①野人：乡野平民或朴野粗鲁的人。②君子：指卿大夫等当权的贵族。他们享有世袭特权，可以先做官，后学习。

【译文】

孔子说："先学习了礼乐而后做官的，是原来没有爵禄的平民，先做了官而后学习礼乐的，是卿大夫的子弟。如果让我来选用人才，那么我赞成选用先学习礼乐的人。"

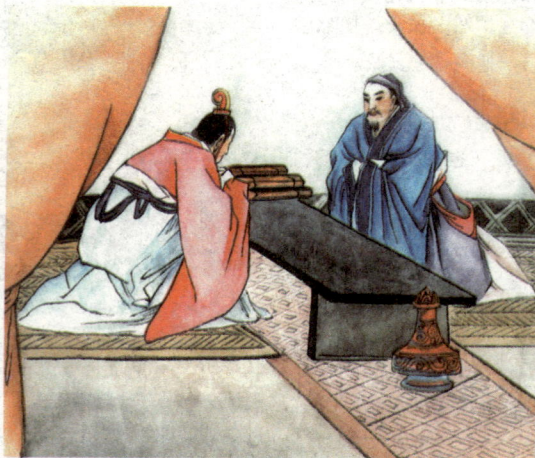
孔子嘉许先学习了礼乐而后做官的人。

【原文】

11.2　子曰："从我于陈、蔡者①，皆不及门也②。"

【题解】

颜回、子贡和子路等，都是孔子的得意门生，他们曾跟随孔子周游列国，受困于陈蔡，以至绝粮。孔子追思往昔之艰难，情不自胜，而此时这些弟子都不在身边，孔子由是发出了深深的叹息。这里流露出孔子和弟子们的深厚感情。

【注释】

①陈、蔡：春秋时的国名。孔子曾在陈、蔡之间遭受困厄。②不及门：有两种解释：一、指不及仕进之门，即不当

☉典故与知识☉

"礼"是颇为繁多的，其起源和其核心则是尊敬和祭祀祖先。王国维说："盛玉以奉神人之器谓之若豊，推之而奉神人之酒醴亦谓之醴，又推之而奉神人之事，通谓之礼。"（《观堂集林·释礼》）郭沫若说："礼是后来的字。在金文里面，我们偶尔看见用豊字的。从字的结构上来说，是在一个器皿里面盛两串玉具以奉事于神。《盘庚篇》里面说的'具乃贝玉'，就是这个意思。大概礼之起于祀神，故其字后来从示，其后扩展而为对人，更其后扩展而为吉、凶、军、宾、嘉各种仪制。"（《批判书·孔墨的批判》）

官；二、指不在门，即不在孔子身边。今从后说。

【译文】

孔子说："跟随我在陈国、蔡国之间遭受困厄的弟子们，现在都不在我身边了。"

【原文】

11.3 德行：颜渊、闵子骞、冉伯牛、仲弓。言语：宰我、子贡。政事：冉有、季路。文学①：子游、子夏。

【题解】

孔子对自己弟子们的才能、特点了如指掌，并能因材施教。他在这段话中从德行、言语、政事、文学四个方面分别说明了十个学生的特长。

【注释】

①文学：文献知识，即文学、历史、哲学等方面的文献知识。这里文学的含义与今相异。

【译文】

（孔子的弟子各有所长。）德行好的有：颜渊、闵子骞、冉伯牛、仲弓。娴于辞令的有：宰我、子贡。能办理政事的有：冉有、季路。熟悉古代文献的有：子游、子夏。

孔子从德行、言语、政事、文学四个方面品评学生的专长。

【原文】

11.4 子曰："回也非助我者也，于吾言无所不说。"

【题解】

此章孔子对颜回能又快又深领悟自己的学说表示了深深的赞许，但也有一定的遗憾。颜回聪敏秀慧，对孔子的言语一听就能领会，故只喜悦于心，而无所疑问。既然没有疑问，孔子便不再发挥，而在座的其他弟子不能有所获益，故孔子有一定的遗憾，但又对颜回的好学深思表示赞许。

【译文】

孔子说："颜回不是对我有所助益的人，他对我说的话没有不喜欢的。"

【原文】

11.5　子曰："孝哉闵子骞！人不间于其父母昆弟之言^①。"

【题解】

此章孔子称赞闵子骞，说明了孝道具有巨大的感召力，能够鼓舞人，从感情上深入人心。闵子骞的后母偏爱自己生的两个儿子，冬天给他们穿厚暖的棉衣，但给闵子骞穿以芦花为内塞的冬衣来冒充棉衣。后来他的父亲察觉，想要逐出后母，闵子骞却向父亲求情说："母在一子单，母去三子寒。"他这一番话感动了父亲，也使后母感动变成了慈母，他的两个异母弟弟也受感动而对他友爱。由于闵子骞的孝行，别人对于闵子骞的父母兄弟称赞闵子骞的话也没有异议。

【注释】

①间（jiàn）：空隙。用作动词，表示找空子。不间，找不到空子。

【译文】

孔子说："闵子骞真是孝顺呀！人们对于他的父母兄弟称赞他的话没有异议。"

闵子骞单衣顺母。

【原文】

11.6　南容三复"白圭"^①，孔子以其兄之子妻之。

【题解】

从这件孔子嫁侄女的事可以看出，孔子喜欢那些做事踏实、说话慎重的人。南容反复诵读"白圭"诗篇，是有感于白色圭玉上的污点尚能磨掉，而人的言语一经出口就难以挽回。足见他注重言语谨慎，亦必能谨慎行事，求其无缺，孔子很欣赏这样的人。

【注释】

①三复"白圭"：多次吟诵"白圭"之诗。《诗经·大雅·抑》有诗句："白圭之玷，尚可磨也；斯言之玷，不可为也。"意思是白玉上面的污点，还可以把它磨掉，但说话不谨慎而出错，却是无法挽回的。南容三复"白圭"，目的是告诫自己说话要谨慎。`

【译文】

南容把"白圭之玷，尚可磨也；斯言之玷，不可为也"几句诗反复诵读，孔子便把自己哥哥的女儿嫁给了他。

【原文】

11.7　季康子问："弟子孰为好学？"孔子对曰："有颜回者好学，不幸短命死矣，今也则亡。"

【题解】

鲁哀公也问过同样的问题，那次孔子的回答更为详细具体。见《雍也》篇第三章。

【译文】

季康子问："你的学生中哪个好学用功呢？"孔子回答说："有个叫颜回的学生好学用功，不幸短命早逝了，现在没有这样的人了。"

季康子问孔子弟子中谁最好学。

【原文】

11.8　颜渊死，颜路请子之车以为之椁^①。子曰："才不才，亦各言其子也。鲤也死^②，有棺而无椁。吾不徒行以为之椁^③。以吾从大夫之后^④，不可徒行也。"

【题解】

这一章反映了孔子对礼的一丝不苟的严肃态度。礼先于情，凡事要与礼合才可以与情合。孔子与颜渊虽为师生却情同父子，他不同意把自己车子卖掉来为颜渊买外椁，不是舍不得车，而是因为礼制规定，大夫出门必须用车，而且礼以俭为宜。故孔子虽然对颜渊之早逝很悲恸，却始终不忘礼，不肯丧失原则性。

【注释】

①颜路：颜渊的父亲，也是孔子的学生，名无繇（yóu），字路。椁（guǒ）：古代棺材有的有两层，内层叫棺，外层叫椁。②鲤：孔鲤，字伯鱼，孔子的儿子。③徒行：步行。④从大夫之后：跟随在大夫行列之后。孔子曾经做过鲁国的司寇，属于大夫的地位，不过此时已去位多年。

【译文】

颜渊死了，他的父亲颜路请求孔子把车卖了给颜渊做一个外椁。孔子说："不管有才能还是没才能，说来也都是各自的儿子。孔鲤死了，也只有棺，没有椁。我不能卖掉车子步行来给他置办椁。因为我曾经做过大夫，是不可以徒步出行的。"

⊙典故与知识⊙

棺椁，是一种埋葬亲人遗体的葬具，是丧礼中不可或缺的一部分。"棺椁"其实分为"棺"和"椁"，现在泛指棺材，但在先秦时期却是同一葬具中的两个部分，棺即放死者的木制葬具，椁则是套在棺外的外棺。至周代，棺椁制度化，在棺椁的使用中，君臣等级分明，棺椁的薄厚、饰物的有无多少都是死者身份地位的象征。

古代表示死者身份和等级的棺葬制规定：天子棺椁四重，亲身的棺称椑，其外蒙以兕及水牛皮；第二重称地也，以椴木制成；第三重称属；第四重称大棺。帝后之外椁两重，多用梓木，因而其棺椁又称"梓宫"。上公、侯伯子男、大夫，以等差分别为三重（有兕牛皮）、二重、一重。士不重，但用大棺。又，天子大棺厚八寸，大夫、士大棺厚六寸，庶人之棺只准厚四寸，无椁。后世帝王、贵族、士大夫，基本沿用此制。

当初，颜渊死，颜路请孔子卖掉车为颜回添一副椁，孔子以为不符合礼制而拒绝了，因为寻常百姓死后可以不一定用椁。孔鲤死后也是有棺无椁的。但孔子的弟子还是将颜回厚葬了，孔子以为葬礼不符合死者的身份，违背了礼制，说颜回生前把自己当父亲一般侍奉，死后自己却不能把他当儿子一般收殓。

【原文】

11.9　颜渊死，子曰："噫！天丧予！天丧予！"

【题解】

孔子的感情比常人更为诚挚，此章抒发了孔子对自己得意门生颜渊的挚爱和痛惜之情。颜渊是孔子最得意的弟子，他最能领会孔子之道，并能身体力行。孔子在心中将他视为道统的继承人，没想到颜回却早他而去，道统无人继承，天下苍生将如之何？因此痛彻心扉，发出如此之叹息：天亡我！天亡我！

【译文】

颜渊死了，孔子说："唉！上天是要我的命呀！上天是要我的命呀！"

【原文】

11.10　颜渊死，子哭之恸[1]。从者曰："子恸矣！"曰："有恸乎？非夫人之为恸而谁为[2]！"

颜回去世了，孔子悲恸道：唉，上天要我的命啊！上天要我的命啊。

【题解】

此章描写孔子对颜回之死的沉痛哀悼，虽然悲痛伤身，但孔子已经置之不顾了。师生之情，可见一斑。

【注释】

①恸（tòng）：极度悲哀。②夫（fú）：指示代词，此处指颜渊。

【译文】

颜渊死了，孔子哭得极其悲痛。跟随孔子的人说："您悲痛太过了！"孔子说："悲痛太过了吗？不为这样的人悲痛还为谁悲痛呢？"

⊙名家品论语⊙

事实上，在孔子的所言所行上有好多趣事呢。孔子过的日子里那充实的欢乐，完全是合乎人性，合乎人的感情，完全充满艺术的高雅，因为孔子具有深厚的情感，锐敏的感性，高度的优美。孔子的得意高足颜回，不幸早逝，孔子哭得极为伤心。有人问他为什么那么哭，为什么哭得浑身抽搐颤动，他回答说："我哭得太伤心了吗？我若不这么哭他，我还为谁这么痛哭呢？"

——林语堂《孔子的品格》

【原文】

11.11　颜渊死，门人欲厚葬之。子曰："不可。"门人厚葬之。子曰："回也视予犹父也，予不得视犹子也。非我也，夫二三子也。"

【题解】

本章记述在厚葬颜渊的问题上，孔子认为丧葬以哀悼心诚为本，颜渊家贫，丧葬应该量力而行，厚葬违背了礼的节俭之意。颜渊生前清贫朴素，一直循礼而行，死后厚葬，亦违背其本心。

颜回去世，孔门弟子都很哀伤，计议厚葬颜回。

孔子一直主张以礼办事，把个人情感与社会礼制分得很清楚。他反对任何越礼的行为，坚决维护礼制。

【译文】

颜渊死了，孔子的学生们想要厚葬他。孔子说："不可以。"学生们还是厚葬了他。孔子说："颜回把我当父亲

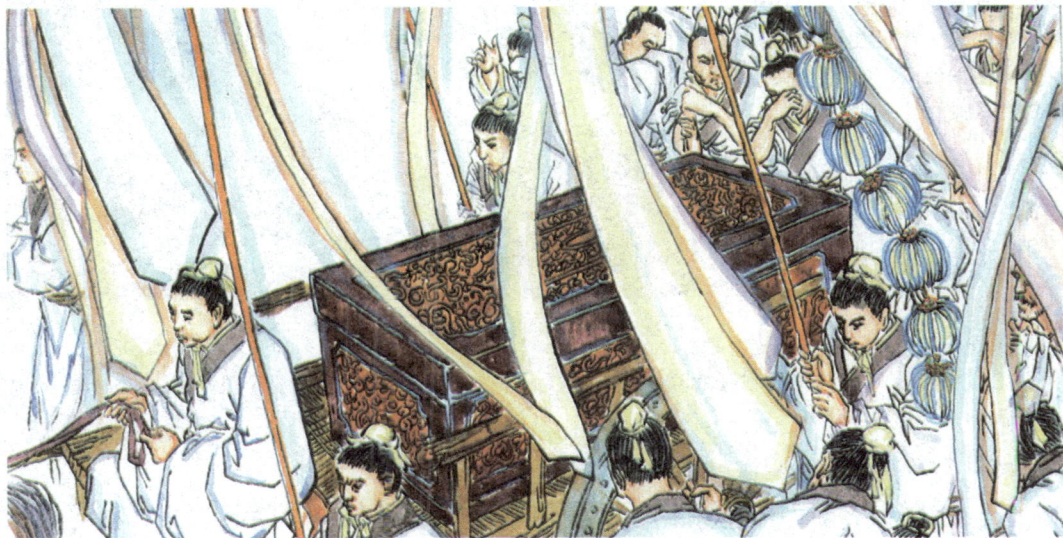

孔门弟子厚葬颜回。

一样看待，我却不能像对待儿子一样看待他。这不是我的意思呀，是那些学生们要这样办。"

【原文】

11.12　季路问事鬼神。子曰："未能事人，焉能事鬼？"曰："敢问死①。"曰："未知生，焉知死？"

【题解】

这是孔子的一段极为著名的言论，显示了孔子重视现实人生，注重"有益"、"有用"的理性的、实用的生活态度。

【注释】

①敢：冒昧之词，用于表敬。

【译文】

季路问服侍鬼神的方法。孔子说："人还不能服侍，怎么能去服侍鬼神呢？"季路又说："敢问死是怎么回事。"孔子说："对生都知道得不清楚，哪里能知道死呢？"

【原文】

11.13　闵子侍侧，訚訚如也；子路，行行如也①；冉有、子贡，侃侃如也。子乐。"若由也，不得其死然②。"

【题解】

此章表述的是孔门四大高足侍于孔子侧所表现出的不同情态，以及孔子对子路的评价。孔子一生致力于教育事业，弟子众多，这些著名的学生各自有着不同的经历、个性和特质，孔子讲学之余，环顾侍立在身边的学生，心中的快乐满溢。子路刚强勇敢，后来果然在卫国的内乱中被杀害，孔子深深哀痛之。

【注释】

①行（hàng）行：刚强貌。②然：用法如"焉"，可以译为"呢"。

【译文】

闵子骞、子路、冉有、子贡侍于孔子侧。

闵子骞侍立在孔子身边，样子正直而恭敬；子路是很刚强的样子；冉有、子贡的样子温和快乐。孔子很高兴。但他说："像仲由这样，恐怕得不到善终。"

【原文】

11.14　鲁人为长府①。闵子骞曰："仍旧贯②，如之何？何必改作？"子曰："夫人不言，言必有中。"

【题解】

长府为鲁国财货兵械的聚藏之所，在鲁国国君宫内。统治者好大喜功，想要扩建长府以逞其欲。闵子骞认为扩建国库不但劳民伤财，而且可能带来动乱，故言仍旧按照旧例，不必改作，意在讽刺鲁国统治者的铺张行为。闵子骞在孔门中以德行著称，孔子称赞他平时不大说话，但一说话就说到点子上。

【注释】

①鲁人：指鲁国的执政大臣。长府：鲁国贮藏财货的国库名。
②仍：沿袭。贯：事。

闵子骞论整修长府，认为一仍其旧比较好。

【译文】

鲁国的执政大臣要翻修长府。闵子骞说："照老样子不好吗？何必一定要翻修呢？"孔子说："闵子骞这个人平常不大说话，但一开口必定说到要害上。"

【原文】

11.15　子曰："由之瑟①，奚为于丘之门？"门人不敬子路。子曰："由也升堂矣，未入于室也②。"

【题解】

本章又一次记载了孔子对子路的评价，孔子对子路总是耐心地鼓励加提醒。子路的性情刚勇，故他鼓瑟的声音中有杀伐之声，欠缺和平的意味。所以孔子说：由在我门中，如何弹出这样的音调。本意是担心子路性刚而不得寿终，故加以抑制。门人不解孔子语意，因此不敬子路，孔子再用比喻解释，子路的修养造诣已经升堂，但尚未入室而已。"升堂入室"已经成为成语。

【注释】

①瑟：古代的一种弦乐器。子路性情刚勇，他弹瑟的音调也很刚猛，不够平和。故孔子批评他说：为什么在我这里来弹呢？②升堂、入室：堂是正厅，室是内室。先入门，次升堂，最后入室，比喻学问的程度。

孔门弟子因孔子批评子路在孔子的处所弹瑟而不敬重子路。

【译文】

孔子说："仲由弹瑟，为什么在我这里弹呢？"孔子的其他学生因此而不尊重子路。孔子说："仲由的学问啊，已经具备规模了，只是还不够精深罢了。"

【原文】

11.16　子贡问："师与商也孰贤？"子曰："师也过，商也不及。"曰："然则师愈与？"子曰："过犹不及。"

【题解】

"过犹不及"体现了儒家思想的一个重要原则，就是"中庸之道"。宋代著名的理学家朱熹注解说，子张才高意广，而好为苟难，故常过于中。子夏笃信谨守而规模狭隘，故常不及。过和不及，都是差之毫厘，谬以千里。孔子教育学生要行中庸之道，认为过度与不足同样不好。

【译文】

子贡问道："颛孙师（即子张）与卜商（即子夏）谁更优秀？"孔子说："颛孙师有些过分，卜商有些赶不上。"子贡说："这么说颛孙师更强一些吗？"孔子说："过分与赶不上同样不好。"

【原文】

11.17　季氏富于周公①，而求也为之聚敛而附益之②。子曰："非吾徒也，小子鸣鼓而攻之可也。"

孔子对子贡说：过分和不足同样不可取。

⊙名家品论语⊙

至于所谓的"中庸"，孔子并不仅仅意指节制，而且还指不偏不倚，恰为适中。在中国思想里，此亦是核心的概念。究实而论，而后新儒家思想中阴阳与体用的中和等主张，并没有超出孔子此一概念。

——陈荣捷《孔子的人文主义》

孔子愤怒地对弟子们说：冉求不是我的学生，你们大家可以大张旗鼓地去攻击他。

【题解】

　　本章记述了孔子批评冉求的话，说明他即便是自己的得意门生，只要其有违礼的行为，也毫不姑息。季氏是鲁国三家权臣中权力最大的一家，拥有最多的土地，财富比周天子左右的卿士还要多，但他并不满足仍然要向百姓增加田赋。孔子的弟子冉求作为季氏的家宰，不但不加劝止，反而为之增加财富。孔子对他的失望，溢于言表。

【注释】

①周公：泛指周天子左右的卿士。一说为周公旦。②聚敛：积聚和收集钱财，即搜刮。

【译文】

　　季氏比周天子左右的卿士还富有，可是冉求还为他搜刮，再增加他的财富。孔子说："冉求不是我的学生，你们大家可以大张旗鼓地去攻击他。"

【原文】

　　11.18　柴也愚①，参也鲁②，师也辟③，由也喭④。

【题解】

　　此章是孔子对高柴、曾参、子张、子路四位学生的评价，侧重于人天生的气质和个性。高柴愚笨，曾参迟钝，子张偏激，子路鲁莽，原本也是日常生活中有缺点的平凡人，但他们在孔门受教后，却都各有一番长进。

　　孔子认为，他的这些学生各有所偏，不合中行，对他们的品质和德行必须加以纠正。这一章同样表达了孔子的中庸思想。

【注释】

①柴：高柴，字子羔，孔子的学生。②鲁：迟钝。③辟（pì）：通"僻"，偏激。④喭（àn）：鲁莽，刚烈。

【译文】

　　高柴愚笨，曾参迟钝，颛孙师偏激，仲由鲁莽。

【原文】

11.19　子曰："回也其庶乎 ①，屡空 ②。赐不受命，而货殖焉 ③，亿则屡中 ④。"

【题解】

孔子对颜回的评价一直很高，认为他安贫乐道，求仁而得仁；而子贡不接受公家之命去经营货殖，凭借聪明才智致富也不错。孔子并不反对经商致富，只是更加注重人的仁德修养。

【注释】

①庶：庶几，差不多。②屡空：盛食物的器皿常常空虚，即贫困。③货殖：经营商业。④亿：通"臆"，猜测，料事。

【译文】

孔子说："颜回呀，他的道德修养已经差不多了，可是他常常很贫困。端木赐不听天由命，而去做生意，猜测市场行情往往很准。"

【原文】

11.20　子张问善人之道。子曰："不践迹 ①，亦不入于室 ②。"

【题解】

孔子的学问和道德修养，是在继承优良传统的基础上取得的，他深信要跟着圣人的脚步走，方能升堂入室，强调将圣贤之道落实在日常生活中。

【注释】

①践迹：踩着前人的脚迹走，即沿着老路走。
②入于室：比喻学问和修养达到了精深地步。

【译文】

子张问成为善人的途径，孔子说："不踩着前人的脚印，做学问也到不了家。"

子张问孔子做善人的方法。

【原文】

11.21　子曰："论笃是与 ①，君子者乎？色庄者乎？"

【题解】

本章孔子告诫弟子们说话要笃实，而且要言行一致。因为有的人仅仅是在容貌上显得忠厚老实，而真实品性却未必与其外表表现出来的相一致，故不可以容貌来评价一个人，还要从实践中来观察他的言行举止，方能判定他是否是真正的君子。

《史记·仲尼弟子列传》记载："吾以言取人，失之宰予，以貌取人，失之子羽。"宰予善于辞令，颇为孔子欣赏，后来才发现他既无仁德又十分懒惰。子羽的体态和相貌很丑陋，孔子开始认为他资质低下，不会成才。但他从师学习后，就致力于修身实践，处事光明正大。后来还在南方讲学，从者甚众。可见即便是明达善察如孔子者，有时也会有看走眼的时候，亦可见察人之难。

【注释】

①论笃是与：赞许言论笃实。这是"与论笃"的倒装说法。"与"是动词，表示赞许的意思。"论笃"是提前的宾语。"是"用于动宾倒装，无义。

【译文】

孔子说："只是赞许说话稳重的人，但这种人是真正的君子呢，还是仅仅从容貌上看起来庄重呢？"

【原文】

11.22　子路问："闻斯行诸？"子曰："有父兄在，如之何其闻斯行之？"冉有问："闻斯行诸？"子曰："闻斯行之。"公西华曰："由也问'闻斯行诸'，子曰'有父兄在'；求也问'闻斯行诸'，子曰'闻斯行之'。赤也惑，敢问。"子曰："求也退①，故进之；由也兼人②，故退之。"

孔子告诫弟子不能仅从一个人容貌的端庄敦厚而判断其是一个君子。

【题解】

本章中的故事讲述了孔子的教育原则与方法，显示了孔子因材施教的教育理念和善于知人论事。孔子对同样的问题，因不同的人来问，而给出不同的答案。子路为人刚强鲁莽，故孔子教他行事要考虑到父兄尚在，不要勇猛过了头；而冉求生性懦弱，遇事退缩，见义不一定上前勇为，故孔子鼓励他迈进。孔子结合学生的具体心性来施教，一进一退之间，学生终生受益。

【注释】

①求也退：冉有性懦弱，遇事退缩不前。②由也兼人：子路好勇过人。

【译文】

子路问："一听到就行动吗？"孔子说："父亲和兄长都在，怎么能听到就行动呢？"冉有问："一听到就行动吗？"孔子说："一听到就行动。"公西华说："仲由问'一听到就行动吗'，您说'父亲和兄长都在，怎么能一听到就干呢'；冉求问'一听到就行动吗'，您说'一听到就行动'。我有些糊涂了，斗胆想问问老师。"孔子说："冉求平日做事退缩，所以我激励他；仲由好勇胜人，所以我要压压他。"

孔子向公西华解释为什么子路和冉求问了相同的问题却得到不同回答。

【原文】

11.23　子畏于匡①，颜渊后。子曰："吾以女为死矣。"曰："子在，回何敢死？"

【题解】

　　本章这段对话反映了孔子与弟子们患难与共的师生情谊。孔子素来重视颜渊，在此患难中得见他前来，故有此惊喜交集之语，而颜渊亦视孔子如父亲。在古代的观念中，父母健在时，作为子女的不能轻易冒险就死，所以颜回才这样幽默地说。

【注释】

①畏于匡：见《子罕》篇第五章注①。

【译文】

　　孔子被围困在匡地，颜渊后来赶来。孔子说："我还以为你死了哩！"颜渊说："您还活着，我怎么敢先死呢？"

孔子困于匡地。

【原文】

11.24　季子然问①："仲由、冉求可谓大臣与？"子曰："吾以子为异之问，曾由与求之问。所谓大臣者，以道事君，不可则止。今由与求也，何谓具臣矣②。"曰："然则从之者与？"子曰："弑父与君，亦不从也。"

【题解】

　　本章中孔子强调君臣关系要以道和礼为准绳和行动原则。孔子认为，大臣和具臣有一定的区别。大臣事君以道，出仕是为了推行仁政，实现大济苍生的理想；而具臣只是具备做官才能的人，寻求的是个人才能的发挥，尽忠职守，忠心服侍国君。故季氏有后一问，问具臣是否是唯命是从的。孔子正告他，有弑父弑君的，具臣也是绝不会顺从的。

【注释】

①季子然：鲁国大夫季孙氏的同族人。因为当时仲由、冉求都是季氏的家臣，故问。②具臣：各位充数的臣属。《史记·仲尼弟子列传》集解引孔安国说："言备臣数而已。"朱熹注同。

【译文】

季子然问："仲由和冉求是否称得上大臣？"孔子说："我以为你要问别的事，哪知道竟是问仲由和冉求呀。我们所说的大臣，应该能以合于仁道的方式去侍奉君主，如果行不通，便宁可不干。现在由和求这两个人呀，只算得上是备位充数的臣罢了。"季子然又问："那么，他们肯听话吗？"孔子说："如果是杀父亲杀君主，他们也是不会听从的。"

季子然问孔子子路与冉求是否称得上是大臣。

【原文】

11.25　子路使子羔为费宰。子曰："贼夫人之子①。"子路曰："有民人焉，有社稷焉②。何必读书，然后为学？"子曰："是故恶夫佞者。"

【题解】

孔子主张"学而优则仕"，反对在仕中学、学中仕，认为这样会误事误人。子羔学问尚未纯熟，就派他去做官，无异是害他。子路认为治理民众就是实践，而且孔子一贯重视实践，强调身体力行，认为书本知识是次要的。子路的话是以子之矛攻子之盾，但从事政治，必须要有足够的学问识见，才能处理好政务。否则边做边学，实际上是拿人民做实验品，容易害民害己。孔子因而责备子路的利口强辩，将无理说为有理。

【注释】

①贼：害。夫（fú）：那。子羔没有完成学业就去做官，孔子认为这是害了人家的儿子。②社稷：古代帝王、诸侯所祭的土神和谷神，后用为国家的代称。

【译文】

子路叫子羔去做费地的长官。孔子说："这是害人家的儿子。"子路说："有百姓，有土地五谷，何必读书才算学习？"孔子说："所

子路让子羔去做费地的长官，孔子认为这是害人家的儿子。

以我讨厌那些能说会道的人。"

【原文】

11.26　子路、曾皙、冉有、公西华侍坐^①。子曰："以吾一日长乎尔^②，毋吾以也。居则曰^③：'不吾知也！'如或知尔，则何以哉？"

子路率尔而对曰^④："千乘之国，摄乎大国之间^⑤，加之以师旅，因之以饥馑^⑥；由也为之，比及三年^⑦，可使有勇，且知方也^⑧。"夫子哂之^⑨。

"求！尔何如？"对曰："方六七十，如五六十^⑩，求也为之，比及三年，可使足民。如其礼乐，以俟君子。"

"赤！尔何如？"对曰："非曰能之，愿学焉。宗庙之事，如会同，端章甫^⑪，愿为小相焉^⑫。"

"点！尔何如？"鼓瑟希^⑬，铿尔，舍瑟而作^⑭。对曰："异乎三子者之撰^⑮。"子曰："何伤乎？亦各言其志也。"曰："莫春者^⑯，春服既成。冠者五六人，童子六七人，浴乎沂^⑰，风乎舞雩^⑱，咏而归。"夫子喟然叹曰^⑲："吾与点也^⑳！"

三子者出，曾皙后。曾皙曰："夫三子者之言何如？"子曰："亦各言其志也已矣。"曰："夫子何哂由也？"曰："为国以礼，其言不让，是故哂之。""唯求则非邦也与^㉑？""安见方六七十如五六十而非邦也者？""唯赤则非邦也与？""宗庙会同，非诸侯而何？赤也为之小^㉒，孰能为之大？"

【题解】

这一段师生之间的平常对话非常有名也非常重要，引发了后世诸多学人的诸多讨论。对答之间，师生各自述其政治理想和志向，子路的爽直不谦让、冉求的有志于邦国、公西华的谦逊、曾皙的洒脱飘逸无不宛然如见。孔子欣赏他们，对他们的志向加以点评，让人有如沐春风之感，充溢着愉快、热烈、祥和而又亲切的气氛。这章既显示了儒家浓郁的入世情怀，也反映了其潇洒自在的人生意趣。

【注释】

①曾皙：名点，字子皙，曾参的父亲，也是孔子的学生。②以：认为。尔：你们。③居：平日。④率尔：轻率，急切。⑤摄：迫近。⑥因：仍，继。饥馑（jǐn）：饥荒。⑦比及：等到。⑧方：方向，指道义。⑨哂（shěn）：讥讽的笑。⑩如：或者。⑪端：玄端，古代礼服的名称。章甫：古代礼帽的名称。⑫相（xiàng）：傧相，祭祀和会盟时主持赞礼和司仪的官。相有卿、大夫、士三级，小相是最低的士一级。⑬希：同"稀"，指弹瑟的速度放慢，节奏逐渐稀疏。⑭作：站起来。⑮异乎：不同于。撰：具，述。⑯莫（mù）春：夏历三月。莫，同"暮"。⑰沂（yí）：水名，发源于山东南部，流经江苏北部入海。⑱风：迎风纳凉。舞雩（yú）：地名，原是祭天求雨的地方，在今山东曲阜。⑲喟（kuì）然：长叹的样子。⑳与：赞许，同意。㉑唯：语首词，没有什么意义。㉒之：相当于"其"。

子路、曾皙、冉有、公西华侍坐。

【译文】

子路、曾皙、冉有、公西华四人陪同孔子坐着。孔子说："我比你们年龄都大，你们不要因为我在这里就不敢尽情说话。你们平时总爱说没有人了解自己。如果有人了解你们,那你们怎么办呢?"

子路轻率而急切地回答说:"如果有一个千乘之国,夹在几个大国之间,外面有军队侵犯它,国内又连年灾荒,我去治理它,只要三年,就可以使那里人人有勇气、个个懂道义。"孔子听后讥讽地笑了一笑。

又问:"冉求,你怎么样?"冉有回答说:"方圆六七十里或五六十里的小国家,我去治理它,等到三年,可以使人民富足。至于礼乐方面,只有等待贤人君子来施行了。"

孔子又问:"公西赤,你怎么样?"公西赤回答说:"不敢说我有能力,只是愿意学习罢了。宗庙祭祀或者同外国盟会,我愿意穿着礼服,戴着礼帽,做一个小傧相。"

孔子接着问:"曾点!你怎么样?"曾皙弹瑟的节奏逐渐稀疏,"铿"的一声放下瑟站起来,回答道:"我和他们三位所说的不一样。"孔子说:"那有什么妨碍呢?也不过是各人谈谈志愿罢了。"曾皙说:"暮春三月的时候,春天的衣服都穿在身上了,我和五六位成年人,还有六七个儿童一起,在沂水岸边洗洗澡,在舞雩台上吹风纳凉,唱着歌儿走回来。"孔子长叹一声说:"我赞赏你的主张。"

子路、冉有、公西华三个人都出来了,曾皙后走。他问孔子:"他们三位同学的话怎么样?"孔子说:"也不过各人谈谈自己的志愿罢了。"曾皙说:"您为什么讥笑仲由呢?"孔子说:"治理国家应该注意礼仪,他的话一点也不谦逊,所以笑他。"曾皙又问:"难道冉求所讲的不是有关治理国家的事吗?"孔子说:"怎么见得方圆六七十里或五六十里的地方就算不上一个国家呢?"曾皙再问:"公西赤讲的就不是国家吗?"孔子说:"有宗庙、有国家之间的盟会,不是国家是什么?公西华只能做小傧相,谁能做大傧相呢?"

暮春三月,孔子和弟子们于舞榭台沐风赏春。

颜渊篇第十二

【原文】

12.1　颜渊问仁。子曰："克己复礼为仁①。一日克己复礼，天下归仁焉。为仁由己，而由人乎哉？"

颜渊曰："请问其目。"子曰："非礼勿视，非礼勿听，非礼勿言，非礼勿动。"

颜渊曰："回虽不敏，请事斯语矣。"

【题解】

这段话是孔子的著名言论。"克己复礼"是"论语"的核心内容，孔子在此阐释了"仁"与"礼"的关系。仁是内在的品质，礼是外在的表现形式。仁在于人的本心，需要人从自身做起，凡事约束自己不违背礼。行仁全在自己，不在他人。体现在具体行为上，就是视、听、言、动都要符合礼。

【注释】

①克己复礼：克制自己，使自己的行为归到礼的方面去，即合于礼。复礼，归于礼。

【译文】

颜渊问什么是仁。孔子说："抑制自己，使言语和行动都合礼，就是仁。一旦做到了这些，天下的人都会称许你有仁德。实行仁德是由自己，难道是靠别人？"

颜渊说："请问实行仁德的具体途径。"孔子说："不合礼的事不看，不合礼的事不听，不合礼的事不言，不合礼的事不动。"

颜渊说："我虽然不聪敏，请让我照这些话去做。"

孔子对颜渊说：克制自己，使行为和言语都合乎礼就是"仁"。

【原文】

12.2　仲弓问仁。子曰："出门如见大宾，使民如承大祭。己所不欲，勿施于人。在邦无怨①，在家无怨②。"

仲弓曰："雍虽不敏，请事斯语矣。'

【题解】

此章孔子阐述了为政者如何实践仁的思想，道出了中国人做人的理想人格："己所不欲，勿施于人"。仁具有丰富的内涵，故孔子每次对仁的回答也不尽相同。冉雍曾被孔子称为"可使南面"，具备优异的政治才能，所以孔子从齐家治国的方面来对他讲仁。与人交往要存敬守礼，治理百姓要像承担重大祭祀一般庄重、严肃，凡是自己不愿意的事情，不要强加到别人身上，自己大公无私自然在邦在家无怨。

【注释】

①邦：诸侯统治的国家。②家：卿大夫的封地。

【译文】

仲弓问什么是仁。孔子说："出门好像去见贵宾，役使民众好像去承担重大祀典。自己所不想要的事物，就不要强加给别人。在邦国做事没有抱怨，在卿大夫之家做事也无抱怨。"

仲弓说："我冉雍虽然不聪敏，请让我照这些话去做。"

孔子回答仲弓说：己所不欲，勿施于人，就是"仁"。

【原文】

12.3　司马牛问仁。子曰："仁者，其言也讱①。"曰："其言也讱，斯谓之仁已乎？"子曰："为之难，言之得无讱乎？"

【题解】

孔子因材施教，因为司马牛多言而浮躁，所以孔子特别针对他这一缺点，告诉他说话要和缓谨慎，少说话多行动，强调言行一致的重要性。

【注释】

①讱（rèn）：说话谨慎，不容易出口。

【译文】

司马牛问什么是仁，孔子说："仁人，他的言语显得谨慎。"司马牛说："言语谨慎，这就可以称作仁了吗？"孔子说："做起来难，说话能不谨慎吗？"

【原文】

12.4　司马牛问君子，子曰："君子不忧不惧。"曰："不忧不惧，斯谓之君子已乎？"子曰："内省不疚^①，夫何忧何惧？"

【题解】

孔子对弟子们的教育都带有很强的针对性。因为司马牛正直善言而性情急躁，所以在这里，孔子耐心地引导他加强修养，向内省察自己。一切无负于人，自然心中无所愧疚，心胸开阔、坦荡，也就无所忧愁、无所畏惧了。从司马牛和孔子的对话中也可以感觉到他的浮躁和轻率，未及深思就以为什么都很容易。

【注释】

①疚（jiù）：内心痛苦，惭愧。

【译文】

司马牛问怎样才是君子。孔子说："君子不忧愁，不恐惧。"司马牛说："不忧愁，不恐惧，这就叫君子了吗？"孔子说："内心反省而不内疚，那还有什么忧虑和恐惧的呢？"

【原文】

12.5　司马牛忧曰："人皆有兄弟，我独亡。"子夏曰："商闻之矣：'死生有命，富贵在天。'君子敬而无失，与人恭而有礼，四海之内，皆兄弟也。君子何患乎无兄弟也？"

【题解】

这是《论语》中的一段名言，其中"死生有命，富贵在天"、"四海之内皆兄弟"等语长期为后世所使用。司马牛有兄弟四人，都跟着司马桓魋在宋国作乱，死亡无日，他自己也颇以有这样的兄弟为耻，所以说自己独无兄弟。子夏便自己所听到的哲言为他解忧，提示他人的遭遇属于命运的范畴。一个君子培养好自己的德行，做到敬重而无过失，对人恭敬有礼，四海之内的人都乐于与之交往，何愁没有兄弟呢？

子夏向司马牛阐释君子四海之内皆兄弟的道理。

【译文】

司马牛忧愁地说："别人都有兄弟，唯独我没有。"子夏说："我听说过：'死生由命运决定，富贵在于上天的安排。'君子认真谨慎地做事，不出差错，对人恭敬而有礼貌，四海之内的人，就都是兄弟，君子何必担忧没有兄弟呢？"

【原文】

12.6　子张问明。子曰："浸润之谮①，肤受之愬②，不行焉，可谓明也已矣。浸润之谮，肤受之愬，不行焉，可谓远也已矣。"

【题解】

本章孔子论述的是明智的问题，它对处于领导地位的执政者而言，显得更为重要。有道是"众口铄金，积毁销骨"，能使无孔不入的谗言和诽谤行不通，那可真是明智而且有远见的人了。

【注释】

①浸润之谮（zèn）：像水浸润物件一样逐渐传播的谗言。谮，诬陷。②肤受之愬（sù）：像皮肤感受到疼痛一样的诬告，即诽谤。愬，同"诉"。

【译文】

子张问什么是明智。孔子说："暗中传播的谗言，切身感受的诽谤，在你这儿都行不通，就可以称得上明智了。暗中传播的谗言，切身感受的诽谤，在你这里都行不通，就可以说是有远见了。"

【原文】

12.7　子贡问政。子曰："足食，足兵①，民信之矣。"子贡曰："必不得已而去，于斯三者何先？"曰："去兵。"子贡曰："必不得已而去，于斯二者何先？"曰："去食。自古皆有死，民无信不立。"

【题解】

此章孔子阐述了自己以仁德治国的见解。他认为管理一个国家，首先是人民的吃饭问题，然后才是保卫国家的问题，但更重要的是取得人们的信任，这样才能使全国百姓同心协力。百姓信赖政府，人心凝聚，社会才会和谐。若是执政者不讲信用，就会丧失民心，政府也就不能维持，所以孔子说可以"去兵"、"去食"，但不能无信。

孔子向子贡阐释为政的根本在于取信于民的道理。

【注释】

①兵：武器，指军备。

【译文】

　　子贡问怎样治理政事。孔子说："粮食充足，军备充足，民众信任政府。"子贡说："如果迫不得已要去掉一项，三项中先去掉哪一项呢？"孔子说："去掉军备。"子贡说："如果迫不得已，要在剩下的两项中去掉一项，先去掉哪一项呢？"孔子说："去掉粮食。自古以来，人都是要死的，如果没有民众的信任，那么国家就站立不住了。"

【原文】

　　12.8　棘子成曰①："君子质而已矣，何以文为②？"子贡曰："惜乎，夫子之说君子也③！驷不及舌④。文犹质也，质犹文也。虎豹之鞟犹犬羊之鞟⑤。"

【题解】

　　关于文与质的关系问题，子贡认为应文质兼备，表里一致，这一思想源于孔子。文采和本质同样重要，文采是以本质为基础的，离开了本质，那么文采就没有载体和方法得以彰显；而本质亦须文采来具体表现，离开了文采，本质也就无所依托。两者一内一外，互为表里，密不可分。

【注释】

①棘子成：卫国大夫。古代大夫被尊称为"夫子"，故子贡以此称之。②质：质地，指思想品德。文：文采，指礼节仪式。③说：谈论。④驷（sì）不及舌：话一出口，四匹马也追不回来，即"一言既出，驷马难追"。⑤鞟（kuò）：去毛的兽皮。

子贡与棘子成谈论君子。

【译文】

　　棘子成说："君子有个好的本质就行啦，要文采做什么呢？"子贡说："可惜呀！夫子您这样谈论君子。一言既出，驷马难追。文采如同本质，本质也如同文采，二者是同等重要的。假如去掉虎豹和犬羊的有文采的皮毛，那这两样皮革就没有多大的区别了。"

【原文】

　　12.9　哀公问于有若曰："年饥，用不足，如之何？"有若对曰："盍彻乎①？"曰："二，吾犹不足，如之何其彻也？"对曰："百姓足，君孰与不足②？百姓不足，君孰与足？"

【题解】

　　本章记述了鲁哀公和有若的对话，反映了儒家"富民"的经济思想。有若是孔子的得意弟子，很善于领会、发挥孔子的思想。这段话明确地把百姓放在与君王同等重要的位置上。君民一体，人民富裕，则君主不至于独贫；人民贫穷，则君主亦不能独富。这种要求藏富于民的观念体现了孔子为政以"仁"的思想。

【注释】

①盍（hé）彻乎：盍，何不。彻，西周时流行于诸侯国的一种田税制度。旧注曰："什一而税谓之彻。"②孰与：与谁，同谁。

【译文】

鲁哀公问有若说："年成歉收，国家备用不足，怎么办呢？"有若回答说："何不实行十分抽一的税率呢？"哀公说："十分抽二，尚且不够用，怎么能去实行十分抽一呢？"有若回答说："如果百姓用度足，国君怎么会用度不足呢？如果百姓用度不足，国君用度怎么会足呢？"

有若向鲁哀公阐释百姓足则国家足的道理。

【原文】

12.10 子张问崇德①、辨惑②。子曰："主忠信③，徙义④，崇德也。爱之欲其生，恶之欲其死；既欲其生，又欲其死，是惑也。'诚不以富，亦祇以异⑤'。"

【题解】

此章孔子谈的主要是个人的道德修养应该以忠信为基础，使自己的行为思想符合义的问题。如果对待人事以个人的主观愿望而定，则会常常受到飘忽无定的非理性的情绪的影响，爱恶无常，既不稳定，又走极端，便是惑。故要仁中有智，崇尚仁德，唯义是从，方能明心见性，使自己不被迷惑，而能知足常乐。

【注释】

①崇德：提高道德修养的水平。②惑：迷惑，不分是非。③主忠信：以忠厚诚实为主。④徙义：向义靠拢。徙，迁移。⑤诚不以富，亦祇以异：见《诗经·小雅·我行其野》。这两句诗引在这里，颇觉费解。有人认为是错简。今按朱熹《四书集注》中解释译出。

【译文】

子张向孔子请教怎样提高品德修养和辨别是非。孔子说："以忠厚诚实为主，行为总是遵循道义，这就可以提高品德。对于同一个人，爱的时候希望他长期活下去；厌恶的时候，又希望他死去。既要他长寿，又要他短命，这就是迷惑。'这样对自己实在是没有益处，也只能使人感到奇怪罢了'。"

【原文】

12.11 齐景公问政于孔子。孔子对曰："君君，臣臣，父父，子子。"公曰："善哉！信如君不君，臣不臣，父不父，子不子，虽有粟，吾得而食诸？"

⊙名家品论语⊙

　　孔子讲的人格标准，凡是人都要遵守的，并不因地位的高下生出义务的轻重来。常人开口便说："孔子之教是三纲五伦。"这话很要仔细考究。五伦说是孔子所有，三纲说是孔子所无。诸君不信，试将孔子自著的书和七十子后学者记孔子的话一字不漏地翻读一遍，看是否有"君为臣纲，父为子纲，夫为妻纲"这种片面的伦理学说。我们只听见孔子说："父父子子，兄兄弟弟，夫夫妇妇，而家道正。"（《易经·家人卦》）我们只听见孔子说："君君臣臣，父父子子。"（《论语》）还听见董仲舒解这两句话，说道："父不父则子不子，君不君则臣不臣耳。"（《春秋繁露·玉杯》篇）倒像责备臣子反较宽，责备君父反较严了。孔子说的"君君臣臣，父父子子"，是从"仁者人也"演绎出来。既做人便要尽人道，在人里头做了君，便要尽君道，做了臣便要尽臣道。"为人君，止于仁；为人臣，止于敬；为人子，止于孝；为人父，止于慈；与国人交，止于信。"全然是相互的关系，如此才"相人偶"。所以孔子所说，是平等的人格主义。

——梁启超《"仁"与"君子"》

【题解】

　　此章说明了孔子理想中的社会礼法制度。摆正人与人之间名分关系，这对维护社会秩序来说是很重要的。春秋时期，社会结构发生变动，西周时君臣父子的等级名分已经遭到了破坏，多有"君不君，臣不臣，父不父，子不子"之事发生。齐景公作为一国之君对此感受亦深，所以他十分赞赏孔子的"正名"主张，但他终究没有任用孔子，不立太子，导致继嗣不定，引发了陈氏弑君之祸。

【译文】

　　齐景公向孔子询问政治。孔子回答说："国君要像国君，臣子要像臣子，父亲要像父亲，儿子要像儿子。"景公说："好哇！如果真的国君不像国君，臣子不像臣子，父亲不像父亲，儿子不像儿子，即使有粮食，我能够吃得着吗？"

孔子向齐景公阐释为政之道在于"正名分"的道理。

【原文】

12.12 子曰："片言可以折狱者①，其由也与？"子路无宿诺②。

【题解】

仲由凭"片言"就可以"折狱"，不但说明他在审理刑狱方面卓有才干，更重要的是说明他信誉卓著。从来审理刑狱案件都要有原告和被告双方的陈述和供词，才能断案。但子路为人忠信果决，做事雷厉风行，人们信服他，在他面前不弄虚作假，因此他可以只听一面之辞，就可断案。

子路根据单方面的供词就可以判决诉讼案件。

【注释】

①折狱：即断案。狱，案件。②宿诺：拖了很久而没有兑现的诺言。宿，久。

【译文】

孔子说："根据单方面的供词就可以判决诉讼案件的，大概只有仲由吧？"子路没有说话不算数的时候。

【原文】

12.13 子曰："听讼，吾犹人也。必也使无讼乎！"

【题解】

此章表明了孔子一贯主张的德治、礼治的政治思想。据《史记·孔子世家》记载，孔子在鲁定公时，曾担任管理刑事的大司寇。他强调自己审理刑事诉讼的案件与人无异，但自己的理想是推行教化，使人人守法重礼，诉讼案件没有才好。

【译文】

孔子说："审理诉讼案件，我同别人一样。重要的是必须使诉讼的案件根本不发生！"

孔子认为，没有诉讼案件发生的状态才是刑讼的理想状态。

【原文】

12.14 子张问政。子曰："居之无倦，行之以忠。"

【题解】

此章谈论的是从政为官要忠诚和勤谨的问题。身居官位，则要始终如一，不要懒散，懈怠政事。执行君令时，要以忠信，竭心尽力而为。

【译文】

子张问怎样治理政事，孔子说："居于官位不懈怠，执行君令要忠实。"

【原文】

12.15 子曰："博学于文，约之以礼，亦可以弗畔矣夫！"

孔子向子张阐释居官不倦、忠行君令的为政道理。

【题解】

此章与《雍也》篇第二十七章重，故译文略。

【原文】

12.16 子曰："君子成人之美，不成人之恶。小人反是。"

【题解】

这是孔子的一段名言，说明一个有道德的君子是以仁爱为怀的，所以与人为善，愿意成全别人的好事，而不愿意助别人行恶。而小人却总是幸灾乐祸，希望看见别人发生不幸。两者在对人对事的态度上完全不同。

【译文】

孔子说："君子成全别人的好事，而不促成别人的坏事。小人则与此相反。"

【原文】

12.17 季康子问政于孔子。孔子对曰："政者，正也。子帅以正①，孰敢不正？"

【题解】

从本章的这段话可以看出，孔子十分注重为政者的模范带头作用。在上位的为政者能够做到正己，就可以

⊙典故与知识⊙

"君子"在最初既非"道德之称"，更不是"天子至民"的"通称"，而是贵族在位者的专称。下层庶民纵有道德也不配称为"君子"，因为他们另有"小人"的专名。"君子"之逐渐从身份地位的概念取得道德品质的内涵自然是一个长期演变的过程。这个过程大概在孔子以前早已开始，但却完成在孔子的手里。《论语》一书关于"君子"的种种讨论显然偏重在道德品质一方面。

不令而行，上行下效，使天下人都归于正道。这种为政以德、讲究修身的思想成为封建社会中人治的基础，产生了深远的影响。

【注释】

①帅：通"率"，率领。

【译文】

季康子向孔子询问为政方面的事，孔子回答说："'政'的意思就是端正，您自己先做到端正，谁还敢不端正？"

【原文】

12.18　季康子患盗，问于孔子。孔子对曰："苟子之不欲，虽赏之不窃。"

孔子向季康子阐释为政者必须端正自身、以身作则的为政道理。

【题解】

此章孔子谈论的仍是为政为官的道理。上行则下效，为政者的作风对社会的民风影响很大，所以为政者要注意自己的所作所为，要处处做好表率，给百姓以良好的影响。

在这里，孔子的话也有所针对，统治者如果欲求过多，对人民强征暴敛，百姓迫于生存，难免沦为盗贼。反之，百姓衣食足而知荣辱，衣食无忧，则人人自爱自重，盗窃之事自然绝迹。

【译文】

季康子担忧盗窃，来向孔子求教。孔子对他说："如果您不贪求太多的财物，即使奖励他们去偷，他们也不会干。"

【原文】

12.19　季康子问政于孔子，曰："如杀无道，以就有道，何如？"孔子对曰："子为政，焉用杀？子欲善而民善矣。君子之德风，小人之德草。草上之风①，必偃②。"

孔子向季康子阐释为政者清廉自洁才是杜绝盗窃现象之根本的道理。

【题解】

季康子向孔子问政，以为杀掉违法乱纪的人而亲近有德的人就能使天下有道。孔子则一向主张以道德感化人民，不主张刑杀治国。在谈到政治效应时，主张以德政来使民心归附，杀伐虽然能威慑众人，却不能真正使人心归服，而且容易埋藏危险的种子，认为天下不可能靠杀伐而变得有道。

【注释】

①草上之风：谓风吹草。上，一作"尚"，加也。"上之风"谓上之以风，即加之以风。②偃：倒下。

【译文】

季康子向孔子问政事，说："假如杀掉坏人，以此来亲近好人，怎么样？"孔子说："您治理国家，怎么想到用杀戮的方法呢？您要是好好治国，百姓也就会好起来。君子的品德如风，小人的品德如草。草上刮起风，草一定会倒。"

孔子向季康子阐释用道德来感化民众，使民心归服的道理。

【原文】

12.20　子张问："士何如，斯可谓之达矣①？"子曰："何哉，尔所谓达者？"子张对曰："在邦必闻，在家必闻。"子曰："是闻也，非达也。夫达也者，质直而好义，察言而观色，虑以下人②。在邦必达，在家必达。夫闻也者，色取仁而行违，居之不疑。在邦必闻，在家必闻。"

【题解】

此章表明一个人在社会上的影响同他的德行、操守是密切相关的。孔子在这里指出了"闻"和"达"的区别。"闻"是欲求名声，"达"是凡事通达，习惯上两字往往合用，所以子张也把两者混淆。孔子在此廓清两者的不同，强调要注重自身的修养去做到通达，而不是去追求在人们心目中的好名声。这种要名至实归、虚名务去的精神值得提倡。

【注释】

①达：通达。②下人：下于人，即对人谦逊。

【译文】

　　子张问道："士要怎么样才可说是通达了？"孔子说："你所说的通达是什么呢？"子张回答说："在诸侯的国家一定有名声，在大夫的封地一定有名声。"孔子说："这是有名声，不是通达。通达的人，本质正直而喜爱道义，体会别人的话语，观察别人的脸色，时常想到对别人谦让。这样的人在诸侯的国家一定通达，在大夫的封地也一定通达。有名声的人，表面上要实行仁德而行动上却相反，以仁人自居而毫不迟疑。他们在诸侯的国家一定虚有其名，在大夫的封地也一定虚有其名。"

孔子向子张解释"闻"和"达"的区别。

【原文】

　　12.21　樊迟从游于舞雩之下，曰："敢问崇德、修慝、辨惑①。"子曰："善哉问！先事后得，非崇德与？攻其恶，无攻人之恶，非修慝与？一朝之忿，忘其身以及其亲，非惑与？"

【题解】

　　樊迟提出的三个问题都是关于个人修身、齐家等有关品德修养和社会实践及影响的。孔子称赞他问得好，然后分别解答：先付出艰难劳动然后才获得报酬，不过于计算，不要想着不劳而获，则能增进自己的德行；经常反省与批判自己的过错，不苛责他人，自然就会消除积怨；在怒忿初发时，考虑到后患而克制自己，以免为自己及父母招来灾祸，即是辨惑。

【注释】

①修慝（tè）：改恶从善。修，治，指改正。慝，邪恶。

【译文】

　　樊迟跟随孔子在舞雩台下游览，说道："请问如何提高自己的品德修养，改正过失，辨别是非？"孔子说："问得好啊！辛劳在先，享受在后，这不就可以提高自己的品德修养吗？检查自己的错误，不去指责别人的缺点，这不就改正了过失吗？因为一时气愤，而不顾自身和自己的双亲，这不就是迷惑吗？"

【原文】

　　12.22　樊迟问仁。子曰："爱人。"问知。子曰："知人。"樊迟未达。子曰："举直错诸枉①，能使枉者直。"

　　樊迟退，见子夏，曰："乡也吾见于夫子而问'知'②，子曰：'举直错诸枉，能使枉者直'，何谓也？"子夏曰："富哉言乎！舜有天下，选于众，举皋陶③，不仁者远矣。汤有天下，选于众，举伊尹④，不仁者远矣。"

⊙名家品论语⊙

　　孔子答复樊迟问仁中之一，是"仁者爱人"。论语有许多与"爱人"相关联的意思。到了孟子说到仁的时候，便多从爱人这一点上去引申发挥。

　　西汉董仲舒的《春秋繁露·仁义法篇》说"仁之为言人也。仁之法在爱人，不在爱我"。这当然是继承"仁者爱人"的说法。许叔重《说文解字》仁字下云："仁亲也。从人二。"从人二，犹言从二人。即仁要由人与人的关系而见。郑康成《礼记·中庸》注"仁读如相人耦之人"。阮元谓："人耦者，犹言尔我亲爱之词也。"凡汉儒释仁，都从"爱人"立论。仅赵岐《孟子·存其心章》注谓"天道好生，仁人亦好生"。此为以"生"训仁之始，似较"爱"为深一层，然亦由爱而发。

　　总上所述，可以说"爱人"确是仁的一种主要内容。

　　　　　　　　　　　　　　—— 徐复观《释〈论语〉的"仁"——孔学新论》

【题解】

　　"仁"是孔子伦理思想的核心，包含了"爱人"和"知人"两部分内容。前者具有人道主义色彩，后者则是古代人文精神的体现。

　　樊迟向孔子问过耕田种菜的事，不像孔子的其他学生一样把兴趣集中在政治上，所以他能明白仁即爱人的道理，但不能明白智者要有知人之明。"举直错诸枉"，即举拔贤才的思想，是孔子政治思想的重要方面。

【注释】

①举直错诸枉：把正直的人摆在邪恶的人的上面，即选用贤人，罢黜坏人。错，通"措"，安置。②乡（xiàng）：同"向"，过去。见于：被接见。③皋（gāo）陶（yáo）：舜时的贤臣。④伊尹：商汤时辅相。

樊迟向孔子请教"仁"和"智"的问题。

【译文】

　　樊迟问什么是仁，孔子说："爱人。"樊迟又问什么是智，孔子说："善于知人。"樊迟没有完全理解。孔子说："把正直的人提拔上来，使他们的位置在不正直的人上面，就能使不正直的人变正直。"

　　樊迟退了出来，见到子夏，说："刚才我去见老师，问他什么是智，他说：'把正直的人提拔上来，使他们的位置在不正直的人上面'，这是什么意思？"子夏说道："这是含义多么丰富的话呀！舜有了天下，在众人中选拔人才，把皋陶提拔了起来，不仁的人就远远地离开了。汤得了天下，也从众人中选拔人才，把伊尹提拔起来，那些不仁的人就远远离开了。"

【原文】

12.23　子贡问友。子曰："忠告而善道之①，不可则止，毋自辱焉。"

【题解】

　　此章孔子谈的是交友之道：要忠言直告又要恰当地引导，不宜强加于人。即使是忠言善语，不被朋友接受，也不要去强加于人，否则自讨没趣。这种交友处世之道，至今有用。

【注释】

①道：通"导"。

【译文】

　　子贡问怎样交朋友。孔子说："忠心地劝告他并好好地开导他，如果不听从就罢了，不要自取侮辱。"

【原文】

　　12.24　曾子曰："君子以文会友，以友辅仁。"

子贡向孔子请教关于"友"的问题。

【题解】

　　此章讲的也是交友之道。以文会友被认为是君子所为。朋友之间相互勉励扶持，在一起切磋琢磨，共同走上人生的正途。

【译文】

　　曾子说："君子用文章学问来结交、聚合朋友，用朋友来帮助自己培养仁德。"

⊙名家品论语⊙

　　《论语》的仁的第一义是一个人面对自己而要求自己能真正成一个人的自觉自反。真能自觉自反的人便会有真正的责任感，有真正责任感，便会产生无限向上之心。凡此，都是《论语》中"仁"字的含义。道德的自觉自反，是由一个人的"愤"、"悱"、"耻"等不安之念而突破自己生理的制约性，以显出自己的德性。德性突破了自己生理的制约而生命力上升时，此时不复有人己对立的存在。于是对"己"的责任感，同时即表现而为对"人"的责任感；"人"的痛痒休戚，同时即是己的痛痒休戚。于是根于对人的责任感而来的对人之爱，自然与根于对己责任感而来的无限向上之心，浑而为一。经过这种反省过程而来的"爱人"，乃出于一个人的生命中不容自己的要求，才是《论语》所说的"仁者爱人"的真意。即是先有"仁者人也"的反省、自觉，然后才有"仁者爱人"的结论。在此结论以前的过程，皆是"为仁"的功夫，亦即是"仁"自身的逐步呈露；"为仁"的功夫之所在，即仁之所在。其功夫的关键，端在一个人面对自己的反省、自觉；因为只有这样，才一开始便凑拍上了仁，有个真实下手处。

　　　　　　　　　　　　——徐复观《释〈论语〉的"仁"》

子路篇第十三

【原文】

13.1　子路问政。子曰："先之，劳之。"请益。曰："无倦。"

【题解】

此章谈的是执政者的道德修养问题。为政者自己要首先以身作则，体恤慰劳民众，不要倦怠。子路为人爽直而鲁莽，为官从政有热情但是难以持之以恒。新官上任三把火，官员刚走马上任时往往容易取得成效，但很难保持一贯的良好的势头，所以无倦方能恒久。

【译文】

子路问为政之道。孔子说："自己先要身体力行带好头，然后让老百姓辛勤劳作。"子路请求多讲一些，孔子说："不要倦怠。"

孔子向子路阐释要以身作则、不要懈怠的为政道理。

【原文】

13.2　仲弓为季氏宰，问政。子曰："先有司，赦小过，举贤才。"曰："焉知贤才而举之？"子曰："举尔所知。尔所不知，人其舍诸？"

【题解】

为政在人，为政者一定要为下面的人做出表率，对下属的小过失不要计较，要抓大放小。重要地在于善举贤才，从近处做起，从自己做起，这些都是孔子的为政之道。

【译文】

仲弓做了季氏的总管，问怎样管理政事，孔子说："自己先给下属各部门主管人员做出表率，原谅他人的小错误，提拔贤能的人。"仲弓说："怎么知道哪些人是贤能的人而去提拔他们呢？"孔子说："提拔你所知道的；那些你所不知道的，别人难道会埋没他吗？"

【原文】

13.3 子路曰："卫君待子而为政，子将奚先？"子曰："必也正名乎！"子路曰："有是哉，子之迂也！奚其正？"子曰："野哉由也！君子于其所不知，盖阙如也①。名不正，则言不顺；言不顺，则事不成；事不成，则礼乐不兴；礼乐不兴，则刑罚不中②；刑罚不中，则民无所措手足。故君子名之必可言也，言之必可行也。君子于其言，无所苟而已矣③。"

【题解】

这是孔子言论中关系到国家大事和为人处世的著名论述，其中"名不正则言不顺"一句常被人们引用。"名"代表的是一种秩序、规范、法则，关系着传统伦理政治的维系。正名的具体内容是"君君，臣臣，父父，子子"，就是一个国家、一个事业，光明正大的理念要讲清楚，只有名分正了，做任何事情才能理直气壮。这是孔子的一个基本的政治观点。

【注释】

①阙：通"缺"。缺而不言，存疑的意思。②中（zhòng）：得当。③苟：随便，马虎。

【译文】

子路说："卫国国君要您去治理国家，您打算先从哪些事情做起呢？"孔子说："首先必须正名分。"子路说："有这样做的吗？您真是太迂腐了。这名怎么正呢？"孔子说："仲由，真粗野啊。君子对于他所不知道的事情，总是采取存疑的态度。名分不正，说起话来就不顺当合理。说话不顺当合理，事情就办不成。事情办不成，礼乐也就不能兴盛。礼乐不能兴盛，刑罚的执行就不会得当。刑罚不得当，百姓就不知怎么办。所以，君子一定要定下一个名分，必须能够说得明白，说出来一定能够行得通。君子对于自己的言行，是从不马虎对待的。"

【原文】

13.4 樊迟请学稼，子曰："吾不如老农。"请学为圃。曰："吾不如老圃。"樊迟出。子曰："小人哉，樊须也！上好礼，则民莫敢不敬；上好义，则民莫敢不服；上好信，则民莫敢不用情。夫如是，则四方之民襁负其子而至矣①，焉用稼？"

【题解】

春秋时代，礼崩乐坏，孔子把克己复礼当成毕生事业。在孔子看来，如果为政者把精力放在生活的具体事

⊙名家品论语⊙

孔子坚持正名的必要性，不仅是期望建立名分与位阶皆上轨道的社会秩序，且希望言行之间能相一致，如用更具哲学性的语言表达，也可说是期望名实之间能相符合。在儒家思想，甚或其他各家各派的思想里，此种观点一直是不变的主旨。

——陈荣捷《孔子的人文主义》

务上，就是舍本逐末了。儒家认为社会有分工，种庄稼蔬菜等耕作之事是小老百姓的分内之事，而居官为政者则需要学习如何修身立德，重视礼、义、信。只要做好这些，百姓就会主动来归附。孔子的教育思想在于培养为政的人才，因此以"文、行、忠、信"四科为教育内容，而种田种菜等劳动生产之事不在其教育之中。

【注释】

①襁（qiǎng）：背负小孩所用的布兜子。

孔子批评樊迟问末而不知本。

【译文】

　　樊迟向孔子请教如何种庄稼，孔子说："我不如老农民。"又请教如何种蔬菜，孔子说："我不如老菜农。"樊迟出去了。孔子说："真是个小人啊！樊迟这个人！居于上位的人爱好礼仪，老百姓就没有敢不恭敬的；居于上位的人爱好道义，老百姓就没有敢不服从的；居于上位的人爱好诚信，老百姓就没有敢不诚实的。如果能够做到这一点，那么，四方的老百姓就会背负幼子前来归服，何必要自己来种庄稼呢？"

【原文】

　　13.5　子曰："诵《诗》三百，授之以政①，不达②；使于四方③，不能专对④。虽多，亦奚以为⑤？"

【题解】

　　本章孔子的这段言论表明，他的教育思想和目的是致力于培养对国家有用的人才，使所育之才能够治理国家，让天下归仁。学习《诗经》的目的也是为了让弟子们增加多方面的知识，成为有用之才，而不是成为纯粹的文人或书呆子。

孔子提倡学以致用。

　　《诗经》中有很多议论施政得失的篇章，因此对执政者有警醒、借鉴作用。读《诗经》而不知民心之所向、政事之所趋，不能活学活用，那么读得再多也是没有用的。由此可见，孔子是倡导学以致用的。

【注释】

①授：交给。②不达：办不好。③使：出使。④不能专对：不能随机应变，独立应对。古代使节出使，遇到问题要随机应变，独立地进行外事活动。⑤以：用。

⊙典故与知识⊙

　　卫国和鲁国是兄弟之邦，鲁国是周公之后，卫国是康叔之后，周公和康叔是亲兄弟。卫国政治安定，经济富裕，孔子弟子子路的妻兄颜浊邹是有贤名的卫国大夫，可以"论道"。这些人事等因素，很可能促使孔子周游列国时，将第一站选在卫国。

【译文】

　　孔子说："熟读了《诗经》三百篇，交给他政务，他却搞不懂；派他出使到四方各国，又不能独立应对外交。虽然读书多，又有什么用处呢？"

【原文】

　　13.6　子曰："其身正，不令而行；其身不正，虽令不从。"

【题解】

　　这也是孔子一贯主张的执政者要以身作则的原则。为政者必须先要正己，自身不正，虽有命令别人也不会听从，更别提去正人了。孔子讲为政以德，对上位者提出要求和约束，有其积极意义。

【译文】

　　孔子说："（作为管理者）如果自身行为端正，不用发布命令，事情也能推行得通；如果本身不端正，就是发布了命令，百姓也不会听从。"

【原文】

　　13.7　子曰："鲁、卫之政，兄弟也。"

【题解】

　　鲁国是周公旦的封地，卫国是康叔的封地，周公旦和康叔是兄弟，当时两国的政治情况都趋向于衰败，故而孔子有此感叹。

【译文】

　　孔子说："鲁国的政事和卫国的政事，像兄弟一样。"

【原文】

　　13.8　子谓卫公子荆^①："善居室^①。始有，曰：'苟合矣^②。'少有，曰：'苟完矣。'富有，曰：'苟美矣。'"

【题解】

　　本章是孔子对卫公子荆的赞美之辞。孔子认为为政者应该在自己的生活上知足，在仁德上知不足。当时社会奢侈成风，卿大夫生活腐化不足为奇，而卫公子荆居室不求华美，不追求物质享受，其心恬淡安然可知，可谓是浊水中的一股清流。

卫公子荆善于治理家政。

【注释】

①善居室：善于治理家政，善于居家过日子。②合：足。

【译文】

孔子谈到卫国的公子荆，说："他善于治理家政。当他刚开始有财物时，便说：'差不多够了。'当稍微多起来时，就说：'将要足够了。'当财物到了富有时候，就说：'真是太完美了。'"

【原文】

13.9　子适卫①，冉有仆②。子曰："庶矣哉③！"冉有曰："既庶矣，又何加焉④？"曰："富之。"曰："既富矣，又何加焉？"曰："教之。"

【题解】

本章孔子提出了"先富后教"的政治思想，认识到经济富裕是德教的基础。孔子重视教化，但并不凭空言道，而是明白教化是在物质生活已经达到一定程度后才会有成效的。所以，一定要深入理解孔子的原意。

【注释】

①适：往，到……去。②仆：动词，驾御车马。亦可作名词用，指驾车的人。③庶：众多。④加：再，增加。

孔子到卫国去，冉有为他驾车。

【译文】

孔子到卫国去，冉有为他驾车。孔子说："人口真是众多啊！"冉有说："人口已经是如此众多了，又该再做什么呢？"孔子说："使他们富裕起来。"冉有说："已经富裕了，还该怎么做？"孔子说："教育他们。"

【原文】

13.10　子曰："苟有用我者，期月而已可也①，三年有成。"

【题解】

据《史记·孔子世家》记载，这是孔子在卫国时有感而发的言辞，表达了自己从政的信心。

【注释】

①期（jī）月：一年。

【译文】

孔子说："假如有人用我主持国家政事，一年之内就可以见到成效了，三年便能完全治理好。"

【原文】

13.11　子曰："'善人为邦百年①，亦可以胜残去杀矣②。'诚哉是言也！"

【题解】

春秋时期，各诸侯国的执政者互相攻伐，争夺土地和人口，不修德政。只有具有仁爱之心的善人才会用相当长的时间实行德治，最后达到胜残去杀的目的。这是孔子的理想。

【注释】

①为邦：治国。②胜残：克服残暴。

【译文】

孔子说："'善人治理国家一百年，也就能够克服残暴行为，消除虐杀现象了。'这句话说得真对啊！"

【原文】

13.12　子曰："如有王者，必世而后仁①。"

【题解】

接着上一章，孔子说，能够行仁道的"王者"只需三十年时间便可实现仁政，这显然比上一章的"善人"更高明。治国需要循序渐进，这依赖于人心的向善归仁，需要为政者的教化倡导。

【注释】

①世：古代以三十年为一世。

【译文】

孔子说："如果有王者兴起，也一定要三十年之后才能实现仁政。"

【原文】

13.13　子曰："苟正其身矣，于从政乎何有？不能正其身，如正人何？"

【题解】

此章孔子讲的还是"正人先正己"的道理。在伦理政治中，正身被看做是从政者必备的素质，这种重德治的政治主张也导致了对法治的忽视和人治思想的形成。

【译文】

孔子说："如果端正了自己的言行，治理国家还有什么难的呢？如果不能端正自己，又怎么能去端正别人呢？"

【原文】

13.14　冉子退朝①。子曰："何晏也？"对曰："有政。"子曰："其

王子向冉有说明"议事"与"议政"的区别。

事也。如有政，虽不吾以②，吾其与闻之③。"

【题解】

此章孔子区分了"议事"与"议政"两个不同的概念，也有正名的意思，因为冉有是退于季氏的私朝。这也说明孔子虽不在朝，却一直十分关心国家政治。

【注释】

①朝：朝廷。或指鲁君的朝廷，或指季氏议事的场所。②不吾以：不用我。以，用。③与：参与。

【译文】

冉有从办公的地方回来，孔子说："今天为什么回来得这么晚呢？"冉有回答说："有政务。"孔子说："那不过是一般性的事务罢了。如果是重要的政务，即使不用我，我还是会知道的。"

【原文】

13.15 定公问："一言而可以兴邦，有诸？"孔子对曰："言不可以若是，其几也①。人之言曰：'为君难，为臣不易。'如知为君之难也，不几乎一言而兴邦乎？"曰："一言而丧邦，有诸？"孔子对曰："言不可以若是，其几也。人之言曰：'予无乐乎为君，唯其言而莫予违也。'如其善而莫之违也，不亦善乎？如不善而莫之违也，不几乎一言而丧邦乎？"

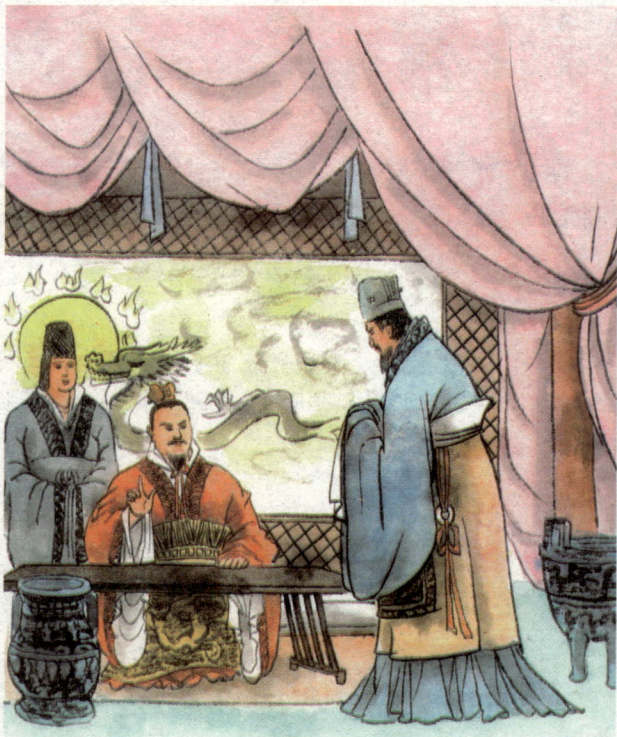

孔子向鲁定公阐释言论、谏诤的重要性。

【题解】

"一言可以兴邦"、"一言可以丧邦"，已经成为成语，这并非过甚其辞。执政者确实应该小心谨慎，注意自己的一言一行。古代专制政治，君主的权力很大，因一言而丧邦的，大有人在。故孔子说，要体会到做国君、做臣下都不容易，就会心存怵惕。孔子批评国君以无人敢于违抗自己的意志为乐的态度，很有针对性。

【注释】

①几（jī）：近。

【译文】

鲁定公问："一句话可以使国家兴盛，有这样的事吗？"孔子回答说："对语言不能有那么高的期望。有人说：'做国君难，做臣子也不容易。'如果知道了做国君的艰难（自然会努力去做事），这不近于一句话而使国家兴盛吗？"定公说："一句话而丧失了国家，有这样的事吗？"孔子回答说："对语言的作用不能有那么高的期望。有人说：'我做国君没有感到什么快乐，唯一使我高兴的是我说的话没有人敢违抗。'如果说的话正确而没有人违抗，这不是很好吗？如果说的话不正确也没有人敢违抗，这不就近于一句话就使国家丧亡吗？"

【原文】

13.16　叶公问政。子曰："近者说①，远者来。"

【题解】

为政之道，在得民心。叶公即楚国贵族沈诸梁。叶公理政，事事公开，慎刑罚，薄赋税，为民众所称颂。孔子至楚，因有叶公问政事。

【注释】

①说：同"悦"。

【译文】

叶公问怎样治理国家。孔子说："让近处的人快乐满意，使远处的人闻风归附。"

【原文】

13.17　子夏为莒父宰①，问政。子曰："无欲速，无见小利。欲速，则不达；见小利，则大事不成。"

【题解】

这是孔子提出的关于管理地方政务的原则、方法的一段问答。执政欲速则容易急遽失序，从而犯下揠苗助长的毛病，反而不容易达成目标；有心求治，不妨从容治理。"欲速则不达"已经成为成语，做大事小事都要遵循这个法则。

【注释】

①莒（jǔ）父：鲁国的一个城邑，在今山东省莒县境内。

孔子教诲子夏为政不要急于求成，不要贪图小利。

【译文】

子夏做了莒父地方的长官,问怎样治理政事。孔子说:"不要急于求成,不要贪图小利。急于求成,反而达不到目的;贪小利则办不成大事。"

【原文】

13.18　叶公语孔子曰①:"吾党有直躬者②,其父攘羊③,而子证之④。"孔子曰:"吾党之直者异于是。父为子隐,子为父隐,直在其中矣。"

【题解】

这一章表明了在中国的传统社会中,伦理道德是高于法制的。从这里我们可以推想古代社会的情况,以及中国社会历史上的法、情、礼之间的关系。孔子认为孝道为德行的根本,儿子告发父亲,是为不孝,对父亲不孝者就难以对君主做到忠,所以孔子不赞成儿子去告发父亲偷羊。

【注释】

①语(yù):告诉。②党:指家乡。古代五百家为一党。③攘:即偷窃。④证:告发。

孔子与叶公谈论孝道与法制。

【译文】

叶公告诉孔子说:"我家乡有个正直的人,他父亲偷了别人的羊,他便出来告发。"孔子说:"我家乡正直的人与这不同:父亲替儿子隐瞒,儿子替父亲隐瞒,正直就在这里面了。"

【原文】

13.19　樊迟问仁。子曰:"居处恭,执事敬,与人忠。虽之夷狄,不可弃也。"

【题解】

此章孔子提出了做人在生活、工作和交友等各个方面的"仁"的要求,即"恭"、"敬"、"忠"是一个人的为人之道。生活中保持恭肃之心,工作中做事诚敬,毫不苟且,与人相交忠诚以待,到哪里都行得通。

【译文】

樊迟问什么是仁。孔子说:"平时的生活起居要端庄恭敬,办事情的时候严肃认真,对待他人要忠诚。就是去边远的少数民族居住的地方,也是不能废弃这些原则的。"

【原文】

13.20　子贡问曰:"何如斯可谓之士矣?"子曰:"行己有耻,使于四方,不辱君命,可谓士矣。"曰:"敢问其次。"曰:"宗族称孝焉,乡党称弟焉。"曰:"敢问其次。"曰:"言必信,行必果,硁硁然小人哉①!抑亦可以为次矣。"曰:"今之从政者何如?"子曰:"噫!斗筲之人②,何足算也!"

⊙典故与知识⊙

　　孔子生活在春秋的中后期，他最早提出"士"的理论标准是严于律己、忠君爱国。孔子把"士"作为一种理想的社会人格，在一定程度上，和"君子"的概念有些重叠。若加以细分，则"士"的德行修养要比"君子"略低，也可以说"士"是有志于成为"君子"的人。"士而怀居，不足以为士矣。"这说明当时的士在现实社会中的生活状况，他们没有固定的职业，四处游说以求上进。在《论语》一书中，也有孔子的学生们谈论士的言语，这些言语多少反映了孔子对士的看法。如曾子说："士不可不弘毅，任重而道远。仁以为己任，不亦重乎？死而后已，不亦远乎？"在这里，士被赋予了以仁义为己任的庄严的历史使命，他们不再仅仅是下层的贵族，而且还是孔子理想中的一种社会角色。

【题解】

　　孔子观念中的"士"，首先是有知耻之心、不辱使命的人，能够担负一定的国家使命。其次是孝敬父母、友爱兄长的人。再次才是"言必信，行必果"的人。至于现在的当政者，孔子则认为是斗筲小人，不值一谈。

【注释】

①硁（kēng）硁：象声词，敲击石头的声音。这里引申为像石块那样坚硬。②斗筲（shāo）之人：比喻器量狭小的人。筲，竹器，容一斗二升。

【译文】

　　子贡问道："怎样才可称得上'士'呢？"孔子说："能用羞耻之心约束自己的行为，出使不辜负君主的委托，这就可以称作'士'了。"子贡说："请问次一等的'士'是什么样的？"孔子说："宗族的人称赞他孝顺，乡里的人称赞他友爱。"子贡说："请问再次一等的'士'是什么样的？"孔子说："说话一定要诚信，做事一定要坚定果断，这虽是耿直固执的小人，但也可以算是再次一等的'士'了。"子贡说："现在那些执政的人怎么样？'孔子说："唉！一班器量狭小的家伙，算得了什么呢！"

【原文】

　　13.21　子曰："不得中行而与之①，必也狂狷乎②！狂者进取，狷者有所不为也。"

【题解】

　　孔子认为，能够"中行"的人是理想中的合乎中庸之道的人。然而现实中这种人太少了，如果有"狂"者和"狷"者，就算不错了。狂者好高骛远，就不会自甘堕落，而会去积极进取，如果践道笃行也会有所成就；狷者清高自守，有所为有所不为，如果能做到恢弘通达亦会有所成就。"中行"之士不可求，只好退而求其次。

孔子说，如果找不到行为合乎中庸的人为友，一定只能和勇者及洁身自爱者交往。

【注释】

①中行：行为合乎中庸。与：相与，交往。②狷（juàn）：性情耿直，不肯同流合污。

【译文】

孔子说："找不到行为合乎中庸的人而和他们交往，一定只能和勇于向前及洁身自好的人交往！勇于向前的人努力进取，洁身自好的人不会去做坏事！激进的人勇于进取，耿直人不做坏事。"

【原文】

13.22　子曰："南人有言曰：'人而无恒，不可以作巫医①。'善夫！""不恒其德，或承之羞②。"子曰："不占而已矣③。"

【题解】

本章中孔子讲了两层意思：一是人必须有恒心，这样才能成就事业。二是人必须恒久保持德行，否则就可能遭受耻辱。这是他对自己的要求，也是对学生们的告诫。

【注释】

①巫医：用卜筮为人治病的人。②不恒其德，或承之羞：此二句引自《易经·恒卦·爻辞》。意思是说，人如果不能长期坚持自己的德行，有时就要遭受羞辱。③占：占卜。

【译文】

孔子说："南方人有句话说：'人如果没有恒心，就不可以做巫医。'这话说得好啊！"《周易》说："不能长期坚持自己的德行，有时就要遭受羞辱。"孔子又说："这句话的意思是叫没有恒心的人不要占卦罢了。"

孔子教诲学生，人如果不能恒守德行，有时候就会遭受羞辱。

【原文】

13.23　子曰："君子和而不同①，小人同而不和。"

【题解】

"和而不同"是孔子思想体系中的重要组成部分。君子可以与他周围的人保持和谐融洽的关系，但他对待任何事情都必须经过自己的独立思考，从来不人云亦云，盲目附和；但小人则没有自己独立的见解，只求与别人完全一致，而不讲求原则，但他却与别人不能保持融洽友好的关系。这是在处世为人方面。其实，在所有的问题上，往往都能体现出"和而不同"与"同而不和"的区别。"和而不同"显示出孔子思想的深刻哲理和高度智慧。

【注释】

①和：和谐，协调。同：人云亦云，盲目附和。

【译文】

孔子说："君子追求与人和谐而不是完全相同、盲目附和，小人追求与人相同、盲目附和而不能与人和谐。"

【原文】

13.24　子贡问曰："乡人皆好之，何如？"子曰："未可也。""乡人皆恶之，何如？"子曰："未可也。不如乡人之善者好之，其不善者恶之。"

【题解】

此章讲的是如何认识人、评价人的问题。孔子认为，评价一个人，不能简单地附众之毁誉，还要细心考察其所以毁、所以誉的原因，然后才能作出准确的评价。

【译文】

子贡问道："乡里人都喜欢他，这个人怎么样？"孔子说："还不行。""乡里人都厌恶他，这个人怎么样？"孔子说："还不行。最好是乡里的好人都喜欢他，乡里的坏人都厌恶他。"

【原文】

13.25　子曰："君子易事而难说也①。说之不以道，不说也；及其使人也，器之②。小人难事而易说也。说之虽不以道，说也；及其使人也，求备焉。"

【题解】

孔子在这里谈的是做人的两种作风。这是君子和小人的又一区别，君子严于律己，心中自有正道和操守，喜欢人以正道行事，他爱惜人才，宽以待人，故人乐为之用。小人喜欢别人顺从取悦自己，做事却对人求全责备。

【注释】

①说：通"悦"。②器之：按各人的才德适当使用。"器"，器用，作动词用。

孔子认为，在君子手下做事很容易，但要取悦他却很难。

【译文】

孔子说："在君子手下做事情很容易，但要取得他的欢心却很难。不用正当的方式去讨他的欢喜，他是不会喜欢的；等到他使用人的时候，能按各人的才德去分配任务。在小人手下做事很难，但要想讨好他却很容易。用不正当的方式去讨好他，他也会很高兴；但在用人的时候，却是要百般挑剔、求全责备的。"

【原文】

13.26 子曰："君子泰而不骄，小人骄而不泰。"

【题解】

由于君子和小人内在的心灵、思想和修养不同，诚于中，形于外，自然他们表现于外的风格也不相同。君子秉持公道，心无偏私，故能安然坦荡；君子卑以自牧，故为人心平气和，不骄矜傲慢。小人虽然志得意满、心高气盛，却对自我并无充分的认知和肯定，故很难做到平和坦荡。

【译文】

孔子说："君子安详坦然而不骄矜凌人；小人骄矜凌人而不安详坦然。"

【原文】

13.27 子曰："刚、毅、木、讷，近仁。"

【题解】

孔子认为"仁"是人格的最高境界，不易达到，但可以从基本的刚、毅、木、讷这四种美好的品质做起。刚强就不会为欲望所动摇，坚毅就不会因困难和威势所屈服，质朴就会保持敦厚严谨的作风，言语谨慎就能避免不必要的祸害。

孔子说，君子安详坦然而不盛气凌人。

【译文】

孔子说："刚强、坚毅、质朴、慎言，具备了这四种品德的人便接近仁德了。"

【原文】

13.28 子路问曰："何如斯可谓之士矣？"子曰："切切、偲偲[①]，怡怡如也[②]，可谓士矣。朋友切切、偲偲，兄弟怡怡。"

【题解】

前面子贡问士，孔子提出了士的三个不同层次；这里子路问士，孔子则提出要处理好朋友之间、兄弟之间的关系。朋友结交多因意气相投，难免有偏袒徇私或者只有酒肉交情，故孔子强调"以友辅仁"，希望朋友间互相善意批评来提升德行；兄弟关系紧密就会言行少顾忌，反而容易因小事而生怨，所以孔子强调要兄友弟恭，这样兄弟之间才会和谐顺遂。这些回答都是在因材施教。

【注释】

①偲（sī）偲：勉励、督促、诚恳的样子。②怡（yí）怡：和气、亲切、顺从的样子。

【译文】

　　子路问道："怎样才可以称为士呢？"孔子说："互相帮助督促而又和睦相处，就可以叫做士了。朋友之间互相勉励督促，兄弟之间和睦相处。"

【原文】

　　13.29　子曰："善人教民七年，亦可以即戎矣①。"

【题解】

　　孔子是主张和平的，他反对暴力和带有侵略性质的兼并战争；但他也知道"天下虽安，忘战必危"的道理，故同意保卫国家、抵抗外侵的战争。他认为必须保持民众的忧患意识，要加强人民保卫国家的教育和训练，做好战争的准备。

【注释】

①即戎：参与军事。"即"用作动词，表示"就"的意思。

【译文】

　　孔子说："善人教导训练百姓七年时间，就可以叫他们去作战了。"

孔子说：善人教导训练百姓七年时间，就可以叫他们去作战杀敌了。

【原文】

　　13.30　子曰："以不教民战，是谓弃之。"

【题解】

　　此章是说要爱惜人民，如果让没有经过教育和训练的人去打仗，无异于漠视他们的生命，违背了仁德。

【译文】

　　孔子说："让没有受过训练的人去作战，这是抛弃他们，让他们去送死。"

宪问篇第十四

【原文】

14.1　宪问耻①。子曰："邦有道，谷②；邦无道，谷，耻也。""克、伐、怨、欲不行焉③，可以为仁矣？"子曰："可以为难矣，仁则吾不知也。"

【题解】

本章是孔子对原宪问耻的回答，意思与《泰伯》篇第十三章同，可以参照阅读。原宪是孔门中比较洁身自好而性格狷介的学生，故孔子告诉他世道清明的时候，应当出仕为官，身处乱世则隐居草泽的道理。克、伐、怨、欲都是不好的事情，能加以克制则无损于人，但亦未必能够有益于人，因此还难以称得上达到了仁的境界。

【注释】

①宪：姓原，名宪，字子思，孔子的学生。②谷：俸禄。③克：好胜。伐：自夸。

【译文】

原宪问什么叫耻辱。孔子说："国家政治清明，做官领俸禄；国家政治黑暗，也做官领俸禄，这就是耻辱。"原宪又问："好胜、自夸、怨恨和贪婪这四种毛病都没有，可以称得上仁吗？"孔子说："可以说是难能可贵，至于是否是仁，我就不能断定了。"

【原文】

14.2　子曰："士而怀居①，不足以为士矣。"

【题解】

孔子理想中的士，具有安贫乐道的美好品格。他认为，如果士人贪图安逸的生活，就失去了作为士的资格，这与前面他所说的"士志于道，而耻恶衣恶食者，未足与议也"的思想是一脉相承的。

【注释】

①怀居：留恋家室的安逸。怀，思念，留恋。居，家居。

孔子认为，士人应当不畏惧生活的不安定。

【译文】

孔子说："士人如果留恋安逸的生活，就不足以做士人了。"

【原文】

14.3　子曰："邦有道，危言危行①；邦无道，危行言孙②。"

【题解】

　　此章孔子讲的是做人与为政之道，孔子是既主张行"仁"道，又主张重生的。君子身处政治清明之世，不妨直言直行；然而身处乱世则应该明哲保身，以待时机匡扶时势。在乱世中，行为固然不能苟且，但也不宜放言直论而招来祸端。孔子的话并非是怯懦、软弱的表现，而是他不赞成逞一时意气的刚强，注重韧性精神。

【注释】

①危：直，正直。②孙（xùn）：通"逊"。

【译文】

　　孔子说："国家政治清明时，言语正直，行为正直；国家政治黑暗时，行为也要正直，但言语应谦逊谨慎。"

【原文】

　　14.4　子曰："有德者必有言，有言者不必有德；仁者必有勇，勇者不必有仁。"

【题解】

　　这一章阐释的是言论与道德以及勇敢与仁德之间的关系。这是孔子的道德哲学观。他认为勇敢只是仁德的一个方面，二者并不是对等的关系，所以，人除了有勇以外，还要修养其他各种道德，从而成为有德之人。

【译文】

　　孔子说："有德的人一定有好的言论，但有好言论的人不一定有德。仁人一定勇敢，但勇敢的人不一定有仁德。"

【原文】

　　14.5　南宫适问于孔子①，曰："羿善射②，奡荡舟③，俱不得其死然。禹、稷躬稼④，而有天下。"夫子不答。

　　南宫适出，子曰："君子哉若人！尚德哉若人！"

孔子说，有德的人一定有好的言论。

【题解】

　　此章反映了孔子崇尚忠信、质朴和道德，反对不择手段，鄙视暴力和权术的态度。羿、奡都是传说中氏族部落的著名领袖和英雄，一个善于射箭，一个力大无比善于水战，然而都因为穷兵黩武而不得善终。夏禹和后稷亲力耕作而有天下。南宫适善于从历史中归纳出规律：逞力量武艺于天下者，常常自食其果，不得善终；以德治理天下者，则可以得善其终。

【注释】

①南宫适（kuò）：姓南宫，名适，字子容，孔子的学生。②羿（yì）：传说中夏代有穷国的国君，善于射箭，曾夺夏太康的王位，后被其臣寒浞所杀。③奡（ào）：古代一个大力士，传说是寒浞的儿子，后来为夏少康所杀。④禹：夏朝的开国之君，善于治水，注重发展农业。稷（jì）：传说是周朝的祖先，又为谷神，教民种植庄稼。

【译文】

南宫适向孔子问道:"羿擅长射箭,奡善于水战,都没有得到善终。禹和稷亲自耕作庄稼,却得到了天下。"孔子没有回答。

南宫适退出去后,孔子说:"这个人是君子啊!这个人崇尚道德啊!"

【原文】

14.6　子曰:"君子而不仁者有矣夫,未有小人而仁者也。"

【题解】

在孔子看来,仁的境界是非常高的、难以企及的。君子尚且要时时注意努力,小人就更难了。

【译文】

孔子说:"君子之中也许有不仁的人吧,但小人之中却不会有仁人。"

【原文】

14.7　子曰:"爱之,能勿劳乎?忠焉①,能勿诲乎?"

孔子教诲学生,"仁"的境界非常高,弟子们要时时勉励。

【题解】

孔子这里谈的是爱百姓、爱后进,而且要忠于朋友、忠于国家的思想。爱则会为之尽心尽力,忠则会为之谋虑规划。

【注释】

①焉:相当于"于是",也相当于"于之",但古代"于"和"之"一般不连用。

【译文】

孔子说:"爱他,能不以勤劳相劝勉吗?忠于他,能不以善言来教诲他吗?"

【原文】

14.8　子曰:"为命①,裨谌草创之②,世叔讨论之③,行人子羽修饰之④,东里子产润色之⑤。"

【题解】

此章是孔子对子产的外交能力的赞赏之辞。子产治国有方,知人善任,一道外交文书需要经过四道手续,由四位大夫各尽所长,才得以颁布,足见其从政的慎重。子产的外交事迹亦见于《左传·襄公三十一年》。

【注释】

①命:指外交辞令。②裨(pí)谌(chén):郑国的大夫。③世叔:即子太叔,名游吉。郑国的大夫。子产死后,继子产为郑国宰相。④行人:官名,掌管朝觐聘问事务,即外交事务。子羽:公孙羽,郑国的大夫。⑤东里:子产所居之地,在今郑州市。

【译文】

孔子说:"郑国制订外交文件,由裨谌起草,世叔提出意见,外交官子羽修改,东里子产作加工润色。"

【原文】

14.9 或问子产，子曰："惠人也。"

问子西①，曰："彼哉！彼哉②！"

问管仲，曰："人也。夺伯氏骈邑三百③，饭疏食，没齿无怨言。"

【题解】

此章孔子针对子产、子西及管仲的政绩，分别作了不同的评价。子产执政于郑国，心存百姓，人民受惠颇多。子西执政于楚国，政绩平平，既不能抑制贪官，又不能进用贤人，故孔子说"他呀，他呀"，认为不足道。管仲是孔子多次在《论语》中提到的治国人才，颇有政绩，孔子称赞他秉公办事，公正得让人无话可说。

孔子评价子产为宽厚慈惠的人。

【注释】

①子西：楚国的令尹，名申。字子西。一说为郑国大夫。②彼哉，彼哉：他呀！他呀！这是当时表示轻视的习惯语。③伯氏：齐国的大夫。骈邑：齐国的地方。

【译文】

有人问子产是怎样的人。孔子说："他是宽厚慈惠的人。"

问到子西是怎样的人。孔子说："他呀！他呀！"

问到管仲是怎样的人。孔子说："他是个人才。他剥夺了伯氏骈邑三百户的封地，使伯氏只能吃粗粮，却至死没有怨言。"

【原文】

14.10 子曰："贫而无怨难，富而无骄易。"

【题解】

孔子认为富足了而不骄傲容易，贫穷时保持心态平和就难了。人在解决生活温饱问题后，再去追求礼乐文明是不难做到的；但倘若总是生活在艰辛贫苦之中，就很难继续保持平和的心态了，必然不堪其忧。

☉名家品论语☉

孔子称赞子产，赞扬子产不毁乡校（《左传·襄公三十一年》）。子产宣称"天道远，人道迩"，孔子主张"务民之义，敬鬼神而远之"；孔子重礼，子产亦说过"夫礼，天之经也，地之义也，民之行也"（《左传·昭公二十五年》）。孔子的政治思想基本上是和子产一致的。近年以来，许多人都承认子产是进步的政治家，却认为孔子是守旧派，这是不公允的。

——张岱年《孔子与中国文化》

【译文】

孔子说:"贫穷而没有怨恨很难,富贵而不骄矜倒很容易。"

【原文】

14.11 子曰:"孟公绰为赵、魏老则优①,不可以为滕、薛大夫②。"

【题解】

孔子这里讲的是为政者应量才用人,使人各尽所能,各得其所。孟公绰为人清廉寡欲,比较适合在赵、魏这样的大夫之家担当德高望重的清闲之职,不见得可以胜任小国家的具体执行者的职务。

【注释】

①孟公绰:鲁国的大夫,为人清心寡欲。赵、魏:晋国最有权势的大夫赵氏、魏氏。老:大夫的家臣。优:优裕。
②滕、薛:当时的小国,在鲁国附近。滕在今山东滕县,薛在今山东滕县西南。

【译文】

孔子说:"孟公绰担任晋国的赵氏、魏氏的家臣是绰绰有余的,但是做不了滕国和薛国这样小国的大夫。"

【原文】

14.12 子路问成人①。子曰:"若臧武仲之知②,公绰之不欲,卞庄子之勇③,冉求之艺,文之以礼乐,亦可以为成人矣。"曰:"今之成人者何必然?见利思义,见危授命,久要不忘平生之言④,亦可以为成人矣。"

【题解】

此章是讨论人格完善的问题。在孔子看来,人能兼具臧武仲、孟公绰、卞庄子、冉求这四种人的智、廉、

孔子向子路阐释何为人格完善的人。

⊙名家品论语⊙

　　古代男子二十岁要行冠礼，表示已经"成人"，这时他就要为自己的道德行为负责，所以修德、完善自己是一件很重要的事情。儒家学说，概括地说，可以称为"学做人"的学问，儒学之道即是做人之道，这是一种处世、应世的哲学，这对每一个人来说是很切近的。做人的道理，可以由别人来指导，但真正的理解和体悟，则要靠自己。孔子学说的魅力就在于，它循循善诱，引导人们对人生真谛的洞彻。

　　　　　　　　　　　　——姜广辉《儒学的道德精神及对它的现实思考》

勇、艺的优点，再加上礼乐的修养，就接近于完人了，这是非常高的标准，世间是难以有的。孔子又说，在现实中能做到重义轻利、勇于担当，而且要"久要不忘平生之言"，也就算是完人了。其"见利思义"的思想，对后世影响深远。

【注释】

①成人：全人，即完美无缺的人。②臧武仲：鲁国大夫臧孙纥。他在齐国时，能预见齐庄公将败，不受其田邑。见《左传·襄公二十三年》。③卞庄子：鲁国的大夫，封地在卞邑，以勇气著称。④久要：长久处于穷困之中。

【译文】

　　子路问怎样才算是完人。孔子说："像臧武仲那样有智慧，像孟公绰那样不贪求，像卞庄子那样勇敢，像冉求那样有才艺，再用礼乐来增加他的文采，就可以算个完人了。"孔子又说："如今的完人何必要这样呢？见到利益能想到道义，遇到危险时肯献出生命，长期处在贫困之中也不忘平生的诺言，也就可以算是完人了。"

【原文】

14.13　子问公叔文子于公明贾①，曰："信乎？夫子不言、不笑、不取乎？"

公明贾对曰："以告者过也②。夫子时然后言，人不厌其言；乐然后笑，人不厌其笑；义然后取，人不厌其取。"

子曰："其然？岂其然乎？"

【题解】

卫大夫公叔文子以贤德著称于世，他"时然后言"、"乐然后笑"、"义然后取"的高尚人格得到孔子的赞许。

【注释】

①公叔文子：卫国的大夫。公明贾：卫国人，姓公明，名贾。②以：此。

【译文】

孔子向公明贾问到公叔文子，说："是真的吗？他老先生不言语、不笑、不取钱财？"

公明贾回答说："那是告诉你

孔子与公明贾谈论公叔文子的为人。

的人说错了。他老人家是到该说话时再说话，别人不讨厌他的话；高兴了才笑，别人不厌烦他的笑；应该取的时候才取，别人不厌恶他的取。"

孔子说道："是这样的吗？难道真的是这样的吗？"

【原文】

14.14　子曰："臧武仲以防求为后于鲁①，虽曰不要君②，吾不信也。"

【题解】

本章是孔子站在正名和尊君的立场上，认定臧武仲是想要挟君主，犯上作乱。臧武仲之事见《左传·襄公二十三年》。

【注释】

①防：地名，武仲封邑，在今山东费县东北六十里。②要（yāo）：要挟。

【译文】

孔子说："臧武仲凭借防邑请求立他的后代为鲁国的卿大夫，虽然有人说他不是要挟国君，我是不信的。"

【原文】

14.15　子曰："晋文公谲而不正①，齐桓公正而不谲②。"

【题解】

本章是孔子站在尊王和维护周礼的立场上，对春秋时期两位著名的政治家分别作了评价。

齐桓公和晋文公同为春秋时期的霸主，但两者在行事上有着区别。齐桓公打着天子的旗号会盟诸侯，讨伐楚国的不臣，师出有名，义正辞严，行为上是比较光明正大的。而晋文公遭家乱，流亡在外十九年，多次施用诡道才得以复国称霸，因此孔子称他诡谲而不正派。

齐桓公"尊王攘夷"，讨伐楚国。

【注释】

①晋文公：姓姬，名重耳，"春秋五霸"之一，公元前636—前628年在位。谲（jué）：欺诈，玩弄手段。正：正派。②齐桓公：姓姜，名小白，"春秋五霸"之一，公元前685—前643年在位。

【译文】

孔子说："晋文公诡诈而不正派，齐桓公正派而不诡诈。"

【原文】

14.16 子路曰："桓公杀公子纠①，召忽死之，管仲不死。"曰："未仁乎？"子曰："桓公九合诸侯②，不以兵车，管仲之力也。如其仁③！如其仁！"

【题解】

子路因为管仲没有自杀以殉公子纠而认为管仲没有仁德。对此，孔子解释说，管仲帮助齐桓公召集诸侯会盟，息兵戈而解纷争，使天下由此而安，为维护和平作出了贡献，这就是他的"仁德"。

【注释】

①公子纠：齐桓公的哥哥。齐桓公曾与其争立，杀掉了他。②九合诸侯：指齐桓公多次召集诸侯盟会。③如：乃，就。

【译文】

子路说："齐桓公杀了公子纠，召忽自杀以殉，但管仲却没有死。"接着又说："管仲是不仁吧？"孔子说："桓公多次召集各诸侯国盟会，不用武力，都是管仲出的力。这就是他的仁德！"

【原文】

14.17 子贡曰："管仲非仁者与？桓公杀公子纠，不能死，又相之。"子曰："管仲相桓公，霸诸侯，一匡天下，民到于今受其赐。微管仲①，吾其被发左衽矣②。岂若匹夫匹妇之为谅也③，自经于沟渎而莫之知也④？"

【题解】

在《八佾》篇第二十二章中，孔子曾批评管仲"不知礼"；此章和上一章却肯定管仲的"仁"。这说明孔子评价人并不是片面的，取大义而舍小义。

管仲九合诸侯，一匡天下。

孔子认为管仲安定天下，有功于百姓，这是他的大节。若因一时的意气而自寻短见，忘记以国家大局为重，那是多么浅陋和狭隘的行为啊。

【注释】

①微：如果没有。用于和既成事实相反的假设句的句首。②被：通"披"。衽（rèn）：衣襟。"披发左衽"是当时少数民族的打扮，这里指沦为夷狄。③谅：诚实。④自经：自缢。渎（dú）：小沟。

【译文】

子贡说："管仲不是仁人吧？齐桓公杀了公子纠，他不能以死相殉，反又去辅佐齐桓公。"孔子说："管仲辅佐齐桓公，称霸诸侯，匡正天下一切，人民到现在还受到他的好处。如果没有管仲，我们大概都会披散着头发，衣襟向左边开了。难道他要像普通男女那样守着小节小信，在山沟中上吊自杀而没有人知道吗？"

【原文】

14.18　公叔文子之臣大夫僎与文子同升诸公①。子闻之，曰："可以为'文'矣②。"

【题解】

此章孔子称赞了公叔文子举贤的美德，他将自己的家臣加以推荐，使之与自己一同升为公卿。这在等级森严的传统社会中颇不容易，所以孔子赞美他当得起"文"的谥号。

【注释】

①臣大夫：即家大夫，文子的家臣。僎（zhuàn）：人名。本是文子的家臣，因文子的推荐，和文子一起做了卫国的大臣。同升诸公：同升于公朝。②可以为"文"：周朝的谥法，"赐民爵位曰'文'"。公叔文子使大夫僎和他一起升于公朝，所以孔子说他可以谥为"文"。

公叔文子擢升为卫国大臣。

【译文】

公叔文子的家臣大夫僎，（被文子推荐）和文子一起擢升为卫国的大臣。孔子听说了这件事，说："可以给他'文'的谥号了。"

【原文】

14.19　子言卫灵公之无道也，康子曰："夫如是，奚而不丧①？"孔子曰："仲叔圉治宾客②，祝鮀治宗庙，王孙贾治军旅。夫如是，奚其丧？"

【题解】

孔子认为知人善任，选用好人才，用人得当，都是治国的关键所在。一个国君，自己荒淫无道，但如果能有用人之善，有贤臣治国理政，国家便可免于倾覆之祸。

【注释】

①奚而：为什么。②仲叔圉（yǔ）：即孔文子，他与祝鮀、王孙贾都是卫国的大夫。

【译文】

孔子谈到卫灵公的昏庸无道，季康子说："既然这样，为什么没有丧国呢？"孔子说："他有仲叔圉接待宾客，祝鮀管治宗庙祭祀，王孙贾统率军队。像这样，怎么会丧国呢？"

【原文】

14.20　子曰："其言之不怍①，则为之也难。"

【题解】

孔子一直认为自知之明非常重要，好的品德的体现在于行动，说大话应该感到难堪。

【注释】

①怍（zuò）：惭愧。

【译文】

孔子说:"说话大言不惭,实行这些话就很难。"

【原文】

14.21 陈成子弒简公①。孔子沐浴而朝②,告于哀公曰:"陈恒弒其君,请讨之。"公曰:"告夫三子③!"

孔子曰:"以吾从大夫之后,不敢不告也。君曰'告夫三子'者!"之三子告,不可。孔子曰:"以吾从大夫之后,不敢不告也。"

【题解】

孔子出于尊君、正名、维护礼制的立场,要求鲁哀公及三桓讨伐陈恒,但遭到了反对,他的意愿未能实现。

【注释】

①陈成子:即陈恒,齐国大夫。弒(shì):下杀上为弒。简公:齐简公,名壬。②孔子沐浴而朝:沐浴,洗头洗澡,这里指斋戒。当时孔子已告老还家,他认为臣弒其君是大逆不道,非讨不可,故有此举。③夫(fú):指示代词,那。三子:指孟孙、季孙、叔孙三家大夫。由于他们势力强大,主宰着鲁国的政治,故哀公不敢自主。

【译文】

陈成子杀了齐简公。孔子在家斋戒沐浴后去朝见鲁哀公,告诉哀公说:"陈恒杀了他的君主,请出兵讨伐他。"哀公说:"你去向季孙、叔孙、孟孙三人报告吧!"

孔子退朝后说:"因为我曾经做过大夫,不敢不来报告。可君主却对我说去向那三人报告。"孔子到季孙、叔孙、孟孙三人那里去报告,他们不同意讨伐。孔子说:"因为我曾经做过大夫,不敢不报告。"

【原文】

14.22 子路问事君。子曰:"勿欺也,而犯之①。"

【题解】

本章是孔子的经验之谈,也是他对君主要忠诚、做人要正直的一贯主张。侍奉君不阿谀奉迎,尊重事实真理,不去欺骗他;对于原则性和根本性的问题,哪怕会引发君主的愤怒,也应该犯颜直谏,这是为人臣者的本分。

【注释】

①犯:冒犯。指当面直言规劝。

【译文】

子路问怎样服侍君主。孔子说:"不要欺骗他,但可以犯颜直谏。"

孔子向子路阐释事君要忠诚、正直的道理。

【原文】

14.23 子曰:"君子上达,小人下达①。"

【题解】

孔子已多次提出过君子与小人的种种区别，这里从根本上指出了二者的不同：君子通达于道义的信仰，小人通达于物质的欲望。

【注释】

①上达、下达：有各种解释：一、上达于仁义，下达于财利；二、上达于道，下达于器（即农工商各业）；三、上达是日进乎高明，长进向上；下达是日究乎污下，沉沦向下。今从一义。

【译文】

孔子说："君子向上通达仁义，小人向下通达财利。"

【原文】

14.24　子曰："古之学者为己，今之学者为人。"

【题解】

孔子这里讲的是古今学者学习的目的。古之学者勤学苦修是真诚地为了提高自己，寻求个人道德境界的超越。而后来的学者只是为了装点门面给人看，将学问作为邀名买利的工具。

【译文】

孔子说："古代学者学习是为了充实提高自己，现在的学者学习是为了做给别人看。"

【原文】

14.25　蘧伯玉使人于孔子①。孔子与之坐而问焉，曰："夫子何为？"对曰："夫子欲寡其过而未能也。"使者出。子曰："使乎！使乎！"

孔子说，古代学者学高为己。

【题解】

此章塑造了一位不卑不亢、反应敏捷、忠诚正直而又谦逊有礼的使者形象。蘧伯玉是卫国的贤大夫，当时已经退官赋闲在家，从使者的言语中，我们可知他仍然保持着不断努力、不懈怠、永不自满的精神。使者的答话体现了蘧伯玉的修养和境界，又体现了使者自身的修养，故孔子称赞说："好一个使者，好一个使者！"

【注释】

①蘧伯玉：卫国的大夫，名瑗。孔子在卫国时，曾住过他家。

【译文】

蘧伯玉派使者去拜访孔子，孔子请使者坐下，然后问道："先生近来在做什么呢？"使者回答说："先生想要减少自己的过失但还没能做到。"使者出去之后，孔子说："好一位使者呀！好一位使者呀！"

【原文】

14.26　子曰："不在其位，不谋其政①。"曾子曰："君子思不出其位。"

【题解】

春秋末期，诸侯越礼、大夫专权之事很多，孔子和曾子的话就是针对这种状况而发的。

【注释】

①这两句重出，见《泰伯》篇第十四章。

【译文】

孔子说："不在那个职位上，就不去谋划那个职位上的政事。"曾子说："君子所思虑的不越出他的职权范围。"

【原文】

14.27　子曰："君子耻其言而过其行①。"

【题解】

以言行一致为美德，以言过其行为可耻，这是孔子一贯提倡的做人准则。要么不说，要么说出就一定要做到。如果言之凿凿，却不能付诸实践，徒有华丽的言辞，那也只是假道学罢了。君子是行动胜过言语的。

【注释】

①而：用法同"之"。

【译文】

孔子说："君子把说得多做得少视为可耻。"

【原文】

14.28　子曰："君子道者三，我无能焉：仁者不忧，知者不惑，勇者不惧。"子贡曰："夫子自道也。"

【题解】

孔子提出仁、智、勇三条作为君子的标准。仁爱的人不忧愁，智慧的人不迷惑，勇敢的人不畏惧，这也是中国传统文化中的核心思想之一。

【译文】

孔子说："君子所遵循的三个方面，我都没能做到：仁德的人不忧愁，智慧的人不迷惑，勇敢的人不惧怕。"子贡说道："这是老师对自己的描述。"

【原文】

14.29　子贡方人①。子曰："赐也贤乎哉？夫我则不暇。"

【题解】

孔子讲治学，强调加强自身修养，从自身做起，不要心驰于外，议论别人。子贡是孔门中最聪明的学生，但喜欢讥评他人。孔子婉转地提出批评：我却没有这个闲工夫。

孔子批评子贡随便议论别人。

【注释】

①方人：讥评、诽谤别人。

【译文】

　　子贡议论别人。孔子说："你端木赐就什么都好吗？我就没有这种闲暇。"

【原文】

　　14.30　子曰："不患人之不己知，患其不能也。"

【题解】

　　这一章告诉我们，一个人最重要的是加强自身修养，要有真才实学，不要担心别人不了解自己。整天叹息怀才不遇，是一种消极情绪，机会是给有准备的人的。所以不要急切地去寻求自我展示，而是要返回自身，寻求了解自己的优劣长短，努力加强自身的修为。

【译文】

　　孔子说："不担心别人不知道自己，只担心自己没有能力。"

【原文】

　　14.31　子曰："不逆诈①，不亿不信②，抑亦先觉者，是贤乎！"

孔子教诲弟子，不要担心别人不知道自己，而要时刻反思自己有没有能力。

【题解】

　　孔子这里谈的是贤人在人际交往中不去凭空怀疑和臆测，又有知人之明。多疑往往是因为自身不明，明白人事的人自然心中无所疑，能如明镜一般体察万物，不会为人所蒙蔽。

【注释】

①逆诈：逆，事先预料。逆诈，据颜师古："谓以诈意逆猜人也。"②亿：通"臆"，主观臆测。

【译文】

　　孔子说："不预先怀疑别人欺诈，不凭空臆想别人不诚信，却能先行察觉，这样的人才是贤者啊。"

【原文】

　　14.32　微生亩谓孔子曰①："丘何为是栖栖者与②？无乃为佞乎③？"孔子曰："非敢为佞也，疾固也④。"

【题解】

　　微生亩是长者，所以直呼孔子之名。孔子为了推行周礼，终生忙忙碌碌，周游列国，一再碰壁，但他义无反顾，表现出对天下、国家的负责态度和对理想执着追求的精神。

【注释】

①微生亩：姓微生，名亩，隐君子。②是：副词，当"如此"解。栖（xī）栖：不安定的样子。③佞：花言巧语。④疾：痛恨，讨厌。固：顽固不化。

【译文】

　　微生亩对孔子说:"你为什么如此奔波忙碌呢? 不是为了显示你的才辩吧?"孔子说:"我不敢显示我有才辩,只是讨厌那种顽固不化的人。"

【原文】

　　14.33　子曰:"骥不称其力①,称其德也。"

【题解】

　　骥是千里马,一日能行千里。孔子用千里马来比喻说明人的德比才更重要。衡量人才的标准首先是德,在德的基础上要有才。

【注释】

①骥:千里马。古代称善跑的马为骥。

孔子认为,千里马最值得称赞的不是它的力气,而是它的品德。

【译文】

　　孔子说:"对千里马不是称赞它的力气,而是称赞它的品德。"

【原文】

　　14.34　或曰:"以德报怨,何如?"子曰:"何以报德? 以直报怨,以德报德。"

【题解】

　　"以德报怨"看上去更为宽容,但是不够正直。"仁"的理想本来是推己及人的,要爱憎分明,明辨是非,讲究公正和原则,孔子强调以直报怨,这是正确的。

【译文】

　　有人说:"用恩德来回报怨恨,怎么样?"孔子说:"那用什么来回报恩德呢? 用正直来回报怨恨,用恩德来回报恩德。"

【原文】

　　14.35　子曰:"莫我知也夫!"子贡曰:"何为其莫知子也?"子曰:"不怨天,不尤人①,下学而上达。知我者其天乎②!"

【题解】

　　《史记·孔子世家》中说,孔子周游列国不为所用,晚年返回鲁国教育学生。鲁哀公十四年,孔子七十一岁时,鲁君在大野泽狩猎,获一怪兽,孔子以为是麒麟,不禁流泪,他感叹自己的政治理想不能实现了,但他"不怨天,不尤人",显示出伟大的人格。怀才不遇而抑郁感叹,孔子亦不能免。

【注释】

①尤:责怪。②其:前句中"其"字是用于句中的助词,无义。本句中"其"字用于拟议不定,可以译为"大概"或"恐怕"。

【译文】

　　孔子说:"没有人了解我啊!"子贡说:"为什么没有人了解您呢?"孔子说:"不埋怨天,不责备人,下学人事而上达天命。了解我的大概只有天吧!"

【原文】

14.36　公伯寮愬子路于季孙①。子服景伯以告②，曰："夫子固有惑志于公伯寮③，吾力犹能肆诸市朝④。"

子曰："道之将行也与，命也；道之将废也与，命也。公伯寮其如命何！"

【题解】

孔子为鲁国大司寇时，摧毁了三家权臣的都城，以加强公室的力量，子路为具体的执行者。子路顺利地摧毁了叔孙氏和季孙氏的都城后，公伯寮开始在季孙氏面前毁谤子路。本章通过公伯寮毁谤子路一事，表明了孔

公伯寮向季孙氏控诉子路。

子的天命思想，他认为"道"能否推行，在天不在人，即"谋事在人，成事在天"。

【注释】

①公伯寮：鲁人，字子周，也是孔子的学生。愬（sù）：同"诉"，告发，诽谤。季孙：鲁国的大夫。②子服景伯：鲁国大夫，姓子服名伯，"景"是他的谥号。③夫子：指季孙。④肆：陈列尸首。

【译文】

公伯寮向季孙氏控诉子路。子服景伯把这件事告诉了孔子，说："季孙氏已经被公伯寮迷惑了，我的力量还能让公伯寮的尸首在街头示众。"

孔子说："道将要实行，是天命决定的；道将要被废弃，也是天命决定的。公伯寮能把天命怎么样呢？"

【原文】

14.37　子曰："贤者辟世①，其次辟地，其次辟色，其次辟言。"子曰："作者七人矣②。"

【题解】

这一章又一次表明了孔子重生全身的思想。这里讲的为人处世的道理，在历史上是很有作用的。

【注释】

①辟（bì）：通"避"，逃避。②七人：即伯夷、叔齐、虞仲、夷逸、朱张、柳下惠、少连。

【译文】

孔子说："贤人逃避恶浊乱世而隐居，其次是择地方而住，再其次是避开不好的脸色，再其次是避开恶言。"孔子说："这样做的人有七位了。"

【原文】

14.38　子路宿于石门①。晨门曰②："奚自？"子路曰："自孔氏。"曰："是知其不可而为之者与？"

【题解】

孔子明知当时大道不行，礼乐难兴，但仍然周游列国，希望推行仁道于天下。"知其不可而为之"一语充分表现了孔子在困境中执着不屈的献身精神，很有一种宏大的悲壮感。从中也可以看出当时人们对孔子的了解、同情及赞叹的感情。

【注释】

①石门：地名，鲁国都城的外门。②晨门：旦上看守城门的人。

【译文】

子路在石门住宿了一夜。早上守城门的人说："从哪儿来？"子路说："从孔子家来。"守门人说："就是那位知道做不成却还要做的人吗？"

【原文】

14.39　子击磬于卫，有荷蒉而过孔氏之门者①，曰："有心哉，击磬乎！"既而曰："鄙哉，硁硁乎②！莫己知也，斯己而已矣③。深则厉，浅则揭④。"子曰："果哉！末之难矣⑤。"

【题解】

此章继续说明了孔子知难而进，为了理想"知其不可而为之"的精神。隐者以水深水浅为喻，建议孔子应当知其不可为而不为。孔子不是不明白其中的道理，只是为了理想，明知不可为也要去奋斗。

【注释】

①蒉（kuì）：土筐。②硁（kēng）硁：抑而不扬的击磬声。③斯己而已矣：就相信自己罢了。④深则厉，浅则揭：穿着衣服涉水叫厉，提起衣襟涉水叫揭。这两句是《诗经·邶风·匏有苦叶》中的诗句。这里用来比喻处世也要审时度势，知道深浅。⑤末：无。难：责问。

【译文】

孔子在卫国，一次正在击磬，有一个挑着草筐的人经过孔子门前，说："这个磬击打得有深意啊！"过了一会儿又说："真可鄙呀，磬声硁硁的，没有人知道自己，就自己作罢好了。水深就索性穿着衣服蹚过去，水浅就撩起衣服走过去。"孔子说："说得真果断啊！真这样的话，就没有什么难的了。"

孔子在卫国击磬，荷蒉者知其心意。

【原文】

14.40　子张曰："《书》云：'高宗谅阴①，三年不言。'何谓也？"子曰："何必高宗，古之人皆然。君薨②，百官总己以听于冢宰三年③。"

【题解】

三年之丧的丧礼在孔子以前的《尚书》中就有记载，孔子认为这是孝道的体现。

【注释】

①高宗：殷高宗武丁，是商朝中兴的贤王。谅阴：古时天子守丧之称。②薨（hōng）：古代诸侯或君王死叫薨。③冢宰：官名。听于冢宰，是说百官都听命于冢宰，继位的新君可不理政事。

【译文】

子张说："《尚书》上说：'殷高宗守丧，三年不谈政事。'这是什么意思？"孔子说："不只是殷高宗，古人都是这样。国君死了，所有官员都各司其职，听从冢宰的命令长达三年。"

【原文】

14.41　子曰："上好礼，则民易使也。"

【题解】

本章是在说明上行下效的道理，这是孔子反复向执政者讲解的为政之道。

孔子认为，居上位者好礼，民众就容易役使。

【译文】

孔子说："居上位的人遇事依礼而行，民众就容易役使了。"

【原文】

14.42　子路问君子。子曰："修己以敬。"曰："如斯而已乎？"曰："修己以安人①。"曰："如斯而已乎？"曰："修己以安百姓②。修己以安百姓，尧、舜其犹病诸③！"

【题解】

此章孔子谈的仍是君子要注重修身的道理。从自己做起，自己心诚，对人尊敬，这是立身处世和管理政事的根本。

【注释】

①安人：使别人安乐。②安百姓：使百姓安乐。③病：这里有"难"的意思。诸："之于"的合音。

【译文】

子路问怎样做才是君子。孔子说："修养自己以做到恭敬认真。"子路说："像这样就可以了吗？"孔子说："修养自己并且使别人安乐。"子路又问："像这样就可以了吗？"孔子说："修养自己并且使百姓安乐。修养自己，使百姓都安乐，尧、舜大概都担心很难完全做到吧！"

⊙**典故与知识**⊙

孔子以"修己以敬"来界定"君子"的含义，显然是从内在本质着眼。这和"克己复礼"、"为仁由己"、"反求诸己"是一贯的。但是"好勇"的子路却不以此为满足，因为他是一个行动型的人物，所最关心的是"君子"如何才能有益于社会。孔子针对他的特殊关怀而推到"修己以安人"。此"人"字所指或尚是"君子"左右的家人亲友乡党之类。故子路仍不满足。最后孔子才推到"百姓"，这在当时乃是指全"天下"的人而言。若用《大学》的语言来表示，便是由修身推到齐家、治国，以至于平天下。

【原文】

14.43　原壤夷俟①。子曰："幼而不孙弟②，长而无述焉，老而不死，是为贼③！"以杖叩其胫。

【题解】

　　此章中孔子批评了一生无所作为而又不尊重人的人。当然，带有诙谐的口吻，他与原壤关系不错。原壤是孔子自幼就熟识的故人，为人放浪形骸，不守礼法。孔子前去拜访他，原壤依礼应当出门迎接的，可他不但不出迎，反而两腿平伸，坐着迎客。孔子注重礼仪，故见到原壤如此行为，就不客气地数落他的不长进。

【注释】

①原壤：鲁国人，孔子的老朋友。夷俟：伸腿坐着等待。②孙弟：同"逊悌"，孝悌。③贼：害人的人。

【译文】

　　原壤伸开两腿坐着等孔子。孔子说："你小时候不谦恭不敬兄长，长大了没有什么值得称述的，老了还不死掉，真是个害人的家伙。"说完，用手杖敲击他的小腿。

【原文】

14.44　阙党童子将命①。或问之曰："益者与？"子曰："吾见其居于位也②，见其与先生并行也③，非求益者也，欲速成者也。"

【题解】

　　此章表明孔子特别注重教育年轻人要注重礼制，长幼有序是儒家的道德规范之一。孔子从阙党童子的言行举止上判断出他不是一个追求上进的人，而是一个急于求成的人。因为真正追求上进的人，会注重自己的德行修养，表现在外就是待人谦逊，处事恭敬，行为举止都在规矩法度之中。

【注释】

①阙党：孔子在鲁国所居地名，又叫阙里。②居于位：据《礼记·玉藻》："童子无事则立主人之北南面。"可见居于位不合乎当时礼节。③并行：据《礼记·曲礼》："五年以长，则肩随之。"童子和先生并行，也不合礼。

【译文】

　　阙党的一个童子来传递信息。有人问孔子："这是一个求进益的人吗？"孔子说："我看见他坐在成人的席位上，看见他和长辈并肩而行。他不是个求进益的人，而是一个急于求成的人。"

孔子与人议论阙党童子。

卫灵公篇第十五

【原文】

15.1　卫灵公问陈于孔子①。孔子对曰："俎豆之事②，则尝闻之矣；军旅之事，未之学也。"明日遂行。

【题解】

俎、豆，是礼器。孔子是主张和平的，反对用战争的方式解决争端。所以当卫灵公向孔子询问军阵之事时，他便回答说只知礼仪，不懂军旅。实际上孔子不是不重视军事，而是不愿意谈论军旅，他是想倡导仁政，以孝为根本来教化人。

【注释】

①陈：同"阵"，军队作战时，布列的阵势。②俎豆：古代盛肉食的器皿，用于祭祀，此处译为礼仪之事。

【译文】

卫灵公向孔子询问排兵布阵的方法。孔子回答说："祭祀礼仪方面的事情，我听说过；用兵打仗的事，从来没有学过。"第二天就离开了卫国。

【原文】

15.2　在陈绝粮，从者病，莫能兴。子路愠见，曰："君子亦有穷乎？"子曰："君子固穷，小人穷斯滥矣。"

【题解】

这是孔子告诉人们怎样渡过困难的一句名言。人生总难免有窘困的时候，面对困窘的境遇，孔子认为重要的是要坚持理想和操守。子路的愤怒并非没有道理，自己一心秉持德行和操守，却陷入窘困的境地，无所通达，而作恶多端的人反而过着锦衣玉食的优裕生活，故开始质疑自己一直所坚守的信念。孔子回答他说，君子固然也有困窘的时候，但还是能以道自处，不同于小人一到窘困之时就乱了心性，胡作非为。

【译文】

孔子在陈国断绝了粮食，跟从的人都饿病了，躺着不能起来。子路生气地来见孔子说："君子也有困窘没有办法的时候吗？"孔子说："君子在困窘时还能固守正道，小人一困窘就会胡作非为。"

孔子与弟子困于陈国而绝粮。

【原文】

15.3 子曰："赐也，女以予为多学而识之者与[①]？"对曰："然。非与？"曰："非也。予一以贯之[②]。"

【题解】

"一以贯之"，是非常重要的治学思想和方法，也是孔子学问渊博而又能融会贯通的根本原因。这里孔子并未说明"一以贯之"者为何，但我们可以从中领悟到，有人苦学而无所成，是因为不能将自己零散的知识用"一以贯之"的东西来加以整理，形成系统，故越学越陷入困惑之中。

【注释】

①识（zhì）：通"志"，记住。②一以贯之：即以忠恕之道贯穿它。

【译文】

孔子对子贡说："赐呀，你以为我是多多地学习并能记住的人吗？"子贡回答说："是的，难道不是这样吗？"孔子说："不是的，我是用一个基本观念把它们贯穿起来。"

【原文】

15.4 子曰："由！知德者鲜矣。"

【题解】

"道"是体，"德"是用，有道有德修养才会全面，这里孔子是在教育子路，修身要从"德"这个根本做起。

【译文】

孔子说："仲由！知晓德的人太少了。"

【原文】

15.5 子曰："无为而治者，其舜也与？夫何为哉[①]？恭己正南面而已矣。"

【题解】

舜是孔子心目中理想的圣王。孔子之所以十分赞赏大舜无为而治的政治，是因为留恋三代的礼治。舜对人对事小心恭敬，安闲从容地施以仁政，故能无为而治。

【注释】

①夫（fú）：他。

无为而治的舜帝。

【译文】

孔子说："无为而使天下得到治理的人，大概只有舜吧？他做了什么呢？他只是庄重端正地面向南地坐在王位上罢了。"

【原文】

15.6 子张问行[①]。子曰："言忠信，行笃敬[②]，虽蛮貊之邦[③]，行矣；言不忠信，行不笃敬，虽

州里④，行乎哉？立，则见其参于前也⑤；在舆，则见其倚于衡也⑥。夫然后行。”子张书诸绅⑦。

【题解】

做事忠于人之所托，厚道认真，取信于人，是孔子提倡的为人处世之道，能够做到无往而不通。"言忠信，行笃敬"，就是对人真诚态度的体现，没有人会拒绝真诚的朋友，也没有人喜欢和虚伪轻浮的人交往。子张虽然才高意广，但为人浮躁，言行往往有偏激失当之处，所以孔子教他做到言行不离忠信笃敬，则凡事就能行得通达。

【注释】

①行：通达的意思。②笃：忠厚。③蛮貊（mò）：南蛮北狄，指当时我国南方和北方的少数民族。④州里：五家为邻，五邻为里。五党为州，二千五百家。州里指近处。⑤参：显现。⑥衡：车辕前面的横木。⑦绅：贵族系在腰间的大带。

【译文】

子张问怎样才能处处行得通。孔子说："言语忠实诚信，行为笃厚恭敬，即使到了边远地区，也能行得通。言语不忠实诚信，行为不笃厚恭敬，即使是在本乡本土，能行得通吗？站立时，就好像看见'忠实、诚信、笃厚、恭敬'的字样直立在面前；在车上时，就好像看见这几个字靠在车前横木上，这样才能处处行得通。"子张把这些话写在衣服大带上。

【原文】

15.7　子曰："直哉史鱼①！邦有道，如矢，邦无道，如矢。君子哉蘧伯玉！邦有道，则仕；邦无道，则可卷而怀之②。"

【题解】

据史书记载，史鱼曾经以尸谏卫灵公，而见成效。他在国家有道或无道时，都同样正直；而蘧伯玉则能审时度势以处世，蕴含了道的变通和通达的哲学精神。孔子对两人的处世态度都赞赏，但更欣赏蘧伯玉一些，所以说前者是"直"，后者是"君子"。

蘧伯玉邦有道则仕，邦无道则隐。

【注释】

①史鱼：卫国大夫，字子鱼。临死前要儿子不为他在正堂治丧，以此劝谏卫灵公任用蘧伯玉，斥退弥子瑕，古人称为"尸谏"。②卷（juǎn）：收。怀：藏。

【译文】

孔子说："史鱼正直啊！国家政治清明时，他像箭一样直；国家政治黑暗，他也像箭一样直。蘧伯玉是君子啊！国家政治清明时，他就出来做官；国家政治黑暗时，就把自己的才能收藏起来（不做官）。"

【原文】

15.8　子曰："可与言而不与之言①，失人②；不可与言而与之言，失言③。知者不失人④，亦不失言。"

【题解】

　　这也是孔子关于知人与慎言的一段名言。失人与失言都是不智，要善于把握一个度。孔子注重慎言，说话讲究区分场合和时机。该说的时候不说就是隐瞒，不该说的时候却说了就是躁动。问题的关键在于，自己要有知人之明，而且善于察言观色，判断时机。

【注释】

①与言：与他谈论。言，谈论。
②失人：错失人才。③失言：说错话。
④知：通"智"，明智，聪明。

【译文】

　　孔子说："可以和他谈的话但没有与他谈，这是错失了人才；不可与他谈及却与他谈了，这是说错了话。聪明的人不错过人才，也不说错话。"

孔子认为，聪明的人不错失人才，也不说错话。

【原文】

　　15.9　子曰："志士仁人，无求生以害仁，有杀身以成仁。"

【题解】

　　孔子在这里对"志士仁人"提出了最高的要求，认为"志士仁人"要有献身理想的愿望和勇敢。孔子热爱生命，总是主张人应该全身，要"危邦不入，乱邦不居"等，但在面对"仁"时，则没有丝毫的苟且，因为"仁"是至高的道德境界。这种"杀身以成仁"的精神激励了后世无数仁人志士。

【译文】

　　孔子说："志士仁人，不会为了求生损害仁，却能牺牲生命去成就仁。"

【原文】

　　15.10　子贡问为仁，子曰："工欲善其事，必先利其器。居是邦也，事其大夫之贤者，友其士之仁者。"

【题解】

　　此章孔子讲的"工欲善其事，必先利其器"已成为普遍的做事规律。从事任何一项工作都要做好准备工作、打好基础，要以谦虚恭敬的态度向贤明的人学习借鉴，与仁者交游，来熏陶自身的情操。

【译文】

　　子贡问怎样培养仁德，孔子说："工匠要想做好工，必须先把器具打磨锋利。住在这个国家，就要待奉大夫中的贤人，结交士中的仁人。"

【原文】

　　15.11　颜渊问为邦。子曰："行夏之时①，乘殷之辂②，服周之冕③，乐则《韶》《舞》④，放郑声，远佞人⑤。郑声淫，佞人殆⑥。

【题解】

颜渊问如何治理国家，孔子以礼乐答之。主张继承历代政制的优点，实行夏朝的历法，乘坐殷朝的车子，戴着周朝的礼帽，音乐用《韶》《舞》。孔子的政治理想是恢复周礼，其实就是要建设一个有秩序的国家，让百姓过上健康的、有文化的、和乐的生活。

【注释】

①夏之时：夏代的历法，便于农业生产。②辂（lù）：天子所乘的车。殷代的车由木制成，比较朴实。③冕（miǎn）：礼帽。周代的礼帽比以前的华美。④《韶》：舜时的乐曲。《舞》：同《武》，周武王时的乐曲。⑤佞人：用花言巧语去谄媚人的人。⑥殆：危险。

【译文】

颜渊问怎样治理国家。孔子说："实行夏朝的历法，乘坐殷朝的车子，戴周朝的礼帽，音乐就用《韶》和《舞》，舍弃郑国的乐曲，远离谄媚的人。郑国的乐曲很淫秽，谄媚的人很危险。"

【原文】

15.12　子曰："人无远虑，必有近忧。"

【题解】

本章孔子所说的两句是一个重要的思想方法，有着永恒的价值，已经被后人当作成语来使用。它提醒人们看问题应从长远着眼，否则，眼前就会发生困难。人能谋虑深远，思考成熟，就会办事周详，及时预防流弊，也就能让忧患之事不得接近。

【译文】

孔子说："人没有长远的考虑，一定会有眼前的忧患。"

【原文】

15.13　子曰："已矣乎！吾未见好德如好色者也。"

【题解】

爱美之心人皆有之，好色是不需要提醒的，但是好德就不容易了。据《史记·孔子世家》记载，孔子在卫国时，卫灵公与夫人南子同坐一辆车出行，让孔子跟随在后一辆车中，一路招摇过市，孔子于是生发出这样的感慨。

【译文】

孔子说："罢了罢了！我没见过喜欢美德如同喜欢美色一样的人。"

【原文】

15.14　子曰："臧文仲其窃位者与①？知柳下惠之贤②，而不与立也③。"

卫灵公与南子招摇过市。

【题解】

　　此章孔子指责臧文仲知道柳下惠是贤人，却不把他举荐给国君，相当于以不正当的手段偷窃柳下惠的智慧。因此希望贤者能够在位、能者能够在职。

【注释】

①窃位：身居官位而不称职。②柳下惠：春秋中期鲁国大夫，姓展名获，又名禽，他受封的地名是柳下，"惠"是他的谥号，所以被人们称为柳下惠。③立（wèi）：同"位"。据俞樾《群经平议》。

【译文】

　　孔子说："臧文仲大概是个窃据官位（而不称职）的人吧！他知道柳下惠贤良，却不给他官位。"

【原文】

　　15.15　子曰："躬自厚而薄责于人①，则远怨矣。"

孔子认为，君子应该严于律己而宽于待人。

【题解】

　　这一章孔子提出人应该严格要求自己，而不要苛求别人这一做人的原则，是能够和谐处事的根本。

　　人往往容易对自己的错误将就，对别人的过错却不加体谅，这样难免会引起别人的憎恶和怨恨。通过厚责自己来完善自己，宽宏大量地对待他人，方能得到他人的信赖和尊重。

【注释】

①躬自：亲自。

【译文】

　　孔子说："严厉地责备自己而宽容地对待别人，就可以远离别人的怨恨了。"

【原文】

　　15.16　子曰："不曰'如之何，如之何'者，吾末如之何也已矣①。"

【题解】

　　这一章孔子用颇为幽默的语言，讲述了人要认真对待事情，要三思而后行的道理。面对问题时，应该去积极寻求解决的途径和方法。不想想"怎么办，怎么办"的人，凭着冲动和臆测行事，总是对什么都说没问题的人，经常是大有问题而不太可靠的人。对这样的人，即使圣明如孔子，也拿之没法了。

【注释】

①末：无。

【译文】

　　孔子说："不说'怎么办，怎么办'的人，我对他也不知道该怎么办了。"

【原文】

15.17　子曰："群居终日，言不及义，好行小慧，难矣哉！"

【题解】

此章孔子说的现象恐怕两千多年来所在多有，往往是小人扎堆在一起，所谈论的不过是蜚短流长，言不及义，只喜欢表现小聪明。因此，世人若想有所成就，都要以此为箴言。

【译文】

孔子说："整天聚在一起，言语都和义理不相关，喜欢卖弄小聪明，这种人很难教导。"

【原文】

15.18　子曰："君子义以为质，礼以行之，孙以出之，信以成之。君子哉！"

【题解】

这一章孔子提出了君子的四条行为准则。以道义作为修身的本质，并以礼制作为载体来运行，通过谦逊来表达，通过诚信来圆满地完成。

【译文】

孔子说："君子把义作为本质，依照礼来实行，用谦逊的言语来表述，用诚信的态度来完成它。这样做才是君子啊！"

【原文】

15.19　子曰："君子病无能焉，不病人之不己知也。"

【题解】

在此章中孔子又一次强调了自强的重要性。

【译文】

孔子说："君子担心自己没有才能，不担心别人不知道自己。"

【原文】

15.20　子曰："君子疾没世而名不称焉。"

【题解】

传名于后世，是对于人生的激励。有理想、有抱负的人，都应该做如是想。

【译文】

孔子说："君子担心死后自己的名字不被人称道。"

孔子认为，君子应该是有理想、有抱负、希望名留青史的人。

【原文】

15.21　子曰："君子求诸己，小人求诸人。"

【题解】

此章与孔子说的"躬自厚而薄责于人"是一个意思。正人先正己,这是君子应该做到的。勇于面对和承认自己的错误的人,才是敢于承担责任的人。因为这样的人总能从自己身上找到原因,自己身上没有过失,其德行自然可以感化他人,赢得他人的尊重和信赖。

【译文】

孔子说:"君子要求自己,小人苛求别人。"

【原文】

15.22　子曰:"君子矜而不争①,群而不党。"

【题解】

其实孔子所坚持的为人之道就是自尊、仁爱和理性。"矜而不争",是以理来自律,而非以气势凌人,所以不至于与人相争;"群而不党"是与人为善,不搞拉帮结派,这些都是一个正直君子所当为的。

【注释】

①矜(jīn):庄重的意思。

【译文】

孔子说:"君子矜持庄重而不与人争执,合群而不与人勾结。"

孔子认为,君子应该矜持庄重而不与人争执。

【原文】

15.23　子曰:"君子不以言举人,不以人废言。"

【题解】

此章孔子论述的待人处世之道是非常有道理的。推举人要重实绩,不能一概而论、以偏概全,不能使工于言辞却无实行的巧言者得幸当道,也不能因为那人有了缺点就废弃了他有益的建言。

【译文】

孔子说:"君子不因为一个人的言语(说得好)而推举他,也不因为一个人有缺点而废弃他好的言论。"

【原文】

15.24　子贡问曰:"有一言而可以终身行之者乎①?"子曰:"其'恕'乎②!己所不欲,勿施于人。"

【题解】

孔子认为,"恕"是一个人可以终身奉行的法则。所谓"恕",就是将心比心,能够始终体谅和理解他人,常常为他人设身处地地考虑。"己所不欲,勿施于人"这句格言具有普世的意义。

【注释】

①一言:一个字。言,字。②恕:推己及人,即"己所不欲,勿施于人"。

【译文】

　　子贡问道："有一个可以终身奉行的字吗？"孔子说："大概是'恕'吧！自己不想要的，不要施加给别人。"

【原文】

　　15.25　子曰："吾之于人也，谁毁谁誉？如有所誉者，其有所试矣。斯民也，三代之所以直道而行也。"

【题解】

　　在此章中孔子告诉人们，对人不能随意加以毁誉，要实事求是地评价其功过是非。孔子认为夏商周三代的贤人以直道行事，是经得起时间考验的，故为后世所向往。

孔子认为，功过是非，不可随意毁誉。

【译文】

　　孔子说："我对于别人，毁谤了谁？赞誉了谁？如果有所赞誉的话，一定对他有所考察。有了这样的民众，夏、商、周三代所以能直道而行。"

【原文】

　　15.26　子曰："吾犹及史之阙文也。有马者，借人乘之①。今亡矣夫②！"

【题解】

　　此章是孔子对人心不古的感慨，强调无论是治学还是做其他的事情，都要持一种诚实、认真的态度。史书中有存疑或空缺的地方，是古人对待疑问的态度，以待能知之人。有马的人，自己不能驯服，则请善于调马的人来乘坐驯服。孔子感叹在他的晚年时代，史官多穿凿附会，有马不能调教的人，也不肯虚心向人请教，以致世上多有无知而妄作的人。

【注释】

①有马者，借人乘之：有人认为此句系错出，难以索解，存疑而已。②亡（wú）：无。

【译文】

　　孔子说："我还能够看到史书中存疑空阙的地方。有马的人（自己不会调教）先借给别人骑。现在没有这样的了。"

【原文】

　　15.27　子曰："巧言乱德。小不忍，则乱大谋。"

【题解】

　　本章孔子的这段名言是做大事人的座右铭。务实、忍耐、顾大局，这不是软弱的表现，而正是有志于做大事的人必备的素养。巧言不仅动听，而且能把无理说成有理，足以扰乱、败坏人的德行。而人正是因为轻易听信了身边某些人的巧言说辞，或逞一时意气，或行妇人之仁，结果一念之差，在小的事情上没有克制自己，扰乱了原来的部署和谋略，致使功败垂成。

【译文】

孔子说："花言巧语会败坏道德。小事不忍耐，就会扰乱了大的谋略。"

【原文】

15.28　子曰："众恶之，必察焉；众好之，必察焉。"

【题解】

孔子认为，在知人论世上必须独立思考，对一个人不应该以众人之是非标准来决定自己的是非判断，一定要实事求是地进行考察。人言可畏，众人之论未必出于公，公论也未必尽出于众人之口。舆论未必完全可信，不能人云亦云，必须切实地加以辨析和核查。

孔子认为，对一个人的评价不能附众之毁誉，必须详加观察。

【译文】

孔子说："众人都厌恶他，一定要去考察；大家都喜爱他，也一定要去考察。"

【原文】

15.29　子曰："人能弘道，非道弘人。"

【题解】

这一章说明人必须首先提高自身的修养，才可以把道发扬光大；而不能用道来装点门面，标榜自己。

【译文】

孔子说："人能够把道发扬光大，不是道能把人发扬光大。"

⊙名家品论语⊙

孔子之所谓道，必须有坚确的知识来支持，所以《论语》中非常重视知识；但他不是以知识为归趋，所以道的主要内容，不在扩充知识。假定是以扩充知识为道，则道可以使人知所不知，这即是"道能弘人"。孔子之所谓道，包含有艺能在内，他重视艺能在生活、行为中的意义，所以也特别提出"游于艺"，"艺"是艺能，"游"是熟练的形容。但艺能不是他所说的道的主要内容。若艺能是道的主要内容，则道可以使人能所不能，这也是"道能弘人"。孔子之所谓道，主要是指向生活、行为的意义，由这种意义来提升人生的价值，使人真能成为一个人，亦即论语中的所谓"成人"，所谓"君子"。这种意义，因为是与生活、行为连结在一起的，因为是与每一个人每一样事连结在一起的，所以把它加以表达的言，都是平淡平实之言，亦即是有类于朱元晦赞程伊川所说的"布帛之衣，菽粟之味，知德者希，孰识其贵"（《朱文公文集》卷八十五）。从纯知识、纯艺能的角度看这种道是不能弘人的。但一进入到人类的行为世界，进入到由人类行为所积累的历史世界，它所含的意义才可彰显出来，此之谓"人能弘道"。

——徐复观《向孔子思想性格的回归》

【原文】

15.30　子曰："过而不改，是谓过矣。"

【题解】

人非圣贤，孰能无过？有过错并不可怕，可怕的是明明知道自己做错了，却一味固执不思悔改、不加补救，那就无法挽回了。人的进步是在不断修正自身的错误的过程中完成的，所以人们对待错误应持的唯一正确态度是及时改正。

【译文】

孔子说："有了过错而不改正，这就真叫做过错了。"

【原文】

15.31　子曰："吾尝终日不食，终夜不寝，以思，无益，不如学也。"

【题解】

孔子的这句话是在说明学与思的辩证关系，特别强调了实实在在学习的重要性。思考是要以学习和实践作为基础的，如果没有学习和实践就去思考，只能徒劳无益。

【译文】

孔子说："我曾经整天不吃，整夜不睡，去思索，这样做没有益处，不如去学习。"

孔子好学不倦，废寝忘食。

【原文】

15.32　子曰："君子谋道不谋食。耕也，馁在其中矣[①]；学也，禄在其中矣。君子忧道不忧贫。"

【题解】

孔子这段话的中心意思是在劝学，劝学者不要将心思只放在食与禄上。君子谋求的不只是生计，而是要谋求真理和正道，心中所忧虑担心的是道能否推行，而不是贫穷和饥饿。

【注释】

①馁（něi）：饥饿。

【译文】

孔子说："君子谋求的是道而不去谋求衣食。耕作，常常会饥饿；学习，往往得到俸禄。君子担忧是否能学到道，不担忧贫穷。"

⊙名家品论语⊙

中国人对于父母妻儿也就是家庭有极重的义务感，对于人与人之间的关系看得非常重，始终追求人与人之间的和谐融洽。他们不习惯分离、独处，讲究礼节、不为个人情欲迷狂而违反道德理智。进一步，他们积极入世，关心社会，把国家的价值放置在个人与家庭之上，"国家兴亡，匹夫有责"、"大河有水小河满"的观念使他们把国家盛衰兴亡当作个人的事情，因为"国"对于他们来说就是放大的"家"，而"家"就与"人"息息相关。特别是后来孟子以及宋理学又把这种理性观念与道德心性联系起来，使这种观念建立在人的心灵自觉上，从"正心"、"诚意"、"修身"到"齐家"、到"治国平天下"，这就使得它渗透到了每个中国人的心灵深处，铸成了中国人清醒的道德理性主义。

——葛兆光《中国经典十种》

【原文】

15.33 子曰："知及之①，仁不能守之，虽得之，必失之。知及之，仁能守之，不庄以涖之②，则民不敬。知及之，仁能守之，庄以涖之，动之不以礼，未善也。"

【题解】

此章孔子提出了一个合格的执政者所应具备的品质和治国理政的四条标准：首先要有治国的智慧，再追求仁德爱民，然后怀着庄严敬畏的态度去对待，最后是依照礼法而动。

【注释】

①知：通"智"。②涖：通"莅"，临，到。

【译文】

孔子说："靠聪明才智得到它，不用仁德去保持它，即使得到了，也一定会丧失。靠聪明才智得到它，用仁德守住它，但不以庄重的态度来行使职权，那么民众就不敬畏。靠聪明才智得到它，用仁德保持它，能以庄重的态度来行使职权，但不能按照礼来动员，也是不完善的。"

【原文】

15.34 子曰："君子不可小知，而可大受也。小人不可大受，而可小知也。"

【题解】

本章孔子讲的还是要知人善任的道理。要懂得如何使用人才，关键是要有知人之明。君子才智深广、德行深厚，但在做一些具体的小事上未必可观，其才德却可以担当重任；小人虽然器量狭小，却也未必一无是处，在一些小事上可能有其长处。

孔子认为，君子可以授以重任。

【译文】

孔子说："君子不可以用小事来察知，却可以接受重任；小人不可以承担重任，却可以用小事来察知。"

【原文】

15.35　子曰："民之于仁也，甚于水火。水火，吾见蹈而死者矣，未见蹈仁而死者也。"

【题解】

此章孔子强调了仁是人生和社会得以健康发展的根本，它是有益于人和社会的，但是人们往往认识不到它的重要性。

【译文】

孔子说："民众对于仁的需要，超过对水火的需要。水和火，我看见有人死在里面，却没有见过有为实行'仁'而死的。"

【原文】

15.36　子曰："当仁，不让于师。"

民众知道生存的重要性，却不明白"仁"更重要。

【题解】

这段是孔子的名言，为所有行仁道、为壮举、力求上进的人鼓足了底气。在仁面前，众人平等，不必谦让于师长。

【译文】

孔子说："面临仁时，对老师也不必谦让。"

【原文】

15.37　子曰："君子贞而不谅①。"

【题解】

孔子注重"信"的道德原则，但又说明了它必须以"道"为前提，即在仁和礼的基础上坚持"信"。

【注释】

①贞：正，指固守正道。谅：信，指不分是非而守信。

【译文】

孔子说："君子讲大信，而不拘泥于遵守小信。"

【原文】

15.38　子曰："事君，敬其事而后其食。"

【题解】

先人后己，首先要诚敬地付出，然后再谦逊地得到，这就是"礼"。在孔子看来，食君之禄，担君之忧，

要诚敬地对待自己的职责，在自己有所贡献之前不提酬报之事。

【译文】

孔子说："侍奉君主，应该认真做事，而把领取俸禄的事放在后面。"

【原文】

15.39　子曰："有教无类。"

【题解】

正是孔子这种"有教无类"的伟大的教育思想，在春秋时代把贵族文化普及到了平民。

【译文】

孔子说："人人都教，没有高低贵贱的等级差别。"

【原文】

15.40　子曰："道不同，不相为谋①。"

【题解】

这是千古不易的箴言。志向不同，意见不合，不能在一起共同办事。

【注释】

①为（wèi）：与，对。

【译文】

孔子说："志向主张不同，不在一起谋划共事。"

孔子认为，志向主张不同，就不能在一起谋划共事。

【原文】

15.41 子曰："辞达而已矣。"

【题解】

在本章中，孔子强调辞贵达意，不取言辞的虚浮和绮丽，这是非常健康的语言观。

【译文】

孔子说："言辞能表达出意思就可以了。"

【原文】

15.42 师冕见①，及阶，子曰："阶也。"及席，子曰："席也。"皆坐。子告之曰："某在斯，某在斯。"师冕出。子张问曰："与师言之道与？"子曰："然，固相师之道也②。"

【题解】

古代乐师一般由盲者充任，此章具体而生动地描述了孔子对盲人真诚又体谅的态度。对之不厌其烦的提示和指点，表现了他富有同情心和善于为人设身处地着想，这种伟大的人道主义精神十分感人。

【注释】

①师：乐师。冕：人名。古代的乐师一般是盲人。
②相（xiàng）：帮助。

【译文】

师冕来见孔子，走到台阶边，孔子说："这儿是台阶。"走到坐席边，孔子说："这是坐席。"大家都坐下后，孔子告诉他说："某人在这里，某人在这里。"师冕告辞后，子张问道："这是和盲人乐师言谈的方式吗？"孔子说："是的，这本来就是帮助盲人乐师的方式。"

孔子为师冕作导引。

⊙**名家品论语**⊙

"子曰：君子道者三，我无能焉，仁者不忧，智者不惑，勇者不惧。"孔子说，凡君子就能如此，但是我不能够。这是哪些事呢？就是"仁者不忧，智者不惑，勇者不惧"。我们在这儿看一看，有一件很明显的事情，就是智者与惑，勇者与惧，确是相反的。真正的智者，当然不得惑；真正的勇者，也当然就不惧了。还有一层，更可注意的，就是仁者不忧。仁在儒家是很重要的，那是不必言之。儒家批评人，常以"仁"字去评他；人之生活，也以"仁"字去评他。但仁是怎解呢？想解释确实很难，但我们可以在此发现一点，仁者与忧，是相反的；真仁者不忧，忧者那就是不仁者；和智者之于惑、勇者之于惧是一样的。这就是说仁者是乐的。

——梁漱溟《孔子人生哲学大要》

【原文】

16.1　季氏将伐颛臾①。冉有、季路见于孔子②，曰："季氏将有事于颛臾。"孔子曰："求！无乃尔是过与③？夫颛臾，昔者先王以为东蒙主④，且在邦域之中矣，是社稷之臣也。何以伐为⑤？"冉有曰："夫子欲之，吾二臣者皆不欲也。"孔子曰："求！周任有言曰⑥：'陈力就列，不能者止。'危而不持，颠而不扶，则将焉用彼相矣⑦？且尔言过矣。虎兕出于柙⑧，龟玉毁于椟中，是谁之过与？"

冉有曰："今夫颛臾，固而近于费⑨。今不取，后世必为子孙忧。"孔子曰："求！君子疾夫舍曰'欲之'，而必为之辞。丘也闻：有国有家者，不患寡而患不均，不患贫而患不安⑩。盖均无贫，和无寡，安无倾。夫如是，故远人不服，则修文德以来之。既来之，则安之。今由与求也相夫子，远人不服而不能来也，邦分崩离析而不能守也，而谋动干戈于邦内。吾恐季孙之忧，不在颛臾，而在萧墙之内也⑪。"

孔子弟子讨论季氏将伐颛臾之事。

【题解】

孔子是主张以仁和礼来解决争端的，提倡"和为贵"，反对通过暴力手段解决国家内外的问题。此章孔子还提出了"不患贫而患不均，不患寡而患不安"的思想，让人民安乐，让社会均富，这种思想对中国古代文化和中国人的心理影响深远。从这章还可以看出，孔子平日对弟子温和可亲，但在遇到原则性的问题时，从不姑息容忍。他对季氏发动不义的战争进行指责，也对冉求、季路两位学生一味地推诿、狡辩进行了严厉地驳斥。

【注释】

①颛（zhuān）臾（yú）：鲁国的附属国，在今山东省费县西。②见于：被接见。③无乃：岂不是。尔是过：责备你。"过"用作动词，表示责备。"是"用于颠倒动宾之间，无义。④东蒙主：东蒙，蒙山。主，主持祭祀的人。⑤为：用于句末的语气词。这里表诘问语气。⑥周任：人名，周代史官。⑦相（xiàng）：搀扶盲人的人叫相，这里是辅助的意思。⑧兕（sì）：雌性犀牛。⑨费：季氏的采邑。⑩不患寡而患不均，不患贫而患不安：当作"不患贫而患不均，不患寡而患不安"。据俞樾《群经平议》。⑪萧墙：照壁屏风，指宫廷之内。

【译文】

季氏准备攻打颛臾。冉有、子路去拜见孔子，说："季氏准备对颛臾用兵了。"孔子说："冉求！难道不是你的过错吗？颛臾，以前先王让它主持东蒙山的祭祀，而且它在鲁国的疆域之内，是国家的臣属，为什么要攻打它呢？"冉有说："季孙大夫想去攻打，我们两人都不同意。"孔子说："冉求！

周任说过：'根据自己的才力去担任职务，不能胜任的就辞职不干。'盲人遇到了危险不去扶持，跌倒了不去搀扶，那还用辅助的人干什么呢？而且你的话说错了。老虎、犀牛从笼子里跑出来，龟甲和美玉在匣子里被毁坏了，是谁的过错呢？"

冉有说："现在颛臾，城墙坚固，而且离季氏的采邑费地很近。现在不攻占它，将来一定会成为子孙的祸患。"孔子说："冉求！君子痛恨那些不说自己想那样做却一定要另找借口的人。我听说，对于诸侯和大夫，不怕贫穷而怕财富不均；不怕人口少而怕不安定。因为财富均衡就没有贫穷，和睦团结就不觉得人口少，境内安定就不会有倾覆的危险。像这样做，远方的人还不归服，那就再修仁义礼乐的政教来招致他们。他们来归服了，就让他们安心生活。现在，仲由和冉求你们辅佐季孙，远方的人不归服却又不能招致他们；国家分崩离析却不能保全守住；反而谋划在国内动用武力。我恐怕季孙的忧患不在颛臾，而在他自己的宫墙之内呢。"

【原文】

16.2　孔子曰："天下有道，则礼乐征伐自天子出；天下无道，则礼乐征伐自诸侯出。自诸侯出，盖十世希不失矣[①]；自大夫出，五世希不失矣；陪臣执国命[②]，三世希不失矣。天下有道，则政不在大夫。天下有道，则庶人不议。"

【题解】

此章是孔子对春秋时期的政治形势的分析。他十分赞赏"天下有道"的尧、舜、禹、汤以及西周时代，因为那时礼乐征伐出自天子。"天下无道"则在周平王东迁之后，此后王室衰微，诸侯争霸称雄，周天子已经无发号施令的力量了。鲁国自季氏专权，有家臣专政，人心和社会秩序一路衰

天下无道，则百姓议论纷纷。

败，社会危机四伏。"天下有道，则庶人不议"，这句话给执政者们非常有益的警示。

【注释】

①希：少。②陪臣：大夫的家臣。

【译文】

孔子说："天下政治清明，制礼作乐以及出兵征伐的命令都由天子下达；天下政治混乱，制礼作乐以及出兵征伐的命令都由诸侯下达。政令由诸侯下达，大概延续到十代就很少有不丧失的；政令由大夫下达，延续五代后就很少有不丧失的；大夫的家臣把持国家政权，延续到三代就很少有不丧失的。天下政治清明，国家的政权就不会掌握在大夫手中；天下政治清明，普通百姓就不会议论朝政了。"

【原文】

16.3　孔子曰："禄之去公室[①]，五世矣。政逮于大夫[②]，四世矣[③]，故夫三桓之子孙微矣。"

【题解】

此章是孔子对于国家政治和历史作出的判断。鲁国国君丧失权力已历经宣公、成公、襄公、昭公、定公

五代，季孙氏作为卿大夫把持朝政也历经了文子、武子、平子、桓子四代，权力不断下移，权柄逐渐被家臣操纵，故说三桓的子孙现在也衰微了。

【注释】

①禄：俸禄，这里指政权。②公室：诸侯的家族。逮（dài）：及。③四世：指季孙氏文子、武子、平子、桓子四世。

【译文】

孔子说："国家政权离开了鲁国公室已经五代了，政权落到大夫手中已经四代了，所以鲁桓公的三家子孙都衰微了。"

【原文】

16.4　孔子曰："益者三友，损者三友。友直，友谅①，友多闻，益矣。友便辟②，友善柔，友便佞③，损矣。"

【题解】

此章孔子讲的交友之道，所提出的标准至今都有非常重要的参考价值。

【注释】

①谅：诚信。②便（pián）辟：逢迎谄媚。③便（pián）佞：用花言巧语取悦于人。

【译文】

孔子说："有益的朋友有三种，有害的朋友有三种。同正直的人交友，同诚信的人交友，同见闻广博的人交友，是有益的。同逢迎谄媚的人交友，同表面柔顺而内心奸诈的人交友，同花言巧语的人交友，是有害的。"

【原文】

16.5　孔子曰："益者三乐，损者三乐。乐节礼乐，乐道人之善，乐多贤友，益矣。乐骄乐，乐佚游①，乐宴乐，损矣。"

【题解】

这一章讲的是孔子的快乐观。孔子认为，健康的快乐观应该是以道德修养为要旨和依归的。以礼节乐，乐道人善，乐交贤友，都是有益的快乐，真正的快乐。而乐骄乐、乐佚游、乐宴乐都与德有损，过度则对养生有害，是不值得提倡的，因而也不是有益的。

孔子向弟子阐释有益的快乐与有害的快乐的区别。

【注释】

①佚：放荡。

【译文】

孔子说："有益的快乐有三种，有害的快乐有三种。以用礼乐调节自己为乐，以称道人的好处为乐，以有很多德才兼备的朋友为乐，是有益的。以骄纵享乐为乐，以放荡游乐为乐，以宴饮无度为乐，是有害的。"

【原文】

16.6　孔子曰："侍于君子有三愆①：言未及之而言，谓之躁；言及之而不言，谓之隐；未见颜色而言，谓之瞽②。"

【题解】

此章孔子谈的是与君子交往中的适言问题。说话是一门艺术，把话说好并不是一件容易的事，这里孔子给了我们一些有益的指导：说话应择时择人，视情况而定。

【注释】

①愆（qiān）：过失。②瞽（gǔ）：眼睛瞎。

【译文】

孔子说："侍奉君子容易有三种过失：没有轮到他发言而发言，叫作急躁；到该说话时却不说话，叫作隐瞒；不看君子的脸色而贸然说话，叫作盲目。"

【原文】

16.7　孔子曰："君子有三戒：少之时，血气未定，戒之在色；及其壮也，血气方刚，戒之在斗；及其老也，血气既衰，戒之在得①。"

【题解】

孔子按照人在少年、壮年、老年的不同生理和心理特点，分别提出了君子修身养性的重点。少年时身体内的血气尚未充实，容易贪恋美色，而色欲最损血气，故须戒色。到了壮年时，血气方刚，最容易犯争强好胜之心，易

孔子阐释少年、中年人、老年人不同的身心特点及警戒。

生祸端，故戒之在斗。晚年时身体血气已衰，体力不济，容易贪恋名位利禄，患得患失，而世间之祸多因贪起，所以要戒得。

【注释】

①得：贪得，包括名誉、地位、财货等。

【译文】

孔子说："君子有三件事应该警惕戒备：年少的时候，血气还没有发展稳定，要警戒迷恋女色；壮年的时候，血气正旺盛，要警戒争强好斗；到了老年的时候，血气已经衰弱，要警戒贪得无厌。"

【原文】

16.8　孔子曰："君子有三畏：畏天命，畏大人，畏圣人之言。小人不知天命而不畏也，狎大人，侮圣人之言。"

【题解】

此章孔子讲的是一个人要有敬畏之心才能成为言行高尚的君子，这也是最好的立身处世之道。畏天命，是对自然规律的敬畏，因为顺之则吉，逆之则凶。畏大人，是对有德有位者的敬畏，因为他们负责治理国家，位高权重，维护着社会的秩序，稍有差错，便会祸及百姓。畏圣人，是因为圣人的话具有万古不易的道理，指出了人生应该遵循之道，违背了就会有灾祸，足以使人敬畏。

【译文】

孔子说："君子有三种敬畏：敬畏天命，敬畏王公大人，敬畏圣人的言论。小人不知道天命，所以不敬畏它，轻视王公大人，侮慢圣人的言论。"

小人无知，轻视王公大人。

【原文】

16.9　孔子曰："生而知之者，上也；学而知之者，次也；困而学之，又其次也；困而不学，民斯为下矣。"

【题解】

孔子把人对于知识的追求分为"生而知之"、"学而知之"、"困而学之"、"困而不学"四等，他从来都不承认自己是"生而知之者"，总是鼓励人们要勤奋学习，孜孜不倦。

【译文】

孔子说："生来就知道的，是上等；经过学习后才知道的，是次等；遇到困惑疑难才去学习的，是又次一等了；遇到困惑疑难仍不去学习的，这种人就是下等的了。"

【原文】

16.10　孔子曰："君子有九思：视思明，听思聪，色思温，貌思恭，言思忠，事思敬，疑思问，忿思难[①]，见得思义。"

【题解】

此章孔子谈的这个九思，从人的言行举止各个方面系统而具体地讲解了君子的道德规范。孔子非常重视道德修养问题，要求自己和学生的一言一行都要遵循这九个方面的规范。

【注释】

①难（nàn）：后患。

【译文】

孔子说："君子有九种思考：看的时候要思考看明白了没；听的时候要思考听清楚了没；待人接物时，要想想脸色是否温和，样貌是否恭敬；说话时要想想是否忠实；做事时要想想是否严肃认真；有疑难时要想着询问；气忿发怒时要想想可能产生的后患；看见可得的要想想是否合于义。"

【原文】

16.11　孔子曰："见善如不及，见不善如探汤。吾见其人矣，吾闻其语矣。隐居以求其志，行义以达其道。吾闻其语矣，未见其人也。"

【题解】

此章讲的是一个人进行自我道德修养应该保持高度的自觉性和紧迫感。

孔子向众弟子阐释改过迁善、完善自我的修身之道。

【译文】

　　孔子说："见到善的行为，就像怕赶不上似地去努力追求；看见不善的行为，就像手伸进了沸水中那样赶快避开。我看见过这样的人，也听到过这样的话语。隐居起来以求保全自己的志向，按照义的原则行事以贯彻自己的主张。我听到过这样的话语，却没见过这样的人。"

【原文】

　　16.12　齐景公有马千驷①，死之日，民无德而称焉。伯夷、叔齐饿于首阳之下②，民到于今称之。其斯之谓与③？

伯夷、叔齐不食周粟，采薇于首阳山。

【题解】

　　本章说明对统治者的历史评价在于人民的口碑，这是一种先进的历史观。齐景公贵为君主，生前有马四千匹，权势豪富煊赫一时，而死后却寂寞非常，民无称戴。伯夷、叔齐生前采薇而食，死后却以其精神流荡人间。可见一个人的价值不在于其外在的财富，而在于其内在的品德。

【注释】

　　①千驷：驷，同驾一辆车的四匹马。千驷，四千匹马。②首阳：山名。伯夷、叔齐：商朝末年孤竹君的两个儿子。父亲死后，兄弟互让君位而出逃。周灭商后，他们耻食周粟，隐居于首阳山，采薇而食，最后饿死。③其斯之谓与：这一句中的"斯"字是指什么，上文没有交代，因此意思不清。有人以为，《颜渊》篇第十章"诚不以富，亦祗以异"（引自《诗经·小雅·我行其野》）当在此句之前。

【译文】

　　齐景公有四千匹马，他死的时候，人民找不到他有什么德行值得称颂的。伯夷和叔齐饿死在首阳山上，人民到现在还在称颂他们。大概就是这个意思吧！

【原文】

　　16.13　陈亢问于伯鱼曰①："子亦有异闻乎？"对曰："未也。尝独立，鲤趋而过庭。曰：'学《诗》乎？'对曰：'未也。''不学《诗》，无以言。'鲤退而学《诗》。他日，又独立，鲤趋而过庭。曰：'学《礼》乎？'对曰：'未也。''不学《礼》，无以立。'鲤退而学《礼》。闻斯二者。"陈亢退而喜曰："问一得三，闻《诗》，闻《礼》，又闻君子之远其子也②。"

【题解】

　　《诗经》和《礼记》是孔子教育学生的必修课目，他对自己的独生子孔鲤的教育也是从此入手。这是孔子以身作则，"诗礼传家"。

【注释】

　　①陈亢：姓陈，名亢，字子禽。伯鱼：姓孔，名鲤，字伯鱼，孔子的儿子。②远：不接近，不亲昵。

【译文】

　　陈亢向伯鱼问道："你在老师那里有得到与众不同的教诲吗？"伯鱼回答说："没有。他曾经独自站在那里，我快步走过庭中，他说：'学《诗经》了吗？'我回答说：'没有。'他说：'不学《诗经》

⊙名家品论语⊙

诗意的境界象征着已发展了内在方向感的青年所具有的热切和激动，用专门的术语来表示这种承诺就叫作"立志"。"立志"按其字面的意思就是"建立自己的志向"，必须要有一个存在的决断，不仅是作为开端而且也是作为持续不断实践的保证，在儒家的文献中这看法被认为是理所当然的。因而，孔子坚决主张"不愤不启，不悱不发"（《论语·述而》）。严格说来，除非一个青年自觉地去履道，否则就没有一个教师能强迫他去追求道。由于完全意识到特别是在青年中"未见好德如好色者也"（《论语·子罕》），所以孔子建议以学《诗经》来引导人们协调他们的基本感情。他认为古典传统中的"诗"除了其他一些作用外，还"可以兴"、"可以群"、"可以观"、"可以怨"。孔子进一步指出，如仔细研读诗，不仅可以学会"迩之事父，远之事君"，而且还能学到有关自然现象诸如鸟兽草木等知识（《论语·阳货》）。反之，若不学《诗经》就会"其犹正墙面而立也与？"（《论语·阳货》）这样他就简直不能向自我修养实现的方向迈出步履。学《诗经》标志着履道的第一步，且是关键性的一步。

——杜维明《一阳复来》

就不会应对说话。'我退回后就学《诗经》。另一天，他又独自一人站着，我快步走过庭中，他说：'学《礼记》了吗？'我回答说：'没有。'他说：'不学《礼记》，就没法立足于社会。'我退回后就学《礼记》。我只听到过这两次教诲。"陈亢回去后高兴地说："问一件事，知道了三件事，知道要学《诗经》，知道要学《礼记》，又知道君子不偏私自己的儿子。"

【原文】

16.14　邦君之妻，君称之曰夫人，夫人自称曰小童；邦人称之曰君夫人，称诸异邦曰寡小君；异邦人称之，亦曰君夫人。

国君与妻子和谐亲爱。

【题解】

春秋时代，礼制遭到破坏，诸侯嫡妾称号混乱，而称号实际上意味着某一种秩序的遵循和规范，孔子故而提到周礼，也是正名之意。

【译文】

国君的妻子，国君称她为夫人，夫人自称为小童；国内的人称她为君夫人，在其他国家的人面前称她为寡小君；别的国家的人也称她为君夫人。

【原文】

17.1　阳货欲见孔子①，孔子不见，归孔子豚②。孔子时其亡也③，而往拜之。遇诸途。谓孔子曰："来！予与尔言。"曰："怀其宝而迷其邦，可谓仁乎？曰："不可。""好从事而亟失时④，可谓知乎⑤？"曰："不可。""日月逝矣，岁不我与。"孔子曰："诺，吾将仕矣。"

【题解】

此章记载了孔子和鲁国的权奸阳货的一段交往经历。在这当中，孔子表现了其处事的原则性和灵活性。阳货为季氏的家臣，季氏数代把持鲁国朝政，阳货此时又把持着季氏家族实权，正是孔子所说的"陪臣执国命"状况。他要见孔子，意在使孔子助己为乱。孔子虽然回避，却在半道上遇见了，阳货邀请孔子出仕，说得头头是道，孔子心知其非，口中唯唯诺诺，却坚守了自己"有所为，有所不为"的参政原则。

孔子与阳货相遇于途。

【注释】

①阳货：又叫阳虎，季氏的家臣。此时他正把持着季氏的权柄，曾经将季桓子拘禁起来而企图把持鲁国国政。后篡权不成逃往晋国。见：用作使动词，"见孔子"为"使孔来见"。②归（kuì）：通"馈"，赠送。豚：小猪。古代礼节，大夫送士礼品，士必须在大夫家里拜受礼物。③时：通"伺"，窥伺，打听。④亟（qì）：屡次。⑤知（zhì）：通"智"。

【译文】

阳货想要孔子去拜见他，孔子不去拜见，他便送给孔子一头蒸熟了的小猪。孔子打听到他不在家时，前往他那里去回拜表谢。却在途中遇见阳货。阳货对孔子说："来！我同你说话。"孔子走过去，阳货说："一个人怀藏本领却听任国家迷乱，可以叫作仁吗？"孔子说："不可以。""喜好参与政事而屡次错失时机，可以叫作聪明吗？"孔子说："不可以。""时光很快地流逝了，岁月是不等人的。"孔子说："好吧，我将去做官了。"

【原文】

17.2　子曰："性相近也，习相远也。"

【题解】

后世的启蒙读物《三字经》中的第一句话就源于孔子的这一句名言，表述了孔子注重后天教育的思想，这也是他"有教无类"的教育思想的哲学基础。

【译文】

孔子说："人的本性是相近的，后天的习染使人与人之间相差甚远了。"

【原文】

17.3 子曰："唯上知与下愚不移。"

【题解】

此章实际是上一章的补充，其主旨都在劝学，侧重人学习的自觉性。学而知之，困而学之，都是可以变愚为智的。只有困而不学的人，其愚笨才是不可改变的。

【译文】

孔子说："只有上等的智者与下等的愚人是改变不了的。"

【原文】

17.4 子之武城①，闻弦歌之声②。夫子莞尔而笑③，曰："割鸡焉用牛刀？"子游对曰："昔者偃也闻诸夫子曰：'君子学道则爱人，小人学道则易使也。'"子曰："二三子！偃之言是也。前言戏之耳。"

【题解】

此章孔子借一次和子游的玩笑阐述了礼乐教化民众的意义和作用。子游做了武城的邑宰，实施庠序教化，学习礼乐的人很多，弦歌不辍。孔子到武城，听到弦歌声，便用"割鸡焉用牛刀"来开玩笑，大约是孔子有感于当时连大国都没有这般喜好礼乐的情况，在武城这个小小地方却有礼乐教化。从中亦可见孔子言语诙谐轻松的一面。

孔子过武城，见武城之人弦歌不辍。

【注释】

①武城：鲁国的一个小城，当时子游是武城宰。②弦歌：以琴瑟伴奏歌唱。弦，指琴瑟。③莞（wǎn）尔：微笑的样子。

【译文】

孔子到了武城，听到管弦和歌唱的声音。孔子微笑着说："杀鸡何必用宰牛的刀呢？"子游回答说："以前我听老师说过：'君子学习了道就会爱人，老百姓学习了道就容易使唤。'"孔子说："学生们，言偃的话是对的。我刚才说的话是同他开玩笑罢了。"

【原文】

17.5 公山弗扰以费畔①，召，子欲往。子路不说，曰："末之也已②，何必公山氏之之也③。"子曰："夫召我者，而岂徒哉？如有用我者，吾其为东周乎！"

【题解】

据《史记·孔子世家》记载，公山不狃以家臣的身份反叛季氏，理由可能是为了支持鲁君。孔子欲应公山不狃之召前去，是为了行仁道于世，也即"吾其为东周乎"。可见孔子用礼治世的迫切愿望。

【注释】

①公山弗扰：人名，又称公山不狃，字子洩，季氏的家臣。当时公山弗扰伙同阳货在费邑背叛季氏。畔：通"叛"。②末之也已：末，无。之，到、往。末之，无处去。已，止、算了。③之之也：第一个"之"字是助词，后一个"之"字是动词，"去、到"的意思。

孔子向子路解释应公山弗扰之召的原因。

【译文】

公山弗扰在费邑叛反，召孔子，孔子准备前往。子路不高兴，说："没有地方去就算了，何必到公山氏那里去呢？"孔子说："那召我去的人，岂会让我白去一趟吗？如果有任用我的人，我就会使周朝的政德在东方复兴。"

【原文】

17.6　子张问仁于孔子。孔子曰："能行五者于天下，为仁矣。""请问之。"曰："恭，宽，信，敏，惠。恭则不侮，宽则得众，信则人任焉，敏则有功，惠则足以使人。"

【题解】

"仁"字在《论语》中共出现了一百零九次，可见"仁"在孔子心目中的重要性。子张是孔门中对政治感兴趣的弟子之一，故孔子从"恭，宽，信，敏，惠"五个方面来讲实行仁的具体做法，与回答颜渊、曾子问仁之说不同，这亦是因材施教的缘故。

【译文】

子张向孔子问仁。孔子说："能够在天下实行五种美德，就是仁了。"子张问："请问是哪五种？"孔子说："恭敬，宽厚，诚信，勤敏，慈惠。恭敬就不会招致侮辱，宽厚就会得到众人的拥护，诚信就会得到别人的任用，勤敏则会取得功绩，慈惠就能够使唤人。"

【原文】

17.7　佛肸召①，子欲往。子路曰："昔者由也闻诸夫子曰：'亲于其身为不善者，君子不入也。'佛肸以中牟畔②，子之往也，如之何？"子曰："然。有是言也。不曰坚乎，磨而不磷③；不曰白乎，涅而不缁④。吾岂匏瓜也哉？焉能系而不食？"

【题解】

佛肸在中牟发动叛乱，想召孔子前往。孔子之所以应召想去，主要也是急于用世，急于行仁道于天下，并且坚信自己可以出淤泥而不染。

【注释】

①佛肸（xī）：晋国大夫赵简子的家臣，中牟邑宰。②中牟：春秋时晋邑。故址在今河北邢台和邯郸之间。③磷（lìn）：薄，损伤。④涅（niè）：黑土，黑色染料。这里作动词，用黑色染料染物。缁（zī）：黑色。

【译文】

　　佛肸召孔子，孔子打算前往。子路说："以前我从老师这里听过：'亲自行不善的人，君子是不会去的。'佛肸在中牟发动叛乱，您要去，这是怎么回事呢？"孔子说："是的，我有讲过这样的话。但不是说过坚硬的东西，磨也磨不损吗？不是说过洁白的东西，染也染不黑吗？我难道是只苦葫芦么，怎么能够悬挂在那里却不可食用呢？"

【原文】

　　17.8　子曰："由也！女闻六言六蔽矣乎①？"对曰："未也。"

　　"居②！吾语女。好仁不好学，其蔽也愚；好知不好学，其蔽也荡；好信不好学，其蔽也贼③；好直不好学，其蔽也绞④；好勇不好学，其蔽也乱；好刚不好学，其蔽也狂。"

【题解】

　　孔子在这里讲的还是个人的品德修养问题，其中贯穿始终的根本精神是孔子阐明的"中庸之道"，即追求不偏不倚、恰到好处的行为标准和完美目标。而要达到这一目标就必须不断学习，日新月新。六种好的品德，如果不加强学习，不能应用得当，仍然有重大的弊端。孔子重视学习，提醒人们善用理性的力量，以便走在人生的正途上。

【注释】

①六言：六句话，此处实际上指的是六种品德（仁、智、信、直、勇、刚）。六蔽：六种弊病。②居：坐。③贼：害。④绞：说话尖刻。

【译文】

　　孔子说："仲由！你听过六种品德和六种弊病吗？"子路回答说："没有。"

　　孔子说："坐下！我告诉你。爱好仁却不爱好学习，它的弊病是愚蠢；爱好聪明而不爱好学习，它的弊病是放荡不羁；爱好

孔子向子路阐释六种品德的弊病。

诚信而不爱好学习，它的弊病是容易被人利用伤害；爱好直率而不爱好学习，它的弊病是说话尖刻刺人；爱好勇敢而不爱好学习，它的弊病是容易出乱子；爱好刚强而不爱好学习，它的弊病是狂妄。"

【原文】

17.9　子曰："小子何莫学夫《诗》①！《诗》，可以兴，可以观②，可以群，可以怨③。迩之事父，远之事君；多识于鸟兽草木之名。"

【题解】

此章孔子讲了学习《诗经》三百篇的重要性。从这里我们也可以加深对这部诗歌总集的理解和认识。

"兴、观、群、怨"是孔子对《诗经》的社会作用的高度概括，在孔子以后成为中国传统文艺批评的标准。其中"兴"是指艺术的联想感发，"观"是指借诗可以观察天地万物和人间万象，"群"是指诗歌可以使人合群、交流思想感情，"怨"是指诗歌可以表达对社会不合理现象的不满和批判。

孔子教诲弟子要学习《诗经》。

【注释】

①小子：指学生们。②观：观察力。③怨：讽刺。

【译文】

孔子说："学生们为什么没有人学《诗经》呢？《诗经》可以激发心志，可以提高观察力，可以培养群体观念，可以学得讽刺方法。近则可以用其中的道理来侍奉父母；远可以用来侍奉君主，还可以多认识鸟兽草木的名称。"

【原文】

17.10　子谓伯鱼曰："女为《周南》《召南》矣乎①？人而不为《周南》《召南》，其犹正墙面而立也与②？"

【题解】

伯鱼就是孔子的儿子孔鲤，《周南》和《召南》是《诗经》中的两篇讲夫妇之道的诗篇，孔子让他的儿子认真学习这两首诗，对于培养伯鱼修身齐家治国的理念是有益处的。

【注释】

①《周南》《召南》：《诗经·国风》中的第一、二两部分篇名。周南和召南都是地名。这是当地的民歌。②正墙面而立：面向墙壁站立着。

【译文】

孔子对伯鱼说："你学习《周南》《召南》了吗？一个人如果不学习《周南》《召南》，那就像正对着墙站立一样无法行走了。"

【原文】

17.11　子曰："礼云礼云，玉帛云乎哉？乐云乐云，钟鼓云乎哉？"

【题解】

孔子针对春秋时期权贵奢侈成风，礼乐流于玉帛钟鼓等形式而失去了原有的实质内容等现象，发出了深深地慨叹。

【译文】

孔子说："礼呀礼呀，仅仅说的是玉器和丝帛吗？乐呀乐呀，仅仅说的是钟鼓等乐器吗？"

【原文】

17.12　子曰："色厉而内荏①，譬诸小人，其犹穿窬之盗也与②？"

【题解】

孔子历来欣赏光明正大的人，而对那些表里不一、喜欢虚张声势、故作矜持之态以掩饰内心的欲望和浅薄卑下的小人，十分反感，故以"小偷"喻之。小偷凿穿墙洞入内行窃时，身虽前往，内心却时刻担心被人发现而胆怯，心虚之态昭然若揭。而那些外表严厉内心却怯懦的人，就是这样的情状。

孔子说，色厉而内荏的人，就像挖洞爬墙的盗贼一样。

【注释】

①荏（rěn）：软弱。②窬（yú）：通"逾"，爬墙。

【译文】

孔子说："外表严厉而内心怯懦，用小人作比喻，大概像个挖洞爬墙的盗贼吧。"

【原文】

17.13　子曰："乡愿①，德之贼也②。"

【题解】

孔子斥责"乡愿"，明确地点出这种人欺世盗名，似有德而实无德，极具欺骗性。这也说明孔子的中庸之道并不像后人理解的那样是"骑墙"或"和稀泥"。

【注释】

①乡愿：乡里多数人认为是忠厚之人。这种人貌似好人，实为与流俗合污以取媚于世的伪善者。愿，忠厚。②贼：毁坏，败坏。

【译文】

孔子说："没有真是非的好好先生，是道德的败坏者。"

【原文】

17.14 子曰："道听而途说，德之弃也。"

【题解】

孔子要求学生对待问题应该持以实践考察为依据的态度，鼓励学生要善于独立思考，道听而途说是违背道德的。

【译文】

孔子说："把路上听来的东西四处传说，是背弃道德的行为。"

【原文】

17.15 子曰："鄙夫可与事君也与哉？其未得之也，患得之①；既得之，患失之。苟患失之，无所不至矣。"

【题解】

此章孔子批评了当时一些在朝为官的人，他们一心只想贪禄保官，尚未得到时，唯恐得不到，不择手段，以求能得到。得到后，又恐怕会失去，无所不为来保持不失。这其实说出了一切贪图私利之人的痛处，这种人显然是不称职的。

【注释】

①患得之：这里是"患不得之"的意思。这是当时楚地的俗语。

鄙夫在朝，患得患失。

【译文】

孔子说："鄙夫，可以和他们一起侍奉君主吗？他们在未得到职位时，总是害怕得不到；得到职位以后，又唯恐失去。如果老是担心失去职位，就没有什么事做不出来。"

【原文】

17.16 子曰："古者民有三疾，今也或是之亡也①。古之狂也肆，今之狂也荡；古之矜也廉②，今之矜也忿戾；古之愚也直，今之愚也诈而已矣。"

【题解】

此章孔子将古代具有狂、矜、愚三种毛病的人和当时的这类人相对比，发出了今不如昔、人心不古的感叹。

【注释】

①是之亡："亡是"的倒装说法，"之"字用在中间，无义。亡，通"无"。②廉：本义是器物的棱角，人的行为刚直不阿也被称为"廉"。

【译文】

孔子说："古代的百姓有三种毛病，现在或许都没有了。古代的狂人是轻率肆意，现在的狂人则是放荡不羁；古代矜持的人是棱角分明，现在矜持的人是恼羞成怒、强词夺理；古代愚笨的人是憨直，现在愚笨的人是欺诈伪装罢了。"

【原文】

17.17 子曰："巧言令色，鲜矣仁。"

【题解】

本章重出，见《学而》篇第三章。译文略。

【原文】

17.18 子曰："恶紫之夺朱也①，恶郑声之乱雅乐也②，恶利口之覆邦家者。"

【题解】

此章孔子对当时的礼制破坏、是非颠倒、真假混淆的紫色夺朱、郑声乱乐、利口覆邦三种突出的社会政治现象进行了抨击。诸侯本来以红色为衣服的正色，而到了春秋时代，鲁桓公和齐桓公开始穿紫色的衣服，逐渐改变了风气。孔子感慨世道纷乱，对服色、音乐等以偏夺正现象的厌恶，实际上是表达了对那些混淆了礼制、音乐和国家法纪的人的深切痛恨。

【注释】

①恶（wù）：厌恶。紫之夺朱：朱是正色，紫是杂色。当时紫色代替朱色成为诸侯衣服的颜色。②雅乐：正统音乐。

【译文】

孔子说："憎恶紫色夺去红色的光彩和地位，憎恶郑国的乐曲淆乱典雅正统的乐曲，憎恶用巧言善辩颠覆国家的人。"

【原文】

17.19 子曰："予欲无言。"子贡曰："子如不言，则小子何述焉？"子曰："天何言哉？四时行焉，百物生焉，天何言哉？"

【题解】

这是孔子与弟子的一段有趣的对话，含有哲学思辨的意味。他用天不言，而四季照样运行，百物照样生长的现象来作比喻，向学生阐释一切规律、法则皆无言而自化，全靠自己观察发现的道理。实际上是用无言来启发弟子向更广阔、更深层的领域去思考。

孔子向子贡阐释无言胜有言的道理。

【译文】

孔子说："我不想说话了。"子贡说："您如果不说话，那我们这些学生传述什么呢？"孔子说："天说什么话了吗？四季照样运行，万物照样生长，天说什么话了吗？"

【原文】

17.20 孺悲欲见孔子①，孔子辞以疾②。将命者出户③。取瑟而歌，使之闻之。

【题解】

　　这是一段有趣的小故事。孺悲不经人介绍而擅自来见孔子，不合"士相见礼"，故孔子以生病为由拒绝接见。而后孔子又取瑟而歌，实际上是想告诉孺悲自己并没有生病，只是不愿意接见他。当他碰壁之后，希望他会对自己的行为进行反省。

【注释】

①孺悲：鲁国人。鲁哀公曾派他向孔子学习士丧礼。②辞以疾：以有病作借口推辞。③将命者：传话的人。

孔子弹瑟警诫孺悲不告而见的行为。

【译文】

　　孺悲想拜见孔子，孔子以生病为由拒绝了。传话的人刚出门，孔子便取下瑟来边弹边唱，故意让孺悲听见。

【原文】

　　17.21　宰我问①："三年之丧，期已久矣。君子三年不为礼，礼必坏；三年不为乐，乐必崩。旧谷既没，新谷既升，钻燧改火②，期可已矣③。"子曰："食夫稻④，衣夫锦，于女安乎？"曰："安。""女安则为之！夫君子之居丧，食旨不甘，闻乐不乐，居处不安，故不为也。今女安，则为之！"

　　宰我出。子曰："予之不仁也！子生三年，然后免于父母之怀。夫三年之丧，天下之通丧也。予也有三年之爱于其父母乎？"

【题解】

　　本章是孔子和他的弟子宰我围绕丧礼应服几年的问题而展开的争论。孔子重视人内心的真诚情感，认为没有自觉的孝心，即使守三年之丧也不过是徒具形式。而三年之丧的规定，也正是体现和培养子女对父母的孝的感情。人在丧礼中，能受到潜移默化的熏陶和教育，这是孔子重视丧祭的道理所在。

【注释】

①宰我：孔子学生，名予，字子我，鲁国人。②钻燧（suì）改火：古代钻木取火，所用木头四季不同。春用榆柳，夏用枣杏和桑柘，秋用柞，冬用槐檀，一年轮一遍，叫改火。③期（jī）：一周年。④夫（fú）：那。

【译文】

　　宰我问："父母死了，服丧三年，为期太久长了。君子三年不习礼，礼一定会败坏；三年不演奏音乐，音乐一定会荒废。旧谷已经吃完，新谷已经登场，取火用的燧木已经轮换了一遍，服丧一年就可以了。"孔子说："丧期不到三年就吃稻米，穿锦缎，对你来说心安吗？"宰我说："心安。"孔子说："你心安，就那样做吧！君子服丧，吃美味不觉得香甜，听音乐不感到快乐，住在家里不觉得舒适安宁，所以不那样做。现在你心安，就那样去做吧！"

　　宰我出去了，孔子说："宰我不仁啊！孩子生下来三年后，才能完全脱离父母的怀抱。三年丧期，是天下通行的丧礼。宰予难道没有从他父母那里得到过三年怀抱之爱吗？"

【原文】

　　17.22　子曰："饱食终日，无所用心，难矣哉！不有博弈者乎①，为之犹贤乎已②。"

【题解】

孔子的这段名言是对人们惰性的当头棒喝。孔子重视人生的完满，认为不应该无谓地浪费时间，即便是花些心思玩些博弈之类的游戏，也好过成天无所事事。

【注释】

①博弈：博，掷骰子。弈，古代围棋。②已：止，不动的意思。

【译文】

孔子说："整天吃得饱饱的，什么心思也不用，这就难办了呀！不是有掷骰子下围棋之类的游戏吗？干干这些，也比什么都不干好些。"

孔子批评那些饱食终日、无所用心的人，认为即便是下下棋也比终日无所事事强。

【原文】

17.23 子路曰："君子尚勇乎？"子曰："君子义以为上。君子有勇而无义为乱，小人有勇而无义为盗。"

【题解】

本章说明，人的行为要合乎礼就是义，故礼义并称。"义以为上"，勇要服从义，以义为准绳。子路总是好逞勇力，故孔子这样告诫他。

【译文】

子路说："君子崇尚勇敢吗？"孔子说："君子把义看做是最尊贵的。君子有勇无义就会作乱，小人有勇无义就会去做盗贼。"

【原文】

17.24 子贡曰："君子亦有恶乎①？"子曰："有恶。恶称人之恶者，恶居下流而讪上者②，恶勇而无礼者，恶果敢而窒者③。"曰："赐也亦有恶乎？""恶徼以为知者④，恶不孙以为勇者，恶讦以为直者⑤。"

【题解】

此章通过孔子和子贡的对答，对有悖道德规范的四种人和作风不正的三种人作了揭露和斥责。由此可见，君子虽然博爱但也有所憎恶，并非是无原则、无是非地爱一切人的好好先生。

【注释】

①恶（wù）：厌恶。②流：晚唐以前的本子没有"流"字。③窒（zhì）：阻塞，不通事理，顽固不化。④徼（jiāo）：抄袭。⑤讦（jié）：攻击、揭发别人。

【译文】

子贡问："君子也有憎恶的人或事吗？"孔子说："是有所憎恶的。憎恶宣扬别人过错的人，憎恶身居下位而毁谤身居上位的人，憎恶勇敢而无礼的人，憎恶果敢而顽固不化的人。"孔子问："赐，你也有憎恶的人和事吗？"子贡说："我憎恶抄袭他人之说而自以为聪明的人，憎恶把不谦逊当作勇敢的人，憎恶揭发别人的隐私却自以为直率的人。"

【原文】

17.25　子曰："唯女子与小人为难养也，近之则不孙，远之则怨。"

【题解】

此章孔子的话引起了很多人的讨论和非议。这不能用宣扬了"男尊女卑"、"夫为妻纲"的男权思想去理解，而是孔子对于当时的社会经验的一种总结。与小人和女子相处，对他们亲密，他们就容易过分随便无礼；而稍一疏远，便埋怨不已。

【译文】

孔子说："只有女子和小人是不容易相处的。亲近了，他们就会无礼；疏远了，他们就会怨恨。"

孔子认为女子是不容易相处的人。

【原文】

17.26　子曰："年四十而见恶焉①，其终也已②。"

【题解】

孔子的这句话是在勉励人们及时改过迁善，否则，到了本该人生成熟并不惑的四十岁时还为人所厌恶，便为时已晚了。

【注释】

①见：被。②已：止，尽。

【译文】

孔子说："年已到了四十还被众人所厌恶，他这一辈子也就算完了。"

孔子认为，一个人如果年届四十还为众人所恶，这一辈子也就算完了。

257

微子篇第十八

【原文】

18.1 微子去之①，箕子为之奴②，比干谏而死③。孔子曰："殷有三仁焉。"

【题解】

微子、箕子、比干都有忧国忧民的仁者之心和为国献身的精神，故孔子称之为"仁"。纣王无道，他的同母兄弟微子对他进行劝谏，不听，微子不忍心亲眼看见国家衰败，于是只身离开了殷商。后来武王立朝，微子向他讲解治国之道，并被封为诸侯。他以天下百姓为念，不局限于为某一个朝代尽忠。箕子、比干都是纣王的叔父，他们尽忠直谏，纣王不听，将箕子囚禁，降为奴隶，将比干剖心。这三个人都是身处乱世而以不同方式尽忠，故孔子赞之。

微子去商。

【注释】

①微子：名启，商纣王的同母兄弟。微子出生时，他母亲还未被正式立为帝妻，纣是母亲立为帝妻后所生，故纣得

⊙典故与知识⊙

商纣王是殷商末代帝王，他才能出众，体力过人，能徒手格斗猛兽，是个能文能武的人。但他在位后期，却荒淫无道，耗巨资建鹿台，造酒池肉林，过着穷奢极欲的生活。他加重百姓的赋税，四海之内怨声载道。为了震慑百姓，商纣王使用重刑治国，设置了惨无人道的"炮烙之刑"。对于纣王的暴虐无道，纣王的叔叔比干挺身而出，说："做大臣的人，不能不冒死劝谏国君。"舍命劝谏纣王。纣王恼羞成怒地说："你用圣人之道来教训我，自以为是圣人。我听说圣人心有七窍，让我来验证一下。"竟将比干的心脏剖出。微子，是殷纣王的同母兄弟，名启，封地在微（今山东梁山西北）。他多次前去劝说纣王，但毫无结果。他在绝望之际，想一死了之，而与两位叔叔谋划。箕子劝导他说："如果你死了，国家能够得到整治，那是值得的；死了而终不得治，那还不如离开。"于是，微子逃亡，隐居起来。箕子，名胥馀，封地在箕（今山西太谷东北），曾任太师，他是纣王的叔父。他同样屡劝纣王，纣王仍旧不听。有人建议箕子离去，箕子认为那样便会彰显君主之恶而不忍心，便选择了装疯，结果被纣王贬降为奴，囚禁起来。

微子、箕子、比干三人都是商纣王的亲属，但不赞同纣王的暴政。微子是逃而去之，箕子是佯狂避世，比干是强谏而死。孔子在谈到相关史实时，赞叹说："殷纣王朝有三位仁人！"明代著名政治家张居正讲评《论语》此章时说："盖论人者不当泥其迹而当原其心。三人者就其迹而观之，虽有不同，原其心而论之，则其忧君爱国之忠、至诚恻怛之意，一而已也。其去者欲存宗祀，非忘君也。奴者欲忍死以有待，非惧祸也。死者欲正言而悟主，非沽名也。所以说，殷有三仁焉。"

以继承王位。②箕子：纣王的叔父。纣王暴虐无道，箕子曾向他进谏，纣王不听，箕子便假装发疯，被降为奴隶。③比干：也是纣王的叔父。他竭力劝谏纣王，被纣王剖心而死。

【译文】

微子离开了商纣王，箕子做了他的奴隶，比干强谏被杀。孔子说："殷朝有三位仁人！"

【原文】

18.2 柳下惠为士师①，三黜。人曰："子未可以去乎？"曰："直道而事人，焉往而不三黜？枉道而事人，何必去父母之邦？"

【题解】

柳下惠是个正直的、有能力的贤人，孔子对他评价很高。这里孔子以十分沉痛的语气，道出了当时官场的腐败，既然到处都一样，还不如就留在生养自己的父母之邦。

【注释】

①士师：官名，主管刑罚。

【译文】

柳下惠担任掌管刑罚的官，多次被罢免。有人问："您不可以离开鲁国吗？"他说："用正直之道来侍奉人，去哪里而能不被多次罢免呢？不用正直之道来侍奉人，又为什么一定要离开故国家园呢？"

【原文】

18.3 齐景公待孔子①，曰："若季氏②，则吾不能，以季、孟之间待之③。"曰："吾老矣，不能用也。"孔子行。

【题解】

此章表明了齐景公在使用孔子问题上的态度是反复无常的。他本来很想重用孔子，欲以上卿和下卿之间的礼遇待之，但却遭到大臣的反对，于是便说：我已经老了，不能有所作为了。孔子自知"道"不能行，只好离开齐国。

【注释】

①齐景公：齐国的国君。②季氏：鲁国的大夫，位居上卿。③孟：指孟孔氏，鲁国的大夫，位居下卿。

【译文】

齐景公谈到怎样对待孔子时说："像鲁国国君对待季氏那样对待孔子，那我做不到；只能用低于季氏而高于孟氏的规格来对待他。"不久又说："我老了，不能用他了。"孔子就离开了齐国。

齐景公见孔子。

【原文】

18.4 齐人归女乐①，季桓子受之②，三日不朝，孔子行。

【题解】

此章说明尽管孔子以礼治国的愿望十分迫切，但他还是坚持原则的。季桓子受齐人女乐而怠慢政事，其简慢贤人抛弃礼制的行为令孔子痛心不已。所以孔子只好离开鲁国，而作他乡之游。

【注释】

①归（kuì）：通"馈"，赠送。②季桓子：季孙斯，鲁国的执政上卿。

【译文】

齐国人赠送鲁国一批歌女乐师，季桓子接受了，好几天不上朝，孔子就离开了鲁国。

【原文】

18.5 楚狂接舆歌而过孔子①，曰："凤兮，凤兮！何德之衰？往者不可谏，来者犹可追。已而，已而！今之从政者殆而！"孔子下，欲与之言。趋而辟之，不得与之言。

季桓子观女乐而三日不朝。

【题解】

此《论语》中的名篇对后世归隐山林、躲避社会政治黑暗的知识分子有很深的影响。凤凰有道则见，无道则隐。楚国的狂士接舆以此劝喻孔子身处乱世，道不能行，政治危险，不必为此恓惶奔走，还是退隐的好。

楚狂接舆歌谏孔子。

【注释】

①接舆：楚国的隐士。一说他姓接名舆，一说因他接孔子之车而歌，所以称他接舆。

【译文】

楚国的狂人接舆唱着歌经过孔子的车子，说："凤凰啊，凤凰啊！为什么道德如此衰微，过去的已经不能挽回，未来的还来得及改正。算了吧，算了吧！现在那些从政的人危险呀！"孔子下车，想要同他说话。接舆快走几步避开了孔子，孔子没能同他交谈。

【原文】

18.6　长沮、桀溺耦而耕①，孔子过之，使子路问津焉②。长沮曰："夫执舆者为谁③？"子路曰："为孔丘。"曰："是鲁孔丘与？"曰："是也。"曰："是知津矣④。"问于桀溺，桀溺曰："子为谁？"曰："为仲由。"曰："是鲁孔丘之徒与？"对曰："然。"曰："滔滔者天下皆是也，而谁以易之⑤？且而与其从辟人之士也⑥，岂若从辟世之士哉？"耰而不辍⑦。子路行以告。夫子怃然曰⑧："鸟，吾非斯人之徒与而谁与？天下有道，丘不与易也。"

子路问津于长沮、桀溺。

【题解】

此章亦是隐者对孔子的劝谕，孔子尊敬这些避世隐居、洁身自好的人，同时也说明自己积极入世的理由。最后一段的回答反映了孔子希望天下清平，所以积极入世，及欲拯救斯民于水火的人道主义情怀。

【注释】

①长沮、桀溺：两位隐士，真实姓名和身世不详。耦而耕：两个人合力耕作。②津：渡口。③执舆：执辔（揽着缰绳）。此本是子路的任务，因为子路下车去问渡口，暂时由孔子代替。④是知津矣：这话是认为孔子周游列国，应该熟悉道路。⑤谁以易之：与谁去改变它呢。以，与。⑥而：同"尔"，你，指子路。辟：通"避"。⑦耰（yōu）：播下种子后，用土覆盖上，再用耙将士弄平，使种子深入土里，鸟不能啄，这就叫耰。⑧怃（wǔ）然：失意的样子。

【译文】

长沮和桀溺并肩耕地，孔子从他们那里经过，让子路去打听渡口在哪儿。长沮说："那个驾车的人是谁？"子路说："是孔丘。"长沮又问："是鲁国的孔丘吗？"子路说："是的。"长沮说："他应该知道渡口在哪儿。"子路又向桀溺打听，桀溺说："你是谁？"子路说："我是仲由。"桀溺说："是鲁国孔丘的学生吗？"子路回答说："是的。"桀溺就说："普天之下到处都像滔滔洪水一样混乱，和谁去改变这种状况呢？况且你与其跟从逃避坏人的人，还不如跟从逃避污浊尘世的人呢。"说完，还是不停地用土覆盖播下去的种子。子路回来告诉了孔子。孔子怅然若失地说："人是不能和鸟兽合群共处的，我不和世人在一起又能和谁在一起呢？如果天下有道，我就不和你们一起来改变它了。"

【原文】

18.7　子路从而后，遇丈人，以杖荷蓧①。子路问曰："子见夫子乎？"丈人曰："四体不勤，五谷不分②，孰为夫子？"植其杖而芸③。子路拱而立。止子路宿，杀鸡为黍而食之，见其二子焉④。明日，子路行以告。子曰："隐者也。"使子路反见之。至，则行矣。子路曰："不仕无义。长幼之节，不可废也；君臣之义，如之何其废之？欲洁其身，而乱大伦。君子之仕也，行其义也。道之不行，已知之矣。"

【题解】

孔子一生，几乎一直在为天下太平、达于治世而东奔西走，希望能够推行仁道。到了晚年，连跟着他鞍前马后奔波的子路也说"道之不行，已知之矣"。尽管如此，孔子仍然百折不挠地要实践他的主张；就连弟子子路，也学习到了老师的"知其不可而为之"的精神。

【注释】

①蓧（diào）：古代在田中除草的工具。②五谷：古书中有不同的说法，最普通的一种指稻、黍、稷、麦、菽。稻麦是主要粮食作物；黍是黄米；稷是粟，一说是高粱；菽是豆类作物。③芸：通"耘"。④见其二子：使其二子出来见客。

子路与孔子走散，向荷蓧丈人打听孔子的下落。

【译文】

子路跟随孔子落在后面与孔子走散了，遇到一个老人，用手杖挑着除草用的工具。子路问道："您看见我的老师了吗？"老人说："四肢不劳动，五谷分不清。谁是你的老师呢？"说完，把手杖插在地上开始锄草。子路拱着手站在一边。老人便留子路到他家中住宿，杀鸡做饭给子路吃，还叫他的两个儿子出来相见。第二天，子路赶上了孔子，并把这事告诉了他。孔子说："这是个隐士。"叫子路返回去再见他。子路到了那里，他已经出门了。子路说："不出来做官是不义的。长幼之间的礼节，不可以废弃；君臣之间的道义，又怎么就可以废弃呢？本想保持自身纯洁，却破坏了重大的伦理道德。君子出来做官，是为了实行君臣之义。至于我们的政治主张行不通，是早就知道的了。"

【原文】

18.8　逸民：伯夷、叔齐、虞仲、夷逸、朱张、柳下惠、少连①。子曰："不降其志，不辱其身，伯夷、叔齐与！"谓柳下惠、少连："降志辱身矣，言中伦②，行中虑，其斯而已矣。"谓虞仲、夷逸："隐居放言③，身中清④，废中权⑤。我则异于是，无可无不可。"

⊙**名家品论语**⊙

孔子思想是顺着具体的人的生活、行为的要求而展开的，所以必然是多面性的，包罗许多具体问题的。站在希腊哲学的格套看，这种思想，是结构不谨严而系统不显著的。但孔子是要求显发具体生命中的理性，将这种理性实现于具体行为之上。孔子对道的迫切感，乃来自他对人生、社会、政治中理性与反理性的深切体认，必须以理性克服反理性，人类才能生存、发展。这是生路与死路的抉择。因此，孔子思想的合理性，不是形成逻辑的合理性，而是具体生命中的理想所展现的合理性。

——徐复观《向孔子思想性格的回归》

【题解】

此章是孔子对历史和当代七位逸民作出的评价。他特别赞许伯夷、叔齐"不降其志，不辱其身"的表现，反映了他对个人的独立人格的崇尚。他将自己与这些高尚的逸民相比拟，说自己"无可无不可"，意即可以仕则仕，可以止则止的。可见孔子不拘泥于一种形态，善于变通，因时制宜，有着较大的灵活性。

【注释】

①逸：隐逸，隐居。伯夷、叔齐、柳下惠皆见前。虞仲、夷逸、朱张、少连四人身世无从考，从文中意思看，当是没落贵族。②中（zhòng）：符合。③放言：放肆直言。④身中清：立身清白。清，清白。⑤废中权：弃官合乎权宜。废，放弃。权，权宜。

【译文】

隐居不做官的人有：伯夷、叔齐、虞仲、夷逸、朱张、柳下惠、少连。孔子说："不降低自己的志向，不辱没自己的身份，就是伯夷和叔齐吧！"又说："柳下惠、少连降低了自己的志向，辱没了自己的身份，但言语合乎伦理，行为经过考虑，也就是如此罢了。"又说："虞仲、夷逸，避世隐居，放肆直言，立身清白，弃官合乎权宜。我就和他们不一样，没有什么可以，也没有什么不可以。"

孔子评论古之隐者与贤士。

【原文】

18.9　大师挚适齐①，亚饭干适楚②，三饭缭适蔡，四饭缺适秦，鼓方叔入于河③，播鼗武入于汉④，少师阳、击磬襄入于海⑤。

【题解】

孔子重视"乐"教，本人也对音乐有着深厚的修养，所以对当时乐师的境遇非常关心。此章记载了鲁国乐师在哀公时流散四方的情况。

⊙名家品论语⊙

不问条件，一味地出世；不问条件，一味地入世，虽说难能，但并不为孔子所取，因为那都是"固"。只有能做到当进则进，当退则退，没有一个固定的"可"与"不可"，不固于出、处、语、默，与时进退，才称得上圣人。这样的态度，《中庸》上名之为"时中"；"君子中庸，小人反中庸。君子之中庸也，君子而时中；小人之中庸也，小人而无忌惮也。"君子的"中庸"，是随时而中；小人也有自己的"中庸"，特点是"无所忌惮"，大概是不"复礼"的意思。于是"君子"的时中就是真中庸，"小人"的无忌惮的中庸则成了反中庸。

——庞朴《论孔子的思想中心》

【注释】

①大师挚：大，同"太"。大师是鲁国乐官之长，挚是人名。②亚饭干：第二次吃饭时奏乐的乐师，名干。古代天子、诸侯吃饭时都要奏乐，所以乐师有亚饭、三饭、四饭之称。③"三饭"三句：缭、缺：亦是人名。鼓方叔：击鼓的乐师名方叔。④播鼗（táo）武：播，摇。鼗，小鼓。武，摇小鼓者的名字。⑤少师阳：副乐官，名阳。击磬襄：敲磬的乐师，名襄。

【译文】

　　太师挚到齐国去了，亚饭乐师干到楚国去了，三饭乐师缭到蔡国去了，四饭乐师缺到秦国去了，打鼓乐师方叔进入黄河地区了，摇鼗鼓的乐师武进入汉水一带了，少师阳、敲磬的乐师襄到海滨去了。

【原文】

　　18.10　周公谓鲁公曰①："君子不施其亲②，不使大臣怨乎不以。故旧无大故，则不弃也。无求备于一人。"

【题解】

　　周公对鲁公伯禽的训诫所言可能在鲁国流传，孔子又向弟子们转述。君子不疏远他的亲族，不使大臣抱怨不获任用，不遗弃无重大罪过的老朋友，不要对一个人求全责备，用人办事，取其专长即可。这是古代贤君为政经验的总结。

【注释】

①鲁公：指周公之子，鲁国始封之君伯禽。②施（chí）：通"弛"，疏远的意思。

【译文】

　　周公对鲁公说："一个有道的国君不疏远他的亲族；不使大臣怨恨没有被任用；故旧朋友如果没有大的过错，就不要抛弃他们；不要对一个人求全责备。"

【原文】

　　18.11　周有八士：伯达、伯适、仲突、仲忽、叔夜、叔夏、季随、季骐①。

【题解】

　　此章记述周代贤士众多，旨在说明国家兴亡的关键在于任用贤人。

【注释】

①适：音kuò。骐：音guā。八人事迹不详。有人认为，周朝有位良母，她四胎生了八个双生子，都是有名的士，后来都当了大官。

【译文】

　　周朝有八个著名的士人：伯达、伯适、仲突、仲忽、叔夜、叔夏、季随、季骐。

周朝有八位贤士。

【原文】

19.1　子张曰："士见危致命，见得思义，祭思敬，丧思哀，其可已矣。"

【题解】

子张这句话乃是总结了孔子的思想，提出了作为一个合格的士所必须具备的四条标准。

【译文】

子张说："士人看见危险肯献出生命，看见有所得就想想是否合于义，祭祀时想到恭敬，服丧时想到悲痛，做到这些也就可以了。"

孔子认为，士人应当见危而致命。

【原文】

19.2　子张曰："执德不弘，信道不笃，焉能为有？焉能为亡？"

【题解】

此章强调了全面的道德修养是一个人的价值基础。履行道却不宽广，则德孤；能闻道却不能笃守坚持，则道废。

【译文】

子张说："执行德却不能弘扬它，信奉道却不笃定，这样的人可有可无。

【原文】

19.3　子夏之门人问交于子张。子张曰："子夏云何？"对曰："子夏曰：'可者与之①，其不可者拒之。'"子张曰："异乎吾所闻：君子尊贤而容众，嘉善而矜不能。我之大贤与，于人何所不容？我之不贤与，人将拒我，如之何其拒人也？"

【题解】

本章讲述的是与人交往之道。在《论语》中，对同一个问题，因提问者不同，孔子的回答也会不一样，此章便说明了这一情况。子夏注重个体修养，见恶如探汤，唯恐避之不及，故其教门人交友要谨慎选择，也可以看出子夏的清高和孤傲。子张善于与各种人结交，他的交友之道为宽容包涵。

【注释】

①与："可者与之"的"与"是相与、交往的意思，后两个"与"字是语气词。

【译文】

子夏的门人向子张请教怎样交朋友。子张说："子夏说了什么呢？"子夏的学生回答说："子夏说："可以交往的就和他交往，不可以交往的就拒绝他。'"子张说："这和我所听到的不一样！君子尊敬贤人，也能够容纳众人，称赞好人，怜悯无能的人。如果我是个很贤明的人，对别人有什么不能容纳的呢？如果我不贤明，别人将会拒绝我，我怎么能去拒绝别人呢？"

【原文】

19.4 子夏曰："虽小道，必有可观者焉；致远恐泥①，是以君子不为也。"

【题解】

专业知识和崇高理想都是重要的，不能以贵贱的观点看待社会分工。《朱注》说：小道，如农圃医卜之属。这些小道，也有大的价值，有其可观之处。只是对于怀抱天下、志在大济苍生的君子来说，政治是关系到整个社会、国家的大事，所以不为小道所拘泥。

子夏认为，分工无贵贱，皆有可取之处。

【注释】

①泥（nì）：阻滞，不通，妨碍。

【译文】

子夏说："即使是小技艺，也一定有可取之处，但它恐怕会妨碍从事远大的事业，所以君子不做这些事。"

【原文】

19.5 子夏曰："日知其所亡，月无忘其所能，可谓好学也已矣。"

【题解】

此章讲的是学习方法。学习并非能够一蹴而就，而是需要不断地积累，才有可能有所成就，或有所创见。子夏所说的好学，是要不断地吸收新知识，又要坚持温习旧知识，也就是孔子所说的"温故而知新"。

【译文】

子夏说："每天知道自己以前所不知的，每月不忘记以前所已学会的，可以说是好学了。"

【原文】

19.6 子夏曰："博学而笃志，切问而近思，仁在其中矣。"

【题解】

这一章子夏提出博学、笃志、切问、近思四项，都是理论联系实际、言行一致的自我修养的方法。

【译文】

子夏说："广泛地学习并且笃守自己的志向，恳切地提问并且常常思考眼前的事，仁就在这中间了。"

【原文】

19.7 子夏曰："百工居肆以成其事，君子学以致其道。"

【题解】

本章谈的也是劝人努力学习的问题。社会有分工，人各有其志，百工在各自的作坊里兴作以营生，君子也必须通过努力的学习才能"致其道"。

【译文】

子夏说："各行各业的工匠在作坊里完成他们的工作，君子则通过学习来掌握道。"

百工兴作，各得其所。

【原文】

19.8 子夏曰："小人之过也必文①。"

【题解】

孔子也说过"过而不改，是谓过矣"。小人的一大特点就是不想改正自己的过错，在面对别人的指责时，必会以不实的言语来掩饰自己的过失，好像自己毫无过失一样。

【注释】

①文（wèn）：掩饰。

【译文】

子夏说："小人犯了错误一定会加以掩饰。"

【原文】

19.9 子夏曰："君子有三变：望之俨然①，即之也温②，听其言也厉。"

【题解】

子夏此话是对孔子仪容风度的基本概括。远处望见他，显得端庄威严；和他接近时，觉得温和可亲；听他说话，言辞严谨不苟，孔子的风度是自然的。

【注释】

①俨然：庄严的样子。②即：接近。

【译文】

子夏说："君子会使人感到有三种变化：远远望去庄严可畏，接近他时却温和可亲，听他说话则严厉不苟。"

【原文】

19.10 子夏曰："君子信而后劳其民，未信则以为厉己也。信而后谏，未信则以为谤己也。"

【题解】

　　取信于民是孔子对为政者的基本要求，也是基本的治国之道。子夏认为，君子使民、役君，都要以信为先。不能取得他们的信任，民众就会有抵触心理，以为在虐待他们；君主会把忠言进谏当成是对自己的毁谤。

【译文】

　　子夏说："君子在得到民众的信任之后才去役劳他们；没有得到信任就去役劳，民众就会认为是在虐害他们。君子得到君主的信任之后才去进谏；没有得到信任就去进谏，君主就会以为是在诽谤自己。"

子夏认为，君子应该在得到民众的信任之后才去役劳他们。

【原文】

　　19.11　子夏曰："大德不逾闲，小德出入可也。"

【题解】

　　此章反映了儒家既坚持仁德的基本原则，又不排斥变通的思想。

【译文】

　　子夏说："大的道德节操上不能逾越界限，在小节上有些出入是可以的。"

【原文】

　　19.12　子游曰："子夏之门人小子，当洒扫、应对、进退，则可矣；抑末也①，本之则无，如之何？"

　　子夏闻之，曰："噫！言游过矣！君子之道，孰先传焉？孰后倦焉②？譬诸草木③，区以别矣。君子之道，焉可诬也？有始有卒者，其惟圣人乎！"

【题解】

　　此章记叙了子游和子夏就教学方法问题展开的热烈讨论。子游评价子夏的门人做些洒水扫地、应对宾客、进退礼仪之事还可以，却不知道根本之道。子夏则认为教学应当循序渐进，先小节、后大事，就像培植草木一般，应该区别其种类，而采用不同的方法。

【注释】

①抑：连词，表示转折。这里是"可是"的意思。②倦：这里指教诲。③譬诸草木：譬之于草木。草木有大小，比喻学问有深浅，应当分门别类，循序渐进。

【译文】

　　子游说："子夏的学生们，做洒水扫地、接待客人、趋进走退一类的事，是可以的，不过这些只是细枝末节的事。根本的学问却没有学到，这怎么行呢？"

⊙名家品论语⊙

孔子的门墙之内广阔得无所不包，各式各样的学生都有，据说，每个弟子在学问上之所得，都只是孔子的一部分。后来，曾子、子思、孟子这个传统，发展成为儒家道统理想哲学的一面。而子夏、荀子的儒学则顺着史学及学术的路线发展下去。正像基督教中圣约翰发展了耶稣教义的理想一面，当然其中也加上了圣约翰自己本人的一部分思想。所以，我们在《中庸》一书中可以看出曾子把《中庸》里的哲学、人道精神与中和诸重要性，予以发展引申了。

——林语堂《孔子的智慧》

子夏听到这话，说："咳！言游说错了！君子的学问，哪些先传授、哪些后传授，就好比草木一样，是区分为各种类别的。君子的学问，怎么能歪曲呢？有始有终地循序渐进，大概只有圣人吧！"

【原文】

19.13 子夏曰："仕而优则学，学而优则仕。"

【题解】

子夏这段讲学与仕之间的关系的话，从一个侧面概括了孔子的教育方针和办学目的，也成为中国历史上影响最大的传统思想之一。

【译文】

子夏说："做官仍有余力就去学习；学习成绩优异就去做官。"

子夏主张，学习成绩优异就去做官。

【原文】

19.14 子游曰："丧致乎哀而止①。"

【题解】

此章子游的意思是说，居丧，一方面要尽哀，一方面又不宜因过于哀痛而伤害身体。这是对孔子所提倡的丧礼的发展，注重在丧礼中的内心真诚的情感，却又不过度。

【注释】

①丧：居丧。止：足，可以。

【译文】

子游说："居丧充分表达了哀思也就可以了。"

【原文】

19.15 子游曰："吾友张也为难能也，然而未仁。"

【题解】

此章意思是说，子张的仪表和德业都非常出众，但还达不到仁的境界，其目的是在鼓励朋友。

【译文】

子游说："我的朋友子张是难能可贵的了，然而还没有达到仁的境界。"

【原文】

19.16　曾子曰："堂堂乎张也，难与并为仁矣。"

【题解】

此章是曾子对子张的评价，说明仁的境界难以达到。

【译文】

曾子说："仪表堂堂的子张啊，很难和他一起做到仁。"

【原文】

19.17　曾子曰："吾闻诸夫子，人未有自致者也①。必也亲丧乎？"

【题解】

此章意思是说要用理智来控制感情，情受约制于礼，这样对人的健康是有好处的。而在父母亲死亡的时候，大可不顾一切，放声大哭，因为丧礼以尽哀为达，自然可以尽情流露情感。

【注释】

①致：到了极点。这里指人的真情全部表露出来。

曾子认为，要用理智来控制感情，用礼来约束感情。

【译文】

曾子说："我听老师说过，人不会自动地充分表露感情，如果有，一定是在父母死亡的时候吧！"

【原文】

19.18　曾子曰："吾闻诸夫子，孟庄子之孝也①，其他可能也，其不改父之臣与父之政，是难能也。"

【题解】

本章中的孟庄子这种尽孝，表现出以国事为重的高尚品质。

【注释】

①孟庄子：名速，鲁国大夫，孟献子的儿子。

【译文】

曾子说："我听老师说过，孟庄子的孝，其他方面别人可以做到，而他不改换父亲的旧臣和父亲的政治措施，这是别人难以做到的。"

【原文】

19.19　孟氏使阳肤为士师①，问于曾子。曾子曰："上失其道，民散久矣。如得其情，则哀矜而勿喜。"

【题解】

　　此章表明曾子深得孔子的仁德思想的真传，抨击上位者的无道，深深地同情下层民众。他告诫作为法官的阳肤，对诉讼的处理合情合理很重要　如果审查出了犯罪的情实，要给予哀矜同情，因为在上位的人已经失其为政之道，民心离散已久。从中可见曾子的一片仁心，这在乱世，尤为可贵。

【注释】

　　①阳肤：曾子的弟子。

【译文】

　　孟氏让阳肤担任掌管刑罚的官，阳肤向曾子求教。曾子说："在上位的人丧失了正道，民心离散已经很久了。如果审案时审出真情，就应该悲哀怜悯而不要沾沾自喜！"

【原文】

　　19.20　子贡曰："纣之不善①，不如是之甚也。是以君子恶居下流，天下之恶皆归焉。"

【题解】

　　本章中子贡的意思是说，舆论对一个人的评价往往带有一种从众的"惯性"：说某人好，要说得比某人实际做的还要好；说某人坏，则要说得比某人实际做的还要坏。因此警诫君子要注重修身，不要居于下流。

【注释】

　　①纣：商朝最后一个君主，是有名的暴君。

【译文】

　　子贡说："商纣王的无道，不像现在流传得那么严重。所以君子忌讳身染污行，因为一沾污行，天下的坏事就都归集到他身上去了。"

子贡论纣王之恶。

【原文】

　　19.21　子贡曰："君子之过也，如日月之食焉：过也，人皆见之；更也，人皆仰之。"

【题解】

　　此章以日食月蚀的变化为喻，赞扬了君子不像文过饰非的小人，不隐瞒和掩盖过错，又能公开改正过错的光明磊落的态度和胸襟。

【译文】

　　子贡说："君子的过失，就像日食和月蚀一样：有过错时，人人都看得见；他改正了，人人都仰望他。"

【原文】

19.22 卫公孙朝问于子贡曰①："仲尼焉学②？"子贡曰："文、武之道，未坠于地，在人。贤者识其大者③，不贤者识其小者，莫不有文、武之道焉。夫子焉不学？而亦何常师之有？"

【题解】

此章是说明善于学习的人，随时随地都可以学到有益的东西。孔子学说是承袭周文王、周武王之道，并没有固定的老师。子贡聪明颖悟，对老师可以说是知之甚深，孔子学说得以广泛流传有他的一份心力。

卫公孙朝与子贡谈论孔子。

【注释】

①公孙朝：卫国大夫。当时鲁、郑、楚三国也都有公孙朝。所以指明卫公孙朝。②焉：何处，哪里。③识：通"志"。《汉书·刘歆传》引作"志"。

【译文】

卫国的公孙朝向子贡问道："仲尼的学问是从哪里学的？"子贡说："周文王和周武王之道，并没有失传，还留存在人间。贤能的人掌握了其中重要部分，不贤能的人只记住了细枝末节。周文王和周武王之道是无处不在的，老师从哪儿不能学呢？而且又何必有固定的老师呢？"

【原文】

19.23 叔孙武叔语大夫于朝①，曰："子贡贤于仲尼。"子服景伯以告子贡②。子贡曰："譬之宫墙，赐之墙也及肩，窥见室家之好。夫子之墙数仞，不得其门而入，不见宗庙之美，百官之富③。得其门者或寡矣。夫子之云，不亦宜乎！"

【题解】

此章表明孔子的思想平凡而伟大，看似都是平常的话，但是内涵极其丰富，闪耀着真理的光辉。弟子们入其门，无不服膺，都努力将其发扬光大。而那些不得其门而入的人，大概就会像叔孙武叔那样口出不察之言。

叔孙武叔认为子贡比孔子更贤能。

【注释】

①叔孙武叔：鲁国大夫，名州仇，"武"是他的谥号。②子服景伯：名何，鲁国的大夫。③官：这里指房舍。

【译文】

　　叔孙武叔在朝廷上对大夫们说："子贡比仲尼更强些。"子服景伯把这话告诉了子贡。子贡说："就用围墙作比喻吧，我家围墙只有齐肩高，从墙外可以看到里面房屋的美好。我老师的围墙有几仞高，找不到大门走进去，就看不见里面宗庙的雄美、房屋的富丽。能够找到大门的人或许太少了。所以叔孙武叔先生那样说，不也是很自然的吗？"

【原文】

　　19.24　叔孙武叔毁仲尼。子贡曰："无以为也！仲尼不可毁也。他人之贤者，丘陵也，犹可逾也；仲尼，日月也，无得而逾焉。人虽欲自绝，其何伤于日月乎？多见其不知量也。"

【题解】

　　孔子在生前就得到弟子们非常崇高的评价和景仰，所以当有人诋毁孔子时，弟子们就自觉地站出来为老师辩护。当然，孔子之所以成为我国伟大的思想家、教育家，除了他自身的渊博学识、高尚品德、卓越贡献之外，还得益于其弟子们的继承和发扬光大。

【译文】

　　叔孙武叔诋毁仲尼。子贡说："不要这样做！仲尼是不可诋毁的。他人的贤能，好比丘陵，还可以逾越；仲尼，就好比是日月，是无法逾越的。一个人即使想自绝于日月，对日月又有什么伤害呢？只显出他不自量力罢了。"

【原文】

　　19.25　陈子禽谓子贡曰："子为恭也，仲尼岂贤于子乎？"子贡曰："君子一言以为知[1]，一言以为不知，言不可不慎也。夫子之不可及也，犹天之不可阶而升也。夫子之得邦家者[2]，所谓立之斯立，道之斯行[3]，绥之斯来，动之斯和。其生也荣，其死也哀，如之何其可及也！"

【题解】

　　此章也是子贡批评别人贬低孔子而抬高自己的问答录。子贡衷心地敬慕爱戴孔子，在为孔子所作的辩护中，将孔子比作上天，活着时充满荣光，死后令人怀念，别人是不可企及的。

【注释】

①知（zhì）：通"智"。②邦：诸侯统治的地区。家：卿大夫统治的地区。③道（dǎo）：同"导"，引导，教化。

【译文】

　　陈子禽对子贡说："你太谦恭了，仲尼岂能比你更有才能？"子贡说："君子一句话可以表现出聪明，一句话也可以表现出不聪明，所以说话不可以不慎重。我的老师

子贡与陈子禽谈论孔子。

没人赶得上，就好像青天无法通过阶梯登上去一样。假如老师得到国家去治理的话，说要立于礼，百姓就立于礼；引导百姓，百姓就跟着实行；安抚百姓，百姓就来归服；动员百姓，百姓就会协力同心。他活着时荣耀，死了令人哀痛，别人怎么可能赶得上他呢？"

尧曰篇第二十

【原文】

20.1 尧曰：“咨^①！尔舜！天之历数在尔躬。允执其中^②。四海困穷，天禄永终。”舜亦以命禹。

曰：“予小子履^③，敢用玄牡，敢昭告于皇皇后帝：有罪不敢赦。帝臣不蔽，简在帝心^④。朕躬有罪，无以万方；万方有罪，罪在朕躬。”

周有大赉^⑤，善人是富。“虽有周亲，不如仁人。百姓有过，在予一人^⑥。”

尧帝对舜帝谆谆教诲。

谨权量^⑦，审法度^⑧，修废官，四方之政行焉。兴灭国，继绝世，举逸民，天下之民归心焉。

所重：民，食，丧，祭。

宽则得众，信则民任焉^⑨，敏则有功，公则说。

【题解】

本章这几段文字，记述了从帝尧命舜以来历代先圣、先王的遗训。夏商相继，周武王伐纣誓师之辞，都在其中。孔子认为君主应当特别重视：民，食，丧，祭。孔子对三代以来先王的美德善政十分向往。他的理想政治也是：宽得众，敏有功，民信任。

【注释】

①咨：即“嗟”，感叹词，表示赞美。②允：诚信。③履：商汤的名。④简：有两种解释：一、阅，计算，引申为明白的意思；二、选择。⑤赉（lài）：赏赐。⑥“虽有”四句：是周武王伐纣之辞。周亲，至亲。⑦权：秤锤，指量轻重的标准。量：斗斛，指量容积的标准。⑧法度：量长度的标准。⑨信则民任焉：汉行经无此五字，有人说是衍文。

【译文】

尧说：“啧啧！你舜啊！按照上天安排的次序，帝位要落到你身上了，你要真诚地执守中正之道。如果天下的百姓贫困穷苦，上天给你的禄位也就永远终止了。”舜也这样告诫禹。

商汤说：“我履谨用黑色的公牛作为祭品，明白地禀告光明伟大的天帝：有罪的人我不敢擅自赦免。您的臣仆的罪过我也不敢掩盖隐瞒，这是您心中知道的。我本人如果有罪，不要牵连天下万方；天下万方有罪，罪责就在我一个人身上。”

周朝实行大封赏，使善人都富贵起来。周武王说：“虽然有至亲，也不如有仁人。百姓有罪过，罪过都在我一人身上。”

谨慎地检验并审定度量衡，恢复废弃了的职官，天下四方的政令就会通行了。复兴灭亡了的国家，承续已断绝的宗族，提拔被遗落的人才，天下的百姓就会诚心归服。

所重视的是：民众，粮食，丧礼，祭祀。

宽厚就得到众人的拥护，诚恳守信就会得到民众的信任，勤敏就能取得功绩，公正则大家心悦诚服。

⊙典故与知识⊙

重人事而远鬼神，此孔墨之不同也，孔子之言鬼神，义在以祭享。为治天下之本，故《祭义》说："建国之神位，右社稷而左宗庙。"《祭统》说："凡治人之道，莫急于礼，礼有五经，莫重于祭。"至于鬼神之果有或无，则视为不可知之事，而非所深究；孔子之言天命，乃悬拟一道德上至高无上之鹄的，以诏躬行，至于天地之始万物之母，则非所容心，此孔子之异于道家也。

【原文】

20.2　子张问于孔子曰："何如斯可以从政矣？"子曰："尊五美，屏四恶，斯可以从政矣。"子张曰："何谓五美？"子曰："君子惠而不费，劳而不怨，欲而不贪，泰而不骄①，威而不猛。"子张曰："何谓惠而不费？"子曰："因民之所利而利之，斯不亦惠而不费乎？择可劳而劳之，又谁怨？欲仁而得仁，又焉贪？君子无众寡，无小大，无敢慢，斯不亦泰而不骄乎？君子正其衣冠，尊其瞻视，俨然人望而畏之，斯不亦威而不猛乎？"子张曰："何谓四恶？"子曰："不教而杀谓之虐；不戒视成谓之暴；慢令致期谓之贼；犹之与人也②，出纳之吝③，谓之有司④。"

子张向孔子询问从政之事。

【题解】

这是子张向孔子请教为官从政的要领。这里所讲的"尊五美，屏四恶"，是孔子政治主张的基本原则，在其中包含着丰富的"民本"思想。

【注释】

①泰：安宁。②犹之与人：犹之，同样的意思。与，给予。犹之与人，同样是给人。③出纳：出和纳两个相反的意义连用，其中"纳"的意义虚化而只有"出"的意义。④有司：古代管事者之称，职务卑微。

【译文】

子张向孔子问道："怎样才可以治理政事呢？"孔子说："推崇五种美德，摒弃四种恶政，这样就可以治理政事了。"子张说："什么是五种美德？"孔子说："君子使百姓得到好处却不破费；使百姓劳作却无怨言；有正当的欲望却不贪求，泰然自处却不骄傲；庄严有威仪而不凶猛。"子张说："怎样是使百姓得到好处却不破费呢？"孔子说："顺着百姓想要得到的利益就让他们能得到，这不就是使百姓得到好处却不破费吗？选择百姓可以劳作的时间去让他们劳作，谁又会有怨言呢？想要仁德而又得到了仁德，还贪求什么呢？无论人多人少，无论势力大小，君子都不怠慢，这不就是泰然自处却不骄傲吗？君子衣冠整洁，目不斜视，态度庄重，庄严的威仪让人望而生敬畏之情，这不就是庄严有威仪而不凶猛吗？"子张说："什么是四种恶政？"孔子说："不进行教化就杀戮叫作虐；

不加申诫便强求别人做出成绩叫作暴；起先懈怠而又突然限期完成叫作贼；好比给人财物，出手吝啬叫作小家子气的官吏。"

【原文】

20.3　子曰："不知命，无以为君子也①。不知礼，无以立也。不知言②，无以知人也。"

【题解】

这是《论语》最后一章，孔子再次向君子提出了立身处事的三点要求，即"知命"、"知礼"、"知言"，表明孔子对于塑造具有理想人格的君子有高度期待，他希望有合格的君子来齐家治国平天下。

孔子阐明做君子立身处世的三点要求。

【注释】

①无以："无所以"的省略。②知言：善于分析别人的言语，辨别其是非善恶。

【译文】

孔子说："不懂得天命，就没有可能成为君子；不懂得礼，就没有办法立身处世；不知道分辨别人的言语，便不能了解别人。"

⊙名家品论语⊙

孔子的政治思想主要有三点：（1）为政以德；（2）君主集权；（3）反对个人独裁与大臣专权。他强调道德在政治上的作用，宣称"政者正也，子帅以正，孰敢不正"（《论语·颜渊》），要求统治者在道德上作出表率，这确实具有深刻的意义。孔子宣称："天下有道，则礼乐征伐自天子出；天下无道，则礼乐征伐自诸侯出。"（同书《季氏》）这是中央集权的思想，应该说是符合春秋战国的发展趋势的。以后孟子讲"定于一"（《孟子·梁惠王》），荀子鼓吹"天下为一"（《荀子·议兵》），都主张建立统一的中央政权，这种思想都可以说源于孔子。鲁定公问："一言而丧邦，有诸？"孔子回答："人之言曰：'予无乐乎为君，唯其言而莫予违也。'如其善而莫之违也，不亦善乎？如不善而莫之违也，不几乎一言而丧邦乎？"（《论语·子路》）反对"言莫予违"，也就是反对个人独裁。孔子认为，君主虽应有最高权力，但不应个人独裁；同时大臣亦不应专权，"天下有道，则政不在大夫"（同书《季氏》）。这些思想，应该说都是符合当时历史发展要求的。

——张岱年《孔子与中国文化》

【第二卷】

孔子生平

孔子其人其事

尼山降圣

孔子的远祖是宋国贵族，为殷王室商纣王的庶兄微子的后裔。按古代宗法世系来推算，可以追溯到商代的开国君主商汤。所以孔子自叙身世"丘也，殷人也"（《礼记·檀弓上》）。商汤"吊民伐罪"，推翻了暴君夏桀的统治，被尊称为"圣人"。所以历史上传说孔子是圣人的后裔。周武王灭殷后，封殷宗室微子启于宋。由微子经微仲衍、宋公稽、丁公申，四传至闵公共。闵公长子弗父何依法当立为宋君，但他将国位让给弟弟厉公。弗父何为卿，孔子先祖遂由诸侯转为公卿之家。弗父何的曾孙正考父，连续辅佐宋国戴公、武公、宣公，久为上卿，以谦恭著称于世。正考父的儿子孔父嘉继任为宋国的大司马。按周礼制，大夫不得祖诸侯，"五世亲尽，别为公侯"，故其后代以孔为氏。宋穆公病，将子殇公嘱托给孔父嘉。后宋太宰华父督作乱，弑宋殇公，并杀孔父嘉。其后代为避难逃到鲁国的陬邑（在今山东曲阜境

尼山降圣。

内），从此孔氏在陬邑定居，开始失去卿位，降为士，变成了鲁国人。孔子曾祖父孔防叔曾任鲁防邑宰。祖父伯夏的事迹不可考。父亲名纥，字叔梁，又称叔梁纥，是当时鲁国有名的武士，立过两次战功，曾任陬邑大夫。叔梁纥先娶施氏，生了九个女儿，无子。其妾生男，取名伯尼，又称孟皮，有足病，腿跛。在当时的宗法社会里，只有儿子才能继承父业。叔梁纥的贵族地位虽已没落，但毕竟是个陬邑大夫，认为足跛儿子有失体面，希望有个像样的儿子继承自己，于是复娶颜徵在。婚后不久，在鲁襄公二十二年夏历八月二十七日（公元前551年9月8日）生孔子。因父母曾为生子而祷于尼丘山，故取名为丘，字仲尼。又说孔子生下来头顶四周高，中央低，像尼丘山的样子，所以取这个名字。古人按照"伯仲叔季"来排行，"仲"表明孔子在家里的男孩中排行第二。据史书记载，孔子身长九尺六寸，折算出来就是两米多。

孔子学礼

孔子三岁时，叔梁纥就去世了。颜徵在的娘家是曲阜大族，她于是携孔子与孟皮移居到鲁国国都曲阜城内的阙里。鲁国为西周初年周公（姬旦）长子伯禽的封地，对周代文物典籍保存完好，素有"礼乐之邦"之称。鲁襄公二十九年（公元前544年），吴公子季札观乐于鲁，叹为观止。鲁昭公二年（公元前540年），晋大夫韩宣子访鲁，观书后赞叹"周礼尽在鲁矣"！这样富有古文化传统的环境，对孔子后来的教育和成长形成很大影响。孔子年幼时，不像一般儿童那样好玩耍。孔子

孔子小时候喜欢以演练祭祀礼仪作为游戏。

最初学习的是礼仪，一来是自小就喜欢，二来他少年时就开始做吹鼓手，多次见识了礼仪的场面。经过深思熟虑，他最终选择了学"儒"，即学礼仪的职业。据《史记·孔子世家》记载："孔子为儿嬉戏，常陈俎豆，设礼容。"他经常把祭祀时存放供品用的方形和圆形俎豆等祭器摆列出来，作一种行礼的游戏。这在当时贵族社会十分重视祭祀礼仪的情况下是很自然的。颜徵在希望孔子能学好这些东西，作为将来回到贵族行列中去的阶梯。孔子自幼受到严格母教，加上早年丧父，家境衰落，因而"十有五而志于学"。孔子十五岁时，母亲托了父亲的老关系，请人带他去鲁国太师处学礼。孔子向鲁太师学习礼仪的设备种类和使用方法，以及各种典礼的实行程序。这是孔子学礼的一个方面。所谓理论加实践，孔子学礼的另一方面，就是实地参与，向有关人员请教，即使被人嘲笑，他也心平气和，从不放弃。他说："三人行，必有我师焉；择其善者而从之，其不善者而改之。"将学习对象的群体扩展得更加广泛。

不久，他好礼的名声就在鲁国国都传开了。有不少贵族专门去向他学礼，甚至有父亲临终前还反复叮嘱儿子，一定要去当孔子的学生。当时，孔子才十七岁。

勤学好问

孔子十七岁时，孔母颜徵在去世。不久，鲁国贵族季孙氏请士一级的贵族（士是最低级的贵族）参加宴会。当时孔子以为自己是已故叔梁纥武士之子，大概也有资格参加，于是就跟着别人走了进去。哪知季孙氏的家臣阳虎，以侮慢的态度呵斥孔子道："季家宴请的都是士，谁宴请你呢！"孔子只好退了出来。此事使他更加坚定了奋发学习的信心和决心。

孔子从小勤学好问，刻苦自学。他学的主要内容是六艺：礼、乐、射、御、书、数，也就是熟悉并遵循当时流行的礼和乐，掌握射箭的技术，学会驾御马车，学会写字（书），还要具备一定的计算（数）能力。六艺是春秋时期要参与贵族政治而取得一定社会地位的人都必须具备的基本知识、技艺和才能。孔子通过孜孜不倦的学习，熟练掌握并精通了六艺，他的"博学"和"知礼"的名声也渐渐传扬开来。

孔子十九岁时，由仲孙大夫做媒，娶妻宋人亓官氏。新婚这一年，孔子开始担任"委吏"（管理仓廪的小吏），仓库在孔子管理下账目清晰，出入库的东西不差毫发。季孙氏欣赏孔子的才干，又提升他当了"乘田"（管放牧牛羊的小吏）。春秋时期，喂养牛羊主要是供应祭祀。祭祀属于头等大事，需要肥壮的牛羊来做牺牲献祭。孔子做"乘田"不到一年，饲养场里牛羊成群，膘肥体壮。鲁昭公十年（公元前532年），孔子婚后第二年，儿子出世了。国君鲁昭公听说孔子好礼、知礼、讲礼的名声，便给孔子送来了贺礼鲤鱼，以表祝贺。孔子以昭公送鲤为莫大光荣，便给儿子起名叫鲤，字伯鱼。

当然，这并没有改变家庭贫穷的光景，孔子自己曾说过："我少年的时候贫贱，所以能够做许多粗活。"举凡扫地、做饭、洗衣、种菜、挑担、推车等家务劳动以及给别人放羊、放牛，甚至当别人家有婚丧喜事时做吹鼓手之类的事，他都做过，而且做得很熟练。孔子住地阙里不远处有个达巷，那里的人赞扬孔子，认为他"真了不起！那样博学多识，可就是没有使其成名的专长"。孔子听后对弟子们自嘲道："我会干什么呢？赶车吗？射箭吗？我不过会赶车子吧。"由此也可见他赶车子（御）的熟练程度。孔子学无常师，善于取法他人，并好学不厌。他曾说过，三个人里面，总有可以做他老师的。

在孔子二十七岁时（公元前525年，鲁昭公十七年），鲁国东南方有一个鲁的附庸小国郯国的郯子来朝见鲁公。在一次宴会上，鲁国大夫昭子（名叔孙）问起郯子关于少昊时以鸟名官的情况，郯子作了详细的回答。孔子听到此消息，便马上去拜见郯子，向他请教少昊氏时代的职官制度。

当他初次进入鲁国祭祀周公的太庙时，每件事都认真向人请教。有人见此，议论说："谁说陬邑

孔子司职"委吏"。

大夫的儿子懂得礼呢？进入太庙，事事都得问。"这话传到孔子耳中，孔子说，不懂就问，这本身就是合乎礼的行为啊。孔子勤奋好学，自学成才，全面而熟练地掌握了六艺知识，在三十岁左右的时候，就已经打下了学业和品德修养上的坚实基础，颇得当时贵族阶层的尊敬。

孔子学琴

鲁昭公十九年（公元前523年），孔子到晋国向闻名于诸侯的乐官师襄学琴。据说，孔子向师襄学琴，学了十来天，翻来覆去只是同一个曲子。师襄对他说："此曲你已学会了，可以学新曲了。"孔子回答说："曲调已学过，奏曲的技巧还未纯熟。"过了一段时日，师襄又说："技巧已学好了，可以学新曲了。"孔子说："我还没能领会这首曲子的志趣神韵。"又过了些时日，师襄说："已领会志趣神韵了，可以学新曲了。"孔子说："我还没有体察到此曲作者的风貌和精神呢。"稍时，孔子抬头仰望，若有所思地说："我已经体察到作者的为

孔子到晋国向师襄学琴。

人风貌了，除了周文王，还有谁能作出这样的曲子呢？"师襄子站起来连连作揖说："对呀！我的老师传授这首曲子时，正是说此曲名叫《文王操》呀。"由此可见，孔子学琴的态度是非常认真的。

孔子不仅会弹琴奏乐，而且很喜欢唱歌。他和人同歌，如果谁唱得好，必请那人再唱一遍，然后自己跟着唱。正因为这样，他不仅常和人谈论音乐问题，而且领悟力、欣赏力也很强，以致后来在齐国听了《韶》乐后，达到"三月不知肉味"的入迷程度。

筑坛讲学

孔子由于学业、德行的广博深厚，渐为社会所承认。他"三十而立"，开始授徒讲学。在孔子之前和孔子当时，中国古代封建贵族垄断了文化教育权。所谓"学在官府"，就是说学校为贵族子弟而设，平民没有受教育的资格和权利。孔子为了教育向民间普及，便征得仲孙大夫和鲁昭公的同意，并得到他们的资助，垒土筑好讲台，收徒授课。因讲台旁边有杏树，故取名为杏坛。孔子创设的私学，凡带上一点"束脩"（旧时指送给老师的见面礼）的，都收为学生。从此，聚集到他门下的弟子一天天多了起来，最多时据说有三千多人，而身通"六艺"者有七十二人。这些学生大多数出身贫贱，如颜路、曾点、子路、伯牛、冉有、颜渊等，是较早的一批弟子。连贵族鲁大夫孟僖子的两个儿子孟懿子、南宫敬叔和宋国的司马牛都前来学礼，可见孔子办学已名闻遐迩。

私学的创设，打破了"学在官府"的传统，进一步促进了学术文化的下移。孔子一生用了四五十年"学而不厌，诲人不倦"的持久努力收徒讲学，培养了大批人才。孔子教授的内容主要是诗、书、礼、乐、易等科目，教学地点和方式很灵活，有时在杏坛上给学生讲课，有时坐等学生前来提问。孔子善于因材施教，加以启发诱导。他有时也带学生到城外，一边郊游，领略自然风光，陶冶情操；一边讲课，或引导学生展开讨论。学生中后来有的从政（仕），有的从教（师），很多成为有政绩、有名望的人。

子路受教

子路为人果烈刚直，有勇力，多才艺。相传孔子东游到下，见到子路一身戎装，持剑而立。就上前问他："你这一身装扮是用来干什么的？"子路回答说，古时的君子，都是仗剑而行的。孔子一贯反对武力恃强，主张仁政德治，希图通过德教来教化天下，因此对子路的习武持剑不以为然。他对子路说："古时的君子，以忠义为人生追求的目标，用仁爱作为自己的护卫，虽然不出窄小的屋子，却知道千里之外的大事。有不善的人，就用忠信来感化他；有暴乱侵扰的人，则用仁义来使他们安定。这样，又何须持剑使用武力呢？"子路听了非常敬佩，感慨道："啊！我今天才听到这样的话，我愿从今往后，至诚恭敬地向您求教！"另据《说苑》记载，子路初次见孔子时，孔子问："你有什么喜好？"子路回答说："我喜好长剑。"孔子说："我不是问这方面。只是说以你的天赋，再加上学习，怎么会有人赶上呢？"子路对学习是否真能使人有所进益表示怀疑，说："南山有一种竹子，不须揉烤加工就很笔直，削尖后射出去，能穿透犀牛的厚皮。由此说来，又何必经过学习的过程呢？"孔子顺势利导，说："如果在箭尾安上羽毛，箭头磨得锐利，箭不是能射得更深更远吗？"子路听后心服口服，拜谢说："真是受益良多。"可见，天赋固然重要，但后天的学习和努力同样重要。两者加在一起，方能使学者的学力和修为更上一层楼。子路终身追随孔子，师生感情深厚，成为孔子的得意门生。

赴周室考察礼乐

孔子为了扩大自己的政治视野，丰富教学内容，还专门到当时周天子的首都雒邑（故址在今河南洛阳）去学习周礼和古代文献。雒邑是春秋时期全国最大的政治文化中心，保存着完备的礼仪典章制度，收藏着天下最丰富的文物典籍，聚集着各方面的人才。孔子十分向往，但从曲阜去雒邑，千里

孔子在雒邑问礼于老聃。

迢迢，所费不赀。恰好鲁国贵族孟僖子的两个儿子孟懿子和南宫敬叔都师事孔子，向孔子学礼，因此，南宫敬叔便向鲁昭公建议，请鲁君资助车马路费，并说愿意与孔子同往。鲁君就颁赐给孔子一辆车、两匹马和一个御者，由南宫敬叔陪同孔子前往雒邑。

在雒邑，孔子先后参观了周天子议事和宣政的明堂和太庙，详细考察了周公制定的全部礼制。据说孔子在雒邑还见到了老子，并向老子"问礼"。老子姓李名耳，字聃，楚国人，家族世代为史官，负责掌管周王室的典籍，所以孔子便向他请教具体的礼仪制度。老子具体而详细地作了回答。但在孔子最后一次请教古礼的时候，老子没有直接回答孔子的问题，而是对他说："你所说的人，他的人和骨头都已经腐朽了，只留下一些话而已。君子要懂得审时度势，如果时运到了，就应该趁时而起；如果时运未到，就应该像蓬草一样随风飘荡（指随遇而安）。会做生意的大商人会深藏财货，好像什么都没有似的。有大德的人，外表看上去却是一副愚笨迟钝的样子。所以你应该去掉骄气、贪心和过大的志向，因为这些皆无益于身心。"

周朝所遵循的乃是"礼乐文化"，"礼"教和"乐"本就相辅相成。因此，在向老子问礼的同时，他还去请教了周王室的乐官苌弘，亲身体会到了音乐的巨大感染力，认识到音乐与政教之间的关系，由此更加肯定"乐"与"礼"不可偏废。孔子说："兴于诗，立于礼，成于乐。""诗"能激发志向、启迪情感，但情感的过分泛滥会给人带来不利影响，而"礼"能对情感进行理性地规范，但过分克制情感同样会产生消极的后果，这时用"乐"来匡正"礼"的弊端，从而达到感性与理性的和谐统一。

考察结束后，孔子就要回鲁国去了，便向老子辞行。老子语重心长地对他说："我听说，富贵者赠人财物，仁义者赠人善言。我不是富贵者，只好盗用仁者的名义，赠你善言：聪敏能洞察一切的人濒临死亡，因为他喜好议论是非；雄辩博学的人危害自身，因为他喜好揭露别人的丑恶。为人子的不要与人相争，为人臣的不要与人相争。"

这次周室之行，孔子目睹了许多夏、商、周时期的文物、典籍，进一步加深了他在礼、乐方面的造诣。他由衷赞叹道："周监于二代，郁郁乎文哉！吾从周。"

返回鲁国后，弟子们纷纷围上去问长问短。说到老子，孔子对弟子感叹道："鸟，我知道它能

孔子访乐于苌弘。

飞；鱼，我知道它能游；兽，我知道它能走。能走的可以用网捉，能游的可以用钩钓，能飞的可以用箭射。至于龙，我搞不清它是如何能腾云驾雾，直上九天的。我所看到的老子，就像龙一样。他的学识高深莫测，志趣超凡脱俗，像蛇一样能随时屈伸，又像龙一样能应时变化。老聃，他真是我的老师啊！"

鲁国内乱

　　孔子返回鲁国后，继续给学生讲学。鲁国自宣公以后，公室衰微，政权操在以季氏为首的"三桓"手中。昭公初年，三家又瓜分了鲁君的军权。鲁昭公二十五年（公元前517年），在一年一度的祭祖活动上，当权的季氏将鲁昭公祭祖所用的舞队调走了，只剩下两人，而在自己宗庙祭祀上用了天子专用的八佾舞，并在祭祖撤奠的时候还唱了只有天子祭祖时才能用的《雍》歌。孔子听说后十分愤慨，认为季氏作为一个卿大夫擅用八佾舞，违礼僭越，"是可忍，孰不可忍"！孔子还引用古代的诗说："相维辟公，天子穆穆。"意思是说，在奏《雍》这支国乐的时候，天子站在中央，辟公（即当时的诸侯）站在两边拥护着天子，然后天子从中间走过。因为天子是国家的象征，所以态度也非常庄严，绝不会左右乱看。而现在孟孙、仲孙、季孙这三家权臣，僭用天子才能用的这种庄严的国乐在家里开舞会，真不知道他们用意何在？季氏的专横和"违礼"的举动，也引起鲁国朝中群臣的不满。鲁昭公想削弱以至铲除季平子，以恢复公室权力。恰好由于季平子和另一贵族郈昭伯两家斗鸡而引起纠纷，鲁昭公就利用这一矛盾，与郈昭伯和臧昭伯秘密策划，出兵围困了季平子的相国府。季平子登上高台向昭公求饶，请求宽恕，鲁昭公不许。季平子又请求把自己囚禁在费邑，昭公也不同意。又请求给他五辆车逃亡，还不允许。后来"三桓"中的孟孙氏、叔孙氏担心季平子失势，自己两家也会由此垮掉，于是发兵援助季平子攻打昭公。鲁昭公大败，被迫逃亡齐国。在鲁国这种乱哄哄的内乱局面中，孔子离鲁适齐。

季平子登上高台向昭公求饶，请求宽恕，鲁昭公不应许，终于酿成鲁国内乱。

苛政猛于虎

鲁国陷入内乱后，朝政紊乱，苛捐杂税名目繁多，老百姓生活极其贫困。有些人没有办法，只好举家逃难，到深山、老林、荒野、沼泽去住，那里虽同样缺吃少穿，可是"天高皇帝远"，官府管不着，兴许还能活下来。

孔子决定带着学生离开鲁国前往齐国，一行人来到鲁国的边境，只见重峦叠嶂的泰山，横亘在齐鲁之间。那时泰山周围深林茂密，经常有野兽出没，人烟稀少。

孔子听妇之诉，发出"苛政猛于虎"的感叹。

孔子一行转到一个山坳时，听到有妇人哭泣的声音。孔子在车上凝神听了半晌，便让子路停车前去探问。子路到那妇人跟前问道："听您哭得这样悲伤，一定有十分伤心的事吧？"妇人回答道："是的。先前我的公公被老虎吃了，后来我的丈夫也死在老虎口中，最近我的儿子又被老虎吃了。"孔子在一旁忍不住问道："既然这里有老虎出没，那你为什么不离开这个地方呢？"妇人回答说："这里没有苛捐杂税呀！"意思是说住在这里虽有老虎前来伤人之危，但没有苛捐杂税，还能勉强度日，若到其他地方去，在徭役的重负下，更是难以为生了。孔子听后，十分感慨。他对弟子们说："学生们，你们可要记住：残暴的政令比吃人的老虎还要凶猛啊！"

景公问政

孔子自二十多岁起，就想入仕逞志，所以对天下大事非常关注。对于治理国家的诸多问题，经常进行思考，也常发表一些见解。到三十岁时，孔子已有些名气。鲁昭公二十年（公元前 522 年），齐景公出访鲁国时召见了孔子，与他讨论秦穆公称霸的问题，他向孔子提出了一个问题："过去秦国国土狭小，地处偏僻，为什么秦穆公却能称霸诸侯，还当上了盟主？"孔子说："秦国疆域虽小，但志向却很大；虽然位置偏僻 却能善用贤能。秦穆公慧眼识才，从牢狱中提拔了百里奚。不仅如此，秦穆公居然还大胆地让这个坐过牢的外国人来执掌秦国国政。单看这件事，秦穆公的胸襟气魄，即便是统治天下都没有问题。"

鲁昭公二十五年（公元前 517 年），鲁国内乱，孔子离鲁至齐。到了齐国，孔子又和齐景公见面了。而这一次，齐景公则是向孔子"问政"，也就是向他询问如何治理好自己的国家。孔子说："君君，臣臣，父父，子子。"这八个字基本上涵盖了对整个社会伦理体系的要求，简单说就是：国君有国君的样子，臣子才会有臣子的样子；父亲有父亲的样子，儿子才会有做儿子的样子，要严格彼此的规范界定，不要僭越失其所在，这样国家才能好起来。因为当时鲁齐两国的政权都操纵在卿大夫的手里，君不像君、臣不像臣，所以孔子才这么说。

已经上了年纪的齐景公一心只从巩固自己的地位出发，连连称赞说："这话说得太妙了，要是真的君不君、臣不臣，父不父、子不子，我恐怕连饭都吃不上了。"但这八个字显然只是一个宏伟的蓝图和美好的目标，连施政大纲都算不上，现实中又如何能执行？齐景公显然不满足于这个答案，又"问政于孔子"，这一次，他希望孔子能给他提供具体的治国方法。孔子说："政在节财"（为政须尽量减省开支）。当时齐景公生活铺张奢侈，上行下效，骄奢淫逸的风气普遍盛行于齐国卿大夫之间，君臣、父子间伦理道德败坏的局面，也导致了上下之间

景公问政。

互相争权夺利，所以孔子才会这么说。这个主张直接针对齐国现状，措施也比较切实可行。景公深以为然，觉得孔子还是很有治国才能的。齐景公于是便萌生了任用孔子的想法，甚至曾准备把尼溪一带的田地封给孔子。但晏婴以儒家因循旧制、礼仪繁琐、不合时宜、难以治国为由劝阻景公不要重用孔子。当时齐国政权操在大夫陈氏手中，所以景公虽悦孔子之言而不能用。孔子师生在齐国大约居住了两年时间。期间，孔子和齐国的乐官（太师）谈论音乐。他听了虞舜传下来的名为《韶》的古乐，并学着奏唱，专心致志，以至接连很长时间食肉而不知肉味。

齐景公对孔子说："寡人不能像鲁国对季平子那样对待夫子，使夫子为上卿，也不忍心让你为下卿。我能给予你介于季氏和孟氏之间的地位。"但过了几天，齐国的大夫想加害孔子，孔子听说后向齐景公求救，齐景公说："我已经老了，不能用你了。"孔子感到岌岌可危，只好仓皇离开齐国，再次回到了鲁国。

观象知雨

孔子在齐期间，一天，齐景公正在早朝。一只单足鸟忽然飞落宫殿前，跳来跳去。齐景公很奇怪。问大臣："寡人从未见过只生一足的鸟，众爱卿可有人认识此鸟？"说完，眼睛盯住晏婴，希望聪明博识的晏婴能为他解此疑惑。晏婴也不明就里，只好回答："臣实不知。"高昭子说："人称孔夫子为博物君子，不妨请教于他。"齐景公便派人请来了孔子。孔子审视了一番，说："此

观象知雨。

鸟名叫商羊，水兆也。"景公问："夫子如何知道？"孔子说："过去有儿童屈一足，张两手，且跳且

唱道：'天将大雨，商羊起舞。'现在一足鸟出现于殿前，定有水灾。应速速通知百姓开沟疏渠，修筑堤防，以防大水成灾。"于是晏婴、高昭子立即与有关大臣作出安排，颁令全国实施。几天后，果然天降暴雨，洪水泛滥，周围各国都遭水灾。唯独齐国因未雨绸缪，早有准备，因而田间秧苗丝毫无损。满朝文武，发出了一片啧啧赞声，齐国百姓无不感激孔子。洪水之后，齐景公对孔子刮目相看，甚至称孔子为"圣人"。

观器识道

据《荀子·宥坐》记载，孔子与弟子一同到鲁桓公庙参观，看到了一种名叫"欹器"的器皿。它是祭祀时盛酒用的，外形很奇怪，看上去好像随时都会倾覆。

孔子不认识欹器，便向守庙人询问，守庙人回答道："这是君主放在座位右侧（古人常常把珍视的事物放在座位右侧）的器皿，目的是劝诫自己的言行要中正，不偏不倚。

这番话勾起了孔子的回忆，他说："我听说过这种容器：它空着的时候就会倾斜；承载的容量恰到好处时，它就很端正；一旦满了就会倾覆。"

为了让弟子亲眼见识一下，孔子便让他们往里面注水，果然情况同他说的一模一样。孔子不由慨叹道："唉，这个世界上哪有满了而不会倾覆的事物呢！"

子路却不满足，进一步向孔子询问道："那么，有什么办法可以保持满而不覆的状态呢？"孔子回答说："聪明圣智，守之以愚；功被天下，守之以让；勇力抚世，守之以情；富有四海，守之以谦。"大意就是，有聪明才智却不显能，有功却不贪得，有勇却不逞强，富裕却简朴谦让，才能保持已经得到的盈满地位。这段对话点出了一个真理：任何事情都要有度，一旦过了度就会变质。正如《易经·乾卦》所说："亢龙有悔，盈不可久。"意思是说，身居高位的人千万不能太过骄傲，否则会因失败而后悔。

正所谓"月盈则亏，水满则溢"，盛极而衰是事物发展的必然趋势，非人力所能抗拒。既然如

观器识道。

此，我们做事情一定要把握好分寸，中正平和，不偏不倚，顺其自然，不可强求，否则，就会像孔子说的"过犹不及"了。事情做得过了，就和做得不够一样，都是不合适的。这才符合孔子一贯主张的"中庸之道"。

阳虎赠豚

　　鲁昭公三十二年（公元前510年），被逐的鲁昭公在晋国的乾侯病死。当时鲁国执政的季平子立昭公的弟弟为国君，即鲁定公。鲁定公五年（公元前505年），季平子死了，他的儿子季孙斯继承了相国的职位，即季桓子。阳虎是季氏的家臣，他曾拒绝了十七岁的孔子到季氏家赴宴。三十年后，世卿季氏的权柄操纵在阳虎手中，即孔子所说的"陪臣执国命"（国家命运掌握在家臣之手）的局面。阳虎把季桓子囚禁起来，威逼季桓子屈服后才放了他。当时孔子在齐国也不得志，于是重新回到鲁国。当时孔子的声望已经很高，弟子更多，有不少人专门从远方过来求学。阳虎很想拉拢孔子以巩固和提高自己的地位，多次要求见孔子，孔子都故意避而不见。阳虎没法，就想出了一个主意，利用当时通行的礼俗以便与孔子见面。时俗：凡大夫赠送礼物给士，如果因为士不在家而未能亲受，这个士就必须亲自到大夫家登门拜谢。于是阳虎便在孔子不在家时将一个蒸熟了的小猪送给孔子，使孔子不得不到他家来道谢。孔子知道阳虎的意图，便在打听到阳虎不在家时前去拜访，不料却在回来的路上遇见了阳虎。阳虎对孔子说："来吧！我有话和你说。"孔子不答。阳虎又说："自己有德有才，而听任国事迷茫，这样的人能算是仁人吗？"他不待孔子回答，接口又道："怕不能算是仁人吧！自己很想出仕做事，而又屡失时机，这样的人能算智者吗？怕也不能算是智者吧！时光一天天过去，岁月是不会等待你啊！"孔子这才说："我是打算要出仕的。"但事后孔子终于坚持了自己的原则、信念，认为"邦有道，贫且贱，耻也；邦无道，富且贵，亦耻也"。孔子说："不义而富且贵，于我如浮云。"现在鲁国由乱臣贼子当政，便没有轻易在阳虎当权时出仕。

　　后来，子贡问他："如果这里有一块珍贵的美玉，是应该把它收藏在柜子里好呢，还是找一个识货的商人卖掉好呢？"孔子闻弦歌而知雅意，立刻领悟子贡话中寓意：贤者身怀治国之才，是该

孔子与阳虎相遇于途。

隐居独处，还是应该为官出仕以施展才能呢。于是回答说："卖掉吧，卖掉吧，我正等着识货的商人高价求购呢。"可见孔子其实是一直渴望能施展自己的抱负，但前提是要有一个慧眼识珠的良贾。

教亦为政

孔子从齐国回到了鲁国，当权的季平子的作为与孔子的政治主张是相左的，季氏不请孔子出仕，孔子也无心为官。鲁定公五年（公元前505年），季平子卒，桓子嗣立，家臣阳虎作乱，控制了季氏，掌控了鲁国的权柄。孔子恪守"有道则见，无道则隐"的理念，不接受阳虎的邀请去出仕，而是一心钻研学问，教授弟子。

一位熟知孔子的人曾经问过孔子："依先生的才学名望，做一个大夫应该是没有什么问题的，您为何不出仕为政呢？"

孔子回答说："《尚书》上说：'孝啊，唯有孝顺父母，友爱兄弟，以这种品德去影响庇政者，这也算是从政啊。'为什么只有做官才算是参与政治呢？"意思是自己教育弟子孝顺父母、友爱兄弟，形成良好的风气可以影响政治，在这种"邦无道"的情况下通过办学行教，来匡救天下。

孔子向人阐释从事教育工作亦是从政的道理。

以孝著称的曾参连连点头，对身边的仲由说："如果每个人都能谨守孝道，推而广之，达到'仁'的境界，天下就大治了。那每个人也就算是参与了政治，夫子所言极是。"

执教杏坛

孔子从齐国再次返回鲁国，本来是把实现自己政治主张的希望，寄托在鲁国的统治阶层身上的。然而，此时鲁国的政治形势又进一步发生了变化：原本"自大夫出"的政权，还在继续下移，已经到了"陪臣执国命"，即大夫的家臣执政的地步。孔子本来认为"礼乐征伐自大夫出"时，"天下无道"的危机已经开始出现，现在却比当时更有过之而无不及。他审时度势，指出自从大夫的家臣操纵政令之后，罕有传至三代而不失势的，断言陪臣执政的局面长久不了。在这种混乱的政局中，孔子自然不愿意与权臣同流合污，所以不愿出仕。在这段时间里，孔子集中精力研究《诗经》《尚书》《礼记》《乐经》，从事教育事业。

孔子执教杏坛。

在他办的私学里从事教学，从远方来求学的弟子，除来自今山东境内的齐、鲁外，还有从楚（湖北）、晋（山西）、秦（陕西）、陈（河南）、吴（江苏）所属各地慕名而来的，几乎遍及当时主要的诸侯国。孔

子秉持"有教无类"的办学方针，对一切可以施教的人，只要"自行束脩以上"，都可以受而教育之。他招收学生兼收并蓄，不受贵贱、贫富、老幼、国籍等条件限制，这样不拘一格的收徒方式引起全社会（包括上层贵族和下层庶民）的广泛注意。当时有许多青年师事孔子。像颜回（少孔子三十岁）、子贡（少孔子三十一岁）、冉求（少孔子二十九岁）、仲弓（少孔子二十九岁）等，大概都是在这一时期成为孔门弟子的。针对这样的情

孔子向弟子教授六艺。

况，南郭惠子曾经发出疑问："夫子之门何其杂也？"子贡回答说："君子端正品行，以等待四方之士，而且一定要做到来者不拒，正如良医之门多病人一样。"

孔子说："性相近也，习相远也。"认为人人可以通过教育得到改造和提高。他的学生中有素质较好的，也有素质较差的，而通过他因材施教、诲人不倦、循循善诱的教导，不少人变成了著名的贤才、学者。他主张学习知识应该实事求是，脚踏实地。他对子路说："由！诲女，知之乎（我教导你的话你懂了吗）？知之为知之，不知为不知，是知也。"知道的才能说知道，不知道的只能说不知道，这才是真正聪明的求知者。

孔子创设私学，不仅是培养学者，更是在于"学而优则仕"。他是想通过这样一种教育，训练造就齐家、治国、平天下的优秀人才，使他们能参与政治，从而改变天下无道的混乱局面，以期能够实现"老者安之"、"朋友信之"、"少者怀之"的理想社会。他不是在教书，而是在教人。他教人做君子，首先是要做到品德高尚而又精通"六艺"，即德才兼备；其次要胸怀坦荡（"君子坦荡荡"），说到做到，先做后说，对人对事都很公正，不讲私情。他在回答子路问君子时说："敬诚地修养提高自己，使周围的人（亲属邻里）能安居乐业，使全国的老百姓都能安居乐业。"

孔子的教学内容

孔子致力于培养士和君子，即为实现仁政、德治培养人才，他很注重人的内在素质和外在表现，曾提出"文质彬彬（外表形貌和思想品质配合恰当），然后君子"的主张，认为表里一致才能算是大雅君子。因此，他的教育方针是德才并重，道德教育和知识教育并重。《论语·述而》中说"子以四教，文、行、忠、信"。

孔子最基本的教育内容是德育，即加强弟子们的品德修养。孔子以"仁"为最高目标，为了使弟子们准确地把握仁、理解仁，曾多次详尽地回答过弟子们提出的问题。如"刚、毅、木、讷，近仁"，意思是指刚强正直、果断朴实、言语谨慎，都可以说是接近于仁的。孔子很重视学生的道德情操。他说："贫而无怨难，富而无骄易。"他又说："《关雎》乐而不淫，哀而不伤。"这说明个人的喜怒哀乐应有一定的限度，不要过分。另外，"仁者爱人"也不是无原则地什么都爱；"君子亦有恶"，"唯仁者能好人，能恶人"。孔子又认识到人的感情是容易冲动的，需要有所抑制，掌握分寸。

为此，孔子提出了"中庸"的主张，作为平衡道德感情的准绳，以防止"爱之欲其生，恶之欲其死"的片面性，防止感情用事或极端化，做到不偏不倚，适可而止。

孔子认为仁人必须立志，"三军可夺帅也，匹夫不可夺志也"。一个人如果具备了求仁的意志，就可以求仁而达仁："我欲仁，斯仁至矣。""志士仁人，无求生以害人，有杀身以成仁。"说志士仁人宁可牺牲生命来保卫仁的原则，不可贪生怕死而损害仁的原则。体现"仁"的外在形式是"礼"。他说"克己复礼为仁"，

孔门弟子。

就是能约束自己，自我克制，使自己的日常行动都合于礼。而"不学礼，无以立"。

在具体的教学中，孔子以《诗》《书》《礼》《乐》《易》《春秋》作为教材。《诗》在当时主要是用于典礼、讽谏、言语和赋诗言志等各个方面。孔子教授《诗》以"温柔敦厚"的诗教为主，如他评价《诗》的第一篇《关雎》是"乐而不淫，哀而不伤"。他认为学《诗》可以锻炼人的语言表达能力，"不学《诗》，无以言"。《左传》上记载各国君臣赋诗引诗共达二百五十一次之多。当时的士大夫如果不能赋诗，就会被人瞧不起。有一次，他对弟子们讲解《诗》教的重要意义时说："小子何莫学夫《诗》？《诗》可以兴，可以观，可以群，可以怨；迩之事父，远之事君；多识于鸟兽草木之名。"在他看来，读《诗》不仅可以鼓舞情绪，还可以观察风俗民情的盛衰，可以建立相互间的谅解，可以讽喻或批评时政的得失，甚至还可以运用其中的道理来侍奉父母，以至从政事君，认识自然界中的鸟兽草木。孔子强调学《诗》的目的，实质上还是为了从政："诵《诗》三百，授之以政，不达；使于四方，不能专对；虽多，亦奚以为！"指出学了《诗》要能灵活地应用，如果单是死记硬背，而不能据以处理国政，又不能独立地运用于外交，即使背得再多，那又有什么用呢？孔门弟

孔子教乐。

孔子教弟子学习射箭。

子中最善于外交活动的子贡，就是学《诗》能用的代表人物，因此曾受到孔子的称赞。

《书》即是《尚书》，是上古时代有关政治大事及言论的实录资料。孔子把它作为政治教材和历史教材来用，要求弟子们以此作为从政、行道、立身的法典依据。《论语》中记录孔子三次引《书》，都是以古喻今，讲解如何从政、行道的。

《礼》指《仪礼》，是一本专门讲解各种典礼节仪及行为规范之书。其中"士礼"占了很大部分，是当时的士阶层立身行事的具体规范。孔子既把《礼》作为文献教材进行讲解，又把《礼》作为学习礼的仪式技能的重要教材。孔子进行的礼教，重在实用。因为礼是立身处世的行动准则，所以他告诫自己的儿子孔鲤说："不学礼，无以立。"

《乐》也是孔子教学中的一项重要教材，今已亡佚。乐教不仅指学习音乐的基本功，同时也包括学习音乐理论和审美等内容。孔子主张礼乐治国，以礼来规范制约，以乐来陶冶浸染。他是把《诗》《礼》《乐》融为一体的："兴于诗，立于礼，成于乐。"在孔子的心目中，立志而后学诗，学诗而后知礼，知礼以后才能从音乐的启迪中自觉地陶冶性情。

《易》分《经》《传》两部分。《经》的内容在孔子以前就已经有了，《传》的内容则是后儒完成的。在孔子时代，《易》是一部讲阴阳八卦的占卜之书，内容神秘庞杂，在鲁国保存得比较完整。据《史记·孔子世家》记载，"孔子晚而喜《易》"，"读《易》，韦编三绝"，他曾深入研究过《易》，并吸取书中朴素的辩证法思想来教育弟子。

《春秋》成书于孔子去世前二年，是他亲自编著的。孔子以当时的《百国春秋》为蓝本，将各国"史记"中的主要大事统于一体，先作为教材用，后来才整理成现今的传本。《春秋》中包含了孔子的社会政治理论，定名分，寓褒贬，微言大义，是孔子对学生们进行政治和历史教育的教科书。

孔子还以"六艺"来培养弟子们的才能，包括礼、乐、射、御、书、数，也就是行礼、演奏音乐、射箭、驾御车马、书法、算数等六种具体技艺的讲解和操练，这是当时贵族阶层所必备的基本修养。故孔子的学生大都多才多艺。

孔子的教学方法

孔子在一生的教学实践活动中，积累了一套极有价值的教学方法。

一是主张"学"和"思"结合起来，提出了"学而不思则罔，思而不学则殆"的精辟见解。他提倡"好学"和"学而不厌"，向人学，向事学，向书本学。要"学而时习之"，"温故而知新"。认为"三人行必有我师焉"，要"不耻下问"。还认为一个人不好好学习，只是苦思空想，不会有什么好处。他曾说："吾尝终日不食，终夜不寝，以思，无益，不如学也。"但是只学习而不进行分析思考，就难以理解消化，也会陷入茫然失措、无所适从的地步。孔子特别提倡独立思考，切问近思，追根求源，遇到事情要多问几个为什么。他说："遇事不问几个'如之何，如之何'的人，我对这种人就无可奈何了！"他批评那种"饱食终日，无所用心"的思想懒汉，而教导学生要"多闻阙疑"，敢于发现问题，以便培养思考能力。

二是因材施教，循循善诱。孔子善于从学生的实际情况出发，针对智力的高下差异而"因材施教"。他说："中人以上，可以语上也；中人以下，不可以语上也。"也就是说，对于中等以上智力水平的人，可以跟他讲高深的学问；而对中等以下智力水平的人，则不可以跟他讲高深的内容。根据学生材质的不同而分别教授不同的内容。他常常对同一个问题因对象不同而回答有所不同。冉求胆子小，遇事容易退缩不前，孔子就教他凡事要抓紧，一听说就应马上去做；仲由敢作敢为，孔子怕他冒失而惹祸，便教他凡事先退一步，在请示父兄的意见后再去做。孔子还善于了解学生们不同的习性和兴趣，循循善诱。他认为一个人不仅应该知道学习的重要性，而且要乐于学习，"知之者不如好之者，好之者不如乐之者"。只有培养起学习兴趣，才能树立学习的自觉性，从而产生学习的热情，以至学而不厌。

孔子常常通过日常生活中一些生动的事例，采用哲理性的比喻来教导学生。如用"逝者如斯

孔子因材施教。

夫"比喻时间一去不复返，意在勉励弟子们珍惜时间；用"岁寒，然后知松柏之后凋"喻指节操，教导学生要有吃苦耐劳、不屈不挠的精神。这样的教学方式受到了弟子们的欢迎，收到了极佳的教学效果。颜回就曾感叹说："夫子循循然善诱人。"

三是善于运用启发式教学法，注意培养学生的求知欲和学习主动性。他主张："不愤不启，不悱不发，举一隅不以三隅反，则不复也。"就是说教育学生时要培养学生在学习上的积极性和主动

孔子启迪弟子。

性，在教学同时诱导学生主动思考，思考后仍不得要领时，再去开导他。其次是要在他想说出自己意见又说不出来时，再去启发他说出来。另外，一定要使学生能举一反三，触类旁通；如果给他指明东方，他不能由此推知其余的西、南、北三方，那就不必再勉强地教下去了。

四是提倡师生之间共同讨论，以收到教学相长的效果。《论语》中记载了不少师生之间互相讨论的问答情况。他让学生说说自己的志趣，并谈了自己的志趣，然后将各自的志趣进行点评，可说是一种正面教育的最好方法。孔子还真心欢迎学生对他提意见。他的得意门生子路就常常向他提出批评性的意见。有一次，鲁国的季氏家臣公山弗扰派人请孔子，孔子准备去，子路很不客气地批评说："难道您已经走投无路了吗？何必要到闹叛乱的公山弗扰那里去呢？"孔子虽作了解释，但还是接受了子路的意见没有去。还有一次，晋国范氏家臣佛肸邀请孔子，孔子也想去，子路又提出批评说："我曾听老师说过，君子是不到做坏事的人那里去的。现在佛肸在中牟地方叛乱，老师却要去，这怎么说呢？"孔子只得老实承认急于出仕食禄的心情，但结果还是接受了子路的批评，打消了去意。颜回是孔子最赞赏的弟子，但颜回对孔子的话句句顺从，从来不提意见。因此，孔子责怪说

孔子善于用比喻、启发、讨论等方式教学。

颜回从来不向他提出不同的意见，这就不能使师生之间收到教学相长的益处。

孔子还创造了通过人物评价和时政评论，向学生阐发自己的政治观点和哲学思想的教学方法。孔子点评过很多人物，上自尧、舜、禹、汤、文、武、周公、伯夷、叔齐，下至春秋时期的管仲、子产等各类名人，连自己的弟子，他都曾加以评价。对管仲、子产，孔子以"仁"许之；伯夷、叔齐在继承君位上互相推让，孔子称其"求仁而得仁"。孔子好恶分明，对于那些不贤不肖的人则加以抨击。鲁国的大夫臧文仲明知柳下惠是贤良之士，却不肯任用，孔子批评他白占官位，不干实事。季康子压迫剥削人民，人民迫于生计，为盗者甚多。季康子问孔子怎么办，孔子就说："假使你自己不贪图财利，即使奖励偷窃，也没有人去偷窃！"孔子通过对人的评价，教育学生辨别是非善恶，为弟子们修身养性树立了理想人格的典范。他密切注视和关心时事，随时表明自己的态度，宣传自己的主张。季氏准备攻打颛臾，冉有和子路把这件事告诉了孔子，孔子坚决反对季氏的武力侵略行动，当即正面阐明了自己的见解："有国有家者，不患寡而患不均，不患贫而患不安。盖均无贫，和无寡，安无倾。"从这些评语中可以看出孔子的胸怀和抱负，也反映了他通过实例教育学生的理论联系实际的良好学风。

祭祀忘牲

据《说苑·权谋》记载，鲁国的公索氏将要去家庙祭祀祖先时，却把为祭祀准备的三牲丢失了。孔子听说了这件事后，就说："公索氏不到三年，必会灭亡！"一年之后，公索氏一族果然为他族所灭。弟子中有人想起了孔子曾说过不出三年公索氏就会灭亡的话，就去问孔子："去年公索氏祭祀忘牲，夫子曾断言公索氏不出三年就会灭亡，现在刚过了一年，公索氏一族就果然被灭亡了。夫子真是料事如神，我们想知道夫子是如何预知他们将要灭亡的呢。"

孔子回答说："祭祀的道理就是索，索的意思就是尽，就是说儿子尽孝心于母亲的意思。到了祭祀时却弄丢了供祭祀用的牲畜，那么其他被他弄丢的东西一定更多。因此，我知道他要灭亡了。"接着他引用《诗经》中的诗句"如临深渊，如履薄冰"告诫弟子们说："君子居常不可不恭敬谨慎呀。"

孔子断言公索氏三年之内必亡。

阳虎乱鲁

鲁定公八年（公元前502年）冬天，阳虎在蒲园设宴请季桓子，其目的是想寻机杀死季桓子，立与自己亲善的桓子庶子季寤为嗣。季桓子在赴宴的途中得悉了阳虎的阴谋，就使诈逃往孟孙氏家。阳虎的弟弟去追杀季桓子，结果被孟孙氏家臣的手下射杀了。

阳虎一看事情败露，就劫持了鲁定公，他的下属叔孙武叔也公然反叛。这下激起了鲁国所有贵族的激烈反对。各家发兵围攻阳虎，阳虎逃到了齐国，把自己占据的汶阳、龟阴几座与齐相邻的城邑送给了齐国。

在齐国，阳虎贿赂权臣，加上他献城有功，很快就得到了齐景公的重视。一天，阳虎劝齐景公趁鲁国目前内乱之机发兵攻打鲁国，齐景公对此犹豫不决。齐国的一位大臣提醒齐景公说："阳虎很有才干，深得季氏宠信，但他却想杀死季氏，进而祸乱鲁国。这个人曾说过'为仁不富，为富不仁'这样的话，可见他是一个只知利害而丝毫不讲道义的人。现在鲁国总算免除了这个祸害，贤君却收容他，进而听信于他，这不是引狼入室吗？"

齐景公如有所悟，就下令逮捕阳虎，把他囚在齐都。阳虎确实是神通广大，他很快就从齐国逃到了晋国，得到了赵简子的重用。

孔子听说阳虎到了晋国，成为赵简子的座上客，就说："赵氏一族以后恐怕永无宁日了。"

当阳虎叛逃后，其在鲁国的部属公山弗扰在费这个地方也造反了。他还对孔子发出了邀请。孔子从齐国返回鲁国后，已经有十多年了，他通过钻研学问，早已形成一整套安邦治国的方针大略，所以这次公山弗扰对他的邀请使他萌生了出仕的念头，不但没有拒绝，还真的打算前去。

子路不高兴了，说："难道就真的无处可去了吗？何必一定要去公山弗扰那里呢？"

对此，孔子是这么回答的："他召我，难道只是一句空话吗？如果有人用我，我将要在东方复兴周礼，重建一个西周。"他的理由是："当年周文王和周武王兴起于丰、镐两地，最终统治天下，现在费这个地方虽然小了些，但若是与丰、镐这两个方圆百里之地相比，也差不了许多，还是大有希望的。"

据史载，孔子后来并未应召前往。之后不久，鲁国当局就前来延请孔子参政了。

孔子出仕

阳虎事变后，鲁国政府聘请孔子出仕。鲁定公九年（公元前501年），孔子被任命为中都宰，此时孔子已经五十一岁了。

孔子治理中都一年，卓有政绩，被擢升为小司空。小司空是主管国家最高建筑工程的长官司空的副职。不久又升为大司寇。大司寇是鲁国最高的司法长官，与司徒、司马、司空三卿并列，位同卿大夫。孔子在任职期间，对罪大恶极的人绳之以法，更以仁德、礼教教化人民，使人民知道什么是对的、什么是错的；什么是光荣、什么是耻辱。他说："以政令引导人民，以刑罚整顿人民，民暂免于罪过，却无廉耻之心。以仁德来加以引导，以礼来加以整

鲁国派人延请孔子出仕。

顿，民不仅有廉耻之心，而且心也会归服。"

孔子从治国的根本——人心的角度出发，指出了用刑罚治国的局限性，作为一种强制手段，刑罚只能使人民因害怕处罚而尽量避免犯罪，但这样治标不治本，不能像道德教化那样高明，使人民从根本上懂得犯罪可耻的道理，从而自觉地避免犯罪。这反映了道德的重要性，以及作为政策时不同于法治的特点，同时也反映了孔子以德治国的观点。在他的治理下，诉讼渐少，鲁国出现了政通人和的局面。

司马迁描述孔子治鲁情况时说："（孔子）参与治理国政三个月，卖羊羔猪豚的不随意抬价；男女行路分道而走；遗留在路上的东西没人捡拾；从四方来到城邑的客人不必向官吏请求，全都给予接待，如同回到了家里。"

孔子在鲁国任司寇期间，因为鲁国的实际执政者是世袭的三卿之一的季桓子，孔子要办成事情都得得到他的首肯。

一次，孔子为了"有司之治"去见季桓子，季桓子当时不高兴，事情没成。过了几天，孔子又去见季桓子以便促成其事，但季桓子还是傲慢地对待他。孔子的弟子对此很不满，宰予说："以前我听夫子您说过，王公不来聘请我，则不动。现在您担任司寇没几天，就多次向王公屈节，不可以停止这样做吗？"

孔子解释说："鲁国以众相凌、以兵相暴的不安定局面由来已久，倘若有责任的当局不去治理，必将大乱。这种局面需要我来处理，这岂非比任何事都更郑重和紧迫吗？"意思是说鲁国危乱的时局正等待自己去治理，这便是最大的聘请了，自己之所以一再屈节求见季桓子，正是出于国家大局的考虑。

诛杀少正卯

孔子在做了大司寇之后，受鲁国权臣季孙斯的委托，摄行相事。上朝听政的第七天，就以乱政的名义诛杀了鲁国大夫少正卯。弟子们都不明白孔子为什么杀少正卯，子贡忍不住去质问老师道：

诛杀少正卯。

"少正卯是鲁国的名人啊，先生刚开始当政，就先把他杀了，应该没有弄错吧。"

孔子并没有因为子贡兴师问罪而生气，只是指了指位子，说："你先坐下，我会详细告诉你缘由。人有五种恶劣的品行，它们分别为：一是通今达古却用心险恶；二是行为邪僻却又顽固不化；三是花言巧语且虚伪矫饰；四是见识广博却专记丑恶之事，大肆宣扬，蛊惑人心；五是顺从错误言行，并加以修饰维护。人的品性只要有这'五恶'中的一种，就不能不施加'君子之诛'。而少正卯却兼具这五种罪恶于一身，他居住下来就足以聚集大批门徒，他的言谈足以袒护邪恶而迷惑众人，他强横的性格足以颠倒是非而开宗立派，他是小人中的奸雄，不可不杀。昔年商汤诛尹谐，周文王诛潘止，周公旦诛管叔，姜太公诛华仕，管仲诛付里乙，子产诛邓析、史付。这七个人，虽然身处不同的时代，却有同样的邪恶心肠，不能不杀。"在给出了历史上的先例之后，孔子还进一步引经据典："《诗经》上说：'忧心悄悄，愠于群小'（忧愁之心多凄楚，被众小人所怨怒）。如果小人成群结党，那就值得忧虑了。"

少正卯的学说虽然没有流传下来，但从史书的零星记载可以了解到：少正卯是当时鲁国的"闻人"，即知名人士，他和孔子一样都开办私学，聚徒讲学，但二人思想不和。少正卯是一个很有才华的人，他能言善辩，知识广博，曾使"孔子之门三盈三虚"，多次把孔子门下的弟子吸引过去听课，只有颜回没去。

夹谷会盟

孔子仕鲁，将鲁国治理得井井有条。挨着鲁国的齐国人听说后开始惧怕，唯恐鲁国强大起来会吞并自己。齐景公更是后悔，当年孔子到齐国的时候没有加以重用。于是要求与鲁国国君会盟，表示两国修好之意。

鲁定公十年（公元前 500 年），齐鲁夹谷会盟，孔子为鲁国司寇，官居上卿，又知礼，被指定

齐鲁夹谷会盟。

为会盟中鲁国国君的相礼（司仪）。齐国的大夫黎钼，大概和一般人一样，只靠道听途说，就轻率地认定孔子是个只懂礼仪、不懂军事的人。于是他向齐景公秘密献计：派附近的莱人（少数民族）在盟会上假装演奏莱乐，伺机用武力劫持鲁定公。赴会前，鲁定公为了表示和平友好之意，打算乘车前往，而孔子认为"有文事者必有武备，有武事者必有文备"，对会盟可能出现意外情况，提出"具左右司马"护驾的建议，以作防范，被定公采纳。在两位国君歃血为盟后，齐国方面派莱人手持剑戟、旌旄上前表演舞蹈，企图趁机劫持鲁定公来胁迫鲁国。孔子当即令随从军旅反击莱人，并立刻上前护卫鲁定公往后退，一边严辞叱责齐景公说："两国国君友好盛会，为何不遵周公礼仪，不用宫廷雅舞，却让蛮夷之人来这里干什么？这样对神灵来说是不吉利的，对德行也是一种伤害，对人而言则是非常失礼的行为。您到底居心何在？"

孔子理正辞严的驳斥让齐景公无言以对，只好急忙叫莱人退下，向鲁定公承认了错误。第二天，齐鲁正式订立盟约。盟约初稿为齐国事先拟定好的，其中一款是齐国出征时，鲁国须派出三百乘兵车相随。孔子一看，这分明是要鲁国承认自己是齐国的附庸国，便要求齐景公作出解释。齐景公说："两国既然结盟，就自当相助。"孔子说："既然两国修好，订立了盟约，那齐国应该归还过去侵占鲁国的郓、汶阳、龟阴三地的土地。"齐君被迫答应了。

在这次夹谷会盟上，孔子随机应变、有礼有节，使齐君想用武力劫持鲁君之预谋未能得逞，并运用外交手段进行斡旋，取回了阳虎私自送给齐国的国土，保全了国格，取得了外交的重大胜利。

计堕三都

孔子任职期间，办事认真，待人谦逊有礼，和大臣相处都配合默契。不仅在外交上颇有业绩，内政上也把整个鲁国治理得夜不闭户、路不拾遗。夹谷会盟后，鲁定公对孔子信任增加。一次，他问孔子："君主应该怎样役使臣子，而臣子又应当如何侍奉君主？"孔子回答说："君主役使臣子应当合乎礼制，而臣子侍奉君主应当忠心耿耿。"孔子这个答案，一方面指出君权的使用不是毫无限

孔子指挥若定，平定公山不狃之乱。

度的，只能在礼制的范围内，按照礼制的规定去使用。君王的地位从来都是至高无上的，缺少监督和制衡的后果，必然是权力的滥用，进而产生腐败堕落。所以孔子提出要以"礼"来约束权力的行使。另一方面，这句话又指出，如果君主能按照礼制对待臣下，那么臣下也必须对君王尽忠竭力。孔子也借此清楚地表明了自己的立场。所以鲁定公听后，对孔子更加信任与重用。季桓子也对孔子信任有加，言听计从。

鲁定公十一年（公元前 499 年），鲁定公宣布孔子受季桓子委托，代理处理相国事务，参与国政，给孔子一个"摄行相事"的重要地位。定公十二年（公元前 498 年），孔子为加强公室，抑制三桓（指季孙氏、叔孙氏、孟孙氏三家世卿，因为是鲁桓公的三个孙子，故称"三桓"。当时的鲁国政权实际掌握在他们手中，而三桓的一些家臣又在不同程度上控制着三桓），援引古制"家不藏甲，邑无百雉之城"，提出"堕三都"的计划，也就是拆毁三桓所建城池，同时解除他们的私人武装，名正言顺地削弱他们的势力，并通过任季氏宰的子路去实施。由于孔子利用了三桓与其家臣的矛盾，季孙氏、叔孙氏同意毁掉各自的封邑费邑与郈邑。于是叔孙氏先拆除了郈城，这一过程比较顺利；但轮到季氏的费城时，却遭到了公山不狃的顽固抵抗。公山不狃和叔孙辄便联手率领费城人袭击鲁国国都，打算来个"围魏救赵"。猝不及防的鲁定公仓皇躲进季氏宅第，登上季武子台。费人进入曲阜之后，立刻冲到季氏的宫室外，将它团团包围起来，展开了猛烈的进攻。孔子及时赶到鲁定公身边，指挥武将申句须、乐顺率领精兵反击，费人不敌逃走了。孔子指挥军队乘胜追击，在姑蔑（今山东泗水县境内）这个地方彻底击败了费人的武装，公孙不狃匆忙逃到齐国避难，费城终于得以拆毁。孔子打算再去拆毁郕城时，孟孙氏被家臣公敛处父所煽动而反对堕郕邑。鲁定公围之不克，孔子计划受挫，"堕三都"的行动半途而废。

弃官离鲁

"堕三都"的计划失败后，孔子与三桓的矛盾也随之暴露。三桓明白孔子堕城的目的是"强公室，抑三卿"，开始对孔子产生敌意，季桓子也不再对孔子言听计从，亦不跟孔子继续合作共事了。这时，孔子的弟子公伯寮到季桓子面前献媚取宠，说孔子和子路的坏话。子服景伯告诉了孔

孔子逐渐为三桓所疑忌和疏远。

子，并表示自己可以除掉公伯寮。孔子叹息说："我的仁政理想能够得到推行，那是天命所归；如果理想无法实现，那也是天命所决定的。公伯寮能奈何天命吗？"有人因此认为孔子自不量力。《论语·宪问》中有这样一段记载：有一天，子路夜里住在石门（地名，鲁国都城的外门），第二天进城时，守门人问子路："你从哪里来？"子路说："从孔子那里来。"守门人便说："就是那个知其不可为而为之（明知做不到却偏偏要去做）的孔丘吗？"

在孔子的治理下，鲁国逐渐富强起来。

本来自孔子执政以后，鲁国国势蒸蒸日上，气势大振。齐国担心邻国的强盛于己不利，甚至评价说："孔子要是长时间当政，鲁国最后必然能称霸。"齐景公才提出夹谷会盟以图将鲁国变为自己的附庸国，后被孔子识破而失利。这时，他们打听到鲁国朝廷的情况，认为鲁定公、季桓子等君臣喜欢寻欢作乐，于是便挑选了齐国国中姿容最秀美的八十名女子，并精心训练她们学习歌舞吹弹，然后将这队女乐，连同一百二十匹骏马，一起送到鲁国。季桓氏如他们所愿地接受了女乐，嗣后便迷恋上了歌舞，一连三日都没有上朝听政。孔子非常失望。不久鲁国举行郊祭，祭祀后按惯例送祭肉给大夫们时并没有送给孔子，这表明季氏不想再任用他了。过去的雄心壮志转瞬间便化为了梦幻泡影，孔子因而慨叹道："凤鸟不至，河不出图，吾已矣夫！""凤鸟"，就是凤凰，据说太平盛世才会出现。而传说在上古伏羲时代，黄河中有龙马背负八卦图出现，这就是"河图"，后成为传说中象征祥瑞的神物。所以孔子感叹才说："凤鸟不再到来，黄河中也不会再出现八卦图，我的一生也就这样完

孔子因为鲁国统治者耽于声乐而离开了鲁国。

了吧。"

孔子意识到自己的仁政无法贯彻始终，只好退而求其次，将自己政治理想的实现寄希望于别国。他说："我的宗旨是'克己复礼'，使天下所有人都能归依仁，实行周礼，哪里用我，我就到哪里去。"于是他在不得已的情况下离开鲁国，到其他诸侯国去寻找出路，开始了周游列国的旅程。这一年，孔子五十五岁。

周游列国

孔子辞去官职后，便率领弟子们开始了周游列国的漫漫历程，前后共经历了十四年的时间。

当孔子一行人离开国都曲阜，走到一个叫屯的地方住宿时，大夫师己前来送行，说："夫子您没有罪过啊。"言下之意就是：那您为什么要辞职，甚至离开这个国家呢？

这一次的问题出在掌权者身上，孔子不便细说原由，于是说："我唱支歌给你听吧！"孔子一边操琴，一边唱了一首短歌："彼妇之口，可以出走；彼妇之谒，可以死败。盖优哉游哉，维以卒岁！"意思是说，听信妇人的话，可以失去亲信；过于接近妇女，可以使人败事亡身。既然如此，就该离开，优游自在地安度岁月。

师己返回国都后，季桓子问孔子临走时说了些什么，师己就把这首歌又唱了一遍。季桓子倒是个明白人，一听就知道歌中所指，便喟然长叹道："夫子这是在怪罪我啊，是因为我接受了齐国女乐的缘故。"他对孔子弃官离鲁有点惋惜，但又不愿挽留。孔子师徒走走停停，学生们埋怨走得太慢了。孔子说："我们慢慢地走，这才是离开祖国应持的态度。"

孔子适卫

孔子周游列国首先选择的是卫国。由于孔子在鲁国政绩卓著，声名显耀于各国，所以当他与弟子们到达卫国边境一个名叫"仪"的地方时，受到了当地的边防官，即"封人"的欢迎。他上门请求谒见孔子时，对孔子的弟子们说："像这样德才兼备的君子来到这里的时候，我从来没有见不到的。"弟子们便引着他去见了孔子。这位封人亲耳聆听了孔子的言谈，目睹了孔子和蔼可亲、彬彬有礼的仪容和态度，当即心悦诚服。当他辞别孔子出来以后，由衷地对孔子的弟子们感叹道："你们几位何必为没有官做而发愁呢！天下无道的时间已经很久了，上天将以孔夫子为先导，来号令天下、革新政治了。"可见，孔子在当时就已经享有极高的声望，尤其是在礼制方面，信服者众多，这位"仪封人"就是其中之一。他

孔子适卫。

孔子至卫。

只是与孔子见了一面，交谈了一番，便认定孔子是上天派来号令天下的圣人，对孔子十分敬佩。

孔子与弟子们离开仪地后，便向着卫都进发了。在行进途中，他们一面观察沿途的风俗民情，一面谈论起治国安民的问题。以民为本，是孔子政治思想的基本原理，因此，他一开始便注意到卫国拥有众多人口，并对此赞赏不已。替孔子赶车的弟子冉求便请教他："人口多了，又该如何治理呢？"

孔子的回答可谓言简意赅："富之。"意思是说，想办法让人民富足起来。冉求又追问："人民已经富足之后，又该做什么呢？"孔子回答还是两个字："教之。"意思是说，广泛开展教育，让人民学习文化，使他们摆脱愚昧，依照礼来行事，有廉耻之心，在文明之路上昂首前进。孔子所说的"教之"，对象是广大群众，这无疑是普及全民教育，也是他"有教无类"办学方针的具体化和广泛化。当时"学在官府"，民间没有学校。孔子的这种教育理念，冲破了传统教育观，扩大了教育的社会基础和人才来源，对提高全体社会成员的素质具有积极的推动作用，在教育发展史上具有划时代的意义。

孔子与弟子们到了卫国国都帝丘（今河南滑县）之后，寄居在子路的亲戚颜浊邹家中。子路的妻妹夫弥子瑕，当时正是卫灵公面前炙手可热的大红人，他听说了这件事之后，便颇为自负地对子路说："孔子要是住在我家，早就当上卫国的卿大夫了。"

子路自然把这句话转告给了孔子，孔子听完，只是波澜不惊地说了一句："听从命运的安排吧。"因为孔子讨厌弥子瑕这个善于投机钻营的小人，不屑跟他结交。当时，卫国有位名叫王孙贾的大夫，是卫灵公的宠臣，他对孔子说："与其媚于奥，宁媚于灶，何谓也？""奥"，本意指屋子的西南角，古代以西南为尊，所以供奉在那个方位的奥神，地位要高于灶神，也就是俗称的"灶王爷"。灶神虽然地位卑贱，但却负责监督人们日常生活中的一举一动，可以说是人类的"顶头上司"。正所谓"县官不如现管"，灶王爷反而成了祭祀之主。王孙贾这段话表面上是在向孔子请教祭祀对象，实际上却是暗示孔子前去依附他。对此，孔子回敬了一句："并非如此，如果得罪了上天，那就连祷告的地方都没有了。"自助者，天助之，如果言行不合天理，那么无论敬拜什么神祇都不济事。

孔子在卫国一直是英雄无用武之地，无法施展政治才干，心中难免抑郁，便以击磬作为消遣。

有一次，恰好有个背着草筐的人从孔子门前经过，他可能是一位隐士，从磬声中约略窥知了孔子的心事，便评价道："听击磬的声音，这个人好像有心事。"

但接着他又批评说："这击磬的声

孔子击磬遣怀。

音真是太粗陋了，好像在说，没人了解我，我怀才不遇啊！既然没人了解自己的才干，那就独善其身算了。这就像我们平时蹚水过河一样，水深时，就小心翼翼地踩着石头过河；水浅时，就撩起衣襟、挽起裤管直接蹚过去。"言外之意即是说，既然现在的社会如此黑暗污浊，如果你要是觉得还有点希望，那就尽己所能地为改善现状尽一点力；若是觉得它已经没有挽回的可能了，索性就两眼一闭，权当看不见，马虎地生活下去吧。怎么样都好，何必让自己过得这么抑郁呢？

弟子们在门外听见后，把这些话转告给了孔子。孔子慨叹地说："如果真能做到这样，我也就没什么可为难的了。"他明白此人的用意和生活态度，也知道他态度坚决，自己是不可能说服他的。其实孔子在卫国虽然处境尴尬，不被重用，但他始终抱着拯救天下的热情，坚持着自己一贯的主张。他的苦衷无法得到这些隐居哲人的理解，然而孔子之所以为孔子，就在于这种"知其不可而为之"的济世精神。

经颜浊邹、蘧伯玉等人推荐，卫灵公接见了孔子。甫见面便问孔子："你在鲁国的官俸是多少？"孔子回答说："官俸是六万小斗。"卫国也照样给了粟米六万小斗。于是孔子师徒便从颜浊邹家搬出，自立馆舍居住。卫灵公好战，热衷于扩张，故向孔子请教军队的排兵布阵之法。孔子回答说："关于宗庙祭祀礼仪方面的事情，我倒是听说过一些；至于军队作战方面的事情，我却从没有学习过。"因为卫灵公一直穷兵黩武，要想改善卫国的现状，必须从根本上改变政策的着眼点，变战争政策为施行仁政。《史记·孔子世家》中记载了另一则小故事，说是卫灵公第二天在与孔子谈话的时候，看到空中有一只大雁飞过，立刻专注地仰头看天，神色明显心不在焉。与人交谈，注视对方是最基本的礼貌，卫灵公这一态度摆明了不尊重孔子，完全没把他放在眼里，这让孔子感到非常失望。

孔子在卫国住了十个月，有人向卫灵公进言说，如果他们是为鲁国图谋卫国而来，该怎么办？卫灵公遂派公孙余假暗中监视孔子师徒。孔子恐受其害，便匆忙离开卫国，准备到陈国去。

孔子动身离开卫都时，对弟子们说出了对卫国政治的观感："鲁、卫之政，兄弟也。"鲁国和卫国的政治，就像兄弟一样。这句话其实隐含了两层意思：一，鲁国当年是周公的封地，卫国则是康叔的封地，周公和康叔本是兄弟，两国的政治情况也有些类似；二，孔子所处的时代，两国比起当初建国时那是江河日下，鲁国是君不君、臣不臣，卫国除此之外，还兼有父不父、子不子，现状的相似度惊人。

匡城遭围

孔子一行离开卫国南下，准备去陈国，也就是从现在的濮阳到周口去，车驾路过宋国匡城（在今河南长垣县西南）。东周时，秦康公假借刚即位的周匡王之名在匡地筑城，后来由宋国人管理，改名承匡城。弟子颜刻替孔子迁车，用鞭子指着城墙上的一处缺口说："我以前跟随阳虎攻打匡邑，就是从这儿破城而入的。"

他的话，刚好被路边的匡邑人听到了。匡邑人看见当年和阳虎同行的颜刻出现，以为鲁国的阳虎又来了。当年阳虎没打招呼，就擅自带兵经过匡地去了郑国，还大肆掠夺和残杀当地人，匡地百姓对其恨之入骨。孔子长相又像阳虎，匡人一看，以为是阳虎又来了，立即将孔子一行团团围住。一行人被困在那里整整有五天，处境十分危险，孔子却神色坦然："周文王虽已死了，文化道统并没有丧失，现在不都在我们身上吗？上天如果想要灭亡这个文化道统，就不会让我们能够认知并负起传承的责任。天意既然是不想灭绝这个文化道统，那匡人又能把我怎么样呢？"

子路拿起武器准备强行冲出去，孔子说："匡人是误把我当成阳虎，我们今天只能通过礼仪，来消弭这场误解，你来抚琴我来歌唱吧。"于是子路抚琴，孔子歌唱，歌声充满兄弟友爱之意，琴声、歌声和悦优雅。匡人想，这不像阳虎能干的事呀。后来听说被他们围住的是孔子一行，随即撤兵解围而去。

离开匡地后，孔子感慨地对弟子们说："你们若不见峭壁悬崖，就不知道从悬崖坠落的可怕。

孔子一行匡城遭围。

若不亲自到深潭中试探深浅，就不知道溺死的危险。若不见大海，就不知道惊涛骇浪是怎么回事。今后遇事都要归因，分析本质，预测事故处理结果。谁能掌握这三项原则，就不会被忧患缠住了。"

孔子一行匆忙离开卫都帝丘时，颜回暂时留在颜浊邹家，以便观察卫国的动向。卫灵公调查清楚孔子一行到卫国来并不是鲁国派来的，于是再次接受颜浊邹、蘧伯玉等人的劝谏，请颜回传话，恳请孔子回帝丘。颜回至匡，见到了被围困的孔子等人。孔子动情地说："我以为你在乱中遇难了呢！"颜回恭敬地回答道："老师您还健在，我怎敢轻易就死呢！"颜回汇报了卫国无意加害孔子的情实，并转达了卫灵公恳请孔子回帝丘，以及将在城外恭候孔子，以谢不恭之罪的话。

蒲邑被困

离开匡城后，孔子一行人走了两天，随即经过蒲邑（今河南长垣境内，在匡城北）。蒲邑是卫国的土地，这里有位叫公叔成的贵族，他是卫国太子蒯聩的心腹，本在朝中任职。卫灵公担心太子的势力坐大，就把他外放到了蒲邑。这时公孙成正在招兵买马，扩大势力，准备有朝一日配合太子发动政变，夺取君位。此时孔子师徒经过这里，公孙成怀疑孔子是卫灵公派来探听蒲邑虚实的，加上他担心孔子德高望重，有不少文武兼备的弟子，若站在卫国国君一方，将威胁到自身的利益，于是率兵将孔子一行人截住。孔子弟子中有个叫公良孺的，长得高高大大，威武勇猛，他自己带了五辆车子跟随孔子周游各地。他对孔子说："我以前跟着老师在匡地遇到危难，如今又在这里遇上危难，这是命吧！我和老师一再地遭难，宁愿跟他们拼死算了！"于是就跟蒲人猛烈地拼斗起来。子路、冉求等"有勇力"的弟子也投入了战斗。

蒲人感到靠武力留不住孔子一行，建议和谈，答应放行。公孙成对孔子说："如果你们不去卫国，我们就可以放你们走。"孔子答应了，双方还作了盟约。然后，蒲人放孔子一行人从东门离开。可刚走出蒲邑不远，孔子就让驾车的弟子转往卫国的方向。子贡疑惑地问："盟约难道也可以违背吗？"孔子说："在胁迫下作的盟约，神明是不会认可的。"到了卫国，卫灵公听说孔子又回来了，很高兴，果然亲自到郊外去迎接孔子。他问孔子："可以讨伐蒲吗？"孔子答道："可以。"卫灵公说："我的大夫却认为不能去讨伐。因为现在的蒲，是卫国防备晋、楚的前哨据点，我们自己发兵去打，如果蒲人干脆投靠敌方，或敌方趁机来袭，那后果不是很不好吗？"孔子说："蒲邑的百姓，男人们都效忠卫国，有拼死的决心；妇女们也有保卫这块西河地方的愿望。所以我们所要讨伐的，只是领头叛乱的四五个人罢了。"灵公说："很好。"然而却不去伐蒲。这次回到卫国，孔子一行就寄住在蘧伯玉家。

卫灵公郊迎孔子。

子见南子

此时，卫国的国政已经被卫灵公夫人南子所把持。南子听说孔子又回到卫国，想利用他的声望抬高自己，便特地派人给孔子传话。来人说："四方各国的君子，凡是想要与我卫国国君结为兄弟的，一定要来见见我们国君夫人，我们国君夫人也希望能见您一面。"其话外之音就是：四方来客如果不首先来拜见南子，而欲得国君卫灵公的赏识，是不可能的。南子在当时的名声不佳，又凌驾在君主之上，干预国政。对于这样一个特殊的政治人物，孔子洁身自好，不想前往相见，故而委婉辞谢。南子使人力劝，孔子拗不过，逼不得已之下，只好去见南子。

会见时，南子站在帷幕里面，孔子进了门，向北跪拜行礼。南子在帷幕里面回拜答礼，身上的佩玉首饰触发清脆的响声。事后孔子说："我一向是不想去见她的，现在既然不得已见了，就得还她以礼。"子路听说此事后，认为这违背了老师一贯的原则，表现得非常不高兴。孔子可能也知道自己的行为会引起轩然大波，所以在看到子路有意见时，便一再说明自己只是礼节性的拜访，并无丝毫借机谋取高官厚禄的想法，甚至连连赌咒发誓说："我要不是因存着得君行道的一点希望才不得已去见她的话，那么就让老天爷厌弃我！就让老天爷厌弃我！"这一段让人感觉师生的角色似乎完全颠倒过来了。子路和孔子的态度都一反常态得激烈，完全不符合儒者一贯温文尔雅、含蓄内敛的形象。由此可见孔子见南子这件事的争议之大。

不过孔子师徒还是在卫国暂时住了下来，卫灵公仍给其丰厚的待遇，但仅仅有礼贤之心，却无用贤之意，对孔子缺乏真正的尊敬和器重。倒是孔子的弟子中一些人相继在卫国任职。如高柴担任士师，子路被委派去管理叛乱后的蒲邑。孔子有时也被卫灵公召去陪伴左右。

过了不长时间，卫灵公竟然公开和南子乘坐着同一辆车，由宦官雍渠陪侍在右，出了宫门，要孔子坐第二辆车子上，跟在他们后面，大摇大摆地从闹市上行过。孔子深感耻辱，感慨地说："我还没见过爱慕德行像爱慕美色一般热切的人。"卫灵公昏庸无能，沉迷美色，导致后宫擅权，正是对这句话最好的注解。孔子于是对这里的一切感到厌恶失望，就有意要离开卫国。

当时卫灵公的世子是蒯聩，他不满意南子的淫乱行为，想杀死她而未成功，就出奔到晋，投

卫灵公与南子同车招摇过市，让孔子跟随其后。

靠赵鞅。鲁哀公二年（公元前493年），卫灵公卒，卫人立蒯聩的儿子辄登了君位，即卫出公，亦称孝公。晋国大夫赵鞅竭力扶持蒯聩回国向他的儿子辄争夺君位。蒯聩到了晋、卫边境戚邑，并以之为据点驻下，齐国又助新登君位的辄把戚地包围起来。孔子眼看卫国国君父子反目、同室操戈，深感危邦难居；加上卫国一直将自己束之高阁，英雄无用武之地，一行人在卫国居住五年后，不得不离开卫国，另投其他能用其道的国家。

临河而叹

当孔子不愿在卫国参政时，晋国执政的赵鞅（即赵简主，又叫赵简子）率兵攻打范氏、中行氏。范氏的家臣佛肸本来担任中牟（晋邑，在今河北邢台、邯郸之间）这个地方的邑宰，便趁此机会在当地反叛了。他以前是孔子的学生，就趁势邀请老师前去帮忙。

这个邀请，又点燃了孔子实现自己政治主张的希望，便有意动身前往。但子路认为老师去佛肸那里，明显是在协助乱臣贼子，便质问孔子说："以前我听夫子您说过：'亲身做了坏事的人那里，君子是不去的。'那么现在，佛肸占据了中牟反叛，您却要去帮忙，这又该如何解释？"意思是说孔子违背了自己曾主张过的不入无道之国的原则。

孔子不否认这一原则，说："对，我确实说过这番话。但人们不也说有坚硬的石头吗？它磨都磨不坏。人们不还说过有种洁白的石头吗？它染也染不黑。我怎能像一个瓠瓜那样，只挂在藤蔓上而不能食用呢？"他坚信自己这样的君子一定能坚贞不渝，出淤泥而不染，不会被环境所左右而玷污自己的名声，因此想要抓住这个机会，施展抱负。或许是长期游历各国，却一直没有得到施展才华的机会，又见自己一天天老去，实行仁政、革新政治的心情更加急迫，孔子对这次佛肸之召有点心动，但最终还是认为应佛肸之召不妥而没有前去。

后来赵鞅伐卫时包围了中牟，孔子最终未能成行，便率领弟子往来于陈、蔡两国之间。世上没有不透风的墙，名人的一言一行向来又是焦点所在，传播者更多，于是孔子曾有意前往中牟帮助佛肸一事最终传到了赵鞅耳中，加上之前孔子还诅咒过赵氏家族，林林总总的新仇旧恨加在一起，引起了他的怨恨。

后来，据说赵鞅想要专政，便对他的亲信说："赵有犊犨，晋有铎鸣，鲁有孔丘，我要是能杀了这三个人，就算要统治天下也没什么问题。"

赵鞅假称要向犊犨、铎鸣二人"问政"，召请他们前来并借故杀害。赵鞅又继续派使者去聘请孔子前来晋国。使者临行前，赵鞅下了一道命令：如果孔子应聘前来晋国，就趁着他坐船渡过黄河时，将他推下河淹死。由于赵鞅行事隐秘，犊犨、铎鸣二人被杀害的消息并没有传到孔子耳中。所以一开始，孔子不疑有诈，真心答应了。当一行人走到了黄河边时，孔子听闻了犊犨、铎鸣二人被杀

孔子临河而叹。

害的消息，于是叹息着说："美哉水，洋洋乎！丘之不济此，命也夫。"改变了渡河之意。

他还唱了一首歌："狄水衍兮，风扬波！舟楫颠倒，更相加！归来归来，胡为斯！"这是在劝自己：回去吧，回去吧，何必在这里让旁人陷害呢。

最后，孔子没有渡河去晋国见赵鞅。赵鞅的阴谋自然也宣告破产。

这件事还有一种说法，孔子本来是满怀希望地向西而行，准备主动去投奔晋国的赵鞅的。因为孔子听说犊犨、铎鸣两位贤臣受到了赵鞅的重用，而二人的施政理念正好与自己相同。

可是走到黄河边时，却传来一个令人震惊的消息：两位贤臣竟被赵鞅杀害了。于是孔子面对黄河感叹道："黄河的水，浩浩荡荡，是多么壮美啊！可惜我却不能渡过它，这都是命中注定的事情。"

子贡听了不解，于是快步上前问道："请问您指的是什么？"

孔子回答说："犊犨、铎鸣二人，乃是晋国非常贤能的大夫。赵简子没有得志的时候，有了二人的襄助才取得大权；等到他得志时，大权在握，就杀死二人。我听说，剖腹取胎，杀死幼兽，麒麟就不会到该国的郊野；竭泽而渔，一网打尽，蛟龙就不会潜于该国的深渊调和阴阳；倾覆鸟巢，打碎鸟蛋，凤凰就不会飞到该国降下祥瑞。这是什么缘故呢？因为君子忌讳伤害他的同类啊。鸟兽对于这些不义之举尚且知道回避，何况是我呢！"两位贤臣之死让孔子感到心灰意冷，前途未卜，同时考虑到君子不到不义之国出仕的原则，便打消了去晋国的念头，掉头返回。到达住宿的地方后，他还谱了一首琴曲，来哀悼两位遇害的贤大夫。

桓魋伐树

孔子在卫国不得其用，自然就不愿再居留于卫国，便打算去宋国。宋国是孔子祖先生活过的地方，也是孔子妻子的故乡。于是，孔子又率领弟子们启程了。到了宋国境内，孔子和弟子们在大树下换上正装，演习周礼的仪式。当时宋国的司马（主管军政和军赋的长官）叫桓魋，他曾叫人给自己造一口石头棺材套，三年还未完工。孔子特别反对奢侈浪费，对这种公然违背周礼的浪费人力物

桓魋伐树。

力的行为批评道："这样的浪费，死去了倒不如快些烂掉得好！"

桓魋对孔子的政治主张极为憎恶，认为对自己不利，而且大概听说了孔子对自己造石椁之事的激烈批评而记恨在心。这次见到孔子一行风尘仆仆来到了宋地，不知是何目的，便派人暗中对孔子一行进行监视。当见到他们在大树下习礼后，桓魋便指使人砍掉了那棵大树，还扬言要杀了孔子。这样做更多的是恫吓，示意孔子识相的就速速离去，别在宋国境内逗留。孔子事先也有所警惕，一见势头不对，便立即换了便装，悄悄离开了宋国这个是非之地。在离开的途中，有弟子大概是心中害怕，便敦促孔子说："老师，我们行动该快一点。"孔子却不慌不忙地说："上天既然生下我这个讲仁德的人，就是让我在这个世上宣扬仁德、拯救百姓的，像桓魋这种人又能把我怎么样呢？"话虽如此说，孔子还是和弟子们及时地走出了宋境。

丧家之犬

孔子被桓魋驱逐出宋国后，在去郑国的途中与弟子们失散了，便独自站在外城的东门口等候自己的弟子。由于连日来一直风餐露宿，加上还要冒着生命危险赶路，孔子外表相当狼狈，远远看去就像是个穷愁落魄、失意潦倒的小老头。

弟子们找不到老师，都十分着急，子贡逢人便打听自己老师的下落。一个郑国人半开玩笑地告诉他："东门那里站了一个人，身高九尺六寸，上下眼眶平而长，额头饱满。他的额头像古时的尧，

孔子与弟子失而复见。

脖子像尧时有名的法官皋陶，肩膀像郑国的大政治家子产，不过自腰以下和大禹差三寸。虽然这个人长得很体面，却一副疲惫不堪、无精打采的样子，显得很狼狈，好像失去主人没有家可以回的狗一样，不知是不是你的老师？"

子贡一听，立刻明白这个人大概就是自己苦苦寻找的老师了，迅速赶到了那人所说的地点，终于找到了孔子。子贡将那个郑国人的原话向老师复述了一遍后，孔子听完，却欣然笑道："说我很像古圣先贤，那倒不敢当，倒是他把我比作丧家之犬，却很像啊，很像啊！"孔子历经挫折与打击，处于如此潦倒困窘的境地，面对别人的嘲讽，不仅能保持良好的风度，还能以达观超然的气度自嘲为"丧家之犬"，其圣人的胸怀真是让人感慨和敬佩，但其中的凄凉亦让人感到悲怆。

孔子到了郑国以后，听到当地的音乐尽是些靡靡之音，风气自然也不太好，加上郑国子产早逝，小人当政，孔子没有受到接待。于是一行人就辗转去了陈国。

孔子适陈

孔子师徒一行，在郑国东门会齐之后，又风尘仆仆历尽艰辛到了陈国。陈是一个小国，相传国君是舜的后代，都城在宛丘（今河南淮阳）。孔子来到了陈国，寄住在司城贞子家里。

陈潜公当时以上宾之礼迎接孔子入城，对孔子还是相当尊重，经常向孔子请教一些问题。有

一天，许多被箭射中的鹰隼落在陈国宫廷前死了，身上被楛木做的箭射穿着，箭头是石头做的，箭杆有一尺八寸长。陈湣公看着这些很特别的箭，弄不清箭的来历，就派人请来孔子。孔子看了看鹰和箭，对陈湣公和他身边的几位大夫说："这鹰是从遥远的北方而来，这箭是肃慎人的箭。当年周武王灭商之后，九夷百蛮都来进贡，北方的肃慎国就献了这样一种箭。看来那地方的

孔子为陈湣公解释中箭鹰隼之事。

人还在使用这种箭。先王把肃慎人进贡的箭分给长女太姬。后来太姬嫁了虞胡公，虞胡公又封来陈国。陈国保存古物的府库中应该能找到这种箭。"孔子停了一下，语气深沉地说："当初先王把一些远方的贡物分别赐给同姓、异姓的诸侯的目的，是要展现亲谊，叫他们不要忘记归服周王，替周王守卫疆土。"陈湣公派人去府库中查找，果然有这种箭，于是对孔子更加敬佩了。

在陈国，孔子参预朝政，领取奉禄。就这样，孔子在陈一住三年。但陈国只是一个小国，夹在楚国、吴国中间，恰逢晋楚争霸，陈国经常受到战争波及，吴国也趁火打劫，经常前来劫掠陈国。孔子宏图难以施展，只好从事文化教育活动，研究学问，搜集文献。

后来，楚国攻打陈国，陈国都城的西门被烧毁，楚人便抓陈国的降民前去修城门。孔子师生无法再在陈国待下去了，决定到楚国去。在离开陈国国都，路过西门时，孔子却不在车上俯身、手扶车前横木对陈民行礼，即所谓"孔子过之，不轼"。

子路认为老师这样的态度于礼不合，便质问说："礼制有规定，遇到三个人就要下车打招呼，遇到两个人就在车上行礼。现在遇到陈国那么多人在这里修城。老师您即便忙着赶路，不严格遵循礼节下车打招呼也就罢了，为何连在车上行礼都没有做到呢？"

孔子严肃地回答道："我听说，国家灭亡了却还懵然不知的人，是愚昧；明知国家亡了却不奋起抗争的人，是不忠；知道奋起救国却不肯为国牺牲，是不知廉耻。现在这些修城门的陈民虽然人数众多，但三样中却一样都没有做到，不仅甘心亡国，做了敌国的顺民，甚至为敌人修城门，所以我没有向他们行礼。"

桓子遗命

在孔子六十岁的那年秋天，鲁国掌权的季桓子生了大病。一天，卧床多日的季桓子让人用辇车拉着自己在外面散心。坐在辇车上的季桓子看见远处的鲁都城墙的墙头，想起了当年孔子堕三都的事情，叹了一口气说："以前我们这个国家本来是可以兴盛起来的，就因为我得罪了孔子，使鲁国未能强盛起来。"桓子回过头看着跟随着辇车的嗣子季康子说："我不久于人世了，我死之后，你会成为鲁国的执政大臣，到时一定要把孔子从外面请回来。"

过了几天，季桓子病逝了。季康子代其父执掌了鲁国的政权。季康子按照父亲的遗命要召孔子回国，这时一个名叫公之鱼的家臣劝阻他说："当年我们先君没有将孔子用到底，结果在诸侯中落下笑柄，今天您又要用他，如果再不能用到底，不更惹诸侯耻笑吗？不如从孔子门下召些可用的弟子效命更合适。"季康子对能否用孔子心里并无成算，于是就打消了接孔子回国的念头，并依公之

鱼之言，特派使者到陈国召聘冉求。孔子预料冉求将会得到季氏的大用，并勾起了自己的思乡之情，感叹道："归乎！归乎！吾党之小子狂简，斐然成章，吾不知所以裁之。"在外已漂泊了六年的孔子，想要回去指点志向远大且颇有文采的乡党小子。弟子子贡了解孔子的心思，便在送冉求起程的时候嘱咐冉求，如果回到鲁国后得到重用，必须要召孔子回国。

陈蔡绝粮

孔子周游列国期间，十分佩服楚昭王，认为他是一位从谏如流、不迷信鬼神的贤明君主，因此决心到楚国去。而此时，楚昭王也派使臣前来聘请孔子前往辅佐，并要将书社地方七百里封给孔子。孔子从陈国到楚国去，必须经过蔡国。路上到处是逃难的人，晚上孔子一行露宿旷野。走到上蔡时，有一股吴国的游兵袭击了孔子一行，粮食几乎被抢光。接下来的几天，孔子一行忍饥挨饿，在陈蔡的旷野中艰难行进。这时孔子师徒又被人包围住了。原来是陈蔡两国的大夫听闻了楚昭王欲聘请孔子的事，怕孔子辅佐楚王后，楚国会更加强大，自己这些在陈国、蔡国参政主事的大夫就危险了。看来，陈国和蔡国的执政者并非有眼无珠不识贤良，恐怕更多地还是出于私欲私心，才不敢让贤者上位。他们共同调动人马，将孔子师徒围困在野外，打算活活困死他们。

孔子一行人没办法赶路，随身携带的干粮也所剩无几。被围困几天后，粮食很快就吃完了，全靠野菜野果充饥。一连七天，大家都没吃到一粒米，一个个饿得头晕眼花，有的饿得疲惫不堪，根本站不起来。

然而，身处如此艰险困苦的环境中，孔子仍然坚持讲习诵读、弹琴唱歌，毫不间断地向弟子们传授诗书礼乐。这大概是孔子及众弟子一生中最艰苦也最危险的经历之一，可是老师竟然还是一副优哉游哉的样子，弟子们忍不住心中嘀咕。子路性格直率，从来都是有话就说。这次，又是他站出来，生气地来见孔子，很愤慨地说："君子也有困厄的时候吗？"

孔子慢条斯理地回答道："君子即使困厄，也能镇定自持，毫不动摇；小人一到穷困不堪的时候，便沉不住气，脾气变得暴躁，不顾原则了。"

子路的质问让孔子意识到，弟子中有不少人心中不满，这样的情绪不能一直持续下去，必须设法开解。

既然子路最先表达出来，于是孔子就最先把他叫过来，询问道："《诗经》中说：'不是犀牛也不是老虎，却在空旷的原野中疲于奔命，是什么缘故呢？'我们一直以来坚持

在陈绝粮，孔子仍然坚持讲习诵读、弹琴唱歌，毫不间断地向弟子们传授知识。

的仁道主张难道错了吗？我们有何错误言行，以至于落得如今被围困的地步呢？"

子路说："我猜，或许是我们还没有真正达到'仁'的境界吧，所以别人不信任我们；或许是我们也没有真正达到'智'的境界吧，所以别人不肯实行我们的学说。"

孔子对此回答极不满意，说："是这个原因吗？仲由啊，你以为有仁德的人就一定会获得信任，那怎么还会有伯夷、叔齐不食周粟而饿死在首阳山上的事情呢？假如是智者，他的思想主张就一定行得通，那怎么还会有王子比干横遭剖心之祸

孔子回答子路质问。

呢？因此，一个有仁德的人决不会因为一时的困厄而改变自己的气节。"在孔子看来，伯夷、叔齐"求仁而得仁"，不可不谓仁，王子比干能预知纣王残暴的下场，不可不谓智，然皆未得志，是因为"信"和"仁"还与时机、条件有关。

子路出去之后，子贡入见。孔子又把同样的问题问了一遍。

子贡回答说："老师您的仁道学说太宏大了，所以天下没有任何国家能容得下您。老师您是否可以稍微降低一下标准呢？"子贡认为孔子之道并不为非，只是至大而难以企及，故不为人所接受，所以劝孔子稍加贬损，以便使己道实际易行。

子贡的答案与子路的相比，稍微有些接近孔子的想法了，但出入还是很大，所以孔子还是不满意，说："赐，你要知道，优秀的农夫善于播种和耕耘，却不能保证一定能获得丰收；优秀的工匠有一手好技艺，却不能迎合所有人的要求。同样地，君子能够阐明自己的学说并发扬光大，能用法令制度来规范国家，用自己的政治学说来治理臣民，却不能保证一定会为世道所容。如今，你不但不想着怎样彰明自己一贯奉行的学说，反而去追求怎样被世人所接受。赐啊，你的志向和目光太不远大了。"

子贡出去以后，颜回进来了，孔子又把同样的问题问了一遍。颜回也认为孔子之道至大，达到了至高无上的境界，因此不被世人采纳。但与子贡不同，他并不因此劝孔子贬损己道，而是主张坚持推行。他说："别人不接受，那是他们的事。主张不够完善昌明，这是我们的耻辱。主张已经完善而不见用，那是各国当权者的耻辱。正确的主张不被人采纳，自己仍坚持下去，这才越发显出君子的本色！"

颜回真不愧是孔子最得意的弟子，这段话道出了孔子"知其不可而为之"的执著精神。且在当时极为困难之际，能有颜回这样的弟子坚信己道，孔子感到十分欣慰，于是赞美颜回说："颜回啊，如果你拥有许多财产，我就给你当管家。"以甘为颜氏管家之语表达了对颜回的激赏之情。

在孔子最艰难的岁月里，弟子们一直不离不弃地追随他，其中不乏优秀的人才。一方面当然是他们对老师的情谊，另一方面则是孔子人格魅力的感染和感召。

在被围第七天，驻守楚国边邑的大夫叶公听说孔子被困，便率军队前来搭救，杀退围困孔子师徒的兵卒后，又护送他们平安经过蔡匡，来到楚国的负函（今河南信阳市）。

子路问津

　　孔子自叶返回蔡国的途中，一行要渡河去负函，但他们不知道渡口在什么地方。四顾之下，看到长沮和桀溺在不远处并肩耕田。孔子认为二人是隐士，便派子路下车前去向他们询问渡口所在。

　　子路先走到长沮跟前恭敬地问："老先生，请问渡口在什么地方？"

　　长沮抬头看了子路一眼，又看了看不远处的孔子师徒，没有回答子路的问话，却反问子路："那个坐在车上的人是谁？"

　　子路回答说："是孔丘。"

　　"是鲁国的那个孔丘吗？"

　　"正是。"

　　长沮说："他应该知道渡口在哪里呀。"言下之意是讽刺孔子周游列国，四处奔波，应是无所不知，当知津渡之所在。说完又继续干他手里的活，不再搭理子路了。

　　子路又去问桀溺，桀溺也不回答，反问子路："你是谁？"

　　子路回答说："我是仲由，是鲁国孔子的弟子。"

　　桀溺便劝他改弦易辙，认为天下礼崩乐坏，已成滔滔之势了，孔子欲扭转时势实属徒劳，因此与其追随这种逃避坏人的人，还不如追随逃避整个社会的隐逸之士。说完，两个人低下头只管不停地耕地，不肯再理睬子路了，始终没有告诉渡口在哪儿。

　　子路没有问到渡口，回来把听到的话告诉了孔子。孔子听完长叹一声，说："我们是不可能和鸟兽同群生活的，既然和天下人住在一起，若不同这些当政者打交道，为百姓谋取幸福，又同什么打交道、为什么而奔走呢？如果天下有道，能做到政治清明、人民安居乐业的话，我就用不着和你们一起奔走四方，游说各国执政者，希望能改变世道了。"孔子认为逃避社会、隐居山林无异于与鸟兽同群，这不是君子所应该做的，如此便只有和人群打交道。正是因为如今天下无道，自己才周游列国以求得遇明君以改变世道，否则自己便不用如此急于参与政治了。

子路问津。

孔子说完便自己驾车沿着河畔向下游去找寻渡口，弟子们也跟着车子三三两两地走在后面，与子路同去问路的陈国青年问子路："刚才长沮说老师应该知道渡口在哪里，这话是什么意思？"

子路说："那个人是在讥讽我们的老师无所不知，多年来到处奔波，对各处的地形应很熟悉，怎么会不知渡口在哪里。"

子贡接过子路的话说："长沮所谓的渡口还有人生出路一层意思。他在讥讽老师在这样的乱世之中不知全身而退，却到处碰壁，自讨苦吃。如果全身而退夫子还能是夫子吗？唯其如此这才正是夫子。"

几位弟子边走边说，很快一行人就在下游找到了渡口。

叶公问政

经过陈蔡之厄的风波以后，孔子师徒暂时在负函住下来。叶公是楚国有贤名的大夫，姓沈，名诸梁，字子高。因为他的封地在叶，故人称叶公。叶公对孔子这位来自北方的名人很仰慕，便前往拜访孔子，并向他"问政"，孔子说："近者悦，远者来。"意思是要使近处的百姓都喜悦而拥护你，使远处的人向往前来归附你。

叶公想了想孔子的话，很有感慨地说："这是纲领，也是目标。能达到这样的局面是很不容易的，但我会听从您的教诲，努力去做。"

叶公问政。

一天，叶公告诉孔子说："在我家乡有个正直的人，他的父亲偷了别人的羊，儿子却站出来告发了他。"孔子历来主张以孝为本，听了叶公所言子告父的事情，十分反感，便说："在我家乡，正直的人却与他不一样，父亲替儿子隐瞒，儿子也替父亲隐瞒，正直就在其中了。"

孔子的这个观点常常受到人们的误解，在这里需要作具体分析：

第一，欧美的法律也规定一定范围内的亲人间不能够互相作证，一是防止他们串供，更重要的还是不希望亲情因此而受到摧残。父子关系往往代表着最基本的伦常，一旦父子亲情崩溃，往往意味着伦理基础开始瓦解。如果人间的温暖消失了，那么，即使法制再严明，又有什么意义呢？

第二，儒家所强调的人伦秩序以及个人价值观的自觉，不是由外部强加上去的，而是发自内心的。而在其中起推动作用的，就是礼。与法相比，礼更注重个人内省，可以使有犯罪意向的人萌生羞耻之心，从而不敢触犯法律。

第三，儒家认为，要维持稳定的社会秩序，当然不可以没有法律，但法律的作用其实是治标不治本，不能真正解决问题。意由心生，要改变人们的犯罪意图，就要改变他们的内心，使他们能够自觉自律。怎样才能让人变得自觉自律？除了法的威慑作用外，更多的还是要靠道德的约束作用。看来礼的作用，其实是试图从源头上解决犯罪问题。

综上所述，孔子的观点中自有一种人情的温暖在，而且还是有一定道理的，因为天理、法律、

人情还是有一定的相通之处的。

又有一天，叶公向子路询问孔子的为人，子路不知从何说起，便没有回答。孔子听说此事后，对子路道："仲由，你为什么不说：'他的为人啊，学习知识不感到疲倦，教育别人不感到厌烦，他奋发努力，乐于此道而忘了忧愁，甚至感觉不到衰老将要到来，等等。'"

孔子在负函期间，楚昭王本欲重用孔子，派遣使者奉币来聘，还打算将书社地七百里封给孔子，由于楚令尹子西阻拦，没成。孔子在楚讲学，在当时比较落后的长江中下游地区传播了中原文化。

一次，孔子乘车外出，有位狂放的隐君子名叫接舆的人，从孔子车旁走过时，歌唱道："凤兮凤兮，何德之衰！往者不可谏，来者犹可追。已而，已而！今之从政者殆而！"意思是说："凤鸟啊！凤鸟啊！你的德行为什么衰退了呢？过去的事情已经不能挽回了，未来的事情还来得及啊！算了吧！算了吧！现在的从政者心肠坏透了，你是改造不了他们的。"孔子听罢，下了车，上前追上接舆，有礼貌地想与他谈谈，可是接舆无意攀扯，急匆匆地走开了。不久楚昭王去世，惠王继位，孔子先后派子夏和冉求到郢都去见楚王，都未果，孔子辅佐楚王实现仁政的愿望落空了。

必也正名

孔子失望于楚国之后，弟子多有出仕于卫国的，要求孔子返卫，孔子即率领弟子一行离开了负函，经陈国到了卫国。这时孔子已六十三岁了。到卫以前，卫灵公已死。其孙辄当国。辄的父亲蒯聩在灵公生前，因怨恨灵公夫人南子与人私通，谋诛南子未遂，逃奔宋国，后又转往晋国了。及灵公死后，南子立辄为君，即为卫出公。蒯聩以父在君位应由父继，为此与辄父子争国。当时各国诸侯倾向蒯聩，舆论责难卫君辄，辄受到诸国压力。当时卫国上下都在议论此事。

子路认为，卫出公蒯辄很可能谋求孔子支持自己。因而问老师："如果卫君让先生来主持政事，您打算从什么做起呢？"

孔子说："一定要先纠正名分上不合礼的问题呀！"

子路因为当时卫国父子正在互争君位，觉得孔子不合时宜，便不以为然地说："有这个必要吗？老师你太迂腐了！为什么要花气力去正什么虚名？"

孔子因名分是政治的基础，于是斥责子路说："由啊，你真是太粗野了！君子对于自己不懂的事，大概都应采取存疑态度。如果名分不正，那么说话就不顺当，办起事来就难成功；办不成事，那么礼乐制度就不能兴起；礼乐制度不能兴起，那么刑罚也就不会得当；刑罚不当，百姓就会手足无措，不知如何是好。所以君子确定一个名分，一定要能说得清楚，说出来了必定要行得通。君子对于自己说出的任何一句话，是不能有一点马虎敷衍、随便任意的。"

孔子向弟子们阐释"正名"的意义。

冉有问子贡："你认为我们的老师会帮助卫出公蒯辄吗？"子贡说："这个问题，我正想去问老师。"

子贡进见了孔子后，巧妙地问："伯夷和叔齐是什么样的人？"孔子回答说："是古代有贤德的人啊！"子贡又问："他们互让君位而出走，最后饿死在了首阳山上，他们心里有怨恨吗？"孔子说："他们一心谋求仁德而又得到了仁德，有什么可怨恨的呢？"

子贡由此理解了老师主张礼让，不会支持卫出公同父亲争夺君位。出来就对冉有说："夫子不为也。"

果然，卫出公蒯辄虽然模仿祖父卫灵公当年郊迎圣人的做法礼待孔子，但也没有用孔子的意思。孔子见到卫出公轻率地使用国力，劳役百姓，刑杀人民，刚愎自用，认为不体恤别人的言语，说得少了不济事，说得多了会招致怨恨。于是也就无意干预卫国的政事，认为"不可则止，毋自辱焉"，也没有在卫国久留的打算。但失败之余，孔子并不心灰意冷而颓丧不振，相反，由于历尽沧桑，胸襟随眼界而开阔，意志更加坚强。他曾对弟子们说："道不行，乘桴浮于海。"想要到海外去实现自己仁政的理想；继而又"欲居九夷"行道。有弟子劝阻他，说那些地方偏僻、落后，他说："君子居之，何陋之有？"意即，我们居住在那些地方，帮助那里的人学习文化，搞文明建设，哪能会一直"陋"呢？后来未能成行是因为鲁哀公、季康子派遣使臣携带厚礼来召请孔子回国，孔子就改变了主意，带着弟子回到了鲁国。

晚年归鲁

春秋时期，诸侯国之间经常发生以强凌弱、以大欺小的不义战争。鲁哀公十一年（公元前484年），强邻齐国发兵攻打鲁国，孔子弟子冉求为季氏将左师，与齐军战于鲁国边境的清邑（今山东东阿境内），大获全胜。季康子问冉求是怎样学会作战的，冉求回答说是跟着孔子学会武备和战术的。季康子便派使者以厚币迎孔子归鲁。孔子周游列国十四年，至此结束。

孔子返鲁后，由于他的学问、道德经十多年的国外阅历，较前大有增益，加以季氏的"币召"，使之在鲁国朝野声望更高。这时，鲁哀公虽当国，但实权掌握在季康子手中，自己只是被束之高阁而已。哀公的政令臣民多不服膺。他知道孔子是主张"君使臣以礼，臣事君以忠"的。因之就不时向孔子咨询有关政治以及一些自己迷惑难解的社会问题。

鲁哀公问政，孔子说："政在选臣"。鲁哀公请孔子详细讲解。孔子说："自古以来，国家因用贤人而兴盛，因用奸佞而衰亡之事举不胜举。舜有五位贤臣，天下大治。周武王有九个能臣，从而开创姬氏天下。"

鲁哀公又问："怎样才能使

鲁哀公问政，孔子说：政在选臣。

臣民服膺政令呢？"孔子回答说："选用正直的人，把他们置于邪恶的人之上，人民就会服气；选用邪恶的人，把他们置于正直的人之上，人民就不服。"

他又打比方说："国君执掌着国家的权柄，站在人民之上，危险可怕有如以腐败了的绳索驾驭奔马。《易经》上说：'脚踩在虎尾上'，《诗经》说：'如履薄冰'，不是危险吗？"哀公听得一再拜谢孔子，说：我虽不聪明，但会照您这些话考虑问题的。

鲁哀公想任用孔子，但因保守势力阻挠，未能遂愿。他虽未任用孔子，却仍景仰孔子的政治才略，所以此后就以元老的地位尊待孔子。这样，孔子也就有了治学、教学及进一步整理古代文化遗产的时间和精力了。

季康子问政

鲁国操实权的季康子既以厚礼召回了孔子，自然要向孔子咨询政治上的问题。

在为政的政策上，季康子问孔子："如杀无道的坏人，以亲近有道的好人，怎么样？"孔子回答说："您执政为什么要刑杀呢？您要是想行善、百姓也就会跟着行善。"孔子反对对人民施行暴力压制，主张通过施行善政礼教使人心向善。他接着打比方说："君子的道德行为像风一样，普通百姓的道德行为像地面生长着的青草一样。一有风吹来，草便随风而倒。"

季康子又问孔子："怎样为政才能治理好国家？"孔子说："为政，就是端正自己的思想和领导作风。您作风端正，谁还敢不正呢？"指出从政的关键是从政者本人应以身作则，行为端正。

季康子打算按田亩计赋税，但恐怕人民会因此而叛乱、造反，于是就遣冉有去征求孔子的意见。孔子不赞成，认为季康子的私田早已超过了国君的公田，已经相当富足了，但还要去加重赋税，剥削人民，来骄奢淫逸地生活，太不应该了。孔子私下里告诫冉有，说："君子行政，应以礼为尺子。先衡量一下是非对错。施给人民好处时，应多一些，办事要考虑不偏不倚，敛取于人民的赋税，要少一些。"但是，季康子并未听从孔子的建议，冉有还是按照季康子的决定执行了"以田赋"的税制，使赋税多于以前一倍。孔子知道后很生气，对弟子们说："季氏比周天子身边的卿大夫还富足，而冉有还为他搜括人民以敛取更多的财产，冉有不像我的弟子了，你们大张旗鼓地去征讨他吧，可以去征讨他的！"

季康子加重赋税剥削人民，导致人民饥寒不堪，生活不下去了，社会上偷盗的现象严重了。季康子苦于盗窃不断，惶恐不安，就去问孔子该怎么惩治盗贼。孔子说："这是您贪得无厌引起的呀，如果您不那样贪婪地加重剥削人民，人民就能够生活下去。您就是奖励人民盗窃，人民也不愿去做盗贼的。"这真是对季康子残酷为政的尖锐无情的揭露。

孔子周游列国返回鲁

孔子向季康子阐释为政以"正"的道理。

季康子就加重赋税问题遣冉有征询孔子的意见。

国，季康子不免和他讨论各国的政治。当论及卫灵公好色无道而卫国却没有灭亡的问题时，孔子评论说，尽管卫灵公本人无道，但当时卫国还有一批贤能之士分掌着外交、内政、军事等重要事务，所以使卫国不至于败亡。

鲁国最终没有用孔子，孔子慨叹"莫我知乎"（没有人了解我啊！），知道没有及身行道的希望了。有一次，他在川流旁边，看见水流很快，无法阻止，于是联想到时间和自己的老迈，很感慨地说："时间就像流水一般啊，日夜不曾停息地流淌着。"又说："我已经很久没有梦见周公了！"于是决定不再出仕。

请讨陈恒

陈恒是齐简公的上卿大夫，其祖先陈完原是陈国贵族，因陈国贵族间内争，害怕祸及己身，便于齐桓公十四年（公元前671年）逃奔齐国，到陈恒时已是第八代了。陈恒治齐，善于收揽人心，他在上面为群臣向君主请求爵禄，在下面则以大斗施于百姓，以致齐人中有这样的民歌："姬乎采芑，归乎田成子。"歌意是说：连采芑菜的老婆子，都心向着田成子。田成子即陈成子或陈恒，陈完奔齐后，曾改姓田。齐简公很平庸，无所作为。陈恒发动政变时，"简公与妇人饮檀台"。在内乱已经爆发后，仓皇逃往舒州（今山东省东平县，古齐地）地方去，被陈恒部队追上，因为怕简公复立而诛己，遂杀简公。陈恒立简公的弟弟骜为齐平公，陈恒为相。孔子的弟子宰予死在这次乱中。

这件事却引起孔子的极大愤慨，据《左传》记载，其中有孔子关于战争形势的分析，认为陈恒弑君，国内有一半的民众不会拥护他，如果鲁国出兵讨伐，加上这一半对陈恒不满的民众，就可以击败陈恒。虽然他早已告老不出仕，但终究按捺不住，沐浴斋戒后专程去朝见鲁哀公，说："齐国的陈恒把齐君杀了，请出兵讨伐他。"但哀公不能决定是否出兵，要孔子去告诉当时秉持朝政的季孙、叔孙、孟孙三家。孔子退了出来后，心有不悦，自言自语道："因为我曾做过大夫，遇到这样的事，不敢不来报告。国君却说你去告诉三子。"认为自己曾经也做过大夫，向国君报告此事是自己的责任，哀公不该对此事漠然待之。无奈之下，孔子只得又去告诉了三家，结果三家不答允出兵讨伐。孔子十分沮丧，一面退出，一面又自言自语地说："因为我曾经做过大夫，所以不敢不告啊！"

实际上，陈恒还是较得民心的，在他执政期间，齐国比较安定。陈恒后代后来成为齐君，战国时田氏齐国成为七雄之一。孔子支持简公反对陈恒，是因为在名分上简公是君，陈恒是臣，臣只能忠于君，不能反对或代替君，故孔子想要鲁国去加以讨伐。

孔子斋戒沐浴后呈请鲁君讨伐陈桓。

整理遗产

鲁国终没有用孔子，孔子亦不求仕，便专心从事文献整理和教育事业，删《诗经》《尚书》，定《礼记》《乐经》，修《春秋》。

孔子整理古代文化遗产的原则，按他自己的说法，就是"述而不作"，即只阐述而不创作。其所持的态度是"信而好古"，保持历史的真实性而以自己喜爱古代文化的热忱来作的。他还曾表白说：不调查、不掌握资料，没有把情况彻底弄清楚就作的人，不是真正的学人。我不是这样，我首先是多找有关的人来询问，听人们讲说，选择那言之有理、持之有故的说法而采用；其次是多方面地观看，并记录下来。概括来说，所采用的就是听、察结合的方法。

孔子早在青壮年时期，包括周游列国期间，即注意考察、搜集古代历史文化的传说、实物和有关文献。从尧舜之世到西周和春秋中前期的传说，以至官书、庙堂文献，一切礼仪设施，民间和上层社会的诗、歌、音乐，贵族占卜的工具、书简等，涉及的范围包括古代的社会、政治、经济、军事、外交、文化教育以及人类的生产、生活的方式等，应有尽有。他掌握了这些资料后，用了很长的时间，费了很大的功力，注入了很多心血，通过鉴别、分类、分析、综合，终于整理出《诗经》《尚书》《礼记》《乐经》《易经》和《春秋》等儒家所谓"六艺"，把中华民族的古代历史文化集了大成，在中华民族的思想发展史上树立了继往开来的里程碑。

《诗经》主要是西周时期民间歌谣和统治阶级生活中的一部分歌舞曲。古时《诗经》有三千余篇，孔子去其重复，取其可施于礼义的部分，保留了三百来篇。孔子说：《诗》三百，一言以蔽之，曰'思无邪。'""思无邪"是说其思想内容没有不"纯正"的东西，亦即保留了"纯正"的东西，都是联系到社会效果、政治作用的，即他所说的"可以兴，可以观，可以群，可以怨；迩之事父，远之事君；多识鸟兽草木之名"。他整理《尚书》，是"追迹三代之礼，以备王道"借鉴，以"王道"和"仁"道政治观点来着笔。《礼记》即是夏、商、周三代的礼制，以周公关于礼的遗作而删、序的。孔子整理《乐经》，保留了他认为可以陶冶人的真、善、美情感和可以宣泄情绪的内容，删除了他认为不好的东西。他说："正乐使《雅》《颂》等诗篇各得其所。"《易经》，据说是由伏羲氏与周文

孔子晚年在鲁整理古代文化遗产。

王根据"河图""洛书"演绎并加以总结而来的。孔子通过整理，又创作了《彖》《象》等辞，排除了关于鬼神的神秘观点，强调了人事的客观规律性和自然规律性。至于《春秋》，他是就鲁国的史书所载的国内国际的大事记、君臣言行，以"笔削，褒贬，为后世统治主立法"的思想修订的，贯穿着他的政治、社会观点。他后来对颜回说："过去我修《诗经》《尚书》，正《礼记》《乐经》，将以治天下，遗教于后世，非但修一身，治鲁国而已。"

他的"六艺"实际也用于教学了。他对弟子们说："到了一个国家，它的风俗教化是可以知道的。其贵族为人也温柔敦厚，是《诗经》教的作用；通达事理、知道古代历史政治的得失和成败经验教训，是《尚书》教的作用；心量宽广，气量宏博，善良，平易，是《乐经》教的功劳；言行合于人情，冷静、精微地看问题，是《易经》教的作用；恭、俭、庄、敬地处人处事，是《礼记》教的作用；能将理论联系实际，把事情办好，是《春秋》(各诸侯国的史书)教的作用。"孔子同时也观察到古代这些文献流传中所发生的弊病。他对弟子们说：《诗经》的流弊，在于愚；《尚书》的流弊，在于夸张、虚妄；《乐经》的流弊，在于奢靡；《易经》的流弊，在于相信鬼神，以占卜人事吉凶行事，言行脱离或违反客观规

孔子正乐。

律，造成损人不利己的后果；《礼记》的流弊，在于繁多扰人；《春秋》的流弊，在于处理国事时教条、保守，不符合社会发展变化的客观现实，会引起人民反抗和贵族阶级内部矛盾。

聚徒授业

孔子在结束十四年周游列国的生涯，从卫国返回鲁国后，已经六十八岁了。因为政治上终不得志，晚年便将精力集中在聚徒讲学上，始终未停止教授弟子，寄希望于未来，又培养了一批如子夏、子张、曾参等才华出众的弟子。

据《孔子家语·六本》记载，孔子的弟子子夏曾经向孔子请教颜回、子贡、子路、子张四个人如何。孔子说了四个人的长处，认为颜回在守信用方面强过自己，子贡在聪敏方面胜过自己，子路在勇武方面强过自己，子张在庄重方面胜于自己。子夏听完孔子的评价后，很惊讶，避席而起，恭敬地再次问道："他们既然各有所长强过老师您了，那他们为什么还甘心拜您为师呢？"孔子让子夏坐下，然后告诉他其中的缘故，说："颜回能固守信誓却不知变通，子贡聪敏过人却不知守拙，子路过于勇猛而不知怯惧，子张严肃端庄有余而难以合群，我则兼有他们四人所长而能避其所失，所以他们能忠心师事于我而无二心。"由此可见，孔子对自己的学生是了如指掌的，对他们的教导亦是采取扬长避短之法，故而能使弟子们心悦诚服。

弟子三千

孔子晚年归回鲁国后，鲁人尊以"国老"。开始时，鲁哀公与季康子还经常以政事相询，但终不被重用。孔子不怨恨天，不指责统治者，而是致力于整理文献，并继续聚徒授业，始终没有停止教学工作。据史载："弟子盖三千焉，身通六艺者七十有二人。"他应邀派出不少高足在国内外参政、从政。如颜渊、冉有、闵子骞、子游、曾参、宓不齐、原思、高柴、樊须、公西赤、巫马期、孔蔑、

孔门弟子三千。

子贱等，皆先后从政于鲁国的都邑；参政从政于国外的还有：子路在卫，曾参在齐、楚、晋，子贡在齐、晋、越，佛肸在晋。他们都在一定范围内，基本实践了老师的政治教导。

孔子的办学方针是"有教无类"，与殷、周统治阶级主要为贵族阶级办学的方针大不相同。孔子所收的弟子知名的，除了孟懿子、南宫敬叔来自贵族家庭外，绝大部分来自贫贱人家及少数所谓"自由民"。而得意门生中，颜渊是住在陋巷的穷苦子弟；曾参，母亲以纺织为业，自己曾种地耘瓜；子路，曾穷得主食草籽，"为亲负米"；子张原是"鲁之鄙人"；闵子骞，父亲出外时还得给父亲拉车子；原宪，家住穷巷，穿戴破旧；公冶长，是被人疑为盗窃而拘囚监狱，受过冤刑的青年；至于比较富裕的子贡，也不过是个属于"自由民"的商人。

孔子招收学生的手续很简单，只要携带一束干肉（束脩），象征性地表示对老师的敬意就可以了。孔子弟子号称三千，是指孔子一生中教授学生的总数，这些学生大都出身寒微。收教这些贫贱人家的子弟的目的，正如他的弟子子夏所说的，是"学而优则仕"，让这些贫贱的劳动人民的子弟学习文化知识、六艺技艺，将来为官行政，实行他的"仁"道政治主张。

孔子在晚年还对以往教学中用的《诗经》《尚书》《礼记》《乐经》《易经》《春秋》等文化典籍进行整理、删订，使之成为定型的教本。他以"文、行、忠、信"来分科。"文"是文化，"行"是道德修养，"忠"是尽己为人，"信"是言行一致、言而有信。这四种内容，都是普通百姓所喜爱的。因而吸引了国内外很多普通人家的年轻子弟。这就把殷周以来专为贵族开办的各种礼仪的"儒术"，改造成为经世济民的"儒学"，孔子自己也就成为中国儒家学派的"开山祖"了。孔子是中国历史上最早创设较大规模私学的伟大教育家。

西狩获麟

鲁哀公十四年（公元前481年），这一年孔子七十一岁。春天，管理山林的虞人在曲阜西今巨野县一带打猎。叔孙氏管车的仆从钅商的捕获一只奇怪的兽，这只兽身子像獐，尾巴像牛，额像狼，四蹄像马，身上有五彩，腹部以下呈黄色，身高一丈二，无人认识，就载了回来。叔孙见此怪兽，以为不吉祥，自己不要，赐给虞人。孔子看了说："这是麟啊！麒麟是仁兽，含仁怀义，叫起来声音像音乐，走路旋转都合规矩，脚不践踏虫子，不折断青草。它不遇盛世是不会出现的，现在为什么来啊！为什么来啊！"说完掩面大哭，涕泪沾襟。叔孙听说这情况后，就把这怪兽留下了。据说孔子这时正在写《春秋》，看到西狩捕获一麟，认为麟是祥瑞"仁兽"，只有太平盛世才会出现。现在不是太平盛世，出非其时而被猎获，其为感伤，写了"西狩获麟"这句话后，就停笔不写了。

试问，世界上真有这种所谓"仁兽"吗？显然麒麟是幻想出来而加以神化渲染的东西。历代儒生这样绘声绘色地加以编造这个麒麟，有两种可能：一种可能是为了抬高孔子，把孔子当作神化了的圣人，然后把所谓麒麟神化为仁兽，以所谓仁兽的"出非其时"而被获，来衬托孔子作为圣人的"生非其时"的景况。另一种可能是孔子到了晚年，屡屡碰壁，在"乐以忘忧"的心情深处，迷信"天命"的宿命思想仍在一定程度起作用，因而违背自己"不语怪、力、乱、神"的主张，睹物伤情，在看到一只被猎获的不常见的野兽时，便把它幻想为传说中的神物——麟，从而发了一通牢骚，《春秋》的写作也就此搁笔了。

圣人离世

晚年的孔子，遭遇是不幸的：六十九岁时失去了仅有的一个儿子孔鲤，七十一岁时失去了出

圣人离世。

类拔萃的弟子颜回，七十二岁时，又失去了子路。然而他并未因此而沉浸于悲痛之中。颜渊死了，他的父亲颜路请孔子卖掉自己的车子，给颜渊买椁。尽管孔子十分悲痛，但他却不愿意卖掉车子。因为他曾经担任过大夫一级的官员，而大夫必须有自己的车子，不能步行，否则就违背了礼的规定。这反映了孔子对礼的一贯的严谨态度。他回顾了几十年的治学经历，说：

"吾十有五而志于学，三十而立，四十而不惑，五十而知天命，六十而耳顺，七十而从心所欲，不逾矩。"他虽然说："朝闻道，夕死可矣"，但逝世前的病中仍不甘于自己政治理想的未能实现，因而还对子贡说"汝来何其晚也"。

他哀歌自况，认为自己命在旦夕了，歌道："高高的泰山啊，快要崩颓！直直的梁柱啊，快要断折！炯炯的哲人啊，快要枯萎！"歌罢入门，当户而坐，悠然长叹道："天下无道已经很长时间了，然而都不能遵从我的学说。"自此卧床不起。七日后，就逝世了。

孔子生前，名望即已著称于天下，被尊称为"圣人""贤人"和"君子"。子贡说老师像日月一样高、一样明，像天一样高不可攀；颜渊说老师的学问道德，使人"仰之弥高，钻之弥坚"。鲁哀公曾向孔子问政，孔子逝世，鲁哀公还作了《诔》词来悼念孔子！

孔子死后，葬在曲阜城北约一里路的泗水旁边。孔子由于教育弟子能尽心竭力，又十分关心弟子的生活、工作和学习情况，情之所至，师生之间情谊深厚。因此，孔子逝世后，许多弟子都服丧三年，又相对哭泣尽哀，然后相别而去。子贡在墓旁筑了茅舍继续守丧三年，才离开老师坟墓。有些弟子和鲁国人因为追念孔子，把家搬到墓旁住下的约有百余人家，于是人们就把这里叫做"孔里"。后来又把孔子的住房和讲堂以及弟子宿舍改为孔庙，用以纪念孔子并收藏孔子的衣冠、琴、车、书等生前用物。

孔子是布衣出身，是位穷知识分子，是在野的志士，无权无势，一生碰壁无数，但他却凭学问道德和品格赢得了生前、身后的世人上至王公贵族、下至贩夫走卒的尊敬和爱戴。司马迁是我国伟大的历史学家，他距孔子生活的时代约三百余年，离孔子尚不算远。他在写完《孔子世家》后很有感慨地说："余读孔氏书，想见其为人。适鲁，观仲尼庙堂、车服、礼器，诸生以时习礼其家。余低回留之，不能去云。天下君王，至于贤人，众矣，当时则荣，没则已焉。孔子布衣，传十余世，学者宗之。自天子王侯，中国言六艺者，折中于夫子，可谓至圣矣！"

司马迁《史记·孔子世家》

孔子生鲁昌平乡陬邑。其先宋人也，曰孔防叔。防叔生伯夏，伯夏生叔梁纥。纥与颜氏女野合而生孔子，祷于尼丘得孔子。鲁襄公二十二年而孔子生。生而首上圩顶，故因名曰丘云。字仲尼，姓孔氏。

丘生而叔梁纥死，葬于防山。防山在鲁东，由是孔子疑其父墓处，母讳之也。孔子为儿嬉戏，常陈俎豆，设礼容。孔子母死，乃殡五父之衢，盖其慎也。陬人挽父之母诲孔子父墓，然后往合葬于防焉。

孔子要经，季氏飨士，孔子与往。阳虎绌曰："季氏飨士，非敢飨子也。"

孔子由是退。

孔子年十七，鲁大夫孟厘子病且死，诫其嗣懿子曰："孔丘，圣人之后，灭于宋。其祖弗父何始有宋而嗣让厉公。及正考父佐戴、武、宣公，三命兹益恭，故鼎铭云：'一命而偻，再命而伛，三命而俯，循墙而走，亦莫敢余侮。饘于是，粥于是，以糊余口。'其恭如是。吾闻圣人之后，虽不当世，必有达者。今孔丘年少好

母死，孔子将灵柩浅厝在五父之衢的路旁。

礼，其达者欤？吾即没，若必师之。"及厘子卒，懿子与鲁人南宫敬叔往学礼焉。是岁，季武子卒，平子代立。

孔子贫且贱。及长，尝为季氏史，料量平；尝为司职吏而畜蕃息。由是为司空。已而去鲁，斥乎齐，逐乎宋、卫，困于陈、蔡之间，于是反鲁。孔子长九尺有六寸，人皆谓之"长人"而异之。鲁复善待，由是反鲁。

鲁南宫敬叔言鲁君曰："请与孔子适周。"鲁君与之一乘车，两马，一竖子俱，适周问礼，盖见老子云。辞去，而老子送之曰："吾闻富贵者送人以财，仁人者送人以言。吾不能富贵，窃仁人之号，送子以言，曰：'聪明深察而近于死者，好议人者也。博辩广大危其身者，发人之恶者也。为人子者毋以有己，为人臣者毋以有己。'"孔子自周反于鲁，弟子稍益进焉。

是时也，晋平公淫，六卿擅权，东伐诸侯；楚灵王兵强，陵轹中国；齐大而近于鲁。鲁小弱，附于楚则晋怒；附于晋则楚来伐；不备于齐，齐师侵鲁。

鲁昭公之二十年，而孔子盖年三十矣。齐景公与晏婴来适鲁，景公问孔子曰："昔秦穆公国小处辟，其霸何也？"对曰："秦，国虽小，其志大；处虽辟，行中正。身举五羖，爵之大夫，起累绁之中，与语三日，授之以政。以此取之，虽王可也，其霸小矣。"景公说。

孔子年三十五，而季平子与郈昭伯以斗鸡故得罪鲁昭公，昭公率师击平子，平子与孟氏、叔孙

氏三家共攻昭公，昭公师败，奔于齐，齐处昭公乾侯。其后顷之，鲁乱。孔子适齐，为高昭子家臣，欲以通乎景公。与齐太师语乐，闻《韶》音，学之，三月不知肉味，齐人称之。

景公问政孔子，孔子曰："君君，臣臣，父父，子子。"景公曰："善哉！信如君不君，臣不臣，父不父，子不子，虽有粟，吾岂得而食诸！"他日又复问政于孔子，孔子曰："政在节财。"景公说，将欲以尼溪田封孔子。晏婴

景公问政于孔子，孔子说：君君，臣臣，父父，子子。

进曰："夫儒者滑稽而不可轨法；倨傲自顺，不可以为下；崇丧遂哀，破产厚葬，不可以为俗；游说乞贷，不可以为国。自大贤之息，周室既衰，礼乐缺有间。今孔子盛容饰，繁登降之礼，趋详之节，累世不能殚其学，当年不能究其礼。君欲用之以移齐俗，非所以先细民也。"后景公敬见孔子，不问其礼。异日，景公止孔子曰："奉子以季氏，吾不能。"以季、孟之间待之。齐大夫欲害孔子，孔子闻之。景公曰："吾老矣，弗能用也。"孔子遂行，反乎鲁。

孔子年四十二，鲁昭公卒于乾侯，定公立。定公立五年，夏，季平子卒，桓子嗣立。

季桓子穿井得土缶，中若羊。问仲尼，云"得狗"。仲尼曰："以丘所闻，羊也。丘闻之，木石之怪夔、罔阆，水之怪龙、罔象，土之怪坟羊。"

吴伐越，堕会稽，得骨节专车。吴使使问仲尼："骨何者最大？"仲尼曰："禹致群神于会稽山，防风氏后至，禹杀而戮之，其节专车，此为大矣。"吴客曰："谁为神？"仲尼曰："山川之神足以纲纪天下，其守为神，社稷为公侯，皆属于王者。"客曰："防风何守？"仲尼曰："汪罔氏之君守封、禹之山，为厘姓。在虞、夏、商为汪罔，于周为长翟，今谓之大人。"客曰："人长几何？"仲尼曰："僬侥氏三尺，短之至也。长者不过十之，数之极也。"于是吴客曰："善哉圣人！"

桓子嬖臣曰仲梁怀，与阳虎有隙。阳虎欲逐怀，公山不狃止之。其秋，怀益骄，阳虎执怀。桓子怒，阳虎因囚桓子，与盟而醳之。阳虎由此益轻季氏。季氏亦僭于公室，陪臣执国政，是以鲁自大夫以下皆僭离于正道。故孔子不仕，退而修《诗》《书》《礼》《乐》，弟子弥众，至自远方，莫不受业焉。

定公八年，公山不狃不得意于季氏，因阳虎为乱，欲废三桓之嫡，更立其庶孽阳虎素所善者，遂执季桓子。桓子诈之，得脱。定公九年，阳虎不胜，奔于齐。是时孔子年五十。

公山不狃以费畔季氏，使人召孔子。孔子循道弥久，温温无所试，莫能己用，曰："盖周文武起丰镐而王，今费虽小，傥庶几乎！"欲往。子路不说，止孔子。孔子曰："夫召我者岂徒哉？如用我，其为东周乎！"然亦卒不行。

其后定公以孔子为中都宰，一年，四方皆则之。由中都宰为司空，由司空为大司寇。

定公十年春，及齐平。夏，齐大夫黎鉏言于景公曰："鲁用孔丘，其势危

孔子任鲁国大司寇。

齐。"乃使使告鲁为好会，会于夹谷。鲁定公且以乘车好往。孔子摄相事，曰："臣闻有文事者必有武备，有武事者必有文备。古者诸侯出疆，必具官以从。请具左右司马。"定公曰："诺。"具左右司马。会齐侯夹谷，为坛位，土阶三等，以会遇之礼相见，揖让而登。献酬之礼毕，齐有司趋而进曰："请奏四方之乐。"景公曰："诺。"于是旍旄羽袚矛戟剑拨鼓噪而至。孔子趋而进，历阶而登，不尽一等，举袂而言曰："吾两君为好会，夷狄之乐何为于此！请命有司！"有司却之，不去，则左右视晏子与景公。景公心怍，麾而去之。有顷，齐有司趋而进曰："请奏宫中之乐。"景公曰："诺。"优倡侏儒为戏而前。

孔子趋而进，历阶而登，不尽一等，曰："匹夫而营惑诸侯者罪当诛！请命有司！"

有司加法焉，手足异处。景公惧而动，知义不若，归而大恐，告其群臣曰："鲁以君子之道辅其君，而子独以夷狄之道教寡人，使得罪于鲁君，为之奈何？"有司进对曰："君子有过则谢以质，小人有过则谢以文。君若悼之，则谢以质。"于是齐侯乃归所侵鲁之郓、汶阳、龟阴之田以谢过。

定公十三年夏，孔子言于定公曰："臣无藏甲，大夫毋百雉之城。"使仲由为季氏宰，将堕三都。于是叔孙氏先堕郈。季氏将堕费，公山不狃、叔孙辄率费人袭鲁。公与三子入于季氏之宫，登武子之台。费人攻之，弗克，入及公侧。孔子命申句须、乐颀下伐之，费人北。国人追之，败诸姑蔑。二子奔齐，遂堕费。将堕成，公敛处父谓孟孙曰："堕成，齐人必至于北门。且成，孟氏之保鄣，无成是无孟氏也。我将弗堕。"十二月，公围成，弗克。

定公十四年，孔子年五十六，由大司寇行摄相事，有喜色。门人曰："闻君子祸至不惧，福至不喜。"孔子曰："有是言也。不曰'乐其以贵下人'乎？"于是诛鲁大夫乱政者少正卯。与闻国政三月，粥羔豚者弗饰贾；男女行者别于涂；涂不拾遗；四方之客至乎邑者，不求有司，皆予之以归。

齐人闻而惧，曰："孔子为政，必霸，霸则吾地近焉，我之为先并矣。盍致地焉？"

黎锄曰："请先尝沮之；沮之而不可则致地，庸迟乎！"于是选齐国中女子好者八十人，皆衣文衣而舞《康乐》，文马三十驷，遗鲁君。陈女乐文马于鲁城南高门外，季桓子微服往观再三，将受，乃语鲁君为周道游，往观终日，怠于政事。子路曰："夫子可以行矣。"孔子曰："鲁今且郊，如致膰乎大夫，则吾犹可以止。"桓子卒受齐女乐，三日不听政；郊，又不致膰俎于大夫。孔子遂行，宿乎屯。而师己送，曰："夫子则非罪。"孔子曰："吾歌可夫？"歌曰："彼妇之口，可以出走；彼妇之谒，可以死败。盖优哉游哉，维以卒岁！"师己反，桓子曰："孔子亦何言？"师己以实告。桓子喟然叹曰："夫子罪我以群婢故也夫！"

孔子遂适卫，主于子路妻兄颜浊邹家。卫灵公问孔子："居鲁得禄几何？"

对曰："奉粟六万。"卫人亦致粟六万。居顷之，或谮孔子于卫灵公。灵公使公孙余假一出一入。孔子恐获罪焉，居十月，去卫。

孔子助鲁军击退叛军。

子见南子。

　　将适陈，过匡，颜刻为仆，以其策指之曰："昔吾入此，由彼缺也。"匡人闻之，以为鲁之阳虎。阳虎尝暴匡人，匡人于是遂止孔子。孔子状类阳虎，拘焉五日。颜渊后，子曰："吾以汝为死矣。"颜渊曰："子在，回何敢死！"匡人拘孔子益急，弟子惧。孔子曰："文王既没，文不在兹乎？天之将丧斯文也，后死者不得与于斯文也。天之未丧斯文也，匡人其如予何！"

　　孔子使从者为宁武子臣于卫，然后得去。

　　去即过蒲。月余，反乎卫，主蘧伯玉家。灵公夫人有南子者，使人谓孔子曰："四方之君子不辱欲与寡君为兄弟者，必见寡小君。寡小君愿见。"孔子辞谢，不得已而见之。夫人在绤帷中。孔子入门，北面稽首。夫人自帷中再拜，环佩玉声璆然。孔子曰："吾乡为弗见，见之礼答焉。"子路不说。孔子矢之曰："予所不者，天厌之！天厌之！"居卫月余，灵公与夫人同车，宦者雍渠参乘，出，使孔子为次乘，招摇市过之。孔子曰："吾未见好德如好色者也。"于是丑之，去卫，过曹。是岁，鲁定公卒。

　　孔子去曹，适宋，与弟子习礼大树下。宋司马桓魋欲杀孔子，拔其树。孔子去。弟子曰："可以速矣。"孔子曰："天生德于予，桓魋其如予何！"

　　孔子适郑，与弟子相失，孔子独立郭东门。郑人或谓子贡曰："东门有人，其颡似尧，其项类皋陶，其肩类子产，然自要以下，不及禹三寸。累累若丧家之狗。"子贡以实告孔子。孔子欣然笑曰："形状，末也。而谓似丧家之狗，然哉！然哉！"

　　孔子遂至陈，主于司城贞子家。岁余，吴王夫差伐陈，取三邑而去。赵鞅伐朝歌。楚围蔡，蔡迁于吴。吴败越王句践会稽。

　　有隼集于陈廷而死，楛矢贯之，石砮，矢长尺有咫。陈愍公使使问仲尼。仲尼曰："隼来远矣，此肃慎之矢也。昔武王克商，信道九夷百蛮，使各以其方赂来贡，使无忘职业。于是肃慎贡楛矢石砮，长尺有咫。先王欲昭其令德，以肃慎矢分大姬，配虞胡公而封诸陈。分同姓以珍玉，展亲；分异姓以远职，使无忘服。故分陈以肃慎矢。"试求之故府，果得之。

孔子居陈三岁，会晋楚争强，更伐陈，及吴侵陈，陈常被寇。孔子曰："归与！归与！吾党之小子狂简，进取不忘其初。"于是孔子去陈。

过蒲，会公叔氏以蒲畔，蒲人止孔子。弟子有公良孺者，以私车五乘从孔子。其为人长贤，有勇力，谓曰："吾昔从夫子遇难于匡，今又遇难于此，命也已。吾与夫子再罹难，宁斗而死。"斗甚疾。蒲人惧，谓孔子曰："苟毋适卫，吾出子。"与之盟，出孔子东门。孔子遂适卫。子贡曰："盟可负邪？"孔子曰："要盟也，神不听。"卫灵公闻孔子来，喜，郊迎。问曰："蒲可伐乎？"对曰："可。"灵公曰："吾大夫以为不可。今蒲，卫之所以待晋楚也，以卫伐之，无乃不可乎？"孔子曰："其男子有死之志，妇人有保西河之志。吾所伐者不过四五人。"灵公曰："善。"然不伐蒲。

灵公老，怠于政，不用孔子。孔子喟然叹曰："苟有用我者，期月而已，三年有成。"孔子行。

佛肸为中牟宰。赵简子攻范、中行，伐中牟。佛肸畔，使人召孔子。孔子欲往。子路曰："由闻诸夫子，'其身亲为不善者，君子不入也'，今佛肸亲以中牟畔，子欲往，如之何？"孔子曰："有是言也。不曰坚乎，磨而不磷；不曰白乎，涅而不淄。我岂匏瓜也哉，焉能系而不食？"

孔子击磬。有荷蒉而过门者，曰："有心哉，击磬乎！硁硁乎，莫己知也夫！而已矣！"

孔子学鼓琴师襄子，十日不进。师襄子曰："可以益矣。"孔子曰："丘已习其曲矣，未得其数也。"有间，曰："已习其数，可以益矣。"孔子曰："丘未得其志也。"有间，曰："已习其志，可以益矣。"孔子曰："丘未得其为人也。"有间，有所穆然深思焉，有所怡然高望而远志焉。曰："丘得其为人，黯然而黑，几然而长，眼如望羊，如王四国，非文王其谁能为此也！"师襄子辟席再拜，曰："师盖云《文王操》也。"

孔子既不得用于卫，将西见赵简子。至于河而闻窦鸣犊、舜华之死也，临河而叹曰："美哉水，洋洋乎！丘之不济此，命也夫！"子贡趋而进曰："敢问何谓也？"孔子曰："窦鸣犊，舜华，晋国之贤大夫也。赵简子未得志之时，须此两人而后从政；及其已得志，杀之乃从政。丘闻之也，刳胎杀夭则麒麟不至郊，竭泽涸渔则蛟龙不合阴阳，覆巢毁卵则凤皇不翔。何则？君子讳伤其类也。夫鸟兽之于不义也尚知辟之，而况乎丘哉！"乃还息乎陬乡，作为陬操以哀之。而反乎卫，入主蘧伯玉家。

他日，灵公问兵陈。孔子曰："俎豆之事则尝闻之，军旅之事未之学也。"明日，与孔子语，见蜚雁，仰视之，色不在孔子。孔子遂行，复如陈。

夏，卫灵公卒，立孙辄，是为卫出公。六月，赵鞅内太子蒯聩于戚。阳虎使太子绖，八人衰绖，伪自卫迎者，哭而入，遂居焉。冬，蔡迁于州来。是岁鲁哀公三年，而孔子年六十矣。齐助

晋国贤大夫窦鸣犊、舜华遭杀害。

329

卫围戚，以卫太子蒯聩在故也。

夏，鲁桓厘庙燔，南宫敬叔救火。孔子在陈，闻之，曰："灾必于桓厘庙乎？"

已而果然。

秋，季桓子病，辇而见鲁城，喟然叹曰："昔此国几兴矣，以吾获罪于孔子，故不兴也。"顾谓其嗣康子曰："我即死，若必相鲁；相鲁，必召仲尼。"后数日，桓子卒，康子代立。已葬，欲召仲尼。公之鱼曰："昔

季桓子后悔不能终用孔子。

吾先君用之不终，终为诸侯笑。今又用之，不能终，是再为诸侯笑。"康子曰："则谁召而可？"曰："必召冉求。"于是使使召冉求。冉求将行，孔子曰："鲁人召求，非小用之，将大用之也。"是日，孔子曰："归乎归乎！吾党之小子狂简，斐然成章，吾不知所以裁之。"子贡知孔子思归，送冉求，因诫曰"即用，以孔子为招"云。

冉求既去，明年，孔子自陈迁于蔡。蔡昭公将如吴，吴召之也。前昭公欺其臣迁州来，后将往，大夫惧复迁，公孙翩射杀昭公。楚侵蔡。秋，齐景公卒。

明年，孔子自蔡如叶。叶公问政，孔子曰："政在来远附迩。"他日，叶公问孔子于子路，子路不对。孔子闻之，曰："由，尔何不对曰：'其为人也，学道不倦，诲人不厌，发愤忘食，乐以忘忧，不知老之将至'云尔。"

去叶，反于蔡。长沮、桀溺耦而耕，孔子以为隐者，使子路问津焉。长沮曰："彼执舆者为谁？"子路曰："为孔丘。"曰："是鲁孔丘与？"曰："然。"

曰："是知津矣。"桀溺谓子路："子为谁？"曰："为仲由。"曰："子，孔丘之徒与？"曰："然。"桀溺曰："悠悠者天下皆是也，而谁以易之？且与其从辟人之士，岂若从辟世之士哉！"耰而不辍。子路以告孔子，孔子怃然，曰："鸟兽不可与同群。天下有道，丘不与易也。"

他日，子路行，遇荷蓧丈人，曰："子见夫子乎？"丈人曰："四体不勤，五谷不分，孰为夫子！"植其杖而芸。子路以告，孔子曰："隐者也。"

复往，则亡。

孔子迁于蔡三岁，吴伐陈。楚救陈，军于城父。闻孔子在陈、蔡之间，楚使人聘孔子。孔子将往拜礼，陈、蔡大夫谋曰："孔子贤者，所刺讥皆中诸侯之疾。今者久留陈、蔡之间，诸大夫所设行皆非仲尼之意。今楚，大国也，来聘孔子。孔子用于楚，则陈、蔡用事大夫危矣。"于是乃相与发徒役围孔子于野。不得行，绝粮。从者病，莫能兴。孔子讲诵弦歌不衰。子路愠，见曰："君子亦有穷乎？"

孔子曰："君子固穷，小人穷斯滥矣。"

子贡色作。孔子曰："赐，尔以予为多学而识之者与？"曰："然。非与？"

孔子曰："非也。予一以贯之。"

孔子知弟子有愠心，乃召子路而问曰：《诗》云'匪兕匪虎，率彼旷野'。吾道非邪？吾何为

于此？"子路曰："意者吾未仁邪？人之不我信也。意者吾未知邪？人之不我行也。"孔子曰："有是乎！由，譬使仁者而必信，安有伯夷、叔齐？使知者而必行，安有王子比干？"

子路出，子贡入见。孔子曰："赐，《诗》云'匪兕匪虎，率彼旷野'。吾道非邪？吾何为于此？"子贡曰："夫子之道至大也，故天下莫能容夫子。夫子盖少贬焉？"

孔子曰："赐，良农能稼而不能为穑，良工能巧而不能为顺。君子能修其道，纲而纪之，统而理之，而不能为容。今尔不修尔道而求为容。赐，而志不远矣！"

子贡出，颜回入见。孔子曰："回，《诗》云'匪兕匪虎，率彼旷野'。吾道非邪？吾何为于此？"颜回曰："夫子之道至大，故天下莫能容。虽然，夫子推而行之，不容何病，不容然后见君子！夫道之不修也，是吾丑也。夫道既已大修而不用，是有国者之丑也。不容何病，不容然后见君子！"孔子欣然而笑曰："有是哉颜氏之子！使尔多财，吾为尔宰。"

于是使子贡至楚。楚昭王兴师迎孔子，然后得免。

昭王将以书社地七百里封孔子。楚令尹子西曰："王之使使诸侯有如子贡者乎？"曰："无有。""王之辅相有如颜回者乎？"曰："无有。""王之将率有如子路者乎？"曰："无有。""王之官尹有如宰予者乎？"曰："无有。""且楚之祖封于周，号为子男，五十里。今孔丘述三、五之法，明周、召之业，王若用之，则楚安得世世堂堂方数千里乎？夫文王在丰，武王在镐，百里之君，卒王天下。今孔丘得据土壤，贤弟子为佐，非楚之福也。"昭王乃止。其秋，楚昭王卒于城父。

楚狂接舆歌而过孔子，曰："凤兮凤兮，何德之衰！往者不可谏兮，来者犹可追也！已而！已而！今之从政者殆而！"孔子下，欲与之言。趋而去，弗得与之言。

于是孔子自楚反乎卫。是岁也，孔子年六十三，而鲁哀公六年也。

其明年，吴与鲁会缯，征百牢。太宰嚭召季康子。康子使子贡往，然后得已。

孔子曰："鲁卫之政，兄弟也。"是时，卫君辄父不得立，在外，诸侯数以为让。而孔子弟子多仕于卫，卫君欲得孔子为政。子路曰："卫君待子而为政，子将奚先？"孔子曰："必也正名乎！"子路曰："有是哉，子之迂也！何其正也？"孔子曰："野哉由也！夫名不正则言不顺，言不顺则事不成，事不成则礼乐不兴，礼乐不兴则刑罚不中，刑罚不中则民无所错手足矣。夫君子为之必可名，言之必可行。君子于其言，无所苟而已矣。"

其明年，冉有为季氏将师，与齐战于郎，克之。季康子曰："子之于军旅，学之乎？性之乎？"冉有曰："学之于孔子。"季康子曰："孔子何如人哉？"

对曰："用之有名；播之百姓，质诸鬼神而无憾。求之至于此道，虽累千社，夫子不利也。"康子曰："我欲召之，可乎？"对曰："欲召之，则毋以小人固之，则可矣。"而卫孔文子将攻太叔，问策于仲尼。仲尼辞不知，退而命载而行，曰："鸟能择木，木岂能择鸟乎！"文子固止。会季康子逐公华、公宾、公林，以币迎孔子，孔子归鲁。

孔子之去鲁，凡十四岁而反乎鲁。

孔子与弟子讨论仕卫之政。

鲁哀公问政，对曰："政在选臣。"季康子问政，曰："举直错诸枉，则枉者直。"康子患盗，孔子曰："苟子之不欲，虽赏之不窃。"然鲁终不能用孔子，孔子亦不求仕。

孔子之时，周室微而礼乐废，《诗》《书》缺。追迹三代之礼，序《书传》，上纪唐虞之际，下至秦缪，编次其事。曰："夏礼吾能言之，杞不足征也。殷礼吾能言之，宋不足征也。足，则吾能征之矣。"观殷、夏所损益，曰："后虽百世可知也，以一文一质。周监二代，郁郁乎文哉。吾从周。"故《书传》、《礼记》自孔氏。

孔子语鲁大师："乐其可知也。始作翕如，纵之纯如，皦如，绎如也，以成。""吾自卫反鲁，然后乐正，《雅》《颂》各得其所。"

古者《诗》三千余篇，及至孔子，去其重，取可施于礼义，上采契、后稷，中述殷、周之盛，至幽、厉之缺，始于衽席，故曰"《关雎》之乱以为《风》始，《鹿鸣》为《小雅》始，《文王》为《大雅》始，《清庙》为《颂》始"。三百五篇孔子皆弦歌之，以求合《韶》《武》《雅》《颂》之音。礼乐自此可得而述，以备王道，成六艺。

孔子晚而喜《易》，序《彖》《系》《象》《说卦》《文言》。读《易》，韦编三绝。曰："假我数年，若是，我于《易》则彬彬矣。"

孔子以诗书礼乐教，弟子盖三千焉，身通六艺者七十有二人。如颜浊邹之徒，颇受业者甚众。

孔子以四教：文，行，忠，信。绝四：毋意，毋必，毋固，毋我。所慎：齐，战，疾。子罕言利与命与仁。不愤不启，举一隅不以三隅反，则弗复也。

其于乡党，恂恂似不能言者。其于宗庙朝廷，辩辩言，唯谨尔。朝，与上大夫言，訚訚如也；与下大夫言，侃侃如也。

入公门，鞠躬如也；趋进，翼如也。君召使傧，色勃如也。君命召，不俟驾行矣。

鱼馁，肉败，割不正，不食。席不正，不坐。食于有丧者之侧，未尝饱也。

孔子返鲁。

孔子授业者众。

是日哭，则不歌。见齐衰、瞽者，虽童子，必变。

"三人行，必得我师。""德之不修，学之不讲，闻义不能徙，不善不能改，是吾忧也。"使人歌，善，则使复之，然后和之。"

子不语：怪、力、乱、神。

子贡曰："夫子之文章，可得闻也。夫子言天道与性命，弗可得闻也已。"

颜渊喟然叹曰："仰之弥高，钻之弥坚。瞻之在前，忽焉在后。夫子循循然善诱人，博我以文，约我以礼，欲罢不能。既竭我才，如有所立，卓尔。虽欲从之，蔑由也已。"达巷党人曰："大哉孔子，博学而无所成名。"子闻之曰："我何执？执御乎？执射乎？我执御矣。"牢曰："子云'不试，故艺'。"

鲁哀公十四年春，狩大野。叔孙氏车子鉏商获兽，以为不祥。仲尼视之，曰："麟也。"取之。曰："河不出图，雒不出书，吾已矣夫！"颜渊死，孔子曰："天丧予！"及西狩见麟，曰："吾道穷矣！"喟然叹曰："莫知我夫！"子贡曰："何为莫知子？"子曰："不怨天，不尤人，下学而上达，知我者其天乎！"

"不降其志，不辱其身，伯夷、叔齐乎！"谓"柳下惠、少连，降志辱身矣"。

谓"虞仲、夷逸隐居放言，行中清，废中权"。"我则异于是，无可无不可。"

子曰："弗乎弗乎，君子病没世而名不称焉。吾道不行矣，吾何以自见于后世哉？"

乃因作《春秋》，上至隐公，下讫哀公十四年，十二公。据鲁，亲周，故殷，运之三代。约其文辞而指博。故吴楚之君自称王，而《春秋》贬之曰"子"。践土之会，实召周天子，而《春秋》讳之曰"天王狩于河阳"：推此类以绳当世。贬损之义，后有王者举而开之。《春秋》之义行，则天下乱臣贼子惧焉。

孔子在位听讼，文辞有可与人共者，弗独有也。至于为《春秋》，笔则笔，削则削，子夏之徒不能赞一辞。弟子受《春秋》，孔子曰："后世知丘者以《春秋》，而罪丘者亦以《春秋》。"

明岁，子路死于卫。孔子病，子贡请见。孔子方负杖逍遥于门，曰："赐，汝来何其晚也？"

孔子因叹，歌曰："太山坏乎！梁柱摧乎！哲人萎乎！"因以涕下。谓子贡曰："天下无道久矣，莫能宗予。夏人殡于东阶，周人于西阶，殷人两柱间。昨暮予梦坐奠两柱之间，予始殷人也。"后七日卒。

孔子年七十三，以鲁哀公十六年四月己丑卒。

哀公诔之曰："旻天不吊，不慭遗一老，俾屏余一人以在位，茕茕余在疚。呜呼哀哉！尼父，毋自律！"子贡曰："君其不没于鲁乎！夫子之言曰：'礼失则昏，名失则愆。失志为昏，失所为愆。'生不能用，死而诔之，非礼也。称'余一人'，非名也。"

孔子生子，鲁君以鲤鱼为贺礼，孔子因名子"孔鲤"。

孔子葬鲁城北泗上，弟子皆服三年。三年心丧毕，相诀而去，则哭，各复尽哀；或复留。唯子贡庐于冢上，凡六年，然后去。弟子及鲁人往从冢而家者百有余室，因命曰"孔里"。鲁世世相传以岁时奉祠孔子冢，而诸儒亦讲礼乡饮大射于孔子冢。孔子冢大一顷。故所居堂弟子内，后世因庙藏孔子衣冠、琴、车、书，至于汉二百余年不绝。高皇帝过鲁，以太牢祠焉。诸侯卿相至，常先谒然后从政。

孔子生鲤，字伯鱼。伯鱼年五十，先孔子死。伯鱼生伋，字子思，年六十二。尝困于宋。子思作《中庸》。

子思生白，字子上，年四十七。子上生求，字子家，年四十五。子家生箕，字子京，年四十六。子京生穿，字子高，年五十一。子高生子慎，年五十七，尝为魏相。

子慎生鲋，年五十七，为陈王涉博士，死于陈下。

鲋弟子襄，年五十七。尝为孝惠皇帝博士，迁为长沙太守。长九尺六寸。

子襄生忠，年五十七。忠生武，武生延年及安国。安国为今皇帝博士，至临淮太守，蚤卒。安国生卬，卬生驩。

太史公曰：《诗》有之："高山仰止，景行行止。"虽不能至，然心乡往之。余读孔氏书，想见其为人。适鲁，观仲尼庙堂车服礼器，诸生以时习礼其家，余祗回留之不能去云。天下君王至于贤人众矣，当时则荣，没则已焉。孔子布衣，传十余世，学者宗之。自天子王侯，中国言《六艺》者折中于夫子，可谓至圣矣！

第三卷

《论语》中重要人物介绍

《论语》中所见的孔门弟子

据《史记》记载，孔子有弟子三千，其中精通六艺者有七十二人，称"七十二贤人"。

在德行方面出众的有：颜回、闵损、冉耕、冉雍。

在政事方面出众的有：冉求、仲由。

在言语方面出众的有：宰我、端木赐。

在文学方面出众的有：言偃、卜商。

孔子弟子多达三千人，其中贤人七十二，而且有很多为各国高官栋梁。孔子死后，"七十子之徒散游诸侯，大者为师傅卿相，小者友教士大夫"。这样就在政治上打破了贵族垄断的世卿世禄制，为专制君主自由任免卿相的官僚体制创造了条件。

孔门弟子为卿为相者众多。

颜回

颜回（公元前521－前481年），姓颜，名回，字子渊，亦称颜渊，比孔子小三十岁，鲁国人。颜氏家族到颜路、颜回父子时，除了保有祖传的贵族身份及颜路的鲁卿大夫头衔外，便只有陋巷简朴的住宅及五十亩郭外之田、十亩郭内之圃了。颜回生活贫困，简居于陋巷，一生没有做官。孔子赞叹说："颜回真是难得呀！用一个竹筒吃饭，用一个瓜瓢喝水，住在陋巷里。要是一般人，一定忧烦难受，可颜回却安然处之，没有改变向道好学的乐趣！"可见他颇能遵守孔子的"贫而乐道"的教诲。颜回注重仁德修养，深得孔子欣赏和喜爱。孔子难得以"仁"来赞许人，包括他自己在内，但是他说："回也，其心三月不违仁。"对比之下，"其余则日月至焉而已矣"。

颜回十三岁时，入孔子之门，六年后有成。他不仅天资极为聪慧，又虚心好学，较早地体认到孔子学说的精深博大，他对孔子的尊敬已超出一般弟子的尊师之情。他以尊崇千古圣哲之情尊崇孔子，其亲若父与子。他曾感叹地说：老师的道，越仰望越觉得高明，越钻研越觉得深奥。看着它似乎在前面，等向前面寻找时，它又忽然出现在后面。老师的道虽然这样高深和不易捉摸，可是老师善于有步骤地诱导我们，用各种文献知识来丰富我们，提高我们，又用一定的礼来约束我们，使我们想停止学习都不可能。所以在少正卯与孔子争夺弟子时，"孔子之门三盈三虚"，唯有颜回未离孔门半步，因而后人评价说："颜渊独知孔子圣也"（《论衡·讲瑞》）。因此，孔子将颜回引为同道，他对颜回说："用之则行，舍之则藏，唯我与尔有是乎！"他在德行方面备受赞扬，故被列为孔门"四科十哲"（德行科）之一。

颜回有着过人的天资，却不善于表现，寡于言辞，给人的第一印象有点愚钝。孔子说他对颜回的初步印象是自己说什么，颜回都不加违背地去做，好像笨笨的。但继而发现颜回下去对自己的话，也能理解发挥，只是不喜欢聪明外露罢了。颜回灵慧内秀，学习也努力勤奋。孔子被问到他的弟子哪一个好学时，也说颜回好学，不幸短命死去了，现在弟子中没有好学的了。所以颜回的学业进步很快，正如孔子感叹所说：我见到他不停进步，没见他停止下来过。另一次，孔子与子贡交谈，问他与颜回相比如何，子贡以能言善辩、才思敏捷著称，是孔门中学问和政事都很优秀的人才，他却坦率地承让自己比不上颜回，高度赞扬颜回能闻一知十，而自己不过是闻一知二，差距大着呢。颜回追随孔子周游列国长达十四年，归回鲁国后讲学授徒，传授儒学六经；协助孔子整理古代典籍，逐渐扩大了自己的影响，形成了儒家的一个宗派——颜氏之儒。他在学习和弘扬孔子所创立的儒家学说的过程中，总是殚精竭虑，倾注全部心血，再加上"箪食瓢饮"的困苦生活，这种状况严重地损害了他的健康。颜回二十九岁时头发就全白了，四十一岁就死了。颜回死时，孔子哭得很伤心，直呼："噫！天丧予！天丧予！"违背了丧礼中"节哀"的规定。因为孔子认为颜回在孔门中，是最有条件继承自己学说的弟子之一，也是孔子的希望所在。如今颜回先死，自己的仁政德治的理想就无合适的继承人了。

颜回是孔子最喜欢的学生，学问渊博，品格高尚，以德行著称，后儒列之为"七十二贤"之首。

颜回。

冉耕

冉耕（约公元前 544 —？），冉氏，名耕，字伯牛，比孔子小七岁，鲁国人。《论语》中提及二次。他为人端直正派，善于待人接物。在孔门弟子中，以德行与颜渊、闵子骞并称。孔子先假中都宰，后来晋升为司空，就让冉耕去继任中都宰摄宰事。他以德惠民，以仁施政，政绩显著，所治中都成了其他诸侯国学习的榜样，并受到孔子的高度赞赏。孔子周游列国时，

冉耕。

他始终追随左右。在周游列国返回鲁国后，他染患了恶疾，从此一病不起，不愿意见人。孔子在他病危时，特地前去探望他，站在窗子外面握着他的手，非常痛惜地说："死，是命中注定的啊！可是这样的人怎么会染上这样的恶病，这样的人怎么会染上这样的恶病啊！"对他的不幸十分同情，悲恸不已。孟子的弟子公孙丑认为冉耕的学养德行大致接近孔子，只是没有孔子那样博大精深。他被列为孔门"四科十哲"（德行科）之一。

冉雍

冉雍（公元前 522 年—？），姓冉，名雍，字仲弓，比孔子小二十九岁，鲁国人。《论语》中提及七次。《冉氏族谱》称冉离娶颜氏，生长子耕，次子雍。颜氏死，又娶公西氏，生求。后公西氏闻孔子设教阙里，"命三子往从学焉"。他学业有成，与冉耕（伯牛）、冉求（子有）皆在"孔门十哲"之列，世称"一门三贤"，当地人称为"三冉"。

冉雍出身贫贱，他父亲行为不良，有人以此作为攻击冉雍的借口。孔子驳斥说，一头耕牛，也可以生出献祭用的小牛来。冉雍尽管不是出身于贵族之家，但国家对他出类拔萃的才能，难道能够舍弃不用吗？冉雍沉默厚重，为人仁义，不花言巧语，是一个德行修养很高而又气量宽宏的人。他深得孔子的器重和欣赏，孔子称其"雍也可使南面"，即冉雍具有人君的气度，可以担任封国之君。他多次向孔子求教"仁"，并身体力行，可谓求仁得仁。他的同窗好友子贡也评价他，不以贫穷为受累，不以自己的手下为私物，而把他们当作借用的使者，不拿别人出气，不加深怨恨，不计较别人之前犯过的错误。

冉雍具有卓越不凡的政治才干，他曾问政于孔子，孔子教他心存敬恕，注重修身，办事从大体着想，多举贤才。他在跟随孔子周游列国后，回鲁后的第三年当上了鲁国权臣季氏家族的总管。他礼贤下士，为政"居敬行简"，也就是为官认真严肃地研究政策，而以简单的形式去实行，即"抓大体，去繁琐"，主张"以德化民"，政绩卓著。但是在季府为仕三月，季氏对他的劝谏不能尽从，言不能尽听，于是辞去，复从孔子。

冉雍。

他在孔门弟子中以德行著称，孔子临终时在弟子们面前夸奖他说："贤哉雍也，过人远也。"被列为孔门"四科十哲"（德行科）之一。战国时期的荀况很推崇他，将他和孔子并列为大儒。

冉求

冉求（公元前 522 年—前 489 年），冉氏，名求，字子有，通称冉有，比孔子小二十九岁，鲁国人。《论语》中提及十六次。冉求生性谦退，是孔门弟子中多才多艺的人，以擅长"政事"著称。孔子称赞他具有行政管理能力，认为"千室之邑，百乘之家，可使为之宰也"（《论语·公治长》）。

孔子在公元前 493 年初次访问卫国时，冉有为其驾车。他对政事很感兴趣，当孔子说卫国人口很多时，冉有问还有什么好处可以加上去，孔子说应该改善老百姓的状况，对他们进行教育。他有着出色的军事才干，很能带兵打仗。

冉求。

鲁哀公十一年（公元前484年），齐国军队大举进攻鲁国，鲁国的当权者慑于大国的威力，不敢发兵对抗。唯有冉求慷慨请战抗齐，终于说服三桓，率军兵分左右两路御敌。他亲自任左师统帅，以步兵执长矛的战术打败了齐军。当年秋天，齐国又前来进犯，冉求再次为季氏帅兵，在郎地（今山东曲阜附近）战胜齐国军队。季康子十分叹服他的军事才能，问他从哪儿学来的。他回答说学于孔子，并趁着这次得胜的机会，说服季康子迎回了在外流亡十四年的孔子。

冉求聘于季康子为宰臣。

冉求长于政事，具有出色的经济管理才能，尤其善于理财，鲁国的执政季康子曾聘他为宰臣。他曾长期为鲁国季氏改革田赋，以增加税收。因为"季氏富于周公，而求也为之聚敛而附益之"，孔子斥责说："非吾徒也，小子鸣鼓而攻之，可也。"孔子的批评虽然很严厉，但没有影响到冉求对老师的感情，这主要是由于孔子待人处事公正不偏，为他的弟子们所服膺和钦敬。孔子在原则问题上对学生要求很严，如这里对冉求的批评，甚至不承认冉求是他的学生，要他的其他弟子大张旗鼓地申斥他，但毕竟没有发展到师生关系破裂的地步，孔子依旧把冉求列为"四科"的政事科中第一名，并多次在别人面前盛赞冉求的政治才干。

冉求政治才干出众，但在学业、仁德修养上进展较慢，常常感到力不从心。他对孔子说："非不悦子之道，力不足也。"孔子则毫不客气地指出他是倦于学业，止步不前，而不是"力不足"的缘故。由于他对孔子以"仁"为核心的学说缺乏长远的追求，所以在一些重大问题上常与孔子的主张相背离。作为鲁国的臣子，鲁大夫僭越礼制去泰山祭祀，他却不加以劝阻，令孔子大失所望。在季氏准备攻打颛臾的过地（今山东省平邑县东）时，他也不加阻止，反而为之寻找借口，孔子对他这种"远人不服，而不能来也；邦分崩离析，而不能守也；而谋动干戈于邦内"的做法给予了严厉的批评。尽管他多次受到孔子的责备，却依旧尊敬和热爱老师。当季康子问他孔子是什么样的人时，他带着无比崇敬的神情回答说：'用之有名，播之百姓，质诸鬼神而无憾。'

端木赐

端木赐（公元前520－前456年），姓端木，名赐，字子贡，比孔子小三十一岁，卫国人。孔子弟子与孔子的问答之言，见于《论语》的，以他为最多，孔子器重他仅次于颜回。子贡口才很好，善于雄辩，曾灵活地运用《诗经·卫风·淇奥》中"如切如磋，如琢如磨"的诗句来回答老师的提问，孔子认为子贡的回答十分贴切，故而称赞子贡"始可与言《诗》已矣"。而且说子贡"告诸往而知来者"，认为他对该诗的理解达到了心领神会的地步。故他被列为言语科之优异者。子贡有济世之才，办事通达，孔子曾称其为"瑚琏之器"。曾任鲁、卫两国之相，是春秋末期有名的外

子贡游说诸国。

交家。昔年齐欲伐鲁，鲁国有倾覆之危，他在齐、吴、越、晋诸国间游说，使吴国攻齐，从而保全了鲁国。他还善于经商，曾经货殖于曹、鲁两国之间，富致千金，为孔门弟子中首富。孔子说："赐不受命，而货殖焉，亿则屡中。"

司马迁作《史记·仲尼弟子列传》，对子贡这个人物所费笔墨最多，其传记就篇幅而言在孔门众弟子中也是最长的。可见子贡的非同寻常。他学绩优异，文化修养丰厚，政治、外交才能卓越，理财经商能力高超，其影响之大，作用之巨，是孔门弟子中无人所能企及的。

在孔门弟子中，子贡是把学和行结合得最好的一位。他的名声地位甚至一度超过了他的老师孔子。当时鲁国的大夫叔孙武叔就公开在朝廷说"子贡贤于仲尼"。他听到后，坚决地予以辩止，忠实维护孔子的声望和地位。司马迁认为孔子的名声之所以能布满天下，儒学之所以能成为当时的显学，在很大程度上是因为子贡推动的缘故。子贡与子路一文一武，犹如孔子的左右手。孔子死后，他与同窗弟子一起为孔子服丧三年，又独自守墓三年，师生之情胜过父子。

仲由

仲由（公元前542－前480年），姓仲，名由，字子路，因他曾做过季氏的家臣，又被称作季路，比孔子小九岁，鲁国人。《论语》中提及四十一次。仲由出身微贱，家境贫寒，事亲至孝。他自己饮水食野菜，而为了父母到百里之外去背米，以尽其炊。当他长大而渐渐富裕后，父母已经去世，他曾经感伤道："悲伤啊！贫困，父母在世时无以为养，去世时又无以为礼。"他生性豪爽粗犷，为人耿直，有勇力才艺。仲由经常批评孔子，孔子也常批评他。他喜欢听闻自己的过错，闻过则喜，能虚心接受。孔子对他评价很高，说他有才能，千辆兵车的诸侯国，可以让他掌理军政大事。仲由做过鲁国的季氏宰，深受季氏的信任；跟随孔子周游到卫国，又在卫国大夫孔悝的手下做邑宰，与民兴修水利，三年后，孔子过其境内，对他的治理称赞个不停。他被列为孔门"四科十哲"（政事科）之一。

仲由一生忠于孔子，是孔子最亲近、最著名的弟子之一。孔子说："我的道如果行不通，就乘上小木排到海外去，跟随我的，怕只有仲由吧！"仲由保护孔子唯恐不周，不愿使孔子遭人非议。孔子说："自从我得到仲由，就没有听到过恶语。"他在仕鲁期间，是孔子"堕三都"之举的最主要的合作者和最得力的助手之一。因他曾做

仲由。

过鲁国的季氏宰（季孙氏的总管），后来孔子晚年从卫国返回鲁国时，子路被卫国大夫孔文子留下做邑宰。孔文子去世后，他继续辅佐孔文子的儿子孔悝，以政事著称。他六十三岁时，卫国发生了宫廷政变，孔文子的妻子孔姬是前太子蒯聩的姐姐，当时卫国的国君卫出公是蒯聩的儿子，蒯聩想要争取君位。孔姬协助蒯聩劫持了孔悝，强迫他歃血为盟，辅佐蒯聩夺取君位。子路听说

子路英武。

后，以为"食君之禄，忠君之事"，前去援救孔悝。在和敌方搏斗时冠缨被击断，他想起孔子关于"君子死而冠不免"的礼仪教导，在重新结好缨带时，被敌方砍成肉酱。子路的死，对时年七十二岁的孔子是一个沉重的打击。

宰予

宰予（公元前522－前458年），姓宰，名予，字子我，也称宰我，比孔子小二十九岁，鲁国人。《论语》中提及五次。宰予天资聪颖，足智多谋，口齿伶俐，能说善辩，被列为孔门"四科十哲"（言语科）之一。他曾从孔子周游列国，游历期间孔子常派遣他出使各国，如"使于齐"、"使于楚"等，可见对他的才能是非常信任的。鲁哀公六年（公元前489年），孔子师徒一行从陈蔡之困中脱离出来，到了楚国，楚昭王打算重用孔子，要把书社地方七百里封给孔子。楚国令尹子西加以阻止，其中有问楚王，说"王之官尹有如宰予者乎"，楚王说没有。令尹子西说："……今孔丘得据土壤，先弟子为佐，非楚之福也。"楚昭王就放弃了重用孔子的打算。楚国在当时是大国，人才济济，而楚昭王却承认自己臣子的才能没有赶得上宰予的，由此可见他的才能的确卓越不凡，并闻名于诸侯国。

宰予遇事有自己的主见，常与孔子讨论问题，颇有独立思考的精神和独到的见解，孟子称赞他"智足以知圣人"。他提出改"三年之丧"为"一年之丧"，缩短丧期，遭到孔子的指责，批评他"不仁"。宰予思想活跃，好学深思，曾经向孔子提出了一个两难的问题，说假如一个仁者掉到井里去了，告诉给另一个仁者，这个仁者应该怎么办呢？因为如跳下去则也是死，如不跳下去就是见死不救。孔子认为宰予提的问题不好，说："何为其然也？君子可逝也，不可陷；可欺也，不可罔也。"认为宰予这是在愚弄人。孔子认为宰予言行不一，说自己"以言取人，失之宰予"，并且从宰予那里改变了自己以往的不足，听别人的言语时还要观察人的行为。

有一次，宰予白天睡觉，被孔子骂作"朽木"和"粪土之墙"。尽管孔子对

宰予。

他批评的次数多于其他弟子，他还是对孔子无限钦佩。他说："以予观于夫子，贤于尧舜远矣。"（《孟子·公孙丑》第二章）他后来到齐国任临淄大夫，因参与陈恒（即田常）弑君事件而被杀。

言偃

　　言偃（公元前506年－前443年），姓言，名偃，字子游，亦称言游，比孔子小四十五岁，吴国常熟人，是孔门七十二贤人中唯一的南方人。他是孔子晚年的学生，《论语》中提及八次。言偃才华出众，与子夏同属孔门文学科的高足。文学指诗、书、礼、乐文章而言。他不仅以习礼自见，更重要的是能行礼乐之教。他曾在鲁国做官，出任武城的邑宰，实践并贯彻了孔子有关礼乐之治的教导，故邑人皆弦歌也。有一天，孔子路过武城，听到满城都是弦歌之声，很是高兴，就微笑着对他说："杀鸡何必要用宰牛的刀？"言偃听了回答说："从前我常听老师说君子学了礼乐之道，就能爱民。普通人学了礼乐之道，就容易听从教令，好治理，我现在就是实行这样的教化啊！"孔子听后，对随行的弟子们说："你们听听，他讲得很对。我刚才说杀鸡岂用牛刀，只不过是跟他开开玩笑罢了。"孔子的说法一方面是惋惜言偃大材小用，一方面是对言偃能推行礼乐而感到欣慰。言偃还善于识别人才，发现了一位叫澹台灭明的有才干却不投机取巧的人。

言偃。

　　他学成后南归，为江南文化的繁荣作出了很大贡献，孔子评价说："我门下有了言偃，我的学说才得以在南方传播。"故言偃被誉为"南方夫子"。

言偃命驾。

卜商讲学。

卜商

　　卜商（公元前507年—？），姓卜，名商，字子夏，比孔子小四十四岁，卫国人。《论语》中提及十九次。他是在孔子自卫返鲁（公元前484年）之后，到孔门受业，是孔子门下最为杰出的十位弟子之一。他的性格勇武，为人"好与贤己者处"，以"文学"著称，曾为鲁国的莒父（今山东省莒县）宰。他与孔子讨论问题都具有一定的深度，甚得孔子的赏识。有一次，他问孔子说："古诗上说'美人轻盈微笑时酒窝多俏丽，黑白分明的眼睛顾盼多动人，再用素粉增加她的美丽啊。'这三句诗是指什么？"孔子说："这是说，要画画，得先把底子打好，然后再加上色彩。"子夏说："这不就是说，人先得具有忠信的美德，然后再用礼加以文饰吗？"孔子说："启发我心志的要算卜商了，像这样，就可以跟你谈《诗》了。"子夏被列为孔门"四科十哲"（文学科）之一。

　　孔子逝世后，他到魏国西河讲学，三张国君要学习《春秋》，吸取教训，以防止臣下篡权。他提出过"仕而优则学，学而优则仕"的思想，还主张做官要先取信于民，然后才能使其效劳。李悝、吴起都是他的弟子，魏文侯也奉他为师，向他请教国政之事，对后世的儒生产生了很大的影响。

　　卜商一生博学笃志，学识渊博，传受五经，整理和传播古代文献。孔门弟子中有著作传世的，数卜商为最多。相传《论语》为卜商与仲雍合撰编录而成。《毛诗》传自卜商，《诗序》即为卜商所作；《仪礼·丧服篇》亦传自卜商；《易传》一卷，亦卜商所撰。汉人徐防又有"诗书礼乐，定自孔子；发明章句，始于子夏"之说。他在传播儒家学说上，独立形成子夏氏一派，成为孔门弟子中具有深远影响的重要人物。

卜商。

颛孙师

颛孙师（公元前 503 — 前 447 年），复姓颛孙，名师，字子张，比孔子小四十八岁，陈国人。《论语》中提及二十次。他为人雍容大度，才貌过人，交友广泛。他崇敬孔子，好学深思，喜欢与孔子讨论问题。多次向孔子问"政"、问"行"，孔子也反复对他加以指教，强调"忠"和"信"。颛孙师便把有关忠、信的教导写在衣带上，以示永远不忘。他还说过："如果守德而不弘大，信道而不求笃实，这样的人，怎能是有，又怎能算无呢？"后来还以有关忠信的言论教导自己的学生。他随孔子周游列国，曾被困于陈、蔡。他提出，士应该看见危险便肯豁出生命，看见所得便考虑是否该得，祭祀时应该严肃认真，居丧时则应悲痛哀伤。他主张"尊贤容众"，喜欢同比自己贤能的人交朋友。在生活上不拘小节，随和从俗，不注重衣冠的整洁美观，在观点上与墨家有相通之处。

孔子认为他过于心高气傲，而或流于一偏，对他的评语是"辟"（偏激）。因其性格狂放，不能守仁，故孔门弟子对他敬而远之。所以曾子说："堂堂乎张也，难与并为仁矣。"他虽向孔子学干禄之道，但未尝从政。

孔子死后，颛孙师独立招收弟子，宣扬儒家学说。《韩非子·显学篇》谓孔子死后，儒分为八派，其中有子张之儒，列为"儒家八派"之首，《大戴礼记·千乘》即子张之儒的文献。

颛孙师。

曾点

曾点，生卒年不详，字皙，即曾参之父，鲁国人。《论语》中提及一次，他是孔子早期的弟子之一。其先祖是贵族，由别过迁徙到鲁国，失去了原来显赫的地位。传到曾点时，家境贫寒，妻子亲自织布谋生。他的思想比较超脱，《论语·先进》记载他的志趣是弹琴唱歌，孔子甚为赞赏。他痛恨当世礼教不行，立志改变现状，孔子认为他是有进取心的狂放之士。鲁国大夫季武子死，曾点吊唁时"倚其门而歌"，被称为鲁之狂士。他对儿子曾参的教育十分严格，据《孔子家语》记载，曾参在瓜田里耕作，不小心把瓜根弄断了，曾点大怒，以大木杖猛打曾参的背，导致曾参扑倒在地，半天不省人事。曾参长大成人后，曾点让他拜孔子为师。后来曾参学有所成，成为儒学大师，十分孝顺父母。

曾点。

曾参

曾参（公元前 505 — 前 432 年），姓曾，名参，字子舆，比孔子小四十六岁，鲁国南武城（今山东嘉祥县）人。《论语》中提及十四次。出身没落贵族家庭，是曾点的儿子。青壮年时参加过农业劳动，因为经常干粗活，手足生出了老茧。往往是三天不煮饭，十年不添制新衣。曾做过小官。

曾子性情沉静，举止稳重，为人谨慎谦恭，以孝著称于世。十六岁拜孔子为师。一次，他在孔子身边侍坐，孔子就问他："以前的圣贤之王有至高无上的德行和精要奥妙的理论，用之教导天下之人，人们就能和睦相处，君王和臣下之间也没有不满，你知道它们是什么吗？"曾子听了，明白老师要向他传授最深刻的道理，于是立刻从坐着的席子上站起来，走到席子外面向老师请教。

他学习刻苦，从孔子教导中吾出"日三省吾身"、"慎独"等修养方法，注重"信"的品德。传说他的妻子曾哄孩子说："别哭，爸爸就杀猪给你吃。"他听到后就真的把猪杀了，并说对小孩子也不能失信。他从理论和实践上都特别重视孝道，受到孔子的赏识。他对名利、权势十分淡泊，鲁国的国君几次派人要封给他一块采邑，曾子都坚决不受。别人问他原因，他说："我听说，接受别人馈赠的人就会害怕得罪馈赠者；给了人家东西的人，就会对接受东西的人显露骄色。那么，就算国君赏赐我采邑而不对我显露一点骄色，但我能不因此而害怕得罪他吗？"孔子知道后，评价说："曾参的话，是足以保全他的节操的。"齐、楚、晋等国也都曾请他去做大官，他都辞而不就。一生全力埋头研究学习孔子的教导和收徒讲学，积极推行儒家学说，传播儒家思想。相传著有《孝经》和《大学》。

从儒家的道统来说，孔子的孙子孔汲（子思）师从曾子，又传授给孟子。因此，曾参上承孔子之道，下启思孟学派，对孔子的儒学思想既有继承，又有发展和建树。

曾参。

澹台灭明

澹台灭明（公元前512年－？），复姓澹台，名灭明，字子羽，比孔子小三十九岁，鲁国武城（今山东费县）人。《论语》中提及一次。其为人公正无私，有君子之才。他拜孔子为师时，孔子见他长得额低口窄，鼻梁低矮，于是以貌取人，认为他没有多大才能。子游做武城宰时，孔子问："你在那里得到什么人才了吗？"子游说："有位叫澹台灭明的，做事从不走小路捷径投机取巧，如果没有公事，他从不到我屋里来。"后来，澹台灭明听从孔子日常对弟子的教诲，发奋用功学习，并努力加强自身修养，终于学有所成，成为当时有名的学者。他往南游学到吴地（即楚国，后老死在楚国），跟从他学习的弟子达到三百多人，其才干和品德传遍了各诸侯国，影响甚大，是当时儒家在南方的一个有影响的学派。孔子听到这些消息后感慨地说："我凭言语判断人，看错了宰予；凭长相判断人，看错了子羽。"

澹台灭明。

宓不齐

宓不齐（公元前521－前445年），姓宓，名不齐，字子贱，比孔子小三十岁，鲁国人。《论语》中提及一次。他有才智，十分仁爱，孔子曾评论他："子贱真是个君子啊！如果鲁国没有君子，他哪能学到君子的品德呢？"

宓不齐曾经担任过单父（今山东菏泽单县）宰，因担心鲁国国君听信谗言而干涉自己的治理，于是让两个鲁君身边的官吏跟着他到单父去写文书。官吏写文书时，宓不齐就在旁边摇动他们的手肘，官吏无法写好文书，因而请辞回去。官吏回到鲁君身边时，告诉鲁君："宓子让我们写文书，在旁边摇动我们的手肘，写不好还生气。"鲁君领会道："这是他在劝谏我啊。"于是决定放手让宓不齐治理单父。他治理时重视民心、士气和社会风气，不仅赋役较轻，而且在灾年能发仓粟、赈困穷、补不足，能举能、招贤、退不肖，以实际行动提倡孝敬父母、尊敬师长。反对不干实事的人，尊敬敦厚持重的长者，以礼乐治世教民。他曾向孔子报告说："这里有五个才能比我强的人，指导我如何治理单父。"孔子听后叹道："可惜他治理的地方太小了，如果让他治理更大的地方，成就将更加可观。"他被后世认为是以指导教化治理国家的历史名人。孔子认为他尊君、守礼，有孝悌之德，遵守天命，能以仁德服人，可以称为君子。

原宪

原宪（公元前 515 年—？），姓原，名宪，字子思，亦称原思，比孔子小三十六岁，鲁国人。原宪出身贫寒，清静守节，个性狷介，不肯与世俗同流合污，一生安贫乐道。他在鲁国住的是茅草盖顶的方丈小屋，门户是蓬蒿编成的，而且还不完整。户枢是桑树条做的，窗口是用破瓮做成的，并以粗布隔为两间。屋顶漏雨，地下潮湿，他却端坐而弦歌。

《论语·雍也第六》云："原思为之宰，与之粟九百，辞。子曰：'毋，以与尔邻里乡党乎！'"从文献资料看，孔子并没有采邑，故原宪为"宰"应为"家宰"，即在孔子任鲁司寇时，担任孔子的家庭总管。《孔子家语·七十二弟子解》亦云："孔子为鲁司寇，原宪尝为之宰。"

原宪做孔子家宰，孔子给他九百石小米的俸禄，他却辞而不受，可见原宪清而不贪。《论语·宪问第十四》云："邦有道，谷；邦无道，谷，耻也。"《论语·泰伯第八》云："天下有道则见，无道则隐。邦有道，贫且贱焉，耻也；邦无道，富且贵焉，耻也。"孔子主张，生活虽然困厄贫穷，但不能受乱君之禄。乱君当政，"道"不行天下，却出来"干禄"，是可耻的。原宪奉行了孔子的教诲，努力追求"仁"的目标，孔子死时，原宪仅三十七岁，正值盛年力强之时，却没有去追求官职，没有投靠权贵，而是跑到卫国去，过起了隐居的生活。

原宪。

子贡在卫国做了官，志得意满。有一天，子贡驾着四马大车，带着一队骑士，排开丛生的杂草，进到一个荒僻的小村子里去看原宪。原宪穿戴着破旧的衣帽接待了子贡。子贡开口便问他说："你是不是病了？"原宪说道："我听说，一个人没有钱叫贫；学了一身道术而不能去实行才叫作病。像我现在这个寒酸样子，只是贫，并不是病。"子贡听了惭愧地走了。

他是孔门弟子中少有的一个"不厌糟糠，匿藏于穷巷"的人物，他秉持着孔子所说的"天下有道则见，无道则隐"的主张，穷不失志，是"贫而无怨"的典型人物。《韩非子·显学》把原宪之儒列为"儒家八派"之一。

子贡驾车招摇地去见原宪。

公冶长

公冶长（公元前519—前470年），姓公冶，名长，字子长，齐国人，一说是鲁国人，是孔子的女婿。《论语》中提及一次。他出身贫寒，却聪颖好学，博通书礼，德才兼备，深为孔子所赏识。

虽然公冶长坐过监狱，但孔子认为"公冶长虽在缧绁之中，非其罪也"。其身陷囹圄，是冤枉的，孔子不但不轻视他，还把女儿嫁给了他。孔子有众多弟子，而把女儿嫁给公冶长，说明孔子认可他的品德，因此赏识他。从这里我们也可以看出孔子评价人物不是以所处境遇为标准，而是以才德为标准的。

传说公冶长懂得鸟语，他从卫国返回鲁国，走到边界上，听见鸟儿相呼去清溪边吃死人肉。走了没多远，遇见一个老妇人在路中间哭。公冶长上前相问，老妇告诉他，自己的儿子前天出门，到现在还没有回来，应该是已经死了，却不知死在哪儿了。公冶长说，刚刚听见群鸟相呼去清溪边吃肉，恐怕就是您的儿子吧。老妇人马上前往清溪去看，果然是自己的儿子，已经死了。于是上告村里面的有司。村司问从哪儿知道儿子死处的，老妇人据实回答说是碰见公冶长，是公冶长告诉她的。村司说，如果不是公冶长把人杀了，怎么会知道人死在那儿呢。于是把公冶长抓进监狱了。狱官

公冶长。

审问他为何杀人，公冶长说自己没有杀人，只是能解鸟语。狱官就让他解鸟语，看是否如实。一次，有麻雀在监狱上面叫唤，公冶长说鸟儿说白莲水边有辆牛车翻了，把黍粟压倒了，洒了一地，相呼前去啄黍米。狱官不信，派人前去查看，果然如此。后来公冶长又解了燕子等鸟语，屡次灵验，于是就被放出监狱了。

公冶长婚后，生了两个儿子，一个叫子犁，早亡，一个叫子耕。他终生治学不仕，鲁君多次聘请他为大夫，他都辞而不应，致力于继承孔子遗志，教学育人，成为当时著名的文士。

公冶长能解鸟语。

漆雕开

　　漆雕开（公元前540年—？），复姓漆雕，名开，字子开，又字子若，比孔子小十一岁，蔡国人。《论语》中提及一次。他为人谦和而自重，在孔门中以德行著称。《史记》中记载，他曾随孔子学习《尚书》，不喜欢做官。孔子主张"学而优则仕"，便叫他去做官，对他说："你现在这个年龄可以去出仕了，不然将会错过时机了。"他回答说："我对于从政的道理还不能够有自信。"漆雕开如此虚心好学，孔子自然很欣赏。他为人刚正不阿，主张色不屈于人，目不避其敌，具有"勇者不惧"的美德。

　　漆雕开在学业上很有造诣，而且能有所创建。在孔子死后，他曾经设坛讲学，跟从他学习的人很多，以致形成儒家学派中的漆雕氏之儒。唐开元二十七（739年）追封"漆伯"。宋大中祥符二年（1009年）加封"平舆候"。明嘉靖九年（1530年）改称"先贤漆雕子"。

　　他发展了孔子"性相近，习相远"的学说，认为有的人性善，有的人性恶，并提出了"天理"和"人欲"的概念，形成了人性论。著有《漆雕子》十三篇。

漆雕开。

司马耕

　　司马耕（？—公元前481年），司马氏，名耕，字子牛，亦称司马牛，宋国人。《论语》中提及三次。司马耕善言谈，性子急躁。他问孔子有关仁的道理，孔子教导他说："一个有仁德的人，心思笃厚，说话时总好像是克制着，不肯轻易出口。"也就是要他凡事三思后行，言语慎重，不要急躁。他不太明白，又问："说话时克制着，不轻易出口，这就算合乎仁吗？"孔子解释说："既然做一件事情不肯苟且敷衍，那么，说话时怎么可以不加考虑而轻率出口呢？"

　　司马耕出身于宋国贵族家庭，兄弟四人中，他是最小的一个。他是宋国司马桓魋的弟弟，因为孔子指责过桓魋为建造坟墓石椁而奢侈浪费，不知爱惜民力物力，被桓魋忌恨。孔子师徒周游到了宋国后，经常在住处的一棵大檀树下演习礼仪，桓魋派人砍倒了大树。弟子劝孔子早点离开，孔子说："我的使命是上天赋予的，桓魋又能把我怎么样呢！"因为这个过节，司马牛每觉不安。孔子安慰他说："君子不忧愁，不恐惧。"司马耕接着问："不忧愁，不恐惧，这就可以做君子吗？"孔子说："自我反省，如果是光明正大没有愧疚的话，又有什么忧愁和恐惧的呢？"

　　他坚信儒家学说，反对犯上作乱。他的三个哥哥以司马桓魋为首作乱于宋，对此司马牛坚决反对。其兄失败后，或被杀，或奔卫，他就离卫去齐；其兄奔齐，他又离齐奔吴，誓与其兄不共事一君。

　　他说"人皆有兄弟，我独无"。子夏则以"生死由命，富贵在天"和"四海之内皆兄弟"的道理安慰之。

司马耕。

有若

有若（公元前 518 年—？），姓有，名若，字子有，人们尊称为有子，比孔子小十三岁，鲁国人。《论语》中提及四次。有若为人和易笃行，是孔子晚年的得意弟子。他强记好古，明习礼乐，倡和睦，重礼教。在与鲁哀公论政时，提出了"百姓富足了，国君怎么会不够？百姓贫困，用度不够，国君又怎么会够"的"贵民"观点。他还提出孝悌"为仁之本"、"礼之用，和为贵"等主张，丰富了儒家的学说。他亦曾辩证地论述过礼与和之间的关系。他说，礼的应用，要以能够斟酌损益，从容中和为最可贵。假如什么事情都死守着礼规不放，有时也会行不通的。一味地用和，而不用礼来规范，也是不行的。

因为有若的相貌气质和孔子非常相像，所以当孔子去世以后，弟子们思念老师，就把有若当作老师一样地对待。但曾子认为孔子如同用江汉的水洗濯过，如同在盛夏太阳下暴晒过，洁白得无以复加，无人堪与伦比，不同意把有子当作孔子来对待。有子去世后，葬于肥城，鲁悼公曾向他吊唁致哀。

有若。

闵损

闵损（公元前 536 —前 487 年），闵氏，名损，字子骞，小孔子十五岁，鲁国人。《论语》中提及五次。他在孔门中以德行和老成持重著称，而尤其以孝行超群闻名于世。据汉代刘向《说苑》记载，闵子骞出身贫寒，母亲早逝，父亲娶了后母，又生了两个孩子。后母偏袒自己的孩子，常常虐待闵子骞，不让他吃饱，指使他不断劳作，冬天给他穿芦花棉袄，但他为了爱护异母弟而且甘受苦。后来这件事偶然被他父亲发现了，要将后母赶走，闵损跪在父亲面前求情，说："母在一子单，母去三子寒。"后母从此视他为己出。

他对父母克尽孝道，对兄弟能尽友爱之情，深为父母昆弟所称赞，当时人对他也很敬佩。孔子曾经深有感慨地说："孝顺啊，闵子骞！人们不怀疑他父母昆弟对他真心的称赞。"他平时沉静寡言，一次，鲁国要改建国库，来征询闵损的意见，他说："原来的国库不是很好吗？为什么要劳民伤财去改建呢？"孔子得知后评价他说："闵子骞平时不说话，一说话就能说到点子上。"

在跟随孔子学习过程中，闵损也处处表现出端正稳重的个性来。他不仅勤奋刻苦，而且与颜回相似，十分恭谨敬师。他有机会常伴孔子左右，始终保持恭敬正直的姿态、做法，深得孔子及同门学子的称誉和信赖。他守身自爱，不食污君之禄，是个有原则且品格高洁的人，亦是孔门弟子中唯一明确主张不做官的人。季氏曾派人去请他出任费邑宰，他却要来人替他婉言推辞，并说，如果再来召我的话，那我就渡过汶水出国去了。有一个时期，晋国、楚国都想以高官厚禄来诱使他去干有损仁德的事，被他断然拒绝。孔子后来在总结其得意门生的特长时，曾将他与以德行名世的颜渊相提并论。

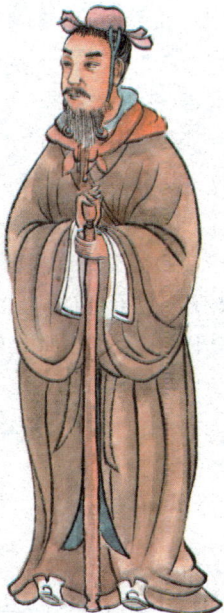

闵损。

樊须

　　樊须（公元前 505 年—？），姓樊，名须，字子迟，通称樊迟，少孔子三十六岁，齐国人。《论语》中提及五次。他有谋略，具有勇武精神。二十多岁就仕于季氏，鲁哀公十一年（公元前 484 年），齐国军队攻打鲁国，冉求率"左师"御敌，以他为车右，当时他才二十岁。鲁军不敢过沟迎战，他建议冉求带头出战，冉求采纳了他的建议，结果鲁军大获全胜。樊迟是个很好学的人，上进心强，从道德文章到劳动生产，他都想学习。他四次向孔子请教"仁"的学说，一见于《论语·雍也第六》："（樊迟）问仁。曰：'仁者先难而后获，可谓仁矣。'"二见于《论语·子路第十三》："樊迟问仁。子曰：'居处恭，执事敬，与人忠，虽之夷狄，不可弃也。'""樊迟问仁。子曰：'爱人。'"另外一则见于《论语·颜渊第十二》，与上条同。

　　他还向孔子问"孝"、"知"、"崇德、修业、辩惑"（即请教怎样提高品德、提升学业、明辨是非）等。

　　有一次，他向孔子询问种庄稼和种菜的事，被孔子斥为没出息，这是孔子轻视生产劳动的表白，显然是不对的。实际上他亦是孔门弟子中的佼佼者之一。从他和孔子之间的问答来看，樊迟做事似乎偏向于急于求成。所以，当他向孔子问"仁"、"崇德"时，孔子告诉他："仁者，先难而后获"；"先事后得"。孔子的回答不是针对问题本身，而是针对具体情况、具体对象给出针对性的回答。这是孔子对弟子经常采取的因材施教的做法。

樊须。

林放

　　林放，生卒年不详，姓林，名放，字子丘，鲁国人。他以知礼著称，传为孔子弟子中的七十二贤人之一，为孔子得意门生。《论语》中提及二次，均见《论语·八佾第三》："林放问礼之本。子曰：'大哉问！礼，与其奢也，宁俭；丧，与其易也，宁戚。'""季氏旅于泰山，子谓冉有曰：'女弗能救与？'对曰：'不能。'子曰：'呜呼！曾谓泰山不如林放乎？'"汉代文翁《礼殿图》有其名姓画像，清人朱彝尊据此补为孔子弟子。

　　在拜孔子为师前，他对礼已经有了一定的认识了。他想："一般人注重于礼的繁文缛节，难道这是礼的本意所在吗？"于是，带着这个问题去请教孔子。孔子以"大哉问"美之，并欣慰地告诉他说："讲到礼，与其过于奢侈，宁可俭朴些比较好。丧礼是表现心中的哀恸，与其注重外表的虚文，宁可内心哀戚些好。"他在周敬王时担任鲁国的大夫，拜为太傅。去世后与夫人芊氏一起合葬在今河南开封东岩山一带。

林放。

公西赤

　　公西赤（公元前 509 年—？），公西氏，名赤，字子华，通称公西华，少孔子四十二岁，鲁国人。《论语》中提及五次。他相貌堂堂，有谦谦君子之风。曾自述其志趣是"愿意好好学习各种事务，在宗庙祭祀或在同别国的盟会中，穿着礼服，戴着礼帽，做一个司仪的赞礼人"。

　　《论语·雍也第六》记载，公西华赤出使齐国，冉有替他母亲向孔子请粟。孔子答应给她六斗四升。而冉有却给了他八十石。孔子知道后说："赤之适齐也，乘肥马，衣轻裘。吾闻之，君子周急不继富。"可见，公西赤比较富有。

　　在孔子弟子中，他以擅长祭祀之礼、宾客之礼而著称，善于交际。《大戴礼·卫将军文子》曰："子贡曰：'志通而好礼，摈相两君之事，笃雅其有礼节也，是公西赤之行也。'孔子曰：礼仪三百，可勉能也，威仪三千，则难也。'公西赤曰：'何谓也？'孔子曰：貌以摈礼，礼以摈辞，是之谓也。'孔子之语人也，曰：'当宾客之事则通矣。'谓门人曰：'二三子欲学宾客之礼者，于赤也。'"公西华对于宗庙祭祀之事也很擅长。《论语·先进第十一》记载众弟子侍从孔子各谈自己的志向时，公西赤说："非曰能之，愿学焉，宗庙之事，如会同，端章甫，愿为小相焉。"言语之间，表现得颇有谦谦君子之风，所以孔子称赞他："宗庙会同，非诸侯而何？赤也为之小，孰能为之大？"

公西赤。

高柴

　　高柴（公元前 521 年－？），字子羔，又称子皋、子高、季高，比孔子小三十岁，齐国人。《论语》中提及二次。他长得较矮，据说是身高不满五尺，相貌也不好看。子路想介绍他担任费邑宰，孔子认为他憨直忠厚，恐怕不能胜任，说："这是害了人家的儿子啊！"他对父母十分孝顺，在父母活着的时候克尽孝道，父母去世后，他服了三年丧，期间一直悲伤，三年之久从没露出过一丝笑容。但实际上他做事很灵活，能随机应变。他在鲁、卫两国先后四次为官，历任鲁国费宰、郕宰、武城宰和卫国的士师（掌管刑狱的官员），是孔门弟子中从政次数最多、时间最长的一个。鲁哀公十五年（公元前 480 年），卫国发生宫廷政变，他赶紧逃离卫国，并劝同时在卫国从政的子路不要回宫里去，子路因忠于职守，拒绝他的劝阻，结果回宫遇害。孔子听说卫乱，就预言子羔是可以生还的，而子路怕是要死的了，最后果然不出所料。《说苑》中记载了一则关于高柴的小故事。说他在卫国做刑狱之官时，清廉正直，执法公平，

高柴。

不徇私舞弊，有仁爱之心。一个人犯罪当斩脚，他就依法砍了那人的脚，并罚做守门人。当卫国发生内乱时，高柴逃跑经过城门，那个守门人不但没有为难他，反而帮助他。高柴问他为何不怨恨自己，守门人说："我受到刑罚，是罪有应得。但当您为我判罪时，却反复揣量，想为我减刑，表现出仁爱之心，而在砍我脚的时候，我看得出您心里很难受。所以我不仅不怨恨您，反而尊敬您、钦佩您。"孔子听到这事后也说，善于为官的人树立德行，不善于为官的人树立怨恨。公正行使权力，高柴就是这样的啊。由此可见，高柴亦是孔门的贤人。

南宫适

　　南宫适，生卒年不详，名适，字子容，通称南容。《论语》中曾三次提到他。《论语·宪问第十四》记载："南宫适问于孔子曰：'羿善射，奡荡舟，俱不得其死然。禹、稷躬稼而有天下！'夫子不答。南宫适出。子曰：'君子哉若人！尚德哉若人！'"羿是传说中的射箭能手。后因喜狩猎，

不理民事，被家众杀死。鼻是传说中的善于水战的人，他是怎样死的，不得而知。两个人俱有勇力，但是都未得好死。禹和稷亲自下地种田，好像没有什么本领似的，却统治了天下。南宫适拿古代的事来问孔子，大体意思是当今社会尚力不尚德，但按历史却是尚力者不得善终，尚德者终有天下。他向孔子请教这个问题，孔子虽然没有当面回答他，但认为他能提出这样的问题，就说明他平时对儒家遵奉的"王道"很有研究，所以孔子背后称赞他是一个君子、一个崇尚道德的人，这与孔子的"道之以政，齐之以刑，民免而无耻；道之以德，齐之以礼，有耻且格"（《论语·为政第二》）的思想是完全一致的。

在《论语》一书中，孔子只称赞他的两名学生有"君子"之德，一个是宓子贱，另一个就是南宫适，可见，孔子对南宫适的评价是很高的。

《论语·先进第十一》云："南容三复'白圭'，孔子以其兄之子妻之。""白圭"之诗，出自《诗经·大雅》："慎尔出话，敬尔威仪，无不柔嘉。白圭之玷，尚可磨也；斯言之玷，不可为也。"南宫适反复诵读这段诗，说明他以此为自己奉行的准则，由此看出，他是一个言语谨慎的人。孔子曾说过："君子讷于言而敏于行。"（《论语·里仁第四》）难怪孔子喜欢他而把侄女嫁给他了。

《孔子家语·七十二弟子解》云南宫适："世清不废，世浊不污。"这句话是从《论语·公冶长第五》的"子曰：'邦有道，不废；邦无道，免于刑戮'"的话衍化而来，正体现了南宫适的处世准则。孔子主张："邦有道则仕，邦无道，则可卷而怀之。"（《论语·卫灵公第十五》）在这一点上，南宫适正是按老师的观点去行事的。

南宫适。

申党

申党，生卒年不详，名党，字周（《史记·仲尼弟子列传》）。《论语·公冶长第五》提及孔门弟子申枨："子曰：'吾未见刚者。'或对曰：'申枨。'子曰：'枨也欲，焉得刚？'"古音"党"与"枨"相近，故或以为申枨即是申党（唐司马贞《史记索隐》）。另《孔子家语·七十二弟子解》无申党而有"申绩，字子周"。古人曾把申枨、申党、申绩视作一人。唐以后一段时期又把申枨、申党当作两人。唐玄宗开元二十七年（739年）追封申枨为"鲁伯"，同时追封申党为"召陵伯"；宋真宗大中祥符二年（1009年）加封申枨为"文登侯"，同时加封申党为"淄川侯"；到了明嘉靖九年（1530年），又把两人视作一人，定为申枨，称为"贤申子"。

陈亢

陈亢（公元前511－前430年），姓陈，名亢，字子亢，又字子禽，比孔子小四十岁，陈国人。他曾经担任过单父宰，施德政于民，颇受人爱戴。《史记·仲尼弟子列传》无此人，《孔子家语·七十二弟子解》列为孔子弟子，言"少孔子四十岁"。《论语·季氏第十六》载有陈亢问伯鱼之事："陈亢问于伯鱼曰：子亦有异闻乎？对曰：未也。尝独立，鲤趋而过庭。曰：'学《诗》乎？'对曰：'未也。''不学《诗》，

申党。

无以言.'鲤退而学《诗》。他日．又独立，鲤趋而过庭。曰：'学《礼》乎？'对曰：'未也．''不学《礼》，无以立.'鲤退而学《礼》。闻斯二者。陈亢退而喜曰：问一得三，闻《诗》，闻《礼》，又闻君子之远其子也。"这是陈亢与孔子的儿子伯鱼请教讨论孔子的教子方式。他问孔鲤说："你父亲有没有特别教你一些什么？"孔鲤老老实实地答复说："没有啊。有一回，父亲问我有没有温习《诗经》，他说，不把《诗经》温习熟，就不能通达事理，不会应对讲话。还有一次，问我有没有温习《礼记》，父亲说，不把《礼记》温习熟，就不能坚定德性，将来不能立身处世。我听到的也就是这两点而已。"陈亢听后非常高兴地说："我问他一件事，却学到三件事，除了了解学《诗经》和学《礼记》的道理以外，更了解到了夫子对待他的儿子和一般弟子一样，并没存有偏爱的私心啊。"

另外，《论语》还载有两次陈亢与子贡的对话，一次见于《论语·学而第一》："子禽问于子贡曰'夫子至于是邦也，必闻其政。求之与？抑与之与？'子贡曰：'夫子温良恭俭让以得之。夫子之求之也，其诸异乎人之求之与？'"另一次见于《论语·子张第十九》："陈子禽谓子贡曰：'子为恭也，仲尼岂贤于子乎？'子贡曰：'君子一言以为知，一言以为不知，言不可不慎也。夫子之不可及也，犹天之不可阶而升也。夫子之得邦家者，所谓立之斯立，道之斯行，绥之斯来，动之斯和，其生也荣，其死也哀，如之何其可及也？'"就这后一则陈亢的问话语气看，似不是孔子弟子。然除《孔子家语》外，郑玄注《论语》及《礼记·檀弓》亦皆以为陈亢是孔子弟子。

陈亢。

巫马施

巫马施（公元前 521 年—？），巫马氏，名施，字子期，亦称巫马期，鲁国人。他曾经做过单父（今山东菏泽单县）宰，勤于政事，以身作则，将单父治理得很好。《吕氏春秋》记载说，宓不齐也曾经治理过单父，成天弹瑟鸣琴，不下堂就把单父治理得很好。而巫马斯天不亮就出门，夜晚天上星星都出来了才回家，夙兴夜寐，亲力亲为，也把单父治理得不错。巫马施前去问宓不齐为何他轻轻松松就把单父治理好了呢，宓不齐回答说：我治理，重在任用适当的人才，而你治理，重在任用力气。任用力气就会劳累，任用人才就会安逸。此外，《韩诗外传》中有这样一段记载，孔子师徒一行在陈、蔡被困，子路和巫马斯在韫丘山上打柴，陈国的一个叫处师氏的富人，带着百乘香车宝马，在山上饮酒。子路对巫马斯说："假如使你不忘记你现在所学的，亦不再叫你继续去增加自己的才干，终身像处师氏这样富裕，不再去见我们的老师，你肯吗？"巫马斯仰天长叹，把镰刀扔到地上说："我曾经听老师说过：'勇士不忘丧其元，志士仁人不忘在沟壑'（意谓勇士不忘随时掉脑袋，志士仁人不忘随时葬身沟壑），你难道不知道我吗？还是试探我呢？抑或那是你的志向吗？"子路听了很惭愧，背着柴先回去了。孔子问："仲由回来了！为何与巫马期一同出去却自己先回来了？"子路把问巫马期的原话向孔子陈述了一遍。孔子听后，拿起琴弹起《诗经·唐

巫马施。

风·鸨羽》上的诗，那首诗的大意是：鸨鸟扑扑地振动着翅膀，停在茂盛的树上。君王的事情永远没有完，我不能回家种庄稼，父母的生活靠什么？遥远的苍天啊，我何时生活有定所！然后说："难道我的主张行不通吗？让你羡慕富人！"由此可见，巫马期遵奉着孔子重义轻利的教导，不因利而陷入唯利是图的泥潭，在遇到困境时，也不因利而丧失自己的斗志。

公伯寮

公伯寮，生卒年不详，字子周，鲁国人，与子路同为季氏家臣。《论语》中提及一次。孔子在鲁国出任为大司寇时，使子路为权臣季氏的总管，主持"堕三都"削弱私门强大公室的计划。后来迫于私门强大的反抗势力，"堕三都"中途而废。

《宪问》篇中记载，公伯寮曾在季孙氏面前毁谤子路："公伯寮愬子路于季孙。子服景伯以告，曰：'夫子固有惑志于公伯寮，吾力犹能肆诸市朝。'子曰：'道之将行也与？命也。道之将废也与？命也。公伯寮其如命何！'"其内容必然涉及这个计划，孔子也可能包括在内。季孙氏已被公伯寮迷惑，开始对孔子和子路不像以前那样信任了，无形中又增加了孔子想要在鲁国推行仁政德治的阻力。鲁国的大夫子服景伯把这件事告诉孔子，说："季孙虽然已被公伯寮迷惑了，但我的力量还可以把公伯寮杀了陈尸街头示众。"孔子制止说："大道如果将会实行，这是天命；大道如果将被废止，这也是天命。公伯寮能把天命怎么样呢！"

公伯寮。

颜无繇

颜无繇（公元前545年—？），颜氏，名无繇，字路，鲁国人。《史记·仲尼弟子列传》云："路者，颜回父。父子尝各异时事孔子。"《孔子家语·七十二弟子解》云："颜由，颜回父，字季路，孔子始教学于阙里，而受学。少孔子六岁。"《论语》中只提到他一次。

颜无繇是颜回的父亲，孔子早年刚在阙里设立杏坛教学时，他就从孔子受学，是孔子早期的学生。年轻的颜渊死在父亲之前。《史记·仲尼弟子列传》曰："回年二十九，蚤（早）死，孔子哭之恸。曰：'自吾有回，门人益亲。'"《论语·先进第十一》说："颜渊死，颜路请子之车以为之椁。子曰：'才不才，亦各言其子也。鲤也死，有棺而无椁。吾不徒行以为之椁。以吾从大夫之后，不可徒行也。'"颜路对于儿子早逝之悲伤，可推想而知，家贫，而欲厚葬儿子，故请求孔子卖掉车子来为颜回治办丧事，这不符合儒教的礼法，故孔子拒绝了他的请求。

颜路的其他言行事迹，文献载记甚少。但因为他是孔子早期学生，又是孔子得意门生颜渊之父，所以，到了唐玄宗开元二十七年（739年），追封他为"杞伯"。宋真宗大中祥符二年，加封为"曲阜侯"。元至顺年间，又追封为"杞国公"。明嘉靖九年（1530年），改称为"先贤颜氏"。

颜无繇。

《论语》中重要相关人物

　　《论语》中出现和提及了很多人物，他们或为贤圣，或为执政当权者，或为大臣，或为士夫，或为隐者，或为庶人，不一而足。了解其中的重要人物，有助于我们更好地理解孔子及其弟子的精神思想和情感心胸，有助于让我们在还原的历史大背景下对《论语》一书有更深的体悟和心得。

季平子

　　季平子（？—公元前505年），姓季孙，名意如，谥号"平"，史称季孙意如，亦称季氏、季孙、季孙氏。春秋时期鲁国正卿（国相）。

　　季平子的远祖是周文王姬昌。西周初年分封诸侯时，封周公旦长子伯禽为鲁国第一代国君，在曲阜建鲁国国都。伯禽以后，鲁国国君王位传十世十六位至鲁庄公。庄公在位三十二年。庄公的三个弟弟庆父、叔牙、季友，其后代分别为孟孙氏、叔孙氏、

季平子继任鲁国正卿。

季孙氏，史称"三桓"。公元前662年，庄公死后，庆父乱鲁，两年内连杀两位鲁国国君，引起民愤。时称"庆父不死，鲁国难宁"。公元前659年，季友用计除去庆父，拥立公子申为鲁僖公。僖公即位当年赐予季友"汶阳之田及费"，费邑（城址位于今山东省费县上冶镇郱城）从此成为其永世的食邑。季友死后，其后裔季文子、季武子、季平子、季桓子、季康子等相继担任鲁国正卿，实际执掌了鲁国政权。

　　公元前535年，季平子在其祖父季武子死后继任鲁国正卿。鲁国在曲阜襄公庙举行祭祀活动时，季平子不按礼仪规定用八佾六十四个人来表演祭祀舞蹈，更有甚者，他只留下两个人守礼，其余的都跑到季平子家中表演去了。季平子专横和"违礼"的举动，引起鲁国一部分人的不满。公元前517年秋，鲁昭公带人攻打季平子。季平子登上高台向昭公请求把自己囚禁在费邑，昭公不同意。又请求给他五辆车逃亡，还不允许。季平子于是联合孟孙氏、叔孙氏攻打昭公。鲁昭公逃离，先住在齐国，再住鲁国的郓邑、晋国的乾侯。

　　季平子的傲慢气盛也曾引起其家臣南蒯的不满。公元前530年，南蒯联络他人据费叛乱。次年，季平子派鲁大夫叔弓率兵前去讨伐，结果被费人打败。季平子采纳鲁大夫治区夫的建议，对费地的人加以安抚。不久，"费人叛南氏"。公元前528年，南蒯仓皇出逃，费邑重新归于季氏。

公元前505年，执掌鲁国政权三十一年之久的季平子，到鲁国东部地区巡视，返回途中病死于房邑，即今费县方城。

季桓子

季桓子（？—公元前492年），即季孙斯，姬姓，季氏，名斯，谥"桓"，史称季桓子。春秋时鲁国卿大夫，季平子季孙意如之子。季孙斯之"孙"为尊称，"季孙"并不是氏称，"季孙某"仅限于对宗主的称谓，宗族一般成员只能称"季某"。故季桓子为季氏，而非季孙氏。

公元前505年，季平子死后，桓子立为卿。季桓子时期，季氏为首的三桓在鲁国的声威、权势有所降低，家臣的势力骤然增加，形成"陪臣执国命"的局面。他被家臣阳虎囚禁，与之达成盟约才被放出来，之后，阳虎执鲁政达三年之久。鲁定公八年（公元前502年），阳虎发难，想要借宴飨季桓子的机会杀掉他，他在赴宴途中说通御者林楚，驾车奔到孟孙氏家，联合孟孙氏打败了阳虎，平定了叛乱。季桓子也就重新执掌了鲁国的大权。

孔子升任鲁国的大司寇后，想施行"堕三都"的计划来提升公室的实力，以抑制私室的势力。但当时"三桓"执政，他们不可能放弃自己手中已有的权力。孔子的弟子子路当时作为季氏宰，就对季氏说：昭公十三年，南蒯占据坚固的费城作乱，我们连年攻打而不能夺回费城；定公十年，侯犯凭着坚固的郈城叛乱，围攻了一年多都不能攻克。这些都是因为费城、郈城太过险固，而我们的家臣多次以此而背叛三桓。为了防止后患，不如顺势毁掉费城、郈城。鉴于家臣势力尾大不掉，季桓子接受了孔子"堕三都"的倡议，想要堕毁被家臣控制的都邑。他派子路率兵监督。先是叔孙氏毁掉了郈城，接着，季氏下令毁掉自己的费城。当时费城宰公山不狃加以反抗，他联合叔孙辄，率领费城人，攻打国都。孔子派申句须、乐顾出战，打败了费人。公山不狃、叔孙辄逃到了齐国。于是毁掉了费城。郈、费都已经堕毁后，剩下的就是孟氏的郕城了。郕城宰公敛处父对孟氏说，如果毁掉了郕，那么齐国必然顺利进入鲁国北方。再者说，郕是孟氏的保障啊，如果没有了郕，那么孟氏将何处呢？于是孟氏就暗中加以抵抗，不主张毁郕。定公见三都毁了两座了，就这一座堕毁不成，于是派兵攻打，结果竟然没打下来。这件事也就不了了之。季桓子也明白了孔子"堕三都"的最终目的是想提升公室的实力，而抑制私室的势力，便不再支持孔子。

后来齐人看见鲁国在任用孔子后，逐渐强盛起来。于是馈女乐，而定公、季桓子观之，几天都不上朝。孔子被逼之下周游列国。鲁哀公三年，季桓子去世，其子季孙肥继位。

季桓子。

季康子

季康子（？—公元前468年），即季孙肥，姬姓，季氏，名肥，谥号为"康"，史称季康子。季康子事鲁哀公，此时鲁国公室衰弱，以季氏为首的三桓强盛，季氏宗主季康子位高权重，是当时鲁国的权臣。

当时的鲁国，在齐国、吴国这两个大国的夹缝里生存，处境不是很好。鲁哀公七年（公元前488年），吴王夫差攻打齐国，与鲁国会盟于曾（今山东苍山西北），并强迫鲁国贡献百牢（按照周礼，上贡之

季康子。

物不过十二）。季康子派子贡劝说吴王及太宰嚭未成，鲁被迫遵行，而吴国太宰嚭召季康子来朝见他，他不赴会。鲁哀公十一年（公元前484年），齐国攻打鲁国，叔孙氏、孟氏怨季氏专权，不肯听从季康子的号令将齐人拦在国土之外。季康子使冉有率师击败齐国，大获全胜。接着会同吴国在艾陵大败齐人，史称"艾陵之战"。然而此战之后，季康子却加紧战备，以防齐国再来。他问冉有的军事才能是从哪儿学到的，冉有回答学之于孔丘，他于是派使者从卫国迎接孔子归鲁。鲁哀公十二年（公元前483年），季康子任用冉有改革田赋，增加税赋，进一步加速礼崩乐坏的过程。

季康子问政于孔子，孔子回答说："政就是正的意思。您本人带头走正路，那么还有谁敢不走正道呢？"他又问："如果杀掉无道的人来亲近有道的人，怎么样？"孔子反对刑罚治国，主张"德政"，说在上位的人只要善理政事，百姓就不会犯上作乱。季康子苦于盗贼太多，向孔子求教。孔子答道："如果您自己不贪求财货，即使您奖励偷盗，他们也不会去偷。"

鲁哀公二十七年（公元前468年）春，季康子去世。

阳虎

阳虎，生卒年不详，姬姓，阳氏，名虎，一名货。季孙氏家臣。春秋末期，不但周天子的王权继续衰落，而且各诸侯国的公室也衰落了，由春秋初期的"礼乐征伐自诸侯出"进而变为"礼乐征伐自大夫出"、"陪臣执国命"。"陪臣"即臣之臣。如诸侯国的卿大夫对诸侯称臣，对天子则自称"陪臣"；卿大夫的家臣对诸侯而言也称"陪臣"。春秋时鲁国为"三桓"执政（即鲁桓公后裔孟孙氏、叔孙氏、季孙氏把持国政），至鲁昭公、定公、哀公时，家臣势力兴起，家臣叛乱屡有发生。鲁昭公四年（公元前538年），叔孙氏家臣竖牛软禁并饿死了叔孙豹，设计杀害了叔孙豹的两个嫡子，拥立庶子叔孙诺。鲁昭公十二年（公元前530年），季平子立，对家臣南蒯未加礼遇，南蒯便密谋以公子怒代替季平子："吾出季氏，而归其室于公，子更其位，我以费为公臣。"（《左传·昭公十二年》）事泄，南蒯以费叛归齐。鲁定公五年至九年（公元前505—前501年），季氏家臣阳虎专政，

并把持了鲁国国政。

阳虎之乱是鲁国家臣叛乱中持续时间最长、影响最大的一次叛乱。阳虎的权势凌驾于"三桓"之上长达三四年。阳虎原本为孟孙氏庶支，后为季孙氏家臣，在季平子时很受重用。季平子死，季孙斯（桓子）立，阳虎已是季氏三世"元老"。在处理季平子葬礼上，阳虎与季孙氏另一家臣仲梁怀发生争执。阳虎要求以鲁国之宝玉"玙璠"为季平子殓尸，仲梁怀却认为那是季平子在昭公逊国时，代国君行祭时所配，今定公已立，不能再用。阳虎便勾结费宰公山不狃，想联合驱逐仲梁怀。公山不狃初时并不以为意，后因仲梁怀对其不敬重，才对阳虎说："子行之乎！"阳虎起事，并囚季桓子与公父文伯（季桓子从父昆弟），驱逐了仲梁怀。冬十月，阳虎杀公何藐（季孙氏族人），与季桓子在稷门内设立盟誓，驱逐公父文伯与秦遄（季平子姑婿），彻底清除异己势力，完全控制了季氏家族。鲁定公八年（公元前 502 年），阳虎想灭掉"三桓"，让季寤代替季氏，让叔孙辄代替叔孙氏，自己代替孟孙氏。阳虎借冬祭的机会起事，事败，逃灌（今山东宁阳县北稍西）、阳关，据两地反叛。

柳下惠

柳下惠（公元前 720 —前 621 年），本姓展，名获，字禽，春秋时期鲁国人。"柳下"是他的食邑，"惠"则是他的谥号，所以后人称他柳下惠。据说他又字季，所以有时也称"柳下季"。

柳下惠被认为是一个品德高尚的人，他坚持直道事人。当时的鲁国为臧文仲执政，一次，一只名为"爰居"的海鸟停留在了鲁国都城东门外好几天了，臧文仲让都城的人都去祭祀它。柳下惠却说，祭祀是国家的重要制度，圣王只祭祀对人民和国家有功劳的人和物事，所以黄帝、颛顼、帝喾、尧、舜、鲧、禹……直到周文王、周武王这些人，才能受到后人的祭祀；此外土地、五谷和山川的神，先哲和有美德的人，天上的日月和星辰，地上的五行，九州的名山、江河和沼泽，也应该加以祭祀。而海鸟"爰居"飞到鲁国，还不知道它为什么飞来，也不见得它对人民有什么功德，这样就决定祭祀它，实在不是仁德和明智的举措。由此可见柳下惠对圣王礼制的熟悉和为官的正直，这也是他受后世儒家重视的原因。

鲁僖公二十六年（公元前 631 年）夏，齐孝公出兵讨伐鲁国，臧文仲问柳下惠如何措辞，才可以使齐国退兵。柳下惠说，听说大国如果做好小国的榜样，小国如果好好侍奉大国，就能防止祸乱。现在鲁国作为小国却狂妄自大，触怒大国，无异自取其祸，怎么措辞都是没有用的。柳下惠这样说，相当于对臧氏在鲁国的执政行为直言不讳地提出了批评。《论语》记载，孔子说："臧文仲其窃位者与？知柳下惠之贤，而不与立也。"为柳下惠没有得到任用鸣不平。后来柳下惠做了"士师"（掌管监狱的官），但是三次上任三次遭到罢免，人们劝他离开，他却认为如果用正直的方法对待人，到哪

柳下惠论祭祀爰居。

里都会被排挤，但是如果要用歪门邪道的方法去对待人，在哪里都可以实行，也没有必要离开自己的祖国。

柳下惠选择坚持"直道而事人"，最后只能去官隐遁，成为"逸民"。《论语》记载孔子对柳下惠的评价是："降志辱身矣，言中伦、行中虑，其斯而已矣。"意思是，相比伯夷、叔齐的宁肯饿死也不食周粟，柳下惠肯降低自己的理想，虽然屈辱了身份，但是能做到言行举止合乎道德和理智。《左传》中孔子也把臧文仲罢免柳下惠，列为臧氏执政的"三不仁"之一，表示谴责。

孟子对柳下惠非常推崇，《孟子》一书曾把他和伯夷、伊尹、孔子并称四位大圣人，认为他不因为君主不圣明而感到羞耻，不因官职卑微而辞官不做；身居高位时不忘推举贤能的人，被遗忘在民间时也没有怨气；贫穷困顿时不忧愁，与乡下百姓相处，也会觉得很愉快；和任何人相处，都能保持不受不良影响。因此，听说了柳下惠为人处世的气度，原来心胸狭隘的人会变得宽容大度，原来刻薄的人会变得老实厚道。孟子认为像柳下惠这样的圣人，是可以成为"百世之师"的。

史鱼

史鱼，生卒年不详，名鳅，又名佗，字子鱼，春秋时期卫国（都于濮阳西南）大夫。卫灵公时任祝史，负责卫国对社稷神的祭祀，故又称祝佗。他为人刚正，是卫国柱石之臣。孔子曾称赞他说"好一个正直的子鱼，国家政治清明时，他像箭一样刚直；国家政治黑暗时，他也像箭一样刚直。"

当时，卫灵公宠爱弥子瑕，常常任其为所欲为。他多次劝谏卫灵公对弥子瑕加以管教，并推荐贤人蘧伯玉，但灵公却始终不愿听从。子鱼得了重病，临终时把儿子叫到身边说："我是国家的谏议大夫，蘧伯玉有贤德，卫灵公不用，弥子瑕是个奸佞小人，卫灵公却听信于他。我多次劝谏，灵公都不听，我为臣而不能正君侧，这是我的失职。我活着不能正君侧，死后也不能甘心，我死后，你把我的遗体放在屋外的窗下，不要按大夫的礼仪来殓我。"

史鱼。

史鱼死后，他的儿子遵其遗言。卫灵公前来吊祭，看见史鱼的遗体放在屋外的窗下，也没有入殓，感到很奇怪。就问史鱼的儿子这是何故。史鱼的儿子把史鱼死前的话告诉了灵公，灵公听后幡然醒悟。忙说："这都是寡人的过错，是寡人的过错啊！"于是命史鱼的儿子把史鱼的遗体按大夫的礼仪好好入殓，回朝后就启用蘧伯玉，免去了宠臣弥子瑕的职务。

孔子知道这件事后对弟子们说："古往今来的谏议大夫不计其数，忠于职守的也不少，但死了也就算完了，没有人像子鱼这样，死了还以遗体来劝谏国君的。如此忠于职守，有什么事办不到呢？"

孟公绰

孟公绰，生卒年不详，春秋时期鲁国大夫，孟孙氏族人，清静寡欲，清正廉洁，为孔子所尊敬。孔子说："孟公绰做赵氏、魏氏家臣，会很优异。但却不可以做滕国、薛国官员。"

臧武仲

　　臧武仲，生卒年不详，姬姓，臧氏，名纥，谥号为"武"，史称臧武仲，是春秋时期鲁国有名的政治人物。他身材矮小却多智，德才兼备，辅佐过鲁成公、鲁襄公，号称"圣人"。他曾经用"圣人有明德者，若不当世，其后必有达人"这样的话来评价孔子。孔子也评价他有"知"。

臧武仲。

　　他的祖父为臧文仲，父亲为臧宣叔。公元前587年，继父为卿，世袭司寇（鲁国最高的司法长官）。他运用计谋帮助季武子废除了季武子的长子季孙弥的继承权，立季武子宠爱的季孙悼为季氏家族权力继承人。因此事同时得罪了季孙弥以及与弥交好的孟孙家族，孟孙氏家族成员向季武子诬告臧武仲阴谋叛乱，遭到季孙氏的讨伐，他被迫逃往邾国。

　　后来他回到臧氏家族的封邑——防邑，并在防邑整顿文武之事，然后派使者向鲁君请求保有臧氏的宗祠，为臧氏家族"立后"来确保臧氏家族的权利，也即要求鲁君允许他的后代世袭其领地。作为交换条件，臧武仲愿意舍弃防邑，流亡国外。防城位于今天山东省费县境内，在当时距离齐国边境很近，鲁国不能失去这个战略要地。鲁襄公只能同意臧武仲的要求，册立了臧武仲的另一个异母弟臧为作为臧氏家族继承人，继承臧氏家族的宗祧。于是"臧纥致防而奔齐"。臧武仲自己说并不是据地自重来要挟鲁君，但是孔子认为他就是以自己居住地以及建立起来的武备来要挟鲁君。

　　臧武仲逃到齐国后，齐庄公欣赏他的才能，要封给他田地，可他预料到齐庄公不能长久，便设法拒绝。故后来齐庄公被杀，他没有受到牵连。

宁武子

　　宁武子，生卒年不详，姓宁，名俞，谥"武子"，故称宁武子，春秋时卫国人，卫文公、成公时大夫。卫文公执政有道时，凡是有能力的人皆可循渠道而得以发挥他的才智，宁武子在这样的清平之世，没看到他有什么建树和功绩，可见他的智能是一般人能达到的。卫文公之后，卫成公接位，宁武子仍然做卫国大夫。卫成公无道，被晋所攻，终于失掉了卫国，先后奔逃到楚国、陈国，但最终还是被晋侯所执。在卫成公最困难的时候，朝廷的智巧之士都只求自保，不愿前去设法救援，以免祸患。只有宁武子忠心耿耿，挺身而出，周旋其间，尽心竭力，不避艰险，终于保全了成公。故孔子评价说他的聪明别人可以赶得上，他的愚笨别人却赶不上。

卞庄子

　　卞庄子，生卒年不详，春秋时鲁国的大夫，是著名的勇士，他能够独力与猛虎格斗。《韩诗外传》卷十记载，卞庄子是个孝子，他的母亲在世时，他因为奉养母亲的缘故，随军作战，三战三败，朋友看不起他，国君鲁庄公也羞辱他说："卞大夫，堂堂五尺之躯，赫赫有名的刺虎英雄，怎么三战三败？"及其母死三年，鲁国兴师伐齐，他请求从战，三战三获敌人甲首。将军赞叹他的勇猛，认为他的卓越战功足以洗雪昔日败北之耻。但卞庄子仍觉不足，最后又冲杀七十人后而告阵亡。鲁庄公听到卞庄子战死的消息，心中非常沉痛，悔恨自己曾经羞辱过他，将其遗体国葬于卞邑城西北的宫娥埠，现其墓冢仍存。

遽伯玉

遽伯玉，生卒年不详，姓遽，名瑗，字伯玉，春秋时卫国的大夫。他是卫国有名的贤人，为人十分正派，光明正大，表里如一，是一位守礼的君子。他曾说过："我活到五十岁，检讨一下，发现以往的四十九年犯了不少的过错。"有一次，遽伯玉派使者去拜访孔子。孔子让使者坐下，然后问使者："近来你们的主人在做什么？"使者回答说："我们的先生常想着要少犯些过失，却总觉得还是没有做到啊。"孔子听了赞叹不已。

卞庄子。

遽伯玉遵守礼节，不会在公开场合故意表现自己来博取名声，也不会在没人知道的情况下做不该做的事。他曾经在夜晚乘马车经过宫门。按照当时的礼节，臣子乘车经过宫门时应该敬礼示意后再离开。但到了晚上宫门已经关闭，又没有人看见，臣子不行礼也是可以的。但遽伯玉没有因此忽略自己应尽的礼数，到了宫门口以后，下车行了礼以后才离开。

卫献公十八年（公元前559年），卫国的卿大夫孙林父将要攻打卫献公，问于遽伯玉，他说臣不可以冒犯君主，遂出境避难。卫献公三十年（公元前547年），宁喜想要帮助卫献公返回卫国，告诉遽伯玉，遽伯玉却说："我没听见过君主出国，怎么敢听见他回来？"于是又出境，不掺合到卫国的乱政中去。孔子游卫国时曾经寄住在遽伯玉家，称赞他为君子，说国家政治清明时他做官，国家政治黑暗时他便隐退藏身了。

孟懿子

孟懿子（？—公元前481年），姬姓，鲁国孟孙氏第九代宗主，名何忌，世称仲孙何忌，谥号为"懿"，故又称孟懿子。他是鲁国贵族孟僖子的长子，孟僖子曾经辅助鲁昭公到楚国去恭贺章华宫落成，却不能以礼仪圆满完成使命而落下心病，立志以懂得礼仪的人为师。直到临终的时候，还耿耿不忘，嘱托孟懿子与南宫敬叔（即南宫适）师事孔子学习礼仪。孟懿子与南宫敬叔遵父嘱，向孔子拜师。

鲁昭公二十五年（公元前517年），鲁昭公在郈昭伯的怂恿下，讨伐季平子，季平子被围困在高台上。孟懿子支持季平子，将郈昭伯斩杀于南门之西，鲁昭公战败，流亡到齐鲁之交的郓地和乾侯。鲁定公十二年（公元前498年），孔子为大司寇"摄相事"，进行"堕三都"。三都就是季孙氏的费邑（今山东费县）、叔孙氏的郈邑（今山东东平）及孟孙氏的郕邑（今山东宁阳）。三桓为了打击家臣势力，都表示同意。郈邑被拆毁，费邑宰公山不狃叛乱被平定。孟懿子在郕邑宰公敛处父的劝说下，暗中抵制堕郕邑。季孙斯和叔孙州仇转而支持孟孙，致使"堕三都"失败。孟懿子向孔子问孝。孔子曰："无违。"因为当时包括仲孙氏在内的三家大夫经常用鲁国国君之礼（诸侯之礼），甚至僭用天子之礼，孔子才以"不要违背礼"来回答。

南宫敬叔

　　南宫敬叔，生卒年不详，仲孙氏，名阅或说，谥号"敬"，为鲁国贵族。他是孟僖子的儿子，孟懿子的弟弟，原名仲孙阅，因居于南宫，便以南宫为氏。《论语》中提及三次。公元前518年，孟僖子临终之前，让孟懿子、南宫敬叔都要拜孔子为师。他曾经陪同孔子前往周朝王城雒邑考察周礼，并向老聃问礼。据《说苑》记载，孔子在事后曾感叹南宫敬叔的帮助，说"自南宫敬叔之乘我车也，而道加行"。

南宫敬叔陪同孔子赴雒邑考察周礼。

子服景伯

　　子服景伯，生卒年不详，名何，字景伯，春秋末年鲁国贵族。《论语》中两次提到他，一次是公伯寮在季孙氏面前毁谤子路，他前去告诉了孔子，并说自己有能力除去公伯寮，被孔子制止。另一次是叔孙武叔在朝堂之上对大夫说子贡贤于孔子，子服景伯去告诉了子贡。由此可见，子服景伯是鲁国大夫中与孔子及孔门弟子关系十分密切的人。《左传》中记载了鲁哀公三年（公元前492年），鲁桓、僖宗庙着火，他前往参与了救火。鲁哀公七年（公元前488年），吴国和鲁国会盟于鄫（今山东苍山西北），吴王要求鲁国献上一百头供奉祭祀的牲口，子服景伯据理力争而未果。鲁哀公十三年（公元前482年），吴国、鲁国、晋国、周王室在黄池（今河南封丘西南）会盟，他因为反对吴王率鲁哀公拜见晋侯而被吴囚禁监押起来，后来他以巧言利舌而被释放。鲁哀公十五年（公元前480年），他与孔子的弟子子贡一起出使齐国。

左丘明

　　左丘明，生卒年不详，与孔子同时或略早于孔子，姓丘，名明，因其父任左史官，故称左丘明，鲁国人。他双目失明，故后人亦称盲左。相传他著有《左氏春秋》（又称《左传》）和《国语》。两书记录了不少西周、春秋时期的重要史事，保存了大量原始资料，其历史、文学、科技、军事价值不可估量，为历代史学家和文人所推崇。《论语》中提及一次。他知识渊博，品德高尚，他肯定儒家"君义、臣行、父慈、子孝、兄爱、弟敬"一类的伦理道德，重视礼的作用，对历史事件持有鲜明的态度，深得鲁侯器重。据载，鲁侯欲以孔子为司徒，将召三桓议论是否可行，并对左丘明说了。左丘明赞扬孔子为圣人，说圣人在政，有过错的人就会被免去，君今召三桓而议之，无异于与虎谋皮。鲁侯于是不与三桓谋，即召孔子为司徒。

他是孔子所推崇的一位长者。二人关系密切，他曾与孔子一同前往周室，在周太史那里查阅文献资料，回鲁后孔子便写了文字简明的《春秋》，而左丘明则写成了内容浩繁的《左传》。他正直诚实，品格高尚，孔子将他作为楷模。当谈论自己的做人原则时，孔子说："甜言蜜语、谄言媚色、卑躬屈膝，这种态度，左丘明认为可耻，我也认为可耻；隐匿怨恨而佯装友好，左丘明认为可耻，我也觉得可耻。"

左丘明。

孟武伯

孟武伯，生卒年不详，姬姓，鲁国孟孙氏第十代宗主，他名字叫彘，"武"是他的谥号，"伯"则是指他的排行，按照"伯仲叔季"的顺序，他应该是鲁国大夫孟懿子的嫡长子，世称仲孙彘或者孟孙彘。

孟懿子问孝，孔子告诫他不要违背礼。现在孟武伯来问孝了，孔子告诫他行事谨慎，不要胡作非为，让父母除了为子女的疾病可能会有担心外，不再对其他方面有所担心，这才是孝道。父子俩问的是同一个问题，但孔子的回答却是因人而异。不是孔子自己对孝的理解前后不一，而是因为父子都是贵族，孟懿子拥有着管理国家的权力，所以孔子希望他能够依礼控制自己的行为，要自觉维护国家的礼乐制度。而孟武伯不同，他有父母管教着，所以孔子只告诫他不要成天惹是生非让父母为之操心，让"父母唯其疾之忧"就是孝顺了。他曾经向孔子咨询过仲由、冉求、公西赤是否有仁德。

公元前478年，孟武伯与高柴辅佐鲁哀公与齐平公会盟，会盟时，齐侯稽首跪拜，鲁哀公则平身而拜。齐国人盛怒，孟武伯说，据《周礼》，鲁国君只会对周天子行稽首跪拜礼，对诸侯则行拜礼。公元前470年，鲁哀公从越国回来，季康子、孟武伯在五梧迎接，并举行了酒宴，有个名叫郭重的大臣也在座。这郭重长得很肥胖，平时颇受哀公宠爱。这次孟武伯借着向哀公敬酒的机会，向郭重问道："你为什么这样肥胖啊？"鲁哀公听了，很觉厌恶，便代替郭重答道："食言多也，能无肥乎！"反过来讽刺孟武伯一向说话不算数，而且在宴会上当着群臣之面，出于国君之口，孟武伯顿时面红耳赤，感到万分难堪。于是孟武伯与鲁哀公互相厌恶。

公元前468年，鲁哀公认为三桓奢侈太过，想借助诸侯国的力量除去他们。三桓亦觉得鲁哀公狂妄，君臣之间互相抵牾。鲁哀公多次问孟武伯："请问你们三桓，我快到死的地步了吗？"孟武伯回答说："臣无由知之。"之后，鲁哀公通过邾国逃到越国。三桓拥立其子为鲁悼公。

鲁昭公

鲁昭公（公元前561－前510年），名稠，谥"昭公"，鲁襄公之子，鲁国国君。公元前542年，鲁襄公死，季武子立公子稠，是为昭公。当时鲁国的执政之权掌握在季氏手中，昭公徒具君主之名。昭公五年（公元前537年），季武子四分公室，季氏掌握其二，叔氏、孟氏各取其一。同年，昭公访问晋国，将外交礼仪遵守得毫无缺失，晋平公称赞他熟知礼仪，而大夫女叔齐却评价说昭公知仪而不知礼，说礼在于守其国家，推行其政令，不失其民心。而鲁国公室四分，政令出于三桓之手，民心早已丧失，并预言他将失国。

昭公二十五年（公元前 517 年），公室与季氏的矛盾激化，鲁昭公亲自率兵讨伐季氏，反而被三桓合力击败，昭公奔齐。第二年，齐景公攻打鲁国，取得郓（今山东郓城县东），将昭公安居在郓。昭公流亡期间，季平子摄行君事。

昭公为人乖戾，曾经违背"同姓不通婚"的礼制，娶吴国同姓女子为夫人，遭到当时人的议论。孔子曾被问到昭公是否知礼，孔子回答说知礼，人家马上用这件事来加以反驳，孔子不得不承认自己说错了。鲁国人对他被逐亦未给予同情，以为他多有过失，故"民忘君矣"。公元前 510 年，昭公病死于晋国的乾侯（今河北成安县），季氏立他的弟弟公子宋为君，是为鲁定公。

鲁哀公

鲁哀公（？—公元前 468 年），姬姓，名将，鲁国第二十六任君主。他为鲁定公之子，公元前 494 —前 468 年在位，共在位二十七年。

孔子晚年归回鲁国，鲁哀公遵其为"国老"，经常向孔子请教问题。一次，孔子陪坐在鲁哀公身边。鲁哀公问道："请问治理民众的方法什么最重要？"孔子听了神情变得严肃起来，回答说："君王提出这样的问题，真是百姓的福气！我不敢推辞，治民的方法以政治最为重要。"鲁哀公说："请问什么叫做政治？"孔子回答说："'政'的意思就是正。国君从政行得正，那么百姓就会服从政治。国君的所作所为，百姓会加以仿效。国君不做的事，百姓怎么会仿效呢？"意思是国君好比上梁，要治理别人，自己首先就得"正"，须行得正、走得端，时时注意自己的形象，否则难以使被治理的人服从。然后是做事要"正"，既应当是光明正大的，又应当是合乎情理和公正的。他的言行自然会影响到臣下乃至普通百姓。然而鲁哀公终究不能重用孔子。公元前 479 年，孔子去世，鲁哀公亲往拜祭，并亲诔孔子。诔文说："旻天不吊，不慭遗一老，俾屏余一人以在位，茕茕余在疚，呜呼哀哉！尼父！无自律。"子贡评价说，生不能用，死而诔之，非礼也。称"余一人"，非名也。

鲁哀公在位期间不能正确任用贤人。有一个叫田饶的人很有才能，在鲁哀公手下做事多年，但鲁哀公并不重用他。有一天，田饶对鲁哀公说："我将要离开大王像鸿雁那样远走高飞了。"哀公说："这是什么意思呢？"田饶回答说："大王难道没有见过雄鸡吗？它头上戴着红冠，非常文雅；脚上有锋利的爪子，格外英武。面对敌人敢打敢拼，是勇敢的表现；看见食物就呼唤同伴一道享用，是有品德的表现；守夜报时，从不误事，是诚信的表现。雄鸡虽然有这五种长处，可是大王还是命令手下人煮了来吃。为什么会这样呢？是因为它们就在身边啊。至于那鸿雁，

鲁哀公。

一飞就是千里。有时停在大王的水池里，吃大王的鱼鳖；有时停在大王的田园里，啄大王的豆类和谷物，尽管没有雄鸡的长处，可是大王还是很器重它们。这是因为它们来得远啊。请让我也像鸿雁一样远走高飞了吧！"哀公说："留下吧！我把您的话记下来了。"田饶说："放着有能力的人不用，写下他的话做什么！"说完就离开鲁国前往燕国了。燕国让田饶担任国相。三年之后，燕国的国力大增，国内安定繁荣。鲁哀公听到这个消息，徒然

鲁哀公问政于孔子。

叹息。由这个故事可见鲁哀公不能及时发现身边的人才，而在发现人才后，亦态度不积极。既没有识人之明，也对人才缺乏信任。在田饶辞去时，他显得很平静，但在三年之后听说田饶在燕国辅政有方、政绩突出才感到后悔，就足以说明这一点。

哀公二十七年（公元前468年），鲁哀公想请越国讨伐三桓，八月，哀公到了有山氏。三桓联合起来攻打哀公，哀公逃到卫国，又逃到邹国，最后到了越国。国人迎哀公复归，卒于有山氏。

晏平仲

晏平仲（公元前578—前500年），字仲，谥号"平"，习惯上多称晏平仲，又称晏子，齐国大夫，夷维（今山东莱州）人。他是齐国上大夫晏弱之子，历仕齐灵公、庄公、景公三世，辅政长达五十余年。他身材不满六尺，其貌不扬，却机智有谋略，内辅国政，屡谏齐君。对外他既能保持灵活，又能坚持原则，出使不受辱，使楚时曾舌战楚王。他主张与邻国和平相处。齐景公要伐鲁国，他劝景公"请礼鲁以息吾怨，遗其执，以明吾德"，景公"乃不伐鲁"。他管理国家秉公无私，亲友僚属求他办事，合法者办，不合法者拒。他生活节俭，从不接受礼物，还常把自己所享的俸禄送给亲戚朋友和劳苦百姓。孔子曾赞道："救民百姓而不夸，行补三君而不有，晏子果君子也！"

晏平仲。

晏平仲随和大度，注重自身修养，谦恭下士，而且闻过则喜。孔子赞他是"不以己之是，驳人之非，逊辞以避咎，义也夫"！他善于与人交往，孔子评价他说，人们与他相处久了，就会对他生出敬重之心。

公山不狃

公山不狃，生卒年不详，复姓公山，名不狃（也作弗扰），字子泄。他是鲁国当政者季桓子的家臣，曾经与阳虎等一起操办过季平子的丧事，深得季桓子的信任。鲁定公五年（公元前505年），他被派去担任季氏的私邑——费邑的邑宰。当时季桓子的宠臣叫仲梁怀，和阳虎有怨恨。阳虎打算驱逐仲梁怀，公山不狃先还加以阻止。但仲梁怀越来越骄横，曾跟随季桓子巡视东野，到了费，对公

公山不狃见季桓子。

山不狃不予礼敬。公山不狃十分生气，促使阳虎驱逐仲梁怀。阳虎发动内乱，旋即被平定。

阳虎出逃齐国之后，公山不狃利用费邑反叛季氏，请孔子前往辅助。孔子当时已经五十岁了，政治抱负一直无法施展，故打算前往，说："周文王、周武王起于丰、镐之地而称王天下，如今费邑尽管小，但或许还是有希望吧！"打算前往。子路不高兴，阻止孔子。孔子说："他们召请我，岂能徒劳无益呢？如果任用我，我将使周文王、周武王的德政在东方复兴！"然而结果没有成行。

鲁定公十二年（公元前498年），孔子为大司寇，并"摄相事"，代执政的季桓子处理国政。他实行"堕三都"的计划，以便抑私家、强公室。叔孙氏、季孙氏吃尽了邑宰叛乱的苦头，支持孔子的这一主张，郈邑被顺利地拆毁；堕费时，却遭到了公山不狃的顽强抵抗。公山不狃看到郈邑被拆，作了应战准备，当季桓子率领大军前来堕费时，公山不狃和叔孙辄带领费人攻入鲁都。身为大司寇的孔子命申句须、乐欣率兵反击，击败费人，公山不狃逃到齐国，费邑终于被拆毁。

"堕三都"事件之后，公山不狃逃到齐国，后又辗转逃到吴国。鲁哀公八年（公元前487年），吴国为了邾国，准备攻打鲁国。吴王询问叔孙辄，叔孙辄回答说："鲁国有名而无实，攻打他们，一定能成功。"退出来之后，告诉了公山不狃。公山不狃阻止说："这是不合于礼的。君子离开自己的国家，不到敌国去。在鲁国没有尽到臣下的本分而又去攻打它，为吴国奔走听命，这就可以死去了。有这样的委任就要避开。而且一个人离开国家，也不可以因为有怨恨而祸害自己的乡土。"公山不狃虽然叛鲁，但其"不以所恶废乡"的言行还是值得肯定的，表现了一定的情操。

子产

子产（？—公元前522年），复姓公孙，名侨，字子产，又字子美。他出身于贵族之家，是郑穆公的孙子，春秋时期公子之子称公孙，所以他又叫公孙侨。春秋时期郑国大夫，杰出的政治家、外交家、思想家、改革家。

子产幼年时就显示出出众的谋略。公元前565年，子国、子耳带兵攻打蔡国大获全胜，并活捉了蔡国司马公子燮，郑国上下一片欢腾喜庆。只有子产认为这场胜利将会给郑国带来灾难。因为作为楚国附庸的蔡国被攻打必然引起楚国的讨伐，这样郑国在四五年之内将无宁日。后来，事实果如子产所说那样。

两年后，郑国发生政治暴乱。时任正卿的子驷和大司马

子产。

的子国同时被杀，郑简公也被劫持到北宫。正卿之子子西闻听父亲遇害，惊慌失措，急忙赶去吊尸、追缉凶犯，而暴徒早已跑入北宫。子西无奈，再回家调兵时，家中已是一片混乱。而子产闻讯，镇定自若，迅速聚集家臣属吏，亲率兵车十七乘，进攻北宫。在国人支援下，子产很快平息暴乱。

此后成为执政的子孔独断专行而被国人杀死，子展成为执政，子产出任少卿，其政治、才能开始得以充分施展。公元前 551 年，晋国以盟主的身份命郑往晋朝聘，责问他们何以从楚。子产应声回答，列举郑国对晋国无岁不聘、无役不从、敬奉有加的种种事实，然后说郑国虽然有时不能不"有贰于楚"，那也是因为晋国没有尽到保护小国的责任。最后严厉指出如果晋国不能解除小国的祸患，而只是为了自己的利益，那么小国难免变成晋国的仇敌。晋侯听了子产这番话，自知理屈，再也不责备郑国了。

子产熟知周礼，知识渊博，文学修养深厚。在外交场合中，他更是凭借着对各国情形的洞察，以优雅的风度、机智的言辞，在许多棘手的外交事件中，面对多方责难，应答如流，有礼有节地与大国交锋，捍卫了弱小郑国的利益，并受到各诸侯国的尊敬。后来孔子曾评论说："《志》有之：'言以足志，文以足言。'不言，谁知其志？言之无文，行而不远。"

子产所表现出来的杰出才能，得到郑国实力派人物子皮的重视。当时郑国"七穆"（即七大强族）轮流执政，子皮是罕氏的族长，在郑国德高望重。公元前 543 年，又一位执政伯有被杀，子皮被推举为执政，他知人善任，授政于子产。子产执政顺应历史潮流，在郑国推行了一系列改革。他整顿田制，承认私田的合法性，向土地私有者征收军赋；公布刑法，并铸刑书于鼎，成为我国最早的成文法律。他采用"宽猛相济"的治国方略，主张保留"乡校"、听取"国人"意见。

在用人方面，子产善于用人之所长。冯简子能够决断大事，子太叔秀美文雅，公孙挥长于外交、善为辞令，裨谌善于谋划。于是每当郑国和诸侯之间有重大政治活动的时候，子产首先向子羽（公孙挥）询问四围邻国的动态，并且派他多参加谈判交涉活动。然后和裨谌乘车去郊外，让他安静地思考怎样做可行、怎样做不行。而后再把计划告诉冯简子，让他参与最后的决断。一切准备就绪之后，才派子太叔出去执行，让他去接待各国宾客。因为善用人才，子产在内政、外交方面取得了出色成就。

子产既注重礼教德政，又避免了流于不切时宜、廊大虚空；既注重法制、改良旧制度，又不去使新法显得峻刻凌厉；既在外交舞台上纵横捭阖、存亡济弱，又不唯利是图。他的政绩、人格和思想深为孔子所推崇，是孔子心目中"君子"的典范。孔子的礼学、仁学都有和子产思想相通之处，而他的"天道远，人道迩"也和孔子的"敬鬼神而远之"的态度不谋而合。子产死时，孔子得到了消息，流着眼泪说："他是古代传下来的有仁爱的人。"作为同时代人，孔子给了子产最高的评价："夫子产于民为惠主，于学为博物；晏子于民为忠臣，于行为恭敬，故吾皆以兄事之。""子谓子产，有君子之道四焉：其行己也恭，其事上也敬，其养民也惠，其使民也义。"

管仲

管仲（？—公元前 645 年），姬姓，管氏，名夷吾，字仲，谥号为"敬"，齐国颍上（今安徽省颍上县）人，史称管子。他是周穆王的后代，春秋时期齐国著名的政治家、军事家。

管仲少时丧父，老母在堂，生活贫苦，与鲍叔牙合伙经商；后从军，辅佐齐公子纠。齐襄公时，齐公子小白、公子纠兄弟两人为了避开其兄齐襄公的无道而逃离齐国。公子小白在鲍叔牙的谋划下到了莒，公子纠在管仲、召忽的辅助下到了鲁国。齐襄公被杀后，公子纠和公子小白都赶着回来争夺君位。公子小白因为莒离齐都近，故得以先入立为君主，是为齐桓公。他即位后，想着公子

管仲见齐桓公。

纠还会回来跟他争夺君位，于是兴兵讨伐鲁国，逼迫鲁国杀了公子纠。召忽自杀以殉公子纠，而管仲却在鲍叔牙的举荐下做了齐桓公的国相。管仲具有非凡的政治才干，齐桓公在他的辅佐下，如虎添翼，齐国迅速强大兴盛起来，多次作为盟主会盟诸侯，停止了不少战争，避免了百姓的灾难。此外，管仲还提出"尊王攘夷"的主张，联合北方邻国，抵抗山戎族南侵。

孔子与学生讨论历史人物时，说到管仲。子路就说桓公杀公子纠，召忽自杀以殉，而管仲没有死，是否"未仁"。而孔子却从"仁"的最高境界"博施于民而能济众"的角度来看管仲的功过，认为管仲辅佐齐桓公匡治天下，施惠于百姓，正是他的仁德所在，而非像普通百姓那样自守小节小信，在山沟中自杀亦无人知晓。又说，假如没有管仲，中原人民恐怕都会沦落为"披发左衽"的蛮夷之人了。然而孔子并不就此认为管仲十分完美，指出管仲爱好奢侈，一切有如国君的待遇，亦在门前树立塞门，设宴招待外国君主，亦设有国君才有的"反坫"之台，完全是僭越，谈不上知礼。管仲的手下又从不兼差，是不会节俭，故孔子称其为"小器"。

伯夷、叔齐

伯夷、叔齐是商末孤竹君的两个儿子。伯夷，生卒年不详，姓墨，名允，字公信。伯，是长的意思，谥号为"夷"，通称为伯夷，他是商末孤竹君之长子。叔齐，名智，字公达，伯夷的弟弟，谥号为"齐"。

孤竹君当初想立第三子叔齐为王位继承人，但由于有悖于传统嫡长子继承的伦理而未立。孤竹君死后，叔齐不忍心与伯夷争夺王位，要让位给伯夷，伯夷认为这样做有违父亲的命令，于是离开了孤竹国，而叔齐亦不肯立，亦逃离孤竹国。兄弟两人先后逃到西部的周地部落中养老，与周文王关系良好。

后来周武王讨伐商纣王，伯夷和叔齐由于世代沐殷恩，前往叩马劝谏，说："父亲死了不及时下葬，却动起干戈，怎么称得上孝呢？作为臣子去弑君，怎么称得上仁呢？"希望武王取消伐纣的计划。但周武王决心已定，不久周灭亡商朝。他们于是以食周粟为耻，以表明对殷商的忠心，最终隐居在原殷商荒芜之地首阳山（河南省洛阳市东偃师境内），采薇而食。饥饿将死，作歌唱道："登彼西山兮，采其薇矣。以暴易暴兮，不知其非矣。神农、虞、夏忽焉没兮，我安适归矣？于嗟徂兮，命之衰矣！"最后饿死在首阳山。

伯夷、叔齐之所以阻止周武王伐纣，并非赞同纣王的暴政，而是深知"以暴易暴"的危害，要维护君臣之礼，孔子赞叹两人"不念旧恶"，是不肯"降志辱身"，从而"求仁得仁"的"逸民"。

齐桓公

齐桓公（？—公元前643年），姜姓，名小白，"春秋五霸"之首。齐国内乱，公子小白逃到莒国，公子纠的母亲为鲁国人，于是逃到鲁国避难。襄公十二年（公元前686年），公孙无知杀齐襄公，自立为君。次年，雍林人杀公孙无知。一时间齐国无君，一片混乱。公子小白听说后，便秘密从莒国回来。而鲁国人听说公孙无知被杀，也发兵送公子纠回国即位，并派管仲带兵堵截住莒国到齐国的路。在争斗中，管仲一箭射中小白带钩，小白假装倒地而死。管仲派人回鲁国报捷，鲁国于是就不紧不慢地送公子纠回国，六日方抵达。而这时小白已日夜兼程赶回齐国，被立为国君，是为齐桓公。

在鲍叔牙的推荐下，齐桓公不计前嫌，任用管仲为相，进行改革，齐国国力大为增强，逐渐强盛起来。他

齐桓公当政。

先是与邻国修好，先后归还了以前侵占鲁国、卫国、燕国的土地，使他们分别成为自己南部、西部、北部的屏障。桓公七年（公元前 679 年），在甄召集宋、陈、蔡、邾四国诸侯会盟，成为历史上第一个充当盟主的诸侯。后宋国违背盟约，齐桓公以周天子的名义，率几国诸侯伐宋，迫使宋国求和。此后，他两次联合诸侯出兵，六次和诸侯会盟，史称"九合诸侯"。当时，戎狄等部落不断攻击中原华夏各诸侯，齐桓公打出"尊王攘夷"的旗号，出兵救援，北击山戎，南伐楚国，一匡天下成为中原霸主，受到各诸侯国的拥护和周天子赏赐。桓公晚年昏庸，信用易牙、竖刁等小人，最终在内乱中饿死。

齐桓公作为春秋时代的第一位霸主，不用权谋诈术，会盟诸侯，兴堂堂之师去攘夷狄而救中国，故孔子评价说"齐桓公正而不谲"。

公叔文子

公叔文子（？—公元前 497 年），公叔氏，名发，一名拔，谥号为"贞惠文子"，故称公叔文子，春秋时卫国的卿大夫。他是卫献公的孙子。卫灵公三十一年（公元前 504 年），鲁定公攻打郑国，占取匡（今长垣县北），去的时候不从卫国借道，而回国时阳虎让鲁定公、季桓子、孟懿子直接从卫国的南门进、东门出。卫灵公大怒，派弥子瑕追击。当时公叔文子年事已

公叔文子谏卫灵公。

高，乘辇前去劝谏卫灵公，让卫灵公不要因为小忿而破坏鲁卫之间的亲睦关系，并预言阳虎作恶多端必将自行灭亡。灵公听从了他的建议，停止了追击。

公叔文子家境富有，却不骄傲。他善于推荐人才，在当时诸侯国中享有极高的声誉。他的家臣分居异僎有贤才，他就加以推荐，使他升到公室做大夫，与自己平起平坐。公元前497年，公叔文子去世后，其子公叔戍请谥于卫灵公。卫灵公说："当年卫国凶年饥荒，他把粥施给国中饥饿的人，不是惠吗？当年卫国有难，他以死来保卫寡人，不是贞吗？他听卫国之政，加以整治，与四邻诸侯国相交，使卫国社稷不至于受辱，不是文吗？"故封其谥号为"贞惠文子"。

孔子周游列国时，在卫国居住的时间最长，他对公叔文子评价很高，称赞他有举贤荐能的美德。《论语》中两次提及。

齐景公

齐景公（？—公元前490年），名杵臼，齐庄公的异母弟，春秋时期齐国国君，在位五十八年，有名相晏婴辅政，国内治安相对稳定，是齐国执政最长的一位国君。

本来齐景公并非齐灵公的嫡长子，嫡长子是他的哥哥光。崔武子崔杼为齐国大臣，屡次立下战功，深得齐灵公的信任，并经常与太子光参加外交事宜。公元前552年，齐灵公薨逝，崔杼拥立灵公长子光，为齐庄公。齐庄公即位后，更是倚重崔杼，君臣关系非同一般。庄公因经常出入崔杼家中，不久就迷恋上崔杼的妻子棠姜，并与之私

齐景公。

通。崔杼得知后，于公元前548年，联合庆封一起弑杀庄公。崔杼为了保全家族，拥立齐庄公的幼弟杵臼为国君，是为齐景公。景公在位期间，崔氏、庆氏相继灭亡，陈氏势力兴起。

齐景公始终梦想着能光复齐桓公时的鼎盛霸业，早年非常勤政，善于纳谏，关心臣民。任用晏婴为齐相，齐国的国势渐渐恢复。在与诸侯国的交往中，景公还注意不卑不亢，尤其是对待争霸的对手晋国，有理有节地维护齐国的大国地位。齐景公三十一年（公元前517年），孔子到了齐国，齐景公曾问政于孔子，孔子对曰："君君，臣臣，父父，子子。"齐景公没有任用孔子，孔子返回鲁国。齐景公四十八年（公元前500年），齐景公和鲁定公会于夹谷（今山东莱芜夹谷峪），孔子相礼，挫败齐景公企图劫持鲁定公的阴谋，并用外交手段迫使齐国归还曾经侵占的鲁国的土地。

经过早年的勤政之后，齐国强大起来。而齐景公也开始贪图享乐，生活奢侈，好犬马声色，大造宫室，甚至将百姓收入的三分之二供自己享用，不顾百姓死活，致使民不聊生、怨声载道。史书记载齐景公"好治宫室，聚狗马，奢侈，厚赋重刑"（《史记·齐世家》），在内忧外患时还不体恤民情，坚持与晋国争夺霸主之虚名。《论语·季氏篇》载"齐景公有马千驷，死之日，民无德而称焉"。

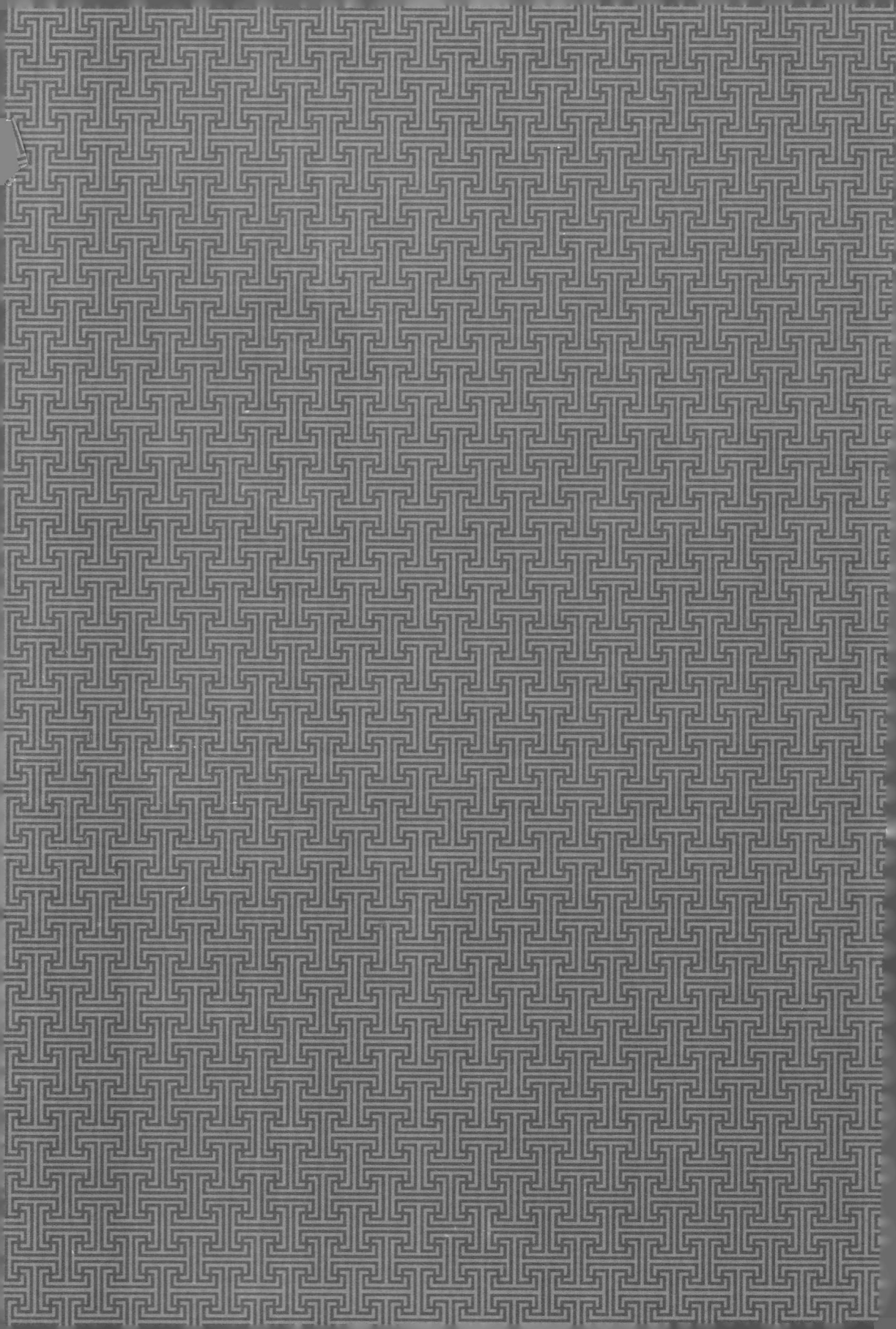